叶明德人口研究文集

中国人口转变

点 滴 见 证

叶明德◎著

A
SNAPSHOT
OF CHINA'S
DEMOGRAPHIC
TRANSITION

ZHEJIANG UNIVERSITY PRESS
浙江大学出版社
·杭州·

图书在版编目（CIP）数据

中国人口转变：点滴见证 / 叶明德著. —杭州：
浙江大学出版社，2024.6
ISBN 978-7-308-24804-4

Ⅰ. ①中… Ⅱ. ①叶… Ⅲ. ①人口－问题－研究－中
国 Ⅳ. ①C924.24

中国国家版本馆 CIP 数据核字（2024）第 071898 号

中国人口转变：点滴见证

叶明德　著

责任编辑	马一萍（pym@zju.edu.cn）	
责任校对	陈逸行	
封面设计	雷建军	
出版发行	浙江大学出版社	
	（杭州市天目山路 148 号　邮政编码 310007）	
	（网址：http://www.zjupress.com）	
排　　版	杭州好友排版工作室	
印　　刷	浙江新华数码印务有限公司	
开　　本	710mm×1000mm　1/16	
印　　张	33.75	
彩　　插	4	
字　　数	522 千	
版 印 次	2024 年 6 月第 1 版　2024 年 6 月第 1 次印刷	
书　　号	ISBN 978-7-308-24804-4	
定　　价	88.00 元	

1965年9月毕业于杭州大学中文系

1999年夏天与妻子章苏华和女儿叶云在美国旧金山金门大桥

1991年9月11日与刘长茂教授在五台山

1992年11月16日在联合国拉美经社理事会

1992年11月19日在智利农村考察扶贫项目

1992年11月22日在墨西哥城

1995年夏天与班茂盛等研究生合影

1995年11月15日至17日与浙江出席第九届全国中青年人口科学
讨论会的成员合影

1997年12月在第23届国际人口科学大会上发言

2005年6月29日在绍兴鲁迅故居

2007年9月22日与《浙江人口志》主编、副主编在径山寺东侧的
绿神茶苑合影

2011年9月12日在故乡龙泉市宝溪乡披云山顶峰的仙坛

2016年7月在瑞士少女峰下

自　序

翻看历史,可知人类的繁衍是有规律可循的。随着人类物质资料生产能力的提高和转型,人口再生产类型经历了由高出生率、高死亡率、低增长率的传统型到高出生率、高死亡率、较高增长率的过渡型,再到低出生率、低死亡率、低增长率的现代型的转变。

中华人民共和国成立之初,我国依然是传统的农业国。一方面人们依然保留着"养儿防老""多子多福"等传统观念,喜欢多生;另一方面,随着教育、卫生等事业的发展,人口死亡率特别是婴儿死亡率明显降低,这就导致人口自然增长率快速上升。由于人口年龄结构年轻化,人口增长的势头越来越猛。这与我国国民经济有计划、按比例发展的特点不相适应。从20世纪80年代起,我国采取从严控制人口增长的措施。除了在人口稀少的少数民族地区以外,普遍提倡一对夫妻只生一个孩子。这是一场空前的破旧立新、破私立公、移风易俗的大变革。这既需要广大共产党员和共青团员起带头作用,也需要人口科学的指导和引领。于是各种人口研究机构相继建立,人口学领域的科研工作空前活跃起来。

笔者1965年由杭州大学中文系毕业留校工作,曾任越南留学生的汉语教师,而后在校刊室任编辑。1986年经徐天琪老师推荐调入杭州大学人口研究所。根据自身的知识结构和工作经历,选择了人口社会学作为主攻方向。

1988年11月,杭州大学人口研究所联合中国社科院人口研究所、湖北省社科院社会学所、江西省社科院经济研究所、湖南省人口研究所共同在杭州举行了全国首届人口社会学研讨会。1990年10月和1994年6月，笔者先后出席了在江西南昌和湖北宜昌召开的全国第二届和第三届人口社会学研讨会。

人口社会学的研究领域非常广阔。笔者的调查和研究主要针对总人口中相对弱势的群体，包括残疾人口、老年人口、女性人口、贫困地区人口、农村劳动者等。

由于提倡一对夫妻只生一个孩子，必然会出现"四二一"家庭，即一对夫妻供养一个孩子和四位老人的家庭，养老保障问题显得紧迫而突出。浙江农村率先出现养老基金会、养老储蓄、养老保险等新型养老保障形式，笔者较早投入这方面的调查与研究，写了多篇论文支持这些新的探索。

1990—1994年，笔者与刘长茂教授一起参与由北京大学人口研究所所长张纯元教授主持的"中国23个贫困县人口问题研究"课题。五年内课题组成员先后举行过五次专题研讨会。由于此课题是当时我国得到联合国人口基金资助的十大课题之一，课题组还组团到智利、墨西哥作专题考察，与这两个国家以及联合国拉美经社理事会的有关专家进行学术交流，笔者参与了这次考察。1997年10月，第23届国际人口科学大会在北京召开，在特设的"中国人口论坛"上，笔者就中国贫困地区人口、资源与可持续发展作专题发言。由于张纯元教授的支持，提供该课题的有关数据资料，笔者与刘长茂教授合作撰写了《反贫困与人口问题》专著，1998年5月由杭州大学出版社出版。

1995年5月，中共浙江省委和省政府作出决定，在全省、重点在农村推行新家庭计划活动。这是计划生育"三结合"（同发展农村经济相结合、同农民勤劳致富奔小康相结合、同建设文明幸福的家庭相结合）的一种新形式。1996年5月笔者申请的国家社会科学规划基金资助课题"计划生育'三结合'的新形式——新家庭计划研究"正式立项。该课题采取理论研究与实证研究相结合的方式进行。1998年7月3日至6日，国家计生委与浙江省政府联合在宁波举行"新家庭计划活动理论论证会"。笔者与研究生黄乾合作的《新家庭计划新在何处》一文在《人口与计划生育》杂志发表后,入选《中国改革战略研究文汇》。

1999 年 7 月教育部人文社会科学重点研究基地浙江大学农业现代化与农村发展研究中心正式成立,笔者担任该中心副主任及下属的人口与社会发展研究所所长。2001 年 12 月笔者与原华荣教授共同申请的教育部人文社会科学重点研究基地重大研究项目"现代化进程中的农村劳动者素质问题研究"正式立项。该课题以我国东南沿海地区农村为观察和研究重点,在浙江和江苏两省选择四个有代表性的区域开展问卷调查,同时通过开座谈会和个别访谈等方式直接与农村劳动者交谈。该课题关于农村劳动者素质问题的调查与研究,除了关注健康状况、受教育程度等常规指标外,思想、观念、进取心、毅力等社会适应素质也进入我们的视野,因而具有一定的创新性。为了深化此项研究并扩大影响,2005 年 5 月由浙江大学农业现代化与农村发展研究中心联合中国人口学会在杭州举办"中国农村劳动者素质问题研讨会",来自全国各地 60 多位专家学者及有关部门的领导出席会议。该课题的最终成果《农村劳动者素质问题研究——以江浙农村为例》由现代教育出版社出版。此书引起中国书籍出版社注意,他们来信告知,此书稍作修改补充后可予以再版。2013 年 1 月中国书籍出版社出版的《农村劳动者素质与现代化》作为"优秀原创学术论著"进入中国书籍文库。

2000 年 3 月 16 日,中国人口文化促进会在北京成立。笔者担任中国人口文化促进会理事,并被聘为中国人口文化促进会学术委员会委员。笔者先后撰写的有关人口文化的论文,主要有《略论我国传统文化对生育的影响》、《新家庭计划与现代人口文化建设》、《中国当前人口文化变革初探》、《村民自治与新型生育文化建设》等。田雪原主编的《人口文化通论》笔者也参与撰写。

经过多年努力,我国人口过快增长的势头得到有效控制。从 2016 年 1 月 1 日起,我国开始实行二孩政策。为了调整人口年龄结构,抑制少子高龄化势头,2021 年 8 月 20 日国家正式通过了修改《中华人民共和国人口与计划生育法》的决定,提倡适龄婚育、优生优育,一对夫妻可以生三个孩子。尽管如此,我国人口增长率依然维持在1‰以下的低水平,2022年甚至出现人口负增长。这表明我国人口再生产类型已实现从传统型到低出生率、低死亡率、低增长率的现代型转变。当然,无论从我国还是从全人类社会来看,要处理好人类自身生产与物质资料生产及自然环境的关系,实现共同富裕和可持续发展,依然任重而道远。

不久前我招收的第一位研究生班茂盛对我说,他打算搜集我的人口学研究论文出版一本书。起初我认为没有必要,因为我们这一代人面临的控制人口过快增长的特殊任务已经完成,历史的一页已经翻过去了。可是他主意已定,并早已开始着手相关工作,于是我只好配合。我想,对于我国人口科学发展历史而言,这种书作为一种历史的真实记录,或许有一定价值。编入本书的文章难免有不妥或舛误之处,欢迎读者批评指正。

叶明德

2024年4月2日于杭州金苑山庄

目　　录

◇ 人口理论与现实问题的思考

我国人口思想史上的标碑 / 3

人口语言结构研究 / 13

欠发达山区县人口的就业困境与出路 / 33

欠发达地区实现人口转变的范例 / 43

有关人口控制若干理论问题的思考 / 56

继续优化人口环境，促进经济持续发展 / 62

中国欠发达地区人口、资源与可持续发展 / 74

对"中国进入后人口转变时期"的质疑 / 82

低生育稳定期：中国特色的人口转变阶段 / 94

村民自治与计划生育村民治理 / 107

◇ 浙江人口发展状况与展望

浙江人口的性别、年龄构成 / 119

关于浙江人口发展前景的几点思考 / 166

1992—1996 年浙江人口发展状况 / 176

浙江人口发展前景及战略选择 / 194

绍兴大城市人口发展战略研究 / 205

◇ 人口老龄化与社会保障

中国农村养老方式变革的实际考察及理论思考 / 253

农村养老保障的一种新形式 / 262

试论我国农村家庭养老方式的新类型 / 269

浙江农村储蓄养老趋势及其意义 / 276

浙江家庭小型化趋势及对策 / 283

城市纯老户老人的生活照料与社区服务 / 294

中国人口老龄化前瞻 / 302

农村社会养老保险工作的新探索 / 311

长三角地区人口老龄化与养老保险体系研究 / 321

◇ 人口素质

关于促进妇女接受高等科技教育项目研讨情况的报告 / 349

浙江省女高中毕业生报考理工科大学情况调查分析 / 377

浅谈人口文化素质逆淘汰现象 / 384

龙胜各族自治县人口素质简析 / 392

马寅初的人口质量观及其现实意义 / 401

"浙江现象"的人才支撑 / 412

"浙江现象"与人口素质 / 415

社会转型与农村劳动者的社会适应 / 427

◇ 人口文化的探索

略谈我国传统文化对生育的影响 / 443

在比较研究中找到转变生育观念的主要措施 / 452

新家庭计划新在何处 / 464

关于浙江省新家庭计划活动的调查 / 469

计划生育"三结合"的一种新路子 / 481

中国当前人口文化变革初探 / 506

新家庭计划与现代人口文化建设 / 515

◇ 附 录 / 523

◇ 人口理论与现实问题的思考

我国人口思想史上的标碑

——纪念马寅初《新人口论》发表 30 周年

中国素以人口众多著称于世。人口问题早已引起历代学者、思想家乃至政治家们的注意,发表过种种有关见解。到了近代,随着我国人口增长速度的加快和马尔萨斯人口论的传入,研究人口问题的人愈来愈多。然而,以马克思主义为指导,对中国人口问题进行切实的调查和研究,则是中华人民共和国成立以后的事。马寅初先生的《新人口论》,就是研究初期最突出的成果。

一、《新人口论》产生的背景及经过

1949 年中华人民共和国成立时,我国人口总数为 54167 万人,约占世界人口的 22%。由于推翻了帝国主义、封建主义和官僚资本主义的统治,决定人口发展的政治、经济、文化和卫生等一系列条件发生了根本性变化。新中国成立初期,我国人口发展也出现了历史上从未有过的新特点。一方面,由于生产力水平低下,特别是广大农村还保留着那种促使多育的以手工劳动为基础的自给、半自给农业经济,加上"多子多福"等传统生育观念的影响和政府所采取的鼓励生育的政策,出生率仍然保持在高位水平;另一方面,由于国民经济的恢复和发展、医疗卫生条件的改善和人民生活水平的提高,发病率和死亡率大幅度下降。高出生率和急剧下降的死亡率,必然导致人口自然增长率的迅速提高和人口总数的过快增长。1953 年我国进行了第一次全国人口普查,结果显示,1952 年我国人口出生率为 37‰,死亡率为 17‰,自然增长率为 20‰,1953 年 6 月 30 日 24 时全国总人口为 601938035 人。1953 年与 1949 年相比,净增人口 6000 多万。

中国人口总数之大,人口增长之迅速,引起了国际上的广泛关注,也引起了我国党和国家领导人及学者们的重视。我国著名的经济学家、教育家马寅初先生正是在这样的情势下开始调查和研究我国人口问题。

我国第一次人口普查之后,马寅初先生曾三次到浙江考察,调查浙江的人口增长情况。他说:"我到浙江考察三次,旧时代的浙江,分成十一个府,我到了十个府。"他发现浙江人口增长率很高,平均每年增长 22‰ 以上;到上海考察时,感觉到增长率更高。1955 年,马寅初先生根据在浙江、上海等地调查的材料,写了一份题为"控制人口与科学研究"的发言稿,准备在第一届全国人民代表大会第二次会议上提出。但在浙江小组会上讨论时,好多代表不同意他的看法,有的人甚至认为他说的是马尔萨斯的那一套。马先生感到当时的气氛还不适宜提出这个问题,就主动把发言稿收回了。此后他继续调查研究,并利用一切机会与有关专家、学者磋商恳谈,为人口问题提案作更充分的准备。1957 年 2 月,在最高国务会议上,马寅初先生谈了关于我国人口问题的意见,受到毛泽东、周恩来等中央领导同志的重视。1957 年 6 月,在第一届全国人民代表大会第四次会议上,马寅初先生将自己关于人口问题的提案以书面形式提交大会。7 月 5 日,《人民日报》将这个书面发言以"新人口论"为题全文发表。在此前后,马寅初先生还发表了一些关于人口方面的谈话、文章,现都收录在《新人口论》一书中。

二、《新人口论》的主要贡献

将马寅初先生的人口理论冠以"新"字,是恰如其分的。一个理论的提出引起那么多人的关注,几经批驳而威力不减,这是因为它确实具有新的内容,体现了新的时代精神。从新中国成立后我国人口思想发展的角度来看,

《新人口论》至少在以下三个方面做出了贡献。

一是肯定地、尖锐地指出了我国存在的人口问题。

所谓人口问题，一般指的是人口状况与社会经济发展不相适应，如人口增长过快或过慢，劳动人口过剩或不足，等等。众所周知，在资本主义社会，随着资本积累和资本有机构成的不断提高，会不断地产生出相对地超过资本增殖需要的过剩人口，即资本主义社会所特有的产业后备军。这是资本主义生产方式下所特有的人口规律。社会主义社会是否会出现人口相对过剩呢？1881 年恩格斯在给卡尔·考茨基的信中曾谈到过这方面的问题。他说："如果说共产主义社会在将来某个时候不得不像已经对物的生产进行调整那样，同时也对人的生产进行调整，那末正是那个社会，而且只有那个社会才能毫无困难地做到这点。"但他接着又说："无论如何，共产主义社会中的人们自己会决定，是否应当为此采取某种措施，在什么时候，用什么办法，以及究竟是什么样的措施。我不认为自己有向他们提出这方面的建议和劝导的使命。那些人无论如何也不会比我和您笨。"①

对于社会主义社会是否会出现人口过剩的问题，苏联理论界曾作过明确的否定的回答。他们认为："社会主义制度保证一切有劳动能力的人充分就业。因此，在社会主义制度下没有也不可能有人口过剩。人口不断迅速增加，人民物质福利水平很高，患病率和死亡率很低，同时有劳动能力的人得到充分而合理的利用，这就是社会主义的人口规律的实质。"②这个观点当时对我国学术界影响很大。那时，不少人把人口迅速增长看成是社会主义优越性的表现，因而在学术界逐步形成了这样的风气：只能讲人多的好处，不能讲人多的坏处；只能讲人多的有利方面，不能讲人多的不利方面；甚至一提人口问题，就有被扣上"马尔萨斯主义"帽子的危险。对于社会主义社会是否会出现人口相对过剩这样值得探讨的问题，居然成了令人望而生

---

① 恩格思.致卡尔·考茨基(1881 年 2 月)//[M].卡尔·马克思,弗里德里希·恩格斯.马克思恩格斯全集(第三十五卷).北京:人民出版社,1971:145-146.

② 苏联科学院经济研究所.政治经济学教科书(下册)[M].北京:人民出版社,1956:594.

畏的"禁区"。

然而,我国的人口问题,即人口增长过快、人口状况与社会经济发展不相适应、劳动力人口相对于自然资源开发和利用程度显得过剩的问题,是客观存在的。它在社会生活的各个方面愈来愈明显地表现出来。大胆地、尖锐地把这个问题揭示出来,以引起人们的重视,这正是《新人口论》最突出的功绩。

马寅初先生与本本主义、教条主义者不同,他一向注重实际。他从亲自调查所得的大量材料中发现,我国人口增长的速度太快了。从1953年到1957年,人口自然增长率超过20‰。他认为,这四年来,国家在各方面都有很大变化,如就业的人多了,组织家庭比过去容易了,妇女在产前产后都有休假,加上保健事业的发展,婴儿和母亲的死亡率大大下降,人口大量死亡的现象没有了。这些条件都是人口增长比过去快的原因。他说:"我们只要研究一下中国人口的增长情况就会感到人口问题十分严重。"[1]马寅初先生还以他那经济学家的敏锐目光看到了由人口增长过速而带来的一系列矛盾。在《新人口论》中,他详细地分析了人口增长太快与资金积累的矛盾、与劳动人口充分就业的矛盾、与增加工业原料的矛盾、与发展农业增加粮食的矛盾、与发展科学技术事业及文化教育事业的矛盾、与提高人民物质文化生活水平的矛盾。他尖锐地指出:"中国人口如继续这样无限制发展下去,就一定要成为生产力发展的阻碍"[2],"控制人口,实属刻不容缓,不然的话,日后的问题益形棘手,愈难解决"[3]。

30年的实践证明,马寅初先生当时对我国人口发展的趋势的估计是正确的,他的那些忠告也不是多余的。如若当时学界能像马先生那样冷静地分析我国人口状况,寻找控制人口的对策,那么我国今天的人口数也不至于发展到十亿这样巨大的规模。在计划生育已被确立为"基本国策"的今天,

---

① 马寅初.新人口论[M].北京:北京出版社,1980:26.
② 马寅初.新人口论[M].北京:北京出版社,1980:26.
③ 马寅初.新人口论[M].北京:北京出版社,1980:13.

重温马寅初先生在《新人口论》中所提出的种种意见和建议,愈益感到难能可贵。

二是指出了解决我国人口问题的方向,提出了控制人口的基本办法。

在不同的社会制度下,由于人口问题的性质不同,解决的办法和途径也就不同。例如,资本主义社会的相对人口过剩,是资本主义生产方式存在和发展的条件,它直接产生于资本主义制度本身。资产阶级及其政府无法解决此类问题,根本的解决办法只能是实行无产阶级革命,消灭资本主义制度,建立社会主义制度。我国存在的相对人口过剩的问题,与资本主义社会相对人口过剩有质的区别。它是由于人口增长过快,自然开发比较缓慢,生产发展相对不足造成的,与社会主义制度本身没有必然的联系。而且,只要在党的领导下,充分发挥社会主义制度的优越性,此类问题就不难解决。

马寅初先生正是在严格区分新旧社会本质差别的基础上来探求解决我国人口问题的办法和途径的,因而他能抓住问题的关键,指出正确的方向。马寅初先生在《新人口论》中提出的解决我国人口问题的方法与途径,概括地讲,就是积极发展生产,控制人口数量,提高人口质量。

在《新人口论》中,马寅初先生明确地提出了发展经济与控制人口同时进行的思想。他再三强调,"一面要积累资金,一面要控制人口";"一面控制人口,一面发展科学";"一面控制人口,一面加速发展工农业"。他说:"人口与生产的关系比任何其他因素都重要。"[1]"我们的经济是计划经济,生育也必须要有计划。这两件事必须同时进行。"[2]

鉴于我国人口增长过速,控制人口刻不容缓,马寅初先生在《新人口论》中提出了许多控制人口增长的具体办法。

(1)正确的人口统计。马先生认为,人口普查是一个静态的记录,因此除定期举行人口普查外,"今后必须建立生命统计,登记各个区域人口出生、

---

[1]　马寅初.新人口论[M].北京:北京出版社,1980:48.

[2]　马寅初.新人口论[M].北京:北京出版社,1980:65.

死亡、结婚、离婚、迁入、迁出的人数,这样才有正确的人口统计"[1]。

(2)实行计划生育。马先生说:"实行计划生育是控制人口最好最有效的办法。"[2]他主张把人口增长的数字写入第二个或第三个五年计划之内,使以后计划的准确性可以逐步提高。

(3)加强控制人口重要性的宣传工作。马先生认为,中国人特别是农村居民宗嗣继承观念太深,种种封建社会的思想,如"早生贵子""儿孙满堂""五世同堂""五世其昌""多福多寿多男子"等等,支配着他们的行动,只要生活好一些,便想娶女子,便患无后代,便畏出远门,便安土重迁。因此,"要节制生育,控制人口,第一步要依靠普遍宣传,使广大农民群众都明知节育的重要性,并能实际运用节育的方法"[3]。

(4)提倡晚婚。鉴于群众中存在"早生子早享福"等思想,马先生认为要提倡晚婚,大力宣传早婚的害处、迟婚的好处。他说:"大概男子二十五岁、女子二十三岁结婚是比较适当的。"[4]

(5)实行避孕。马先生说:"怎样实行计划生育,最重要的是普遍推行避孕。"[5]

(6)采用行政手段控制生育。马先生说:"国家理应有干涉生育、控制人口之权。"[6]他主张搞奖惩制,即两个孩子的有奖,三个孩子的要征税,四个孩子的要征重税,以征来的税款作奖金,国家的预算上既不支出,也不收入。

马先生提出的这些主张绝大部分我们今天都已经在实行,实践证明是行之有效的。毋庸讳言,马先生曾竭力反对人工流产。他列举了四条理由:一曰这是杀生,二曰会伤害妇女健康,三曰会冲淡避孕的意义,四曰会增加医生的负担。这些理由不无合理之处,但从实践经验来看,他的某些顾虑是

---

① 马寅初.新人口论[M].北京:北京出版社,1980:2.
② 马寅初.新人口论[M].北京:北京出版社,1980:20.
③ 马寅初.新人口论[M].北京:北京出版社,1980:20.
④ 马寅初.新人口论[M].北京:北京出版社,1980:20.
⑤ 马寅初.新人口论[M].北京:北京出版社,1980:28.
⑥ 马寅初.新人口论[M].北京:北京出版社,1980:20.

不必要的,一概反对人工流产,未免显得偏激。当然,马先生的这种主张出发点是维护妇女利益和整个社会的利益,因而是可以理解的。

马寅初先生将人口数量与质量问题联系起来考察,并明确地把"提高人口的质量,控制人口的数量"作为解决我国人口问题的根本方法,这是极有见地的。马先生说:"在一穷二白的中国,资金少,人口多,把人民组织起来,利用它作为一种资源,不是没有好处的,但不要忘记亦有人多的坏处。人多固是一个极大的资源,但也是一个极大的负担。我的新人口论主张保留它的好处,去掉它的坏处,保全这个大资源,但去掉这个大负担。方法是提高人口的质量,控制人口的数量,因为提高人口的质量等于增加人口的数量。"①马先生还从世界科学技术迅速发展的趋势着眼,进一步阐述了提高人口质量的重要性。他说:"我国人口的数量与质量之两不相称,几乎无人不知。现在我们已进入了原子能时代,非把人口的质和量快快适当地统一起来,很难完成原子能时代的任务。"②"我们可以肯定地说,此后战争的能否取胜,决定于人的智识,不决定于人的数量。这是智识的斗争,不是人数的斗争。"③

人口现象同世界上一切其他现象一样,不仅有量的一面,也有质的一面。人口的质量和数量处于对立统一之中,二者相互联系,相互制约,关系十分密切。然而,人口质量问题在我国学术界也曾一度成为"禁区"。有人认为"人口质量"的理论是新马尔萨斯主义者"捏造"出来的,讲人口质量就是陷入了新马尔萨斯主义的泥坑,就成了帝国主义、殖民主义者的应声虫。在当时的情况下,马先生能毫无顾忌地发表关于人口质量问题的见解,充分体现了他作为一个学者的过人的胆识。

三是对社会主义人口规律进行了大胆的有益的探索,提出了许多重要的有价值的理论观点。

---

① 马寅初.新人口论[M].北京:北京出版社,1980:45.

② 马寅初.新人口论[M].北京:北京出版社,1980:40-41.

③ 马寅初.新人口论[M].北京:北京出版社,1980:45.

众所周知,对于资本主义社会的人口规律,马克思主义经典作家曾有过详尽的论述,然而,社会主义社会的人口规律,在马列著作中却没有现成的答案。这需要社会主义国家的人们通过自己的社会实践和理论研究来加以解决。在《新人口论》中,马寅初先生提出了创建具有中国特色的人口理论的设想。他说:"我们要创造一个新的学说来对抗马尔萨斯。"① "中国的人口问题是一个特殊的人口问题,要调查、分析和研究,要用大量的有关资料来立自己的,不能专凭教条来破别人的。"②

在《新人口论》中,马寅初先生对社会主义社会的人口规律进行了多方面的探索,尽管由于种种条件的限制,当时他未能也不可能对社会主义社会的人口规律进行全面、系统的研究,然而他提出的一些观点是很有理论价值的。

这些观点归纳起来主要有以下五条。

(1)社会主义国家必须实行计划生育。社会主义经济就是计划经济,如果不把人口列入计划之内,不能控制人口,不能实行计划生育,那就不能称其为计划经济。从我国现实情况看,人口问题将愈来愈严重,因而非实行计划生育不可。

(2)调节人口的目的是提高劳动人民的物质和文化生活水平。马尔萨斯学派主张以瘟疫、疾病、战争等残酷的手段削减人口,我们只是主张把还没有生出来的人口,用避孕的方法控制起来而已。

(3)在社会主义社会,生育子女不仅仅是私人的事,而且是社会的事。因为我们的社会是集体的社会,结婚生孩子牵涉到集体的利益。

(4)要提高人口质量。人口问题不仅是量的问题,也有质的问题。中国人口,包括各阶层在内都要提高知识水平。不把人口的质和量适当地统一起来,很难完成新时代的任务。

(5)计划经济与计划生育必须同时进行。我们的经济是计划经济,生育

---

① 马寅初.新人口论[M].北京:北京出版社,1980:43.

② 马寅初.新人口论[M].北京:北京出版社,1980:63.

也必须要有计划,这两件事必须同时进行,否则要给计划经济带来很多困难。

《新人口论》的贡献自然不止以上列举的这些,它的意义有待于人口理论工作者们进一步发掘。但就以上观点,足以证明《新人口论》的发表是我国人口学界的一件不可等闲视之的大事,它的意义和作用应当载入我国人口思想发展的史册。

三、《新人口论》的历史地位

北京大学张纯元副教授曾把中华人民共和国成立以来人口思想的发展过程分为三个阶段,他认为在这三个阶段中各有典型的人口思想,即 20 世纪 50 年代的节制生育的人口思想、50 年代后期到 60 年代末期的鼓励生育的人口思想、70 年代中期以后的有利于计划生育的人口思想。笔者认为这种分法是有道理的,也是符合实际情况的。马寅初先生的《新人口论》发表于 50 年代中期,即处于新中国成立以来人口思想发展的第一阶段。那么它在这个阶段中占有怎样的位置呢?

50 年代初期和中期,我国人口研究颇有生气,思想活跃。1954 年 12 月 19 日,著名的和平老人邵力子先生在《光明日报》上发表《关于传播避孕常识问题》一文,提倡避孕节育和有计划生育。1956 年 12 月,著名经济学家王亚南的《马克思主义的人口理论与中国人口问题》一书正式出版。1957 年 2 月 15 日,北京劳动干部学校校长罗青邀请中国人民大学、南开大学、中央民族学院、北京政法学院等高等院校的专家学者和中国科学院、公安部、卫生部、国家统计局等有关部门的代表共 40 余人,在著名人口学家陈达教授的住所召开了人口研究座谈会。1957 年上半年,我国老一辈社会学家和人口学家,如费孝通、陈达、吴景超、陈长蘅、孙本文、戴世光、赵承信、全慰天等,先后在报刊上发表人口学方面的文章。然而,在当时发表的主张节制生育的人口学论著中,最有代表性、影响最大的当推马寅初先生的《新人口论》。它不仅从理论上充分论述了节制生育、控制人口增长的必要性和紧迫性，而且提出了一整套控制人口增长的措施与办法，从而集中、全面、深刻地反映了 50 年代节制生育的人口思想和学术观点。因此，我们可以说，《新人口论》作为 50 年代节制生育人口思想的代表作是当之无愧的。

同任何反映了时代正确思想的学术论著一样，《新人口论》的影响是深远的。其中有关计划经济与计划生育关系的论述、人口与社会经济发展的关系的论述、控制人口数量与提高人口质量的论述以及关于人口政策和节育措施等方面的论述，直到今天还有着重要的现实意义。党的十一届三中全会以后，我国人口学研究蓬勃兴起，开展了多方面的研究工作，取得了丰硕成果，其中有相当一部分工作，可以看成是马老 50 年代研究工作的继续和发展。《新人口论》承前启后的作用是非常明显的。

总之，马寅初先生的《新人口论》是以马克思主义为指导研究我国人口问题的一项重大成果。它代表了一个历史时期的正确的人口思想，并为深入研究具有中国特色的马克思主义人口理论体系开辟了道路，是我国人口思想史上的一块重要的里程碑。

原载《杭州大学学报》(哲学社会科学版)1987 年第 4 期，第 60-65 页。

人口语言结构研究

人口语言结构是人口社会结构的重要组成部分。语言是人类不可或缺的交际工具。但语言作为一种交际符号,是约定俗成的。不同的民族、不同的区域,有着不同的人口语言群体,呈现出千姿百态。人口的迁徙,使语言的结构更显得纷繁复杂。研究人口语言结构,就是要揭示人口语言结构产生和变化的一般规律,展现当今世界人口语言结构的状况和特点,预测人口语言结构的发展趋势,为制定有关社会发展政策提供依据。

一、人口语言结构的产生和变化

(一)人口语言结构的产生

人口语言结构是指总人口中使用不同语言的人口之间的比例关系。研究人口语言结构,必然会遇到两个问题:一是语言与方言的区分问题,二是人口的语言归属问题。

语言是由语音、语义、词汇和语法四个要素组成的。不同的语言,在语音与语义的结合上,在建构语言的材料和规则即词汇和语法上,都有着显著的区别。然而在同一种语言里又有方言的区别,甚至在一个方言中,还可区分出次方言和土语。方言,通常指的是地域方言。近年来,有的语言学家又提出社会方言,指的是行业语、隐语、集团语等。地域方言是一个社会全民语言的地方变体。同一语言的各方言之间,在语音、词汇和语法方面都存在一定差别,其中语音的差别最为显著,但是跟各方言间的共同成分比起来,差别是次要的。在通常情况下语言与方言并不难区分。然而语言也同其他事物一样处于不断发展变化之中。方言形成之后，根据社会发展，可能出现以下几种情况：如果一个社会达到高度统一，那么，为了适应社会、政治、经济发展的需要，各方言逐步走向统一，最后融合在全民的共同语里；如果一个社会继续处在不完全分化的状态，那么，方言一方面保持自己的特点，另一方面又服从所属语言的发展趋势，继续作为方言而存在；如果一个社会从不完全的分化状态发展成为相互独立的社会，那么，原来的方言也就不断扩大它们的不同点，走上各自发展的道路，成为独立的亲属语言。最后一种情况，在其发展过程中就很难确定其是方言还是独立语言。所以，语言与方言的区别是相对的。法语和意大利语、瑞典语和挪威语、波兰语和波希米亚语，是各自独立的语言，可是在这些国家的边界地区，两种语言竟相差无几，并不比各语言内部的方言差别大。我们研究人口语言结构，所指的语言是独立的语言而不是方言，然而它们间的界限有时并不是很清楚的。

人口的语言归属问题也颇复杂。有的人终生只说一种语言，即他的本族语；有的人除讲本族语外，还会说一种或几种外族语；一些移居异国他乡的人，与同乡和家里人说本族语，与周围的人说本地语，形成双语现象；也有一些移居异国的人，由于不与同乡聚居，特别是与外族人结了婚，不再有机会说本族语，久而久之，本族语反倒渐渐生疏起来，说不流畅，实际上是改换了语言。一般来说，人口的语言归属应以其母语即本族语为准。

人口语言结构不同于语言人口结构。前者指的是一个人口群体使用哪几种语言以及各种语言的使用人口占其总人口的比例；后者指的是使用同一种语言的人口分布在哪些地区以及各地区使用该语言的人口占其总人口的比例。一个国家可以有几种语言，一种语言也可以为几个国家的人民所运用，这两者确有联系，但有区别，不可混淆。

语言是人类社会的产物，离开人类社会语言就不存在。1920年在印度加尔各答米德那堡村曾发现了两个被狼抚养过的"狼孩"，叫卡玛拉和阿玛拉，都不会说话。阿玛拉在被发现之后曾被送到保育院去抚养，但是经过四年抚育，阿玛拉在语言上几乎没有获得什么进展，只学会六句话。"狼孩"丧失了语言能力的事实证实了只有人类社会才有语言，自然界不存在语言。

过去不少自然科学家曾设想动物会说话，他们做了所谓"兽语"的实验研究。如美国的自然科学家哈涅尔用了毕生的精力，研究了猿类表示意思的方法，并写了《猿类语言》一书。但是，研究的结果证明动物不会说话。他在书中写道："……猿类根本不能进行有联系的说话，它们的语言仅限于以同样的方式重复单个的声音和叫唤，如果推想它们的谈话具有高度的社会性质，这就是未经思虑的断言。"

人类是怎样产生语言的呢？是通过劳动产生的。更确切地说，是劳动创造了语言。

首先，劳动决定了产生语言的需要。近代科学证实了，现代人和现代类人猿都是由共同的祖先——距今大约 1500 万年前后的古猿——腊玛古猿进化而来的。人类祖先的古猿原来生活在树上，由于森林的逐步减少或消失，不得不移居到地面上来生活。当他们还生活在森林里的时候，比较容易得到食物和躲避猛兽的袭击，他们同其他鸟兽一样，不需要语言，只要有一些单调的叫声表示一定的感情和愿望就可以了。来到地面后，寻找食物不像伸手摘果子那么简单了，他们必须联合起来去捕获野猪、野牛这类庞然大物。若要驱挡猛兽，也不可能爬到树上去躲避了，而必须联合起来予以抵抗。他们还需要共同与洪水等天灾做斗争。人类的祖先在这种共同的劳动过程中，逐渐感到彼此之间需要交换对事物的看法，需要交流劳动经验，以便集思广益，达到步调一致的目的。这种共同的劳动就决定了他们创造语言的客观需要。恩格斯说："劳动的发展必然促使社会成员更紧密地互相结合起来，因为它使互相帮助和共同协作的场合增多了，并且使每个人都清楚地意识到这种共同协作的好处。一句话，这些正在形成中的人，已经到了彼此间有些什么非说不可的地步了。"①

其次，劳动决定了产生语言的可能。我们知道，动物的口腔与喉头通道

---

① 　卡尔·马克思，弗里德里希·恩格斯. 马克思恩格斯选集(第三卷)[M]. 北京:人民出版社,1972:511.

是弧形的,从肺部呼出的气流一下子冲出口腔外边,不能顺利地节制气流,因而难以形成分音节的语言。原始人从树上来到地面以后,由于劳动的经常化,前肢离开地面,整个身子直立起来。直立行走后,口腔与喉部气流通道形成一个直角。这样,气流经过的通道延长了,可以有时间去节制气流,使气流造成局部阻碍,以便发出不同的音节,形成多种多样的声音。

任何语言都是声音和意义的统一体。光有声音而不表示意义,这不是语言。人类的祖先直立行走后,头部转动自如,从而可以自由地观察周围的一切事物,他们的视野扩大了。手成为劳动器官后,经常跟多种物体接触,从而使古猿的神经系统受到多样化的刺激,改进了神经系统的反映功能,培养了认识和区别不同事物的能力,促进了思维的产生。这样,语言所必需的意义要素也得以形成。

语言是声音与意义的统一体。但是,什么样的声音与什么样的意义相结合,是社会约定俗成的,两者之间无明确必然的联系。例如,"一种会捉老鼠的家养动物",汉语用 mao〈māo〉这样的声音来表示,英语用 cat〈kæt〉这样的声音来表示,俄语用 ROT 这样的声音来表示。同样,相同的声音也可以表示不同的意义。例如,汉语中(shù)这个声音可以表示"数""树""竖""恕""成"等意义。英语的(bænd)这个声音可以表示"带""铜管乐队"等意义。马克思在《资本论》第一卷中写道:"物的名称,是和物的性质全然没有关系的。"公元前 3 世纪我国古代的哲学家荀子(约公元前 313—前 238 年)在他的《正名篇》中曾经说过:"名无固宜,约之以命,约定俗成谓之宜,异于约则谓之不宜。"正因为声音与意义之间没有必然的联系,因而人类的语言才多种多样,有的人口群体共同使用一种语言,有的人口群体则使用几种语言。在一个人口群体中,使用各种语言的人数并不一样,有的语言使用的人数多,有的语言使用的人数少。以语言为标识,可以把一个人口群体划分为不同的语言群体,这就产生了人口语言结构。语言是人类社会的产物,自从有了人类社会,有了语言,就有了人口语言结构。

(二)人口语言结构的变化

语言是随着社会的发展而发展的。从语言发展的基本趋势来看,一般具有两个相反相成的过程,这就是语言的分化和统一。在某一特定的区域内,不管是语言的分化还是语言的统一,都会导致人口语言结构的变化。

语言的分化使人口语言结构趋于复杂。一个统一的社会由于某种原因,如封建割据、人口迁徙、外族入侵等,变成几个相互独立的社会。那么,原来统一的语言也就可能在方言的基础上发展成几种独立的语言。例如,13世纪时,我国北方蒙古帝国建立的时候,蒙古人的语言是统一的,内部差异很小。后来蒙古帝国连年对外战争,很多人随军远征,分散在横跨欧亚两大洲的大片土地上。由于地广人稀,交通不便,各地的人不常往来,于是蒙古语的各种方言差别就逐渐发展扩大开来。后来蒙古帝国瓦解了,蒙古语的某些方言就逐渐走上各自发展的道路,分化成几种独立语言,像蒙古语(在蒙古国和我国)、莫戈勒语(在阿富汗)、布里亚特语(在苏联)、东乡语(在我国)、土族语(在我国)、达斡尔语(在我国)等。

在历史上,语言的分化是一个普遍现象。当今世界语言纷繁复杂,以至于我们无法确切统计世界上究竟存在着多少种语言。根据《语言学及语言交际工具问题手册》一书的估计,目前世界上存在着5000多种语言。其中美洲就有1000多种语言,非洲语言也有近千种。如此众多的语言,是语言长期分化的结果。通过比较研究就可以发现,其中一些语言在构词及语法方面彼此十分相似,说明有着共同的来源。像生物学家把生物分成门纲目科属一样,语言学家根据语言的渊源关系和相似程度,把世界上的语言分为不同的语系、语族和语支。同一语支的语言关系最近,共同点最多;语支不同而语族相同的语言,关系就比较疏远一些;语族不同而语系相同的语言,关系最为疏远,但是仍然有来源上和结构上的共同点。经过这样的比较、分析和归纳,世界上重要的语系只有20来个,次要语系约有50来个。这说明,尽管世界上的语言多达数千种,但差不多都是从数量有限的母语不断分化而来的。

语言分化的结果是使语言种类增多。对于原先说某种语言的人口群体来说,由于一种语言分化为几种语言,这个群体的人口语言结构就从单一结构变为复杂结构。这是人口语言结构变化的一种状态。

在语言发展的过程中，语言的统一是一种很复杂且而很重要的趋向。语言的统一，首先指的是同一种语言不同方言间的统一。一个原来很不统一的社会走向统一后，会导致语言的统一。例如古代法语原来是不统一的，12—13世纪以后，随着法兰西政治上的逐渐统一，就逐渐出现了在法兰西岛方言（以巴黎为中心）的基础上形成的法兰西共同语。

语言统一的另一种情况就是语言的融合，即两种不同的语言相互接触后，其中一种语言取代另一种语言。汉语在历史上曾和不少他族语言发生过融合。据《魏书·高祖孝文帝纪下》记载，在南北朝期间，鲜卑族在中国北方建立了北魏王朝，汉族在政治上处于被统治的地位。由于鲜卑族原来是个游牧民族，在经济、政治、文化等方面都不如汉族先进和发达，因此，魏孝文帝出于政治上的需要，为了保持统治地位，实行与汉族同文的政策，向汉族靠拢，向汉族学习，跟汉族融为一体。在语言上提倡向汉族学习，并且禁止在朝廷里讲鲜卑语："不得以北俗之语，言于朝廷，若确违者，免所居官。"北魏政权崩溃以后，遗民也很难再迁回原居住地恢复旧生活，只能跟汉人杂居。结果，鲜卑人都学会了汉语，而不再使用鲜卑语。鲜卑语就这样被汉语所取代。今天，尽管人们可以在《隋书·经籍志》里看到有关鲜卑语著作的书名，但谁也搞不清曾在世界上存在过的鲜卑语究竟是怎样的了。在近代，满族入关后，满族人逐渐不再说满语。

历史上，拉丁语也曾取代凯尔特语。古代凯尔特部落居住在现在法兰西的西部和中部。后来罗马帝国占领了法兰西，经过四个世纪（公元前1世纪—公元3世纪）以后，凯尔特语就被拉丁语所取代。后来这里的拉丁语变成了法语。

语言的融合不是一下子就实现的。它需要有一个过程，开始的时候，一个民族在使用本族语的同时，逐渐学会了另一语言，成为使用双语的民族。以后新学会的语言在交际中起主要作用，原来的语言就缩小作用范围，退居次要地位，最后停止使用，最终，实现语言融合。

一个多民族国家的人们为便于相互间的交往，需要有一种共同的语言。这种全国通用的语言通常被称为国语。这也是语言趋于统一的一种情形。

然而,国语与国家的概念并不是一一对应的。有的国家的国语可能不止一种。例如,加拿大明确两种国语(英语和法语),瑞士甚至多达四种国语(德语、法语、意大利语和罗曼氏语)。不过,一些国家虽有几种国语,但往往只有一种是主要的,如加拿大以英语为主,瑞士以德语为主。

就某一特定的人口群体来说,由于语言统一,种类减少,人口语言结构就趋向简单。不过在语言统一的过程中,由于双重语言现象的出现,在一定时期内会使人口语言结构变得错综复杂和难以确定。在一个人口群体内部,语言越统一,人口语言结构越单纯,就越便于相互间的交往,这对于社会经济的发展是有利的。

二、人口语言结构的现状

(一)世界人口语言结构概况

世界上究竟存在着多少种语言?到目前为止,语言学家们还只能提供一个估计数,并没有一个确切的数据。这是因为:一方面有一些语言主要是使用人数很少的少数民族语言,语言学家们还未对其开展调查研究;另一方面,对已调查研究过的某些语言究竟是独立的语言还是方言,语言学家们在看法上还不尽一致。然而这一状况并不妨碍我们对世界人口语言结构做粗略的描述。因为世界上语言的种类虽多,但这些语言中的绝大部分只有很少的人使用,有的甚至只有几十人使用,比较普遍使用的只有二百来种。世界上95%的人所讲的语言还不到一百种。使用人数超过5500万的语言仅有13种,即汉语、英语、法语、西班牙语、俄语、阿拉伯语、印地语、孟加拉语、日语、葡萄牙语、德语、印度尼西亚语和意大利语。前六种语言是联合国的正式语言和工作语言,也可以说是世界上最重要的语言。根据语系和主要语言的分布情况,我们可以略知世界人口语言结构的概况(见表1)。

表 1   世界人口语言结构概况

语言或语系	占世界总人口/%	语言或语系	占世界总人口/%
印欧语系	45.50	越南语	1.20
汉藏语系	24.80	印第安诸语系	0.90
尼日尔—刚果语系①	5.70	尼罗—撒哈拉语系	0.60
马来—波利尼西亚语系	4.85	乌拉尔语系	0.60
闪含语系	4.80	高加索语系	0.20
达罗毗荼语系	3.80	孟—柬埔寨语系	0.30
日本语	2.70	门达语系	0.20
阿尔泰语系	2.50	巴布亚诸语系	0.05
朝鲜语	1.30	其他②	0.01

资料来源:世界人文地理手册(修订版)[M],北京:知识出版社,1984:113.

从表 1 可以看出,全世界有近半数人口使用的语言属印欧语系。印欧语系主要分布在欧洲、美洲、亚洲等地,西自欧洲的斯堪的那维亚半岛,中经印度、伊朗,东达我国的新疆。它包括日耳曼、罗曼、凯尔特、希腊、阿尔巴尼亚、亚美尼亚、斯拉夫、波罗的、巴斯克、伊朗、印度等 10 多个语族的 70 多种语言。世界上 13 种主要语言中的 9 种,即英语、法语、德语、意大利语、西班牙语、葡萄牙语、俄语、印地语、孟加拉语属于这个语系,其中使用英语的人多达 3.5 亿左右。英国、美国、加拿大、爱尔兰、澳大利亚、新西兰等十几个国家都把英语当作主要语言。德语、西班牙语、葡萄牙语、俄语,印地语、孟加拉语的使用人数均在 1 亿以上。

世界上约有 1/4 的人口使用汉藏语系的语言。汉藏语系主要分布在中国、越南、老挝、泰国、缅甸、不丹、尼泊尔和印度等国境内。这一语系包括汉语和壮侗、苗瑶、藏缅语族的 20 来种语言。其中汉语是世界上使用人数最多的语言,使用人数达 10 亿以上,约为以英语为母语的人数的 3 倍。这就是说,世界上有 1/5 的人口使用汉语。

---

① 也称为尼日尔(刚果)—科尔多凡语系。
② 包括人数较少和系属不明的语言。

世界上有近 3 亿人口使用尼日尔-刚果语系的语言。尼日尔-刚果语系是非洲最大的语系。除了北非若干国家外,几乎整个非洲大陆的几百种语言都属于这一语系。这个语系中最重要的语族,是班图语族,使用人数在 1 亿以上。这一语族包括 300 多种语言,其中斯瓦希利语是目前在东非使用最广的语言,通行于坦桑尼亚、肯尼亚、乌干达和扎伊尔等国。

使用马来—波利尼西亚语系的人口近 2.5 亿。马来—波利尼西亚语系分布的地区相当广阔,从非洲东岸的马达加斯加经印尼、菲律宾,直到东太平洋的众多岛屿。这一语系中,印尼语最为重要,使用人数在 1 亿以上。

世界上有 2 亿以上人口使用闪含语系的语言。闪含语系分布在阿拉伯半岛、东非、北非各国和地区。其中阿拉伯语使用的人数最多,约 1.5 亿。

使用人数在 1 亿以上的语系还有达罗毗荼语系、日语、阿尔泰语系等。其他比较重要的语系和语言还有朝鲜语,越南语、印第安诸语系、尼罗-撒哈拉语系、乌拉尔语系、高加索语系、孟-柬埔寨语系、门达语系和巴布亚诸语系。使用这些语系语言的人口,占世界总人口的 5% 左右。使用上述语系以外的语言包括归属不明的语言的人口,约占世界总人口的 0.01%。

(二)世界各国人口语言结构的类型

世界各国由于历史、民族构成及地理环境等各不相同,人口语言结构也各具特色。然而就人口语言结构的形式而言,大致可分为下列几种类型。

1. 单一型人口语言结构

一个国家基本上只讲一种语言,就是单一人口语言结构。像也门、约旦、埃及、沙特阿拉伯、科威特等国,几乎全体居民都讲阿拉伯语。阿尔巴尼亚人,讲阿尔巴尼亚语。匈牙利人,讲匈牙利语。乌拉圭人,讲西班牙语。当然,一种语言的国家,并不排除内部存在方言差别,也不排除极少数人会说别的语言。所谓单一人口语言结构只是从相对意义上讲的。

2. 偏重型人口语言结构

一个国家使用多种语言,某一种语言的使用人数占总人口的半数以上,这种人口语言结构就是偏重型人口语言结构。中国的人口语言结构就是典型的偏重型结构。中国人使用的语言种类不少，但使用汉语的人数最多，占总人口的 95％ 左右。世界上属于偏重型人口语言结构的国家很多。例如，老挝，80％ 以上的人口讲老挝语；柬埔寨，85％ 的人口讲柬埔寨语；缅甸，75％ 的人口讲缅甸语；泰国，85％ 的人口讲泰语；新加坡，75％ 的人口讲汉语；土耳其，95％ 以上的人口讲土耳其语；罗马尼亚，90％ 的人口讲罗马尼亚语；保加利亚，90％ 的人口讲保加利亚语；芬兰，90％ 以上的人口讲芬兰语；巴拉圭，75％ 的人口讲西班牙语。像越南、孟加拉国、波兰、原民主德国、法国、意大利、荷兰、加拿大等国，人口语言结构都属于偏重型结构。

3. 联合型人口语言结构

一个国家讲多种语言，但哪一种语言的使用人数都未超过总人口的半数，这种人口语言结构是联合型人口语言结构。例如，印度有 150 多种语言，主要语言有印地语、乌尔都语、孟加拉语、马拉蒂语、比哈尔语、古吉拉特语、奥里亚语、旁遮普语、拉贾斯坦语、阿萨姆语、比利语和信德语等 12 种，但没有一种语言的使用人数超过总人口的 30％。科特迪瓦有 50 多种本地部族语言，但没有一种语言的使用人口超过总人口的 15％。尼日利亚拥有 250 种语言，最重要的本族语言豪萨语，使用人数未超过总人口的 20％。喀麦隆有本地语言 100 多种，其中最重要的芳语，使用人数未超过总人口的 15％。这类国家由于没有一种语言能够覆盖半数以上人口，那么就需要有一种全国通用的共同语作为交际工具。事实上这些国家都有一种以上的共同语。印度的共同语是英语和印地语。科特迪瓦的共同语是法语。尼日利亚的共同语是英语。喀麦隆的共同语是法语和英语。

4. 重叠型人口语言结构

一个国家一部分或大部分人口会讲两种语言，虽然有母语和第二语言之分，但这个界限有时很难分清，甚至存在以第二语言代替母语的趋势。这样，这一部分人口就被两种语言所覆盖，这就出现重叠型人口语言结构。例如斐济，约 40％ 的人口讲斐济语，50％ 左右的印度血统居民讲印地语和乌尔都语，但这个国家绝大多数人又都会讲英语。波多黎各，通行西班牙语，英语为第二语言,但其城市中的人一般都使用英语。格林纳达曾一度通行克里奥耳法语,现通行英语,原先的克里奥耳法语已处于消亡的边缘。重叠型人口语言结构的出现,是语言融合过程中的现象。它不可能持久,但在一定时期内会给统计工作带来困难。

三、人口语言结构的发展趋势

(一)人口语言结构发展的一般趋势

人口语言结构的状况,取决于特定人口群体中语言种类的多少和每种语言覆盖面的大小。

语言是人类社会的产物。语言随着人类社会的产生而产生,随着社会的发展变化而发展变化。不少在历史上曾经出现过的语言,现在已无人使用,早已消亡了。我们是通过古籍和考古才知道有过某种语言。然而古籍和考古所能告诉我们的毕竟是微乎其微的一小部分。既然直到今天,世界上还有不少语言不具备书面形式,那么在古代,没有文字的语言一定会更多。这种语言一旦失传,便会消失得无影无踪。我们知道,语言与民族不是一一对应的。有的民族不止一种语言,有的语言被几个民族使用。但语言的形成和发展,与氏族、部落、民族有着极大的关系。"民族"这个概念,世界上的专家学者众说纷纭。斯大林把民族概括为人们在历史上形成的一个有共同语言、共同地域、共同经济生活以及表现在共同文化上的共同心理素质的稳定的共同体。[①] 这种共同体并不是一成不变的。在人类历史上,由于人口的大规模迁徙和国家的兴建、灭亡、合并、分裂等各种社会因素,民族经历着形成、发展、同化、融合和消亡等过程。作为民族标志之一的语言也经历着同样的过程。如果仅仅局限于某一个具体的民族,人口语言结构的发展趋势是难以预测的,因为有许多社会因素难以预料。如果从全人类着眼,人口语言结构的发展则并不是无规可循。

科学界已证明,人类有着共同的祖先。人类发展的早期,人口并不多。

---

① 中央编译局.斯大林全集(第二卷)[M].北京:人民出版社,1953:294.

公元前 7000—前 6000 年,全世界人口总共不过 500 万至 1000 万,而且相对集中地居住在几个不大的区域内。显然这时的语言种类不会很多,人口语言结构也比较简单。由于人口的不断增加,人们逐渐向未开发的地域扩展。人口的大规模迁移,使说同一种语言的人们分居到各地。由于交通不发达,移民与发源地来往不便,语言的差别就会越来越大,最后发展成独立的亲属语言。今天的一些大语系,都包含若干语族,每个语族下面又有若干语支,每个语支下面有若干种语言。现存语言这种树枝般的亲属关系中,可以反映出历史上语言分化的过程和规模。虽然在语言发展的过程中,始终存在分化和统一这两种趋势,但不难推测,在地球上还存在大量未开发区域的情形下,还会出现人口迁徙和语言分化的现象。语言的分化导致语言种类增多,就世界范围而言,也导致人口语言结构趋于繁杂。

历史上,部落间、民族间的争斗连绵不断。部落的分化与兼并、国家的建立与灭亡使语言长期处于分化与统一的变化之中。

近代资产阶级的出现,特别是当资本主义发展到了垄断阶段,争夺殖民地、瓜分和重新瓜分世界的斗争愈演愈烈。资产阶级一来到世上,就开始以自己的面貌改造世界。世界市场的出现,轮船的行驶,铁路的通行,电报的使用,把中世纪那种地方的民族的自给自足和闭关自守状态打破了,地区、民族、国家间的交往大大增多了。语言,人类社会最重要的交际工具,自然也经历着前所未有的变化。最先发展起来的资本主义国家的语言,随着政治、经济、文化影响的扩大,使用范围也迅速扩大。有人估计,在 1600 年使用英语的人数约为 600 万,到 1912 年扩大到 1.5 亿。1920 年,以英语为母语的人约有 1.7 亿。这就是说,300 多年间使用英语的人口规模增长了近 30 倍。同样,从 1600 年到 1912 年,使用德语的人数由 1000 万增至 9000 万,使用俄语的人口由 300 万增至 1.06 亿,使用法语的人口由 1400 万增至 4700 万,使用西班牙语的人口由 850 万增至 5200 万,使用意大利语的人口由 950 万增至 3700 万。[①] 一些被压迫民族的语言,或者被强制禁止使用,

---

① 布龙菲尔德.语言论[M].北京:商务印书馆,1985:47,63.

或者因其不适应交际需要而退居次要位置,使用范围日益缩小或被淘汰。"语言的统一和语言的无阻碍的发展,是保证贸易周转能够适应现代资本主义而真正自由广泛发展的最重要条件之一,是使居民自由地广泛地按各个阶级组合的最重要条件之一,最后,是使市场同一切大大小小的业主、卖主和买主密切联系起来的条件。"①因此,这一时期语言发展的主要趋势是融合和统一,世界主要语种的人口覆盖面迅速扩大。当然,世界上语言的种类依然很多。语种繁多而主干分明,是这个时期世界人口语言结构的特征。

社会主义国家的陆续出现,对语言的发展和统一产生了新的影响。社会主义国家的民族政策完全不同于资产阶级的民族政策。资产阶级虽然在上升时期,在民族解放运动中起过一定的进步作用,但他们始终把本民族的利益——实际上就是本民族中资产阶级的利益——放在其他民族的利益之上,对其他民族采取歧视、压迫的政策。社会主义国家则主张各民族一律平等:在国际上,支持被压迫民族为争取民族解放和独立的正义斗争;在国内,确立平等、团结、互助的社会主义民族关系。在社会主义国家,各民族包括少数民族的语言都得到承认、尊重和发展。例如,在新中国成立前,日本侵占我国东北以后,在朝鲜族中推行奴化政策,禁止朝鲜族人民使用本民族的语言文字,小学生在学校里说了朝鲜语要罚款。新中国成立后,朝鲜族人民终于获得了使用本民族语言文字的自由和权利。新中国成立以来,国家积极帮助没有文字的少数民族创立自己的民族文字,这对这些民族的语言发展起了良好的推动作用。同时,社会主义国家是建立在人民当家作主基础上的高度统一的国家,政治上、经济上、文化上的统一,有助于民族间的相互接近和语言融合、统一。这种统一是建立在相互尊重基础之上的,因而是稳固的。

人类社会的发展趋势使人们越来越清楚地看到,尽管各民族都有使用和发展本民族语言的自由,但人类语言继续走向统一的总趋势是不可改变的。众所周知,语言是人类的交际工具。今天,人际交往比任何时候都更为

① 中央编译局.列宁选集(第二卷)[M].北京:人民出版社,1972:508.

密切。便利的交通和高度发展的现代化通信网络仿佛使地球变小了,人们不再局限于狭小的范围内活动。为了便于人们在大范围内活动,客观上需要有适用于较大范围的语言。覆盖面很小的语言为覆盖面大的语言所代替是不可避免的。

在现代交通和通信条件下,即使出现人口迁移和社会分化现象,也不一定会像历史上曾出现过的那样导致语言的分化。当今世界不同地区、不同民族可以使用同一种语言,就是明证。

当前,世界人口语言结构还是联合型结构。随着语言的逐渐统一,主要语言的影响将继续扩大,使用者的比重将逐步提高。世界人口语言结构将逐步由联合型走向偏重型。

(二)人口语言结构单一化的前景

世界各国、各民族由于语言不通,给人们的相互交往带来了困难和障碍。为了克服语言障碍,往往需要付出巨大的代价。就拿欧洲共同体来说,在 1981 年以前,它的正式成员只有 9 个国家,可是工作语言就有 6 种,仅在布鲁塞尔总部就有 400 名翻译。在共同体委员会中,译员占工作人员总数的 36％。1979 年,共同体在翻译方面的支出竟达 400 万美元之巨。从人才培养方面看,若将古往今来人们为学习外语而花费的时间累计起来,必定是一个惊人的天文数字。要是能将世界上种类繁多的语言统一为一种语言或几种语言,那将会节约多少精力和时间!

人们早就开始寻求各民族通用的交际工具。从 17 世纪起就不断有人设计国际辅助语方案。据苏联世界语者联盟主席德雷仁所写的《世界共同语》一书所做的统计,在 17 世纪至 19 世纪期间出现的世界语方案有 290 种,其中 230 多种是在“世界语”(Esperanto)这个方案发表以前产生的。由于这些方案本身技术上的缺点,特别是多以创造一个全人类统一的“世界共同语”为目的,脱离客观实际,因此,一般来说都没有获得成功。比较成功的是波兰医生柴门霍夫(L. L. Zamenhof,1859—1917)于 1887 年所创造的“世界语”。

世界语开始传入中国时,曾音译为"爱斯不难读"语,或简称"爱世语",也有叫"万国新语"的,后来人们沿用日本当时的意译名称"世界语",直至今日。世界语问世以来,受到广泛欢迎,是最重要的、最有影响的、使用最广泛的一种人造的国际辅助语。目前,世界上有90多个国家近2000万人会世界语,12个国家的十几个电台有世界语广播,有40多个国家中的700多所学校开设世界语课程。许多国家建立了世界语组织。它的国际性组织是"国际世界语学会",这一学会经常开会,交流经验。世界语对于人类的价值将随着社会的发展而进一步显示出来。但是,世界语毕竟是一种人造的国际辅助语,它不能代替自然语言作为人们的母语。

世界上种类繁多的语言最后有可能成为统一的一种语言。繁多的语言是由众多的民族造成的。然而,民族是一个历史范畴。随着人类社会向高级形态发展以及经济、文化的高度发达,民族间的差异自然会逐渐消失,民族趋于消亡,世界终将会达到"大同"的境地。当民族差异不复存在的时候,实现语言统一便是顺理成章的事。当然,这需要一个漫长的历史过程。斯大林曾对将来的世界共同语做过这样的推断:这种语言当然既不会是德语,也不会是俄语和英语,而是吸取了各区域语言的精华的新语言。①

四、中国的人口语言结构

(一)中国人口语言结构概况

中国是个统一的多民族国家。中国历史悠久,人口众多,地域辽阔,民族语言十分丰富。中华人民共和国成立以后,实行民族平等、民族团结、民族区域自治的政策,大力进行少数民族社会历史和语言的调查,开展民族识别的工作。到目前为止,已经确定了56个民族。其中除回族、满族一般使用汉语外,其他少数民族大多数使用一种民族语言。有些民族使用两种或两种以上语言。例如,瑶族分别使用勉语、布努语和拉珈语,高山族分别使用布嫩语、排湾语、阿眉斯语等,还有一些民族大部分使用或兼用汉语。此

---

① 斯大林.马克思主义和语言学问题[M],北京:人民出版社,1971:49.

外,还有一些新发现的语言。据有关专家研究统计,中国的民族语言在 80 种以上。这些语言分属 5 个语系、10 多个语族。不过,各种语言的人口覆盖面宽窄悬殊,有的使用人数多达 10 亿,有的则少到不足 1 千人(见表 2)。

表 2　中国人口语言结构

语系、族语或语言	使用人数/万人	占比/%
总计	103188.00[①]	100.00
汉语	97750.00	94.73
藏缅语族	1560.00	1.51
壮侗语族	1900.00	1.84
苗瑶语族	640.00	0.62
蒙古语族	390.00	0.38
突厥语族	700.00	0.68
满通古斯语族	11.00	0.01
印度尼西亚语族	20.00	0.02
孟高棉语族	37.00	0.04
斯拉夫语族	0.29	——
伊朗语族	2.65	——
朝鲜语	176.00	0.17
京语	1.30	——

资料来源:(1)马寅、林耀华、费孝通等,中国大百科全书·民族[Z],北京:中国大百科全书出版社,1986:554-558;(2)毛汉英,世界人文地理手册[Z],北京:知识出版社,1984:115-142.

中国语言中属汉藏语系的有 30 多种,分属汉语和藏缅、壮侗、苗瑶 3 个语族。

汉语在语言系属分类中相当于一个语族的地位,使用汉语的人口遍布全国各地,约占总人口的 95%。

藏缅语族的语言有藏语、门巴语、珞巴语、嘉戎语、土家语、羌语、普米

---

① 1982 年包括台湾、香港、澳门、金门、马祖在内的总人口数。

语、独龙语、怒语、彝语、傈僳语、纳西语、哈尼语、拉祜语、白语、基诺语、景颇语、载瓦语、阿昌语等,分布在西藏自治区、青海、甘肃、四川、云南、贵州、湖南、湖北等省和广西壮族自治区,使用人数有 1560 多万。其中藏语使用人数 385 万,彝语约 545 万,白语约 113 万,纳西语约 25 万,景颇语约 9 万。

壮侗语族语言有壮语、布依语、傣语、侗语、水语、仫佬语、毛南语、拉珈语、仡佬语、黎语等,分布在广西壮族自治区和云南、贵州、湖南、广东等省,使用人数约 1900 万。其中壮语使用人数约 1338 万,布依语约 212 万,傣语约 84 万,侗语约 143 万。

苗瑶语族语言有苗语、布努语、瑶(勉)语和畲语,分布在贵州、湖南、云南、四川、广东 5 省和广西壮族自治区,使用人数 640 余万。其中苗语使用人数约 500 万,瑶语约 140 万。

中国属阿尔泰语系的语言有 19 种,分属蒙古、突厥、满-通古斯三个语族。蒙古语族有蒙古语、达斡尔语、东乡语、东部裕固语、土族语和保安语,分布在内蒙古自治区、新疆维吾尔自治区和黑龙江、辽宁、吉林、青海、甘肃等地。使用人数 390 余万。其中蒙古语使用人数约 340 万,东乡语约 28 万,土族语约 16 万,达斡尔语约 9 万。突厥语族语言有维吾尔语、哈萨克语、柯尔克孜语、乌兹别克语、塔塔尔语、撒拉语、西部裕固语、图佤语,分布在新疆维吾尔自治区和青海、甘肃、黑龙江等省,使用人数约 700 万。其中维吾尔语使用人数约 597 万,哈萨克语约 86 万,柯尔克孜语约 11 万。满-通古斯语族有满语、锡伯语、赫哲语、鄂温克语和鄂伦春语,分布在新疆维吾尔自治区、内蒙古自治区和黑龙江省,使用人数约 11 万。

中国属于南岛语系(又称马来—波利尼西亚语系)的语言主要是属印度尼西亚语族的台湾地区高山族的语言,包括排湾语、阿眉斯语、布嫩语等。根据台湾学者 1965 年写的论文,台湾高山族人数是 235000 人,遍布全省三分之二的面积。由于长期与汉族杂居,交往密切,有相当一部分高山族居民转用汉语,所以使用高山族语言的人数比该族人口数要少一些。

中国属于孟—柬埔寨语系的佤语、崩龙语和布朗语,使用人数约 37 万。

中国属印欧语系的现代语言是属斯拉夫语族的俄罗斯语和属伊朗语族

的塔吉克语。前者使用人数 2900 余人,后者 26500 余人。

中国使用朝鲜语的人数约 176 万,使用京语的人数约 1 万。这两种语言系属未定。

（二）中国人口语言结构的特点

中国的民族语言虽然有 80 余种,但是汉民族共同语——现代汉语的地位十分突出,仅汉语这一种语言就覆盖了全国 95％的人口。因此,中国人口语言结构是典型的偏重型结构,而且人口语言单一化的倾向也十分明显。

形成中国人口语言结构当前这种格局的原因是多方面的。

第一,这是由中国人口的民族构成所决定的。新中国成立以来所进行的三次人口普查,汉族人口与其他少数民族人口之比,分别是 93.93∶6.07,94.22∶5.78,93.3∶6.7。汉族人口始终占绝对多数。汉族人民一直都使用统一的民族语言。汉语虽然在语言系属分类中处于语族的地位,但由于汉民族长期的统一,汉语始终未分化为不同的语支和亲属语言,仅仅存在众多的方言土语而已。

第二,这是民族语言融合的结果。汉语在其发展过程中,曾多次与其他民族语言融合。例如,南北朝时期汉语与鲜卑语融合。在近代,又与满语融合。鉴于汉族在经济、文化等方面的条件及汉语本身发展的状况,最终都是汉语取代了其他民族语言,从而使汉语扩大了使用范围。同时,汉语也从被取代的语言中吸取了一些成分以丰富自己。

第三,与中国各民族的人口分布状况有关。中国的民族发展在地区上是互相交叉的。汉族曾经长期统治中原,但也有不少的兄弟民族进入过内地,统治过中原,这样就形成各民族杂居的现象。在我国,一个民族完全聚居在一个地方的情况极少。新疆是少数民族比较集中的地方,但新疆不只有一个民族,而是有十多个民族。1982 年第三次全国人口普查时,在民族自治地方聚居的少数民族人口,占少数民族总人口的 74.5％。这就是说,还有 25.5％的少数民族人口散居在全国各地。与汉族人口杂居的少数民族人口,为了便于交际,或者使用双重语言,或者放弃本民族语言而改用汉语。像回族,分布的地区极广,据统计,回族人口分布的市县范围占全国 2375 个市县级单位的 97.3%,差不多每个县都有回族人居住。正因为如此,这个民族已放弃本民族语言而改用汉语。

第四,与汉民族的共同语的形成与发展有关。中国地域辽阔,汉语各方言之间差异甚大。有的专家把近代汉语方言分为四大群,即官话群(其中有华北方言,包括北京话;华中方言,包括南京话;四川华西方言),中部沿海方言群(上海话、宁波话、汉口话),江西方言群以及华南方言群(福州话、厦门—汕头话、广州—客家话)。相距甚远的两个方言区,彼此讲话就可能听不懂,这就需要有共同语予以沟通。现代汉语普通话是汉民族的共同语。普通话是在北方方言的基础上逐渐形成的,它以北方方言的中心——北京语言为标准音。新中国成立后,由于政治、经济、文化等方面都达到前所未有的统一,普通话的地位与作用就更为突出。国家把在使用汉语的地区内推广普通话当作社会主义文化建设的一项重要任务。汉语普通话不仅是汉族全体人民的共同语,而且也是我国的官方语言,即全国各族人民共同的交际工具。同时,汉语还是目前世界上通用的语言之一。从联合国成立之初起汉语就是联合国的工作语言,我国在联合国的合法席位恢复后,汉语又成为联合国的正式语言。过去在欧美只有很少人研究汉语,现在随着我国国际地位的不断提高,汉语成了这些国家的热门外语。鉴于汉语在国内和国际上的重要地位,汉语的使用范围不断扩大。

中国的人口语言结构虽然有单一化的趋势,但这并不意味着可以很快过渡到单一型人口语言结构。在今后相当长的时间内,仍然是汉语与其他民族语言共存。因为社会主义的民族政策是民族平等、民族团结和各民族共同繁荣的政策。各族人民都有使用本民族语言的权利和自由。另外,由于党和政府十分关心各少数民族的发展,对各少数民族实行与汉族有区别的生育政策,因而近年来少数民族的人口增长速度快于汉族。1964 年第二次全国人口普查时,少数民族人口占全国总人口的 5.78%,到 1982 年第三次全国人口普查时,少数民族人口的比重提高到 6.7%,1987 年全国 1‰人口抽样调查时,又提高到 8.0%,而汉族人口比重则相应降低。人口民族构成的变化,自然会促使人口语言构成发生相应的变化。人口语言结构单一化,只有在民族差别完全消除即民族消亡之时才有可能实现。

原载刘长茂主编:《人口结构学》,中国人口出版社,1991 年,第 194-214 页。

欠发达山区县人口的就业困境与出路①

　　人力资源极为丰富,建设资金严重短缺,物质资源相对不足,是欠发达山区县经济建设中人、财、物三大资源构成的基本格局。劳动力供给量持续增长和劳动力素质过低所产生的巨大就业压力已经形成,并在继续加重。它将成为山区脱贫致富和经济发展的最关键问题之一。本文以浙江省山区县磐安县为例,分析欠发达山区县面临的就业困境,并探讨解决其就业问题的出路。

一、困境——农业剩余劳动力有增无减

　　磐安县地处浙江省中部,素称"群山之祖、诸水之源"的大磐山自东北向西南贯穿全县,其支脉如覆掌五指,向全境伸延。全县土地总面积为1195.68平方公里,中低山面积占86.01%,丘陵占6.91%,平地只占7.08%,是一个典型的山区县。

　　磐安县是典型的山区农业县,1990年第四次人口普查(以下简称"四普")时,农业人口占总人口的95.05%。1949年到1990年这41年中,人口由106372人加到195145人,增长了83.46%,而耕地面积则由117214亩减少到103178亩,减少了11.97%。人均耕地由1949年的1.10亩下降到

---

　　①　与施军民、曹才合作,发表时署名"叶明德,施军民,曹才"。

1990 年的 0.53 亩,低于浙江省 0.62 亩的平均水平,更低于全国 1.28 亩的平均水平。该县耕地后备资源不足,据调查,目前尚可开垦的土地不到千亩。

在我国,劳动适龄人口是指男性 16—59 岁、女性 16—54 岁的人口。当前劳动适龄人口的状况,是 16 年前人口出生状况的反映。20 世纪 60 年代至 70 年代初期的第二次生育高峰,使得近年来劳动适龄人口增长的绝对量和增长速度都远远超过总人口的增长量和增长速度。磐安县 1982 年第三次人口普查(以下简称"三普")时劳动适龄人口为 91189 人,到 1990 年"四普"时已增加到 121649 人,8 年中增加了 30460 人,增长 33.40%。这期间,总人口由 190781 人增加到 195145 人,增加 4364 人,只增长 2.29%。同时,该县人口劳动参与率很高。据"四普"资料,1990 年全县在业人口 118032 人,占总人口的 60.48%;其中男 16—59 岁、女 16—54 岁在业人口为 105902 人,占在业人口总数的 89.72%。劳动年龄以外的在业人口有 12130 人,占在业人口总数的 10.28%。

耕地是农业的基本生产资料。日益增多的劳动人口与日趋减少的耕地产生了越来越尖锐的矛盾。据估算,浙江省在基本上处于手工劳动的状况下,平均每个农业劳动力约能承担播种面积 7.3 亩。如果考虑到山区土地分散、山高路陡、劳动强度大而效率低等特点,以平均每个劳动力承担播种面积 6 亩计算,则磐安县 1990 年 208847 亩播种面积只能吸纳 34808 个劳动力。而 1990 年全县种植业在业人口有 89918 人,除去劳动年龄以外的 11136 人,尚有 78782 人,潜在剩余劳动力近 4.4 万人,剩余率为 55.8%。总之,在目前的生产条件下,就耕地资源的承载力而言,该县农业劳动力有一半以上剩余。

20 世纪 80 年代以来,由于农村经济改革开启了农业劳动力转移的阀门,磐安县人口产业结构有所变动(见表 1)。1990 年与 1982 年相比,从事第一产业的在业人口比重由 85.85% 下降到 77.02%,减少 8.83 个百分点;从事第二产业的在业人口比重由 9.11% 上升到 14.24%,上升了 5.13 个百分点;从事第三产业的在业人口比重由 5.04% 上升到 8.74%,上升了 3.7

个百分点。按第一产业就业人口的比重推算,从 1982 年到 1990 年这 8 年间磐安县已有 10422 个在业人口由农业分离出来,转入二、三产业。可是,第一产业在业人口的绝对量 1990 年仍比 1982 年多 11173 人。这说明劳动适龄人口的迅猛增长抵消了农业劳动力向非农产业转移的效果。

表 1　磐安县人口产业结构变动情况　　　　　　单位:%

产业类型	1982 年	1990 年	1990 年比 1982 年增减
第一产业	85.85	77.02	−8.83
第二产业	9.11	14.24	+5.13
第三产业	5.04	8.74	+3.70

资料来源:按磐安县"三普""四普"资料计算。

从磐安县人口年龄结构来看,在 20 世纪内平均每年将有 3500 余人进入劳动适龄人口行列,平均每年新增劳动适龄人口数将是平均每年退出劳动适龄人口数的近 2 倍。这意味着该县剩余劳动力有增无减,就业压力将日益加重。

二、出路——就地转移为主

欠发达山区县大量的剩余劳动力向何处去?尽管美国人口学家班尼斯特[①]认为,唯一的出路是让人们向城市地区和其他省份转移,然而这个办法在我国现阶段是很难行得通的。

西方发达国家工业化与城市化是结合在一起的,经济发展过程就是农村人口转向城市、传统农业部门中的过剩劳动力转向现代工业部门的过程。我国的情况与西方国家有所不同。我们是在传统农业部门没有得到改造的情况下优先建立起工业部门的。尽管我国国民经济中的现代经济部门已具有较高的发展水平,但传统部门仍十分庞大,迄今仍有大量的人口滞留在农

---

① 潘金云.中国第一资源——人力资源开发利用理论与实践[M].北京:机械工业出版社,1991:172.

村,从而形成二元经济结构。从我国工业部门所能提供的就业机会和城市现有的生活服务设施来看,大量的农村剩余劳动力都无法吸收和消化。在这种情况下如果大批农村劳动力涌向城市,不仅会加剧环境污染、交通拥挤、治安混乱等"城市病",而且会导致工业与农业、城市与农村的差距进一步扩大,二元经济结构进一步得以强化。

前些年,当城市的用工制度出现松动时,农村曾对城市的劳务需求寄予较高的期望,不少人陆续涌向城市或外地务工经商。磐安县于1986年成立劳务输出领导小组和劳务输出办公室。目前每年向外输出劳动力1万余人,其中5000人左右是通过县劳务输出机构介绍分批输出,其余是属于能工巧匠自找门路分散输出。不能低估劳务输出的意义。贫困山区的农民到了城市或外地,开阔了视野,增长了见识。他们的平均月工资一般不低于200元,远高于当地的一般农民。这对山区农民长期存在的"金窝银窝不如自家草窝"的抱残守缺、因循守旧观念是一种冲击,对农业劳动力转移有着启动的作用。据磐安县劳务输出办公室调查摸底,目前全县尚有1万多农民有外出务工的意愿。然而,城市吸纳农村剩余劳动力的能力毕竟有限。城市里"隐性失业"的现象早已存在。前些年由于体制上的原因,不得不在大批人员处于半失业状态的同时又大量使用农民工。现在城市企业正在加快改革步伐,优化劳动组合和实行向生产第一线倾斜政策的结果,将会使"隐性失业"显性化。农民进城务工的机会将明显减少,已经进城的农民工随时都有可能被反弹回来,加上贫困山区农业劳动力素质较低,这就更增加了向城市输出劳动力的难度。

实践证明,由于我国传统农业部门过于庞大,农村劳动力的转移不宜走西方国家那种城市化的道路。欠发达山区县更要从具体情况出发,走一条具有自身特色的开发利用农业剩余劳动力的路子。其基本思路是:以就地转移为主,异地转移为辅,实行多层次、多形式、多渠道的转移。

（一）农业内部转移

目前山区农业劳动力过剩,一定程度上是属于结构性过剩。对于这种劳动力过剩可以而且应当通过调整农业生产结构来加以消化。

磐安县素有"九山半水半分田"之称,而目前农业劳动力分布与自然资源构成极不协调(见表2)。从表2中可以看出,在"半分田"上,几乎集聚了99%的农业劳动力,而在"九山半水"上,分布的劳动力仅占全部农业劳动力的1%左右。

表2　1990年磐安县农林牧渔水利业劳动力分布

农业生产部门	在业人口数/人	比重/%
合计	90913	100.00
农业(种植业)	89918	98.90
林业	260	0.29
畜牧业	425	0.47
渔业	14	0.02
水利业	20	0.02
农林牧渔水利服务业	276	0.30

资料来源:根据磐安县"四普"资料整理。

从20世纪80年代以来磐安县农业产值结构的变化来看,种植业、牧业、渔业发展缓慢,其中种植业在"七五"期间还出现负增长;林业虽然所占比重不大,但80年代以来增长最快。这说明该县发展林业是很有潜力的(见表3)。

通过投入产出模型计算,磐安县农业内部以林业和渔业投入产出效果为最佳[①]。该县的渔业因受资源限制,今后的发展规模不可能很大,但林业则因资源丰富而前途广阔。全县现有林业用地129.4万亩,平均每个农业劳动力14.2亩。由于实行粗放经营,投资极少,目前林地亩均产值只有7.2元,林业用地中尚有17.3万亩灌木地和疏林地、14.9万亩无林地和11.8万亩荒山荒地未得到开发利用。林业生产的潜力还远远没有发挥出来。今后农业劳动力的投放应向林业倾斜。如果以平均每亩林地每年投工10天,

---

① 浙江省农业区域规划专集[M].杭州:浙江大学出版社,1991:67.

每个劳动力每年劳动 300 天计算,则平均每 30 亩林地就可吸纳一个劳动力,全县 129.4 万亩土地可投放 4 万多个劳动力。

表3　磐安县农业产值构成变化情况[1]

农业生产部门	1980 年		1985 年		1990 年	
	金额/万元	比重/%	金额/万元	比重/%	金额/万元	比重/%
农业总产值	4125	100.00	5814	100.00	5869	100.00
种植业	2876	69.72	3485	59.94	3028	51.59
林业	272	6.59	507	8.72	930	15.85
牧业	813	19.71	1014	17.44	909	15.49
副业	157	3.81	789	13.57	983	16.75
渔业	7	0.17	19	0.33	19	0.32

资料来源:根据《磐安县国民经济统计年鉴》(1990)提供的数据整理。

此外,可继续采取以工代赈等形式,组织农民进行农业基础设施和农村公用设施的建设。这既可以改善农村生产条件和生活环境,又可安置一部分剩余劳动力。

(二)离土不离乡

目前我国农村剩余劳动力转移,绝大部分属于带土转移。他们并没有放弃土地,农忙时务农,农闲时务工或经商。这种兼业转移虽是不可避免的,但显然是不彻底的,只有离土转移才是最终的产业转移。

我国以及许多发展中国家的经验都证明,在农村发展以当地资源为基础的小型劳动密集型工业,是农村剩余劳动力就地转移的重要途径。它不仅有利于多渠道、多层次地把农村剩余劳动力吸收到非农业部门中去,而且有利于发展农村商品经济,为农业积累资金,加快传统农业改造的进程;有利于把农村工业化与城市工业现代化结合起来,推动二元经济结构的转轨;有利于农村传统生活方式和生产方式的转变,最终导致农村的城市化和现

---

① 按 1980 年不变价格计算。

代化。

　　欠发达山区因受交通、能源、原材料、资金、技术、信息等多方面限制,工业化的进程必然要艰难一些,但并非没有前途。只要因地制宜、扬长避短,还是大有可为的。磐安县 1985 年乡镇工业产值只有 1604 万元,到 1990 年已增加到 8479 万元(1980 年不变价),5 年中增长了 5.3 倍。村及村以下工业产值 1985 年为 706 万元,到 1990 年已增至 2982 万元(1980 年不变价),5 年中增长 4.2 倍。随着乡镇企业的不断发展,资金积累的不断增加,其农业产业投资的能力将增大,同时也将增强对农业剩余劳动力的吸收能力。

　　(三)劳务输出

　　以就地转移为主,但不排斥适当的劳务输出。劳务输出也是解决农业剩余劳动力就业问题的重要途径之一。山区县应根据具体情况多形式、多层次地输出劳务。

　　1. 向富裕地区输出

　　磐安县靠近宁波市的一些村庄的农民每到农忙季节就成群结队地到宁波市农村帮助那里的农民耕种或收割。因为那里乡镇企业比较多,一些农户全家从工,承包的责任田无人耕种,政府又不允许抛荒。这种经济发达地区的农业劳动力率先向二、三产业转移,贫困山区的剩余劳动力向富裕地区农业转移的梯度转移,也是我国农业劳动力转移的一个环节、一种形式。目前这种转移还是季节性的,贫困山区的农民自带干菜,睡简易窝棚,干一段时间就返回。今后也可考虑有组织、有计划地搬迁一部分农民到富裕地区缺少劳动力的村庄长期居住。

　　2. 向城镇输出

　　我国大城市高度集中,人口密集,而中小城镇则发展不足,富有潜力。应当继续鼓励有条件的农民自理口粮,自筹资金,离土离乡,进入中小城镇的新工业小区创办二、三产业。

　　3. 向国外输出

　　20 世纪 80 年代后期,国际产业结构开始了一次大调整,劳动密集型产业由发达国家向外转移,这为我国开发利用丰富的人力资源提供了一个难得的机遇。

贫困山区可根据自然资源和人力资源状况实行两种形式的劳务输出:其一,建立国内出口产品加工区,以产品为载体输出劳务。近几年磐安县农民种植的新鲜香菇和经过加工的干菇已打入日本市场,就是成功的一个例子。磐安县还在浙江省经贸厅和针棉织品进出口公司的支持下,于1990年成立了外贸棒针衫厂。该厂厂内职工只有36人,而厂外编织加工户则有2000余户,参加编织加工的农村妇女达3000余人。建厂第一年外贸出口就达105.6万元,创税利11万元。加工人员人均增加收入290元,多的达1000余元。磐安县外贸棒针衫厂的建立,无疑为开发利用农村妇女劳动力开辟了新的途径。

其二,直接输出劳动力,打入国际劳务市场。有关部门应当把贫困地区的国际劳务输出作为扶贫的一项措施列入计划,并在资金、技术、信息等方面给予必要的支持。

三、措施——加强农业劳动力转移的基础工作

(一)打破常规农业模式,发展高产、优质、高效农业

磐安县是个缺粮县,粮食生产自然不能放松。然而磐安县不仅耕地少,而且土地条件差,山垄田、冷水田、靠天田比重大,粮食生产受到自然条件的严格限制。过去仅仅为了"搞饭吃",竟牵制了98.9%的农业劳动力,这无论是对人力资源的利用还是对自然资源的开发都是极不合理的。磐安县的资源优势是山地多,生物资源丰富。因此一定要坚持搞大农业的战略思想,以市场为导向调整和优化农业生产结构,依靠科技进步发展高产、优质、高效农业,把发展农业从仅仅依靠现有耕地转向开发利用全部国土资源。这样不仅利于农村劳动力在农业内部的转移,而且能带动农产品加工工业和产前、产后服务行业的发展,为农业劳动力多渠道转移开辟途径。

(二)加快集镇建设

我国的集镇是介于乡村与城市之间的过渡型居民点,是城乡之间的接合部。加快农村集镇建设对于农业剩余劳动力的就业转移具有重要意义。温州市的经验说明了这一点。1984 年以来温州市发展了近百个新兴集镇。新老集镇集中了该市 60% 的农村工业、61% 的农村商品零售额、43% 的农村税收,同时解决了 120 万城乡劳动力的就业问题,迁移了 242 万农村人口,将 40% 的农村劳动力从人均只有 0.41 亩耕地的农业转移到二、三产业。

磐安县地广人稀,居民点十分分散,农村集市很少。现有 11 个集市,其中 7 个为"露水市"。5 个建制镇发育水平较低,除县府所在地安文镇外,都刚脱胎于农贸集市,经济能力薄弱,辐射能力不强。因此,必须加快集镇建设的步伐,把加强农村集镇建设作为推动二、三产业发展,促使农业劳动力向非农产业转移的重要基础工作来抓。

(三)控制人口数量,提高劳动者素质

人口持续增长不仅会给人口就业带来直接的压力,而且随着人地矛盾的加剧,粮食作物与其他经济作物争地的现象将会更为突出,进而影响农业内部生产结构的调整和农业劳动力的转移。因此严格控制人口增长是减轻就业压力、实现农业劳动力多渠道转移的根本性措施。

提高劳动者素质也是实现农业劳动力转移的基础性工作之一。贫困山区农业劳动力过剩是低素质的过剩。"四普"资料表明,磐安县农林牧渔劳动者中,大专及以上文化程度的仅占 0.02%,中专及高中文化程度的占 5.91%,初中文化程度占 26.1%,小学文化程度占 47.57%,文盲半文盲占 20.4%。低素质的农业剩余劳动力很难被较高层次的非农产业吸收。因此提高农业劳动者的素质特别是文化技术素质,是农业劳动力转移的最重要的基础工作之一。

根据现有农业劳动力数量多、素质低的状况,必须大力加强职业培训工作。要广开就业门路,首先要广开"学"路,应将职业介绍部门与职业培训部

门统一起来,做到先培训、后安置。基于农村在业人口文盲比例较高的现实,应把扫盲工作与职业技术教育结合起来。正规学校要从传统的学历教育观念的束缚中解脱出来,由单纯追求升学率转为注重为当地经济建设培育人才。

(四)培育和发展劳动力市场

人口产业结构的调整,不能光靠行政手段,而应当把市场机制引用到劳动力资源的开发利用上来。目前我国还没有统一的劳动力市场,加上二元经济和城乡的长期隔离,贫困山区劳动者的职业选择往往受到较多限制,一定程度上影响了劳动者参加职业竞争的热情和按社会需要不断提高自身素质的积极性。为了实现生产资料、资金、技术和劳动力的合理配置,在发展生产资料市场、资金市场、技术市场的同时,一定要注重培育和发展劳动力市场,通过市场机制来引导劳动者的合理流动。政府部门除了对劳动力市场进行宏观调控外,还应对劳动者竞争提供安全保障,如建立"养老保险""失业保险"等,从而解除劳动者在职业转换或在竞争中受挫的后顾之忧。

原载张纯元主编:《脱贫致富的人口对策》(第二集),北京大学出版社,1993 年,第 146-155 页。

欠发达地区实现人口转变的范例

一、人口研究的新课题——欠发达地区的现代人口转变

在以往的人口学著作中，"贫困"几乎是"多生多育"的代名词，而"低出生率、低死亡率、低自然增长率"则总是与高度现代化的国家和地区联系在一起。然而，正如一位诗人所说，理论是灰色的，而生活之树常青。我国一些欠发达地区人口发展的现实，已经为人口理论界提出了一个现代人口转变问题。

让我们先看看浙江省磐安县的人口发展状况吧。

磐安县是地处浙江中部的一个山区县，区域经济欠发达，设 6 个镇 14 个乡，第四次人口普查（以下简称"四普"）时总人口为 195145 人，其中农业人口占 95.1％。1990 年农民人均纯收入只有 280 元，1990 年略有提高，但也只有 310 元。然而这个县控制人口工作却取得了十分显著的成绩。"四普"资料显示，该县 1989 年人口出生率为 13.73‰，死亡率为 6.87‰，自然增长率为 6.86‰，人口出生率与自然增长率均低于全国和全省平均水平。该县于 1983 年由东阳市分出。1983 年至 1991 年这 9 年间，人口出生率最高为 13.5‰（1983），最低为 9.89‰（1984）；自然增长率最高为 6.27‰（1989），最低为 3.10‰（1984）；死亡率则一直维持在 7‰上下（见表 1）。

表 1　磐安县人口自然变动状况　　　　　单位:‰

年份	出生率	死亡率	自然增长率
1983	13.59	7.33	6.26
1984	9.89	6.79	3.10
1985	10.81	6.76	4.05
1986	11.83	7.20	4.63
1987	12.80	6.96	5.84
1988	11.65	6.89	4.76
1989	12.81	6.54	6.27
1990	12.34	6.99	5.35
1991	11.93	6.49	5.44

资料来源:由磐安县统计局提供。

"四普"资料显示,磐安县育龄妇女的生育水平明显低于全省和全国平均水平(见表2)。育龄妇女总和生育率已处于1.22的低水平。育龄妇女从20岁开始达到合法婚龄后,在极短的时间内生育率迅速上升,而后在25—29岁内急剧下降,30岁以后生育的为数很少。生育峰值年龄为22岁。峰值生育率为168.46‰,比全省平均水平低29.43个千分点,比全国平均水平低74.3个千分点。磐安县育龄妇女的生育模式是起势快、峰值低、生育期短,生育主要集中在20—29岁之间,它不同于传统的生育模式,而与现代经济发达国家生育模式相类似。

据美国人口咨询局提供的资料,20世纪80年代末,发达国家的总和生育率为2,其中西欧为1.6,南欧为1.5,最低的是南欧的意大利,为1.3。然而1989年,磐安县的总和生育率只有1.2。80年代末,发达国家的人口出生率为15‰左右,死亡率为9‰左右,自然增长率为5‰左右。磐安县上述指标接近甚至低于发达国家的平均水平。

上述所作的种种比较虽然是简单的、直观的、就事论事的,但至少说明,磐安县目前的生育水平无论是从全省范围、全国范围还是从世界范围来看,都是相当低的。根据传统的人口转变理论,磐安县的人口再生产已经完成由"高出生率、低死亡率、高自然增长率"向"低出生率,低死亡率、低自然增长率"的转变,为现代人口再生产类型。对这一现象应该怎么看,欠发达地区现代人口转变的动因是什么,有些什么特点,这些问题都是人口学界面临的新问题,很值得探讨。

表2　磐安县育龄妇女年龄别生育率与全省及全国比较　单位:‰

年龄	磐安	浙江	全国
总和生育率	1215.23	1399.26	2252.78
15	—	0.34	0.67
16	—	1.75	3.00
17	0.95	6.46	10.71
18	1.69	16.19	27.56
19	13.43	37.34	64.58
20	97.84	81.95	124.97
21	162.03	128.38	180.92
22	168.46	166.18	224.50
23	158.35	197.89	242.76
24	132.25	184.86	233.25
25	111.06	139.66	199.89
26	96.83	103.26	168.15
27	85.47	77.15	147.33
28	63.89	60.33	113.32
29	47.98	50.43	96.21
30	24.64	41.82	81.06
31	17.13	32.38	66.97
32	9.46	22.92	54.81
33	9.19	15.02	45.10
34	1.25	10.16	35.79
35	0.67	6.64	28.76

续表

年龄	磐安	浙江	全国
36	2.54	4.54	22.37
37	—	3.19	18.46
38	1.79	2.33	13.94
39	2.49	1.62	11.58
40	0.81	1.18	8.26
41	1.72	1.07	6.53
42	2.03	0.89	5.19
43	—	0.66	4.21
44	1.28	0.62	3.60
45	—	0.55	2.58
46	—	0.40	1.94
47	—	0.32	1.54
48	—	0.40	1.17
49	—	0.28	1.10

资料来源：浙江省和磐安县数据来自"四普"100％机器汇总资料；全国数据来自中国 1990 年人口普查 10％抽样资料[M]．北京：中国统计出版社，1991．

二、欠发达地区人口转变的原因

在人类发展的相当长的历史阶段中，人们都以较高的生育率来补偿较高的死亡率，以求得人口缓慢的发展。然而到了 20 世纪，西方许多国家陆续出现死亡率和出生率下降的现象，而这种现象一般又是伴随着工业化和人口城镇化而发生的。以法国兰德里为代表的西方人口学家以西欧人口出生率和死亡率的历史资料为依据，对人口发展由高出生率、高死亡率、低自然增长率，经过高出生率、低死亡率、高自然增长率，转变到低出生率、低死亡率和低自然增长率的历史过程作了描述性说明，这便是著名的人口转变论。半个多世纪以来，人们对这种理论一直感兴趣。有趣的是，研究愈深入,这一理论暴露出来的问题就愈多,它的解释力和预见力就愈引起人们的怀疑。

西方国家人口转变的历史过程有大量数据为依据,其真实性是无可怀疑的,这一过程体现了人口发展的一般规律,即人口再生产必须与生产力发展状况相适应。然而,这个一般性规律是体现在西方国家人口转变的具体形式之中,即体现在特殊规律之中。如果不将一般规律与特殊规律加以区分,而错误地将特殊规律当作一般规律运用,那么难免会使人觉得人口转变论既对又错,既错又对,如坠云雾之中。

因此,我们在分析欠发达地区人口转变原因时,既要遵循人口发展的一般规律,又不能套用西方发达国家人口转变的模式,而是要联系我国欠发达地区的具体情况作具体分析。

毛泽东在他著名的《矛盾论》中指出:"事物发展的根本原因,不是在事物的外部而是在事物的内部,在于事物内部的矛盾性。"[①]这一方法论上的指导对于我们探求贫困地区人口转变原因是至关重要的。

(一)欠发达地区的人口重压产生了人口转变的必要性

新中国成立以后,我国的人口再生产曾经历了"高出生率、低死亡率、高自然增长率"的阶段。20世纪50年代和60年代,人口曾以2%和3%的速度猛增。人口的高速增长与现有的自然资源产生了尖锐矛盾,在资源相对短缺的欠发达山区尤为突出。

浙江省磐安县是个山区县,全县的丘陵、低中山面积占总面积的92.9%,坡度在25度以上不宜种植粮食和经济作物的山地面积占土地总面积的71.98%。1949年全县共有耕地面积11.7万亩,平均每人1.1亩,平均每个农业劳动力2.03亩,而且大部分是低产田和旱地,耕地资源短缺的现象已十分突出。20世纪50年代和60年代的人口猛增,人均耕地面积锐减。1983年磐安县从东阳县(今东阳市)分出时,人均耕地只有0.58亩,平

---

① 毛泽东.毛泽东选集[M].北京:人民出版社,1966:289.

均每个农业劳动力只有 l. 4 亩土地，农民年人均纯收入仅有 116. 8 元。一个农业人口占总人口 97％以上的农业县，竟成了一个严重缺粮县，每年需从外地购进大批议价粮以解决农民缺粮问题。20 世纪 70 年代末和 80 年代初，我国开始了以解放和发展生产力为中心的社会大变革，人们的生产劳动积极性提高了，然而，人口与自然资源的矛盾则更加尖锐了。由于育龄人群的队伍日趋庞大，人口增长的势头有增无减。

对磐安县来说，开发新资源自然是个方向，可是这既需要资金和技术，又需要时间。再说，如果人口增长势头得不到遏制，开发新资源所得的收益也会被大量新增人口所消耗，向外地移民不现实，非到不得已的时候人们一般是不愿采取迁移行动的。因此，要摆脱眼前的困境，以求生存和发展，并为后代保存较好的生态环境，除了严格控制人口增长外似乎别无选择。

可见，日趋尖锐的人口与自然资源、人口与脱贫致富的矛盾，是导致欠发达地区人口转变的最初也是最根本的动因。

（二）社会经济的初步发展及"后发展效应"的影响，使人口转变成为可能

我国欠发达地区的生产力是落后的，农民们还使用着千百年前早已开始使用的铁犁和畜力，消费的自给性很强。这些都与传统社会没有什么两样。然而，今天这些地区又并非一切都落后。耕地等生产资料公有制的建立，使人们的生活有了基本保障。交通业、水电业的逐步发展，新品种、新技术的推广，不断为生产注入新的活力。特别是实行改革开放以来，欠发达地区的商品经济也开始启动。我们还要看到今日的这些欠发达地区是处在现代文明包围之中的，不仅现代物质文明会对其产生日益明显的影响，而且现代精神文明包括现代价值观、道德观、婚育观及生活方式等，也会通过各种渠道渗入这些地区，对那里的人们产生潜移默化的作用。

磐安县地处浙江的中部，紧靠经济发达的浙东北地区，距杭州、宁波、温州等大中城市均约 200 公里。因此，这个县受经济发达地区及中心城市的辐射影响特别明显。"四普"资料表明，磐安县家庭户平均人口只有 3. 26

人,家庭规模不仅小于本省其他较为偏远的欠发达山区县,而且小于浙西南地区大多数普通县,而与浙东北经济发达地区相似。这是欠发达地区受周边地区影响的一个明显例子。

在欠发达地区与发达地区并存的情况下,欠发达地区不断受到来自发达地区的影响,这种现象被称为"后发展效应",它的作用也是不容忽视的。

人民生活的安定和医疗卫生事业的发展有助于降低死亡率,而死亡率的降低、家庭规模小型化以及对现代物质享受的追求等,都有助于人们改变传统的多生多育的生育观而倾向于少生优生优育的现代生育观。尽管这种倾向在一般情况下是潜意识的、朦胧的、不自觉的,但它为贫困地区的人口转变提供了现实的和潜在的可能性。我们在磐安县所作的抽样调查数据表明,与20世纪五六十年代人们实际生育状况比较,如今人们的生育观念确有了很大的变化,人们所追求的不再是五六个孩子,而是平均两个左右孩子。这种变化就是在上述背景下发生的。如果我们不是只注重人均收入这单一的经济指标,而是对欠发达地区内部及外部社会经济环境作全面的考察和分析,那么就不会对这种变化感到不好理解。

(三)计划生育工作的全面深入开展,使人口转变由可能变为现实

计划生育工作的作用来自其以下的基本功能:宣传教育功能、利益调节功能、服务功能。这些功能的发挥犹如催化剂,能大大加速欠发达地区的人口转变。

生育不单是自然现象,更重要的是社会现象。人一旦出生,就要消费,要受教育,要就业,就不可避免地与整个社会发生种种联系。然而,生育又是在家庭的小范围内进行的。通常人们习惯于从家庭利益的角度衡量孩子的价值,而不会或不习惯于思考孩子出生后对社区、对国家乃至对整个世界的影响,普通百姓也缺乏这方面的资料和知识。因此,信息传播和宣传教育是必不可少的。当人们获得关于人口迅速增长与社会经济发展不相协调的大量信息后,自然会引起对社区乃至国家整体利益和长远利益的关注,形成人口忧患的群体意识。这种群体意识一旦形成,对人们的生育行为具有重

要的制约作用。它会使实行节育的人感到理直气壮,而使"超生"受罚者理屈词穷。

在我国现有的社会经济条件下,人口再生产的宏观利益与微观利益往往是不一致的。政府通过各种政策、法规,对实行计划生育的人们予以奖励,提供种种优惠。这既是对实行计划生育者的肯定、支持和鼓励,也是对微观利益损失的一种补偿。同样,对"超生"者的处罚则是对微观利益的一种制约。这种利益上的调整,对人们的生育行为也能起一定的诱导作用。

人们要节育就需要避孕的知识和必要的药具,而提供避孕药具、提供避孕技术服务和知识咨询服务正是计划生育工作的重要组成部分。

安斯利·寇尔(Ansley Coale)曾提出生育率大幅度下降的三个前提条件:(1)生育必定经过有意识的抉择盘算;(2)减少生育必须是有利的;(3)减少生育的有效技术必须是可以得到的。要是不开展计划生育工作,贫困地区这三个前提条件并不完全具备甚至基本上不具备。可是,通过开展计划生育工作,情况就不同了,人们不仅可以方便地得到避孕节育的指导和服务,而且反复宣传教育使越来越多的人能主动地对生育行为权衡利弊,并且能把个人利益与集体利益、眼前利益与长远利益结合起来考虑,做出利国利民的较为理智的抉择。

一般说来,我国欠发达地区人口转变的必要性、可能性都是存在的(当然不同的欠发达地区人口转变的客观条件会有所区别),人口转变的快慢,在很大程度上取决于计划生育工作的开展状况。磐安县以及人口增长速度与磐安县相类似的其他县,都是在计划生育工作方面下了大功夫的。他们都在这方面积累了一整套宝贵的经验。

三、欠发达地区人口转变的特点

欠发达地区的人口转变,是人口重压下人们对自身再生产与物质再生产关系所作的一种自我调节,而这种调节是在社会经济发展水平较低的情况下进行的。因此,这些地区的人口转变不仅不同于西方发达国家的那种自发型转变,也有别于我国经济发达地区的人口转变。

(一)欠发达地区人口转变体现了较强的控制性

磐安县 1963 年的人口出生率曾高达 45.05‰,1970 年为 32.76‰,到 1989 年已降至 12.81‰。人口出生率在短时期内急剧下降,是主动控制的结果。1989 年磐安县育龄妇女年龄别生育率曲线呈峰尖状,在峰值年龄区陡然上升,旋即骤然下降。这种生育模式是人口控制强力度的反映。

人口控制之所以必要,是因为个人生育意愿与公众意愿之间有差距。调查资料表明,这种差距贫困地区比经济发达地区要大得多。让我们将磐安县与地处浙北经济发达地区的桐乡县(今桐乡市)作一比较(见表 3、表 4)。

表 3　已婚育龄妇女生育状况及满足程度　　　　单位:‰

地区	被调查人数	生育状况					满足程度		
		合计	无孩	一孩	二孩	多孩	合计	已满足	未满足
磐安县	890	100.00	1.12	62.58	31.01	5.29	100	43.71	56.29
桐乡县	880	100.00	1.93	75.34	21.93	0.80	100	58.86	41.14

资料来源:磐安县数据来自本课题组 1992 年已婚育龄妇女生育意愿抽样调查;桐乡县数据来自"浙北、浙南不同经济格局对人口和生育影响比较研究"课题组 1990 年抽样调查。

1989 年,磐安县和桐乡县的人口出生率均为 12.81‰,人口自然增长率磐安县为 6.2‰,桐乡县为 5.65‰,说明这两个县生育水平十分相近。从表 3 中可以看出,尽管磐安县妇女的节育力度还不如桐乡县,但磐安县妇女对现有子女的满足度比桐乡县妇女低 15.15 个百分点。从表 4 中可以看出,磐安县育龄妇女中愿意终身只生一个孩子的人数比例比桐乡县要低得多,而具有男孩偏好的人数比例则比桐乡县要高得多。桐乡县的经济格局与苏南相似,乡镇企业发展快,集体经济比较稳固,经济发展的总体水平较高。1989 年,桐乡县人均国民收入为 2355 元,是磐安县的 4.82 倍;农民年人均纯收入为 1356 元,是磐安县的 5.22 倍。看来,由于桐乡县经济水平较高,人们对孩子的数量和性别的追求会相对减弱,因而对低生育率的适应性增强,而磐安县由于经济落后,人们对孩子数量及性别的需求具有较强的刚性。显然,当这两个县的生育率都处于较低水平的时候,磐安县所需的控制强度要比桐乡县大一些。磐安县的人口转变是在较强的控制中进行的,属于强控制型转变。

表4　已婚育龄妇女对只生一孩及生男孩的看法　　　　单位:‰

地区	对终身只生一个孩子的态度			对生男孩的看法		
	合计	愿意	不愿意	合计	非要不可	不是非要不可
磐安县	100.00	19.31	80.69	100	62.58	37.42
桐乡县	100.00	44.66	55.34	100	15.10	84.90

资料来源:同表3。

(二)欠发达地区的人口转变具有较大的不稳定性

在西方经济发达国家,人口转变是人们生育观念缓慢转变的结果,尽管会有波动,但总的趋势是稳定的。在我国经济发达地区,目前个人生育意愿与体现公众意愿的生育政策也有距离,但由于经济条件好,政府和社会可以通过各种途径对实行计划生育的人们予以利益补偿,如设立优惠性的养老保险、优先让独生子女户或有女无儿户进乡镇企业就业等,从而使实行计划生育的人们解除了后顾之忧,使他们对养育子女的经济价值渐渐淡化,从而引起生育观念的变化。因此,这些地区人口转变容易巩固,反复性较小。欠发达地区则不同,由于商品经济不发达,经济困难,计划生育的"利益导向"机制难以建立,人们因实行计划生育而失去的某些实际利益得不到充分补偿,存在种种后顾之忧。因此,一旦政策出现松动,或者宣传教育功能有所减弱,生育率就会出现反弹,人口再生产类型有可能出现逆向转变。

(三)欠发达地区人口转变的过程具有长期性

人口的强度控制可以在某些方面取得显著成效,如生育率的降低、出生人数的减少等。然而,现代人口转变是以人们的生育观念现代化为基础的,就其本质而言是人类生育文化的一次质的飞跃,它表现出人类在社会经济发展到一定水平的时候,不再单纯追求众多的人口数量,而是在追求适当人口数量的同时,更注重人口质量的提高和人口结构的合理化。因此,像磐安县这样的山区县,虽然从人口出生率、死亡率、自然增长率来看已属于现代人口再生产类型,但不能因此而认为现代人口转变已经完成。因为落后的生产力依然促使人们产生多孩特别是多男孩的实际需要,"多子多福""重男轻女""早婚早育"等传统观念和习俗还不同程度地束缚着人们的思想,使人们经常在现代生育观与传统生育观之间摇摆不定。这种状况不仅会随时影响出生人口的数量,而且会影响出生人口的素质和结构。磐安县近年来出生婴儿性别比一直偏高,1990年高达117.8,正是反映了社会存在决定社会意识。欠发达地区落后的社会经济状况不彻底改变,传统的生育观念就难以清除。然而,彻底改变欠发达地区社会经济面貌不是轻而易举的事,这需要时间。因此,欠发达地区要完成现代人口转变,需要一个较长的过程,过于乐观是没有根据的。

四、欠发达地区人口转变的意义

200多年前,英国资产阶级古典政治经济学创立者亚当·斯密曾说过:"贫困有利于生育。"[①]这一论点似乎放之四海而皆准。在当今世界,那些最贫穷的国家,也是人口发展最快的国家。我国的欠发达地区也曾长期陷于"越穷越生,越生越穷"的怪圈而难以自拔。有没有办法使这些地区扭转"越穷越生"的局面呢?磐安县以及我国其他一些类似的县已经用事实证明:这不仅有必要,也完全可能。我国欠发达地区的现代人口转变,是发展中国家人口转变的极端事例,它可以百倍地提高发展中国家人们控制人口的决心和信心。它再一次向世人证明:人口转变并非只有一种模式,而是可以有多种模式;人类在生育问题上并非无能为力,而是可以有所作为。

欠发达地区人口转变更重要的意义还是在实践方面。由于人口出生率和自然增长率大幅度下降,大大减轻了人口压力,改善了人口环境,为欠发

①　刘铮.人口学辞典[M].北京:人民出版社,1986:114.

达地区社会经济发展创造了极为有利的条件。

在处理控制人口与发展经济关系的问题上,看来可以有三种做法。一种是先发展经济,"经济上去了,人口自然降下来"。这是西方发达国家已经走过的道路。一种是控制人口与发展经济同时抓,经济上升,人口下降,两者相互促进,逐步形成良性循环。我国苏南、浙北等经济较发达地区走的正是这样的路子。还有一种就是像磐安县这样的做法:在经济暂时缺乏腾飞条件的时候,下决心控制人口,结果在经济依然处于较低水平的情况下,人口出生率和自然增长率已进入当今世界的低水平行列。

人们对前两种做法是熟知的,然而对第三种做法还比较陌生,难免会有一些疑虑。疑虑之一:这种做法有没有违背客观规律? 笔者认为:其一,欠发达地区这样做是必要的,舍此难以走出"越穷越生,越生越穷"的怪圈;其二,这样做并未违背人口生产与物质生产相适应的一般原理,相反,正是这种原理的能动运用。既然人们已明显地认识到过多的人口有碍经济发展,为什么不可以主动调节人口再生产以促进经济发展呢? 当然,将这种人口控制称为"超经济水平控制"也不确切,因为这种说法容易使人产生误解,似乎人口与经济可以截然分开。实际上在人口压力过重的情况下,控制人口本身就是一种经济行为,具有明显的经济效益。疑虑之二:这样做会不会产生不良后果? 提出这个问题不无道理。急刹车式的人口强度控制,必然会引起人口结构的相应变化,产生新的人口问题,如人口老龄问题、性别结构问题等。欠发达地区对于这些问题的应变能力显然不如经济发达地区。然而,如果不控制人口,产生的问题会更多,也更难以解决。何况随着人口条件的改善和经济的逐步发展,贫困地区应对上述问题的能力也会有所增强。

根据磐安县以及类似情况的其他县的情况推测,欠发达地区人口转变的过程或模式大致是控制人口在先,经济腾飞在后;以人口转变为经济发展创造条件,以经济发展巩固完善人口转变,达到现代人口转变的最后完成。

今天,磐安县以及类似的欠发达地区已经走了现代人口转变的第一步,但以后的任务仍然非常艰巨。一方面,要继续发挥计划生育工作的宣传教育功能和技术服务功能,增强人口转变的社会制约机制;另一方面,要大力发展经济,逐步建立起人口转变的利益导向机制,解除实行计划生育者的后顾之忧,促进人们生育观念的彻底改变,给低生育率的稳定提供雄厚的物质条件。这是改造客观世界和改造人们主观世界的实践,历史上没有先例,需要人们去创造。

原载张纯元主编:《脱贫致富的人口对策》(第三集),北京大学出版社,1994 年,第 173-186 页。

有关人口控制若干理论问题的思考

社会主义市场经济与人口问题已引起有关理论工作者和实际工作者的关注。本文就其中所涉及的有关问题谈一点看法。

一、计划生育的理论依据

在我国,"有计划地生育"这一命题虽然源于人口与社会经济关系的现状,但在理论上人们很自然地将其与社会主义计划经济联系起来。1978 年 9 月 19 日国务院计划生育领导小组在《关于国务院计划生育领导小组第一次会议的报告》中指出:"我国国民经济的有计划按比例发展,决定了我国人口增长一定要做到有计划,像调节物质生产一样调节人类自身的生产。"《人民日报》1979 年 1 月 27 日社论《必须高度重视计划生育工作》指出:"我国是社会主义国家,国民经济有计划按比例发展,要求人口也要有计划地增长。"人们难免要问:既然现在已经确定要以社会主义市场经济替代社会主义计划经济,计划生育还要不要搞? 要不要以别的什么形式来替代计划生育?

当然,任何经过深思熟虑的人都不会怀疑在我国推行计划生育的必要性。之所以产生上述问题,是由于长期以来我们对"计划经济"的理解不正确,不是把它当作经济手段,而是将它视为社会制度,即把非本质问题视为本质问题。以市场经济替代计划经济,只不过是经济手段的变更,如果说计划生育工作也要发生相应的变更,那也不过涉及如何实行有计划地生育的方式方法问题,并不触及要不要实行计划生育这样的本质性问题。

计划生育的理论依据是什么? 目前比较通行的说法是"马克思主义的两种生产及其相互关系的理论",然而学术界对此看法并不一致。

有的学者虽然承认两种生产原理对计划生育的普遍指导意义,但对两种生产相适应理论则持保留意见,认为这一理论虽然"曾对计划生育的推行起过积极的促进作用,是计划生育工作得以推行的重要理论基石,但由于这一理论自身并不是很完善,在市场经济条件下,这一理论得以建立的一些前提条件发生很大变化,因此,需要对这一理论进行修正和完善"①。

笔者认为,两种生产相适应理论是两种生产原理的重要组成部分,是人口科学的基础理论,因为它反映了人口发展的不以人们的意志为转移的客观规律。这一理论不仅适用于社会主义社会,而且适用于一切形态的人类社会。诚然,人类反映客观规律总难免存在某些局限性,这一理论同其他任何理论一样需要不断完善。但是,如果认为某一社会的经济体制变更就会使这一理论"得以建立的一些前提条件发生很大变化",那就未免将这一理论的适用范围理解得过于狭窄了。

有的学者也许是为了避开计划生育与计划经济的联系,因而避开两种生产相适应的理论,重新为计划生育寻找理论依据,指出:"计划生育的理论依据就在于:人口自然运行发展规律不能违背社会所能承受的人口限度,人口数量超过了这个限度就应控制,人口数量低于这个限度就应鼓励生育,人口素质低到影响社会发展就应该大力提高人口素质,人口若适度发展,则应使之持续与巩固。"②从这段话所表达的意思来看,这个理论可称为人口与社会相适应理论。由于"社会"既包括经济领域,也包括非经济领域,因而人口与社会相对应,似乎比两种生产相对应更全面。但所谓人口问题,包括数量的多少、素质的高低、结构的优劣等,主要是相对于物质资料生产的现状与需求而言的。人口与社会相适应有内在机制,只能是两种生产的相互依

---

① 陈剑.社会主义市场经济与人口控制若干理论问题[N].中国人口报,1993-12-14(3).
② 许改玲.再探计划生育的理论依据[N].中国人口报,1993-06-14(3).

存和相互制约。

人口与社会相适应理论的提出者感到以这种理论作为计划生育的依据也有缺陷。作者将这种理论的缺陷归咎于客观现实,如区域之间、城乡之间、产业和职业之间发展不平衡等,认为"这种差距就给计划生育理论造成一定缺陷",同时提出要以改造现实的办法来"弥补计划生育理论依据的缺陷,完善计划生育理论"。这是将意识与存在的关系搞颠倒了。

笔者认为,计划生育有两个层次的理论依据。两种生产及其相互关系的理论属于人口科学层次。计划生育是建立在这个理论基础之上的,还有更高层次的理论,那就是现代哲学。辩证唯物论和历史唯物论认为,世界是可以认识的,人们认识客观规律之后,可以运用这些规律能动地改造世界。我国的计划生育正是在马克思主义哲学原理的指导下提出并逐步开展起来的,是对两种生产及其相互关系原理的能动运用。

二、计划生育不是社会主义国家所特有

迄今为止,人类的生育形态主要有两类:一是无控制生育,即自由生育;二是有控制生育。后一种类型又分两种情况:一是家庭生育控制,即所谓家庭计划(family planning);二是不仅实行家庭生育控制,而且在全社会范围内实行生育控制。两者没有本质上的区别,只是控制的范围、控制的力度以及控制的社会效果有所不同而已。

正如市场与计划都是发展经济的手段一样,家庭控制与全社会控制都是人口控制的方法,与社会制度并无必然的联系。社会主义国家有家庭生育计划,资本主义国家也并非没有宏观人口目标。事实上,任何国家对人口问题都不会袖手旁观,都有某种倾向和目标。对人口不加干预也是一种倾向,即倾向于现有的人口发展模式。不少资本主义国家对人口问题都采取了诱导性措施,只不过有的显露,有的隐蔽,有的较有成效,有的成效甚微。

与资本主义国家相比,社会主义国家在开展计划生育工作方面具有巨大的优越性。其一,社会主义国家坚持马克思主义的思想路线,注重事物发

展的客观规律,并能自觉地、能动地运用客观规律。其二,社会主义国家以生产资料公有制为经济主体,国家与人民群众之间没有根本的利害冲突。正因为如此,国家从人民群众的整体利益和长远利益出发,敢于公开地、理直气壮地向全社会提出控制人口的要求,而人民群众也能积极响应政府的号召。

尽管我国计划生育工作具有明显的社会主义特色,但没有必要将"计划生育"视为社会主义国家的专利。同样,尽管资本主义国家所实行的基本上是家庭计划,也没有必要给"家庭计划"贴上资本主义的标签。

三、计划生育如何与市场经济接轨

计划生育工作要不要与市场经济接轨?目前存在着两种对立的倾向性意见。一种意见认为,计划生育不属于市场经济范畴,人口问题本身就属于宏观调控问题,不允许把计划生育推向市场;另一种意见认为,计划生育直接来源于计划经济,既然计划经济向市场经济转变,人口控制也应由计划控制向市场控制转轨,由市场来调节人口。

笔者认为,由社会主义计划经济转向社会主义市场经济是一场社会性变革,其影响不会仅仅局限于经济领域。不管人类自身再生产如何特殊,要置身于这场变革之外是不可能的,不能以两者间的特殊性抹杀两者间的同一性。计划生育工作与市场经济接轨的问题是无法回避的。这不以人们的意志为转移,关键在于如何接轨。

人口再生产与物质资料再生产各有自身的运行规律,两种生产的相互联系是总体上、本质上的联系,而不是操作层次上的一一对应。忽视人口再生产的自身运行规律,完全采用管理物质资料生产的办法来管理人口再生产是行不通的。同样,如果放手让市场来调节生育,也会受到人口再生产自身规律的惩罚。

市场经济调节生育率是一种间接调节,且需要漫长的时间。如果不顾我国国情,照搬西方模式,其结果必然是市场经济降低生育率的效应遥遥无期,冲击人口控制目标的效应则近在眼前,多年来辛辛苦苦取得的控制人口的成果很可能毁于一旦。

计划生育要与市场经济接轨,首先要在实质性问题上与之接轨。控制人口不能只有政府计划,还应当有千家万户的计划和所有生育主体的积极性。这并不单纯是管理方式或工作方法问题,首先是思想认识问题和世界观问题。总结以往的经验,凡是计划生育工作搞得好的地方,都不是只顾落实上级政府的计划,而是既重视政府计划,又十分注重群众的家庭计划,充分调动生育主体的积极性。

操作层次当然也存在转轨和接轨的问题,但计划生育管理形式的变换,要以是否有利于兼顾两个计划、两个积极性为原则。有些地方对生育主体的要求提得过细过死,没有一点机动的余地,这是不利于调动生育主体积极性的。凡是群众意见较多的具体规定,都应当在广泛征求群众意见的基础上加以修改,使其更符合实际。当然,要注意政策的连续性和稳定性,以免引起大的思想波动,但对某些明显过时的具体规定要敢于修正。现行的计划生育政策、人口控制目标和党政一把手负总责都没有理由改变,计划生育工作只能加强而不能削弱。这是由我国的人口现实和社会经济发展状况所决定的。然而,政策、目标、原则不变,并不等于操作层面的具体做法也要一成不变。操作层面的问题是非本质问题,不能不随着客观形势的变化而有所改变。

四、我国计划生育工作的发展前景

生育是一种自然现象,又是一种社会现象,控制生育是人类认识自然和人类社会、能动地运用自然规律和社会规律改造自然和社会的行为,是文明的表现。控制生育并非力度越强越好。我国20世纪50年代提出节制生育问题时,并没有从紧从严,只不过是提倡少生、不鼓励多生而已。后来由于人口数量越来越多,严重制约社会经济的发展,才不得不加大控制力度,但从较长的历史跨度来看,从紧从严控制人口不过是我国人口发展史上的一个小小的插曲。它是对五六十年代所造成的人口问题的一种补救。随着人口增长势头的逐渐减弱和人们因生活方式改变而对孩子需求的淡化,生育控制的力度自然会逐渐减弱,生育主体的自由选择机会相应增加,但生育的计划性不会取消只会加强。当社会物质资料极为丰富、人们的思想观念也逐渐从旧的传统模式中解脱出来的时候,整个社会就有可能实行完全的计划生育。恩格斯早在 1881 年就曾设想过:"人类数量增多到必须为其增长规定一个限度的这种抽象可能性当然是存在的。但是,如果说共产主义社会在将来某个时候不得不像已经对物的生产进行调整那样,同时也对人的生产进行调整,那末正是那个社会,而且只有那个社会才能毫不困难地做到这点。"①

我国目前还处于社会主义的初级阶段。可是,"人类数量增多到必须为其增长规定一个限度"的可能性在我国则早已不是"抽象"的,而是实实在在的。在这种情况下调节人的生产会遇到一些困难和阻力,需要有一定的调控力度是毫不奇怪的。

参考文献

[1] 陈剑.社会主义市场经济与人口控制若干理论问题[N].中国人口报,1993-12-14(3).

[2] 许改玲.再探计划生育的理论依据[N].中国人口报,1993-6-14(3).

[3] 刘铮.人口学辞典[M].北京:人民出版社,1986:1-3.

[4] 张纯元.马克思主义人口思想史[M].北京:北京大学出版社,1986:203-221.

原载《第六次全国人口科学讨论会文选》,中国人口学会,1994 年,北京,第 247-250 页。

---

① 卡尔·马克思,弗里德里希·恩格斯.马克思恩格斯全集(第三十五卷)[M].北京:人民出版社,1971:145.

继续优化人口环境，促进经济持续发展[①]

——磐安县脱贫致富的人口对策研究

自 1990 年起，我们对浙江省磐安县的人口问题进行了多形式、多层面的调查，包括 1990 年的"千户调查"、1992 年的育龄妇女生育意愿调查和每年进行的社区典型调查，掌握了大量的第一手资料。在此基础上，我们对磐安县的人口问题进行了全面深入的分析，形成了一些看法。现将我们对磐安县人口问题的简要分析及对策性建议叙述如下，供领导同志及有关部门参考。

一、当前人口与社会经济发展的矛盾

应当说，当前磐安县控制人口和发展经济的势头都很好。1983 年恢复县建制以来的 10 年中，人口出生率一直控制在 12‰左右，人口自然增长率在 5‰上下波动，而全县社会总产值、国内生产总值和国民收入按可比价计算，则分别以年平均 22.1％、13.5％和 14.1％的速度递增。从总体上看，确实做到了"把生产搞上去，把人口降下来"。然而，人口与经济社会发展的矛盾依然存在，突出地表现为以下几个方面。

---

① 本报告是联合国人口基金资助的 P04 项目"中国部分贫困县人口问题研究"课题浙江省磐安县子课题，由杭州大学人口研究所和磐安县部分同志共同承担，本研究报告执笔人为叶明德、刘长茂和史兴。

（一）人口与耕地资源的矛盾突出,脆弱的生态环境面临着日
趋严峻的挑战

磐安县是个农业县,第四次人口普查时农业人口占总人口的 95.1％,
而磐安又是一个严重缺粮县,每年都要从外地购进大量粮食。人口与耕
地资源的矛盾表现在:(1)人均耕地面积日益减少。"九山半水半分田"的磐
安县,1949 年人均耕地面积仅 1.11 亩。由于人口不断增多而耕地面积日
趋减少,人均耕地面积锐减。1983 年恢复县建制时人均耕地面积已降至
0.56 亩,到 1993 年只有 0.51 亩。(2)耕地质量差。大多是小块梯田,土壤
砂砾含量高,有机质含量低,保水、保肥性能差。由于山高水冷,多数耕地只
适宜于种单季作物。(3)自然灾害频繁。春季常低温阴雨,倒春寒两年一
遇,伏旱、秋旱、秋季低温、早霜的发生概率较高,局部性冰雹、洪灾时有发
生。耕地资源的匮乏使日益增多的人口陷于困境,2/3 的乡镇一年中只有
七八个月的口粮。粮价放开之前,农民们除了通过粮食系统购买返销粮外,
还通过其他渠道购买议价粮。粮价放开之后,虽然可以从外地购进粮食,但
由于交通不便,粮价昂贵,对农民特别是贫困户无疑是一种沉重的负担。

磐安县目前森林覆盖率为 61.8％,比 20 世纪 70 年代有所提高,然而
生态系统仍十分脆弱。由于开荒种粮、种药,当地水土流失加剧,土层变浅,
裸岩扩大。据 1984 年调查,水土流失面积为 27.88 万亩,裸岩面积 11.57
万亩。近年来开发食用菌,森林资源耗费巨大。随着乡镇企业的发展,工业
污染的影响在扩展。由于虎豹等猛兽几乎绝迹,野猪大量繁殖,成为毁坏庄
稼的一大祸害。

（二）人口转变超前,低生育率的社会经济环境尚未形成,控
制人口的任务仍很艰巨

据第四次人口普查资料,1989 年磐安县育龄妇女的一般生育率为
46.6‰,总和生育率为 1.22,低于全省和全国的平均水平。1983—1993 年
这 11 年中,人口出生率最高为 13.59‰,最低为 9.89‰;人口自然增长率最
高为 6.54‰,最低为 3.10‰;人口死亡率维持在 7‰上下。这就是说,磐安

县的人口再生产已经由五六十年代的"高出生、低死亡、高增长"类型转向"低出生、低死亡、低增长"的现代人口再生产类型。

然而这种人口再生产类型转变不是自发出现的,而是实行计划生育、严格控制人口增长的结果。

实际上,磐安县虽然生育率较低,但促使人们多生多育的客观因素依然存在。这些因素大体是:(1)生产力水平低,耕作原始。耕地都是梯田和斜坡地,不适宜机械耕作。由于山高坡陡,交通不便,少不了肩扛背驮,劳动强度大。农民收入水平的高低与劳动力数量的多少及体质的强弱直接相关。(2)农村尚无退休养老制度。农民年老体衰之后,只能期望儿女供养。有无子女,或子女的多少,会直接影响农民的实际生活和安全感。(3)"不孝有三,无后为大"的传宗接代思想在农民中仍有很深的影响,而男娶女嫁和"从夫居"的婚姻形式又使人们觉得传宗接代非男孩莫属。农村实行联产承包责任制后,基层行政管理有所削弱,宗族势力有所抬头,家庭之间产生纠纷时,人多势众的一方往往占便宜。这就是说,在经济、社会、文化诸领域,都还存在"多生多育""早生早育""重男轻女"等传统观念的土壤。

正因为如此,磐安县的人口转变是不稳固的。人们的生育观念与政府的生育政策仍有不少距离。只要计划生育工作稍一放松,生育率就会出现"反弹"。此外,各乡、镇之间计划生育工作也不平衡,有些乡、镇计划生育工作的基础还相当薄弱,"超生"现象较多,要控制人口,需要做更多更艰苦的工作。

（三）就业需求大而产业结构演进滞后,控制人口而赢得的极高的劳动适龄人口比重既是机遇又是挑战

磐安县由于深入开展计划生育工作,人口增长得到有效控制,因而使人口年龄结构发生了重大变化,少年儿童人口比重下降,劳动适龄人口比重上升。据人口普查资料,0—14岁少年儿童人口比重1964年为38.52%,1982年下降到34.13%,1990年进而下降到23.78%;15—59岁劳动适龄人口比重1964年为53.04%,1982年上升到57.28%,1990年继续上升到

66.30％，这三个年份 60 岁及以上老年人口的比重分别为 8.44％、8.59％和 9.93％。

少年儿童人口和老年人口是被抚养人口。被抚养人口与劳动年龄人口之比称为抚养比。抚养比又有少儿抚养比、老年抚养比和总抚养比之分。总抚养比的高低对经济和社会的发展有着重要的影响。日本战后的发展，特别是 20 世纪 60 年代的高速发展，与当时的人口年龄结构有关，即劳动年龄人口比重高，劳动力资源丰富，而总抚养比很低。日本著名人口学家黑田俊夫曾说："战后经济复兴和 60 年代高速发展是日本人口结构造成的奇迹。"

20 世纪 70 年代以来，磐安县一方面开展计划生育，控制人口出生率；另一方面，五六十年代生育高峰期间出生的大批人口陆续达到劳动年龄，从而导致少年抚养比和老年抚养比同时下降。1964 年少儿抚养比为72.63％，1982 年下降为 59.59％，1990 年降至 35.86％。这三个年份的老年抚养比分别为 15.92％、15％ 和 14.97％，总抚养比分别为 88.55％、74.58％ 和 50.84％。如果按发达国家通行的年龄划分标准，将老年人口的起点年龄定为 65 岁，则磐安县 1990 年的总抚养比只有 43.47％，比日本六七十年代的总抚养比还要略低。这就是说，从理论上讲，磐安县通过控制人口数量，调整人口结构，已经为经济腾飞创造了极为有利的人口条件。

然而我们也要清醒地看到，中国的情况特别是欠发达地区的情况十分复杂，绝不能同 20 世纪 60 年代的日本进行简单类比。劳动年龄人口的激增和抚养比的降低对我们来说既是一种历史机遇，更是一个严峻的挑战。我们所面临的问题是：

(1)农业剩余劳动力有增无减。劳动年龄人口只有同生产资料相结合，才能成为物质财富的创造者，否则，就仅仅是一个消费者，不仅不能创造财富，还会成为社会的负担。如前所述，作为一个农业县，磐安县的耕地资源十分有限。在目前的生产条件下，若以平均每个农业劳动力承担 4 亩耕地计算，磐安县的耕地只能吸纳 25795 个劳动力。然而据第四次人口普查资料，1990 年磐安县农业（种植业）在业人口有 89918 人，潜在失业劳动力多达

6 万余人。1990 年与 1982 年相比,从事第一产业的在业人口比重由 85.85%下降到 77.02%,减少了 8.83 个百分点。由此可推算出自 1982 年至 1990 的这 8 年间有 1 万多在业人口由第一产业分离出来,转入第二、三产业。但值得注意的是,在 20 世纪内,磐安县每年新增劳动年龄人口数仍将持续增加,这也意味着 20 世纪内剩余劳动力有增无减,就业压力将日益增大。

(2)人口产业结构演变滞后。农业劳动力剩余问题由来已久,而且越来越严重。按理应当"泄洪",向新的产业转移,但事实上并没有那么容易。产业调整一要资金,二要技术。有人估算,安排一个劳动力在 60 年代只需5000 元,到 70 年代需 1.3 万元,到 90 年代则需要 1.5 万余元。若要安排 6 万多剩余劳动力,就得投入 9 亿多元。资金从何而来?据第四次人口普查资料,1990 年磐安县在业人口的产业结构是:第一产业占 77.02%,第二产业占 14.24%,第三产业占 8.74%。在第一产业内部,种植业占 98.9%。这就是说,在"九山半水半分田"的磐安县,99%的农业劳动力集中在"半分田"上,而开发"九山半水"的劳动力只不过占 1%左右。这种不合理的人口产业结构反映了剩余劳动力转移的艰难。

(3)农业劳动者文化素质低下。据第四次人口普查资料,1990 年磐安县农业劳动者 90629 人,其中大学、中专文化程度的只占 0.16%,高中文化程度占 5.77%,初中文化程度占 26.19%,小学文化程度占 47.57%,文盲半文盲占 20.4%。不要说掌握现代科学技术,就是扫盲的任务也很艰巨。

总之,磐安县劳动力资源十分丰富,负担也轻,经济起飞的机会即在眼前,但由于种种原因,翅膀沉重,步履艰难。

(四)严格控制人口而加速了人口老龄化,老年社会保障问题十分突出

人口老龄化是控制生育率的必然结果。由于磐安县开展计划生育工作较早,成效显著,因而人口老龄化来势迅猛。

人口老龄化指的是人口年龄结构向年老状态变化的动态过程,它表现于少年儿童人口比重下降,老年人口比重、老少比和年龄中位数上升。从第二次人口普查以来磐安县人口年龄结构变化的情况看,老龄化的趋势十分明显。联合国曾规定:一个国家或地区如若 0—14 岁少年儿童比重降至 30％以下,60 岁及以上老年人口比重达 10％以上或者 65 岁及以上人口比重达 7％以上、老少比在 30％以上、年龄中位数在 30 岁以上,那么这个国家或地区的人口即为老年型人口。据第四次人口普查资料,1990 年磐安县 0—14 岁少年儿童比重为 23.78％,60 岁及以上老年人口比重为 9.93％,老少比为 41.76％,年龄中位数为 26.32 岁,说明有两指标已达到老年型标准,另两项指标也接近老年型标准。按第四次人口普查时的人口年龄结构推算,磐安县目前已经跨入老年型地区行列。

　　以往的老年型国家或地区经济都相当发达。老年型欠发达地区的出现,这在世界上是没有先例的。在经济不发达的情况下,面临着老年人口相对数和绝对数的快速增长,这将是一个严峻的挑战。

二、促进人口与社会经济良性循环的对策

　　经济的发展需要良好的人口环境,包括适当的人口规模、较合理的人口结构和较好的人口素质。磐安县在经济起飞之前果断地推行严格控制人口的生育政策,通过宣传教育和技术服务等措施将人口膨胀的势头控制住,人口的数量、素质和结构向有利于经济发展的方向转变,成绩是巨大的,然而任务仍很艰巨。如果说,降低生育率是解决贫困地区人口问题的第一步,那么紧接着的任务就是维持低生育率,全面提高人口素质,进一步调整人口结构。从某种意义上说,这第二步任务比第一步任务更重要,也更艰巨。要完成这一任务,光靠行政措施是不够的,需要有一整套相关措施,需要经济的支撑。要是完不成这一任务,以往取得的成果就难以巩固,人口环境就不可能进一步优化,因而也就不可能保证经济和社会的持续快速发展。

　　因此,对磐安县来说,应当抓住当前生育率处于低水平的有利条件,不失时机地采取一系列新的措施,使优化人口环境的工作上一个新台阶,促进人口与社会经济转入良性循环。

针对磐安县的具体情况,当前需要采取的措施应包含以下几个方面。

(一)建立利益导向机制,使计划生育工作与扶贫开发相结合

在现有的社会经济条件下按国家的政策实行计划生育,从长远看利国利民,从眼前看则是对国家和社会所作的一种奉献。因此,在宣传实行计划生育是每个公民应尽义务的同时,还应当让计划生育户得到一些实惠。只有这样,才能使群众由"要我计划生育"转变为"我要计划生育"。

在以往的工作中,磐安县注重宣传教育,但利益导向机制尚未建立。独生子女户和双女结扎户得到的实惠很少。独生子女户领证率较低,往往只在需要报批宅基地时,才会有人主动去领"独生子女光荣证"。这种状况需要改变。应当学习外地的成功经验,将计划生育工作与扶贫开发结合起来,使两者相互促进,成为有机的整体。在安排生育指标特别是二胎指标时,可将致富目标及措施作为制约条件,提倡"先致富,后生娃"。对于实行计划生育的农户尤其是独生子女户和双女户,要予以政策倾斜,凡能优惠则优惠,不能优惠则优先。例如,让他们优先承包土地、果园,优先招工进乡镇企业,优先安排劳务输出,优先审批宅基地,优先参加农技培训和提供致富信息,优先落实优惠贷款等。总之,要将计划生育工作纳入扶贫开发的攻坚规划,将社会制约机制和利益导向机制有机地结合起来,提高广大育龄夫妇"少生快富奔小康"的积极性和自觉性。

(二)积极推行社会养老保险,解决中青年农民的后顾之忧

磐安县开展计划生育工作较早,如今45岁以下的中青年一般都是少子女的。由于集体经济薄弱,个人又不富裕,计划生育系列保险一直未能开展。独生子女父母及有女无儿父母都存在老而无靠的后顾之忧。如今国务院已明确规定,农村社会养老保险工作由民政部门分管。民政部在广泛调查研究、试点与征求各方面意见的基础上,已制订出在全国试行的县级农村社会养老保险基本方案。磐安县的人口年龄结构已进入老年型,在未来的几十年内老年人口的相对数及绝对数将加速增长,在农村推行社会养老保险不仅完全必要而且要求十分强烈。1993年11月,磐安县民政局在玉山镇搞农村社会养老保险试点的情况表明，欠发达地区的农民解决老有所养问题的要求是强烈的。虽然目前农民的收入水平较低，经济来源不稳定，但只要做到因地制宜，农村社会养老保险工作在全县范围内推开是可能的。各级领导对"农保"工作的必要性和紧迫性要加深认识，将这项工作列入议事日程，区分情况，精心指导。独生子女户和双女结扎户为国家和社会做出了一定的奉献，他们的老有所养问题更值得关注，集体补助部分对他们应当有所倾斜。从年龄结构上看，最需要解决养老保险问题的是在第二次生育高峰期间出生、20 世纪 80 年代进入婚育期、如今年龄在 25—35 岁上下的这批人。这一年龄段的人不仅数量多，而且普遍少子女。这批人的投保面应力争达到 100％，投保的起点时间宜早不宜迟。

需要指出的是，生育率持续低于更替水平，除了会加速人口年龄结构老化而产生老龄问题外，还会引发其他有关问题。对此也应当有所思考和准备。

（三）增加对计划生育工作的投入，健全计划生育工作网络

磐安县的计划生育工作取得了显著成效。这些成绩是在经费不足、人手少、条件差的情况下取得的，靠的是领导重视、积极分子带头和计划生育干部的奉献精神。计划生育工作要上新台阶，一是要加强基层计划生育干部队伍建设，二是要加强技术服务，提高服务质量。

在"撤区扩镇并乡"之前，磐安县每个乡只有一位计划生育专职干部，个别乡甚至没有计划生育专职干部，而由妇联主任兼管。"撤、扩、并"之后，虽然每个乡镇都配备了计划生育专职干部，但由于管辖的地域扩大，加上在经济体制转换的过程中新情况、新问题不断涌现，计划生育工作难度加大，计划生育专职干部仍显不足。另外，村一级计划生育管理力量薄弱。有的村计划生育联系员的报酬难以落实，使计划生育管理网络断层，以致出现"钱在县里，压在乡里，落不到村里"的状况。根据现有的乡镇规模，乡镇计划生育专职干部应适当增加，使之有所分工，将基层工作做得更加扎实。村级计划生育联系员的工作十分重要，她们的报酬不能过低，应由县、乡（镇）、村共

同协商落实。

"一孩放环,二孩结扎"是减少计划外出生的有力措施。要做好这一工作,必须加强技术服务。磐安县目前计划生育技术服务的基础还比较薄弱,人员和设施都还不能满足实际需要。在这方面应继续增加经费投入,改善设备条件,提高人员素质,全方位为育龄人群服务好。

(四)加强社区两个文明建设,创造低生育率的经济环境和文化环境

磐安县的计划生育成果能否巩固,低生育率能否长期保持,归根到底取决于能否创造低生育率的社区经济环境和文化环境。

近几年磐安县经济发展势头不错。据农村住户调查,1993年磐安县农民年人均收入为755元。磐安县利用本地资源优势大力发展食用菌和药用菌,使之成为全县的支柱产业,仅此一项就使农民年人均收入增加200元。然而经济的初步发展不可能自发地导致生育率下降,这已被无数事实所证明。对磐安县来说,创造有利于计划生育的经济环境应分两步走。第一步,在发展市场经济的过程中,必须不失时机地增加集体积累。在一些毫无集体积累的所谓"空壳村",独生子女奖励费无法兑现,纯女户和独生子女户的养老保险难以推广,村计划生育联系员的报酬和妇女结扎营养补助费无法支付。这显然不利于巩固计划生育成果。只有乡村集体积累不断增加,才能有力地支持计划生育及其他福利事业。第二步,全面提高人们的生活质量,从而逐步改变人们的生活方式和价值观念,使之自觉地接受少生优生的生育主张。这当然是一个较长的过程。

要继续提高妇女的就业率,提高妇女的经济地位和社会地位。据统计,1993年年底磐安县18—50岁的妇女共27005名,其中从事种植业的14290人,从事养殖业的5311人,从事加工业的4504人,经商的2215人。妇女像男子一样从事务工经商,这是近几年出现的新气象,各有关部门应当大力支持。无数事实证明妇女就业率的提高对人口再生产的影响是积极而深远的。

创造有利于计划生育的文化环境,就是要革新观念、移风易俗。经过多年的思想教育,磐安县人民的生育观念已有了较大改变。然而也不可否认,早婚早育、多生多育、重男轻女、重子女数量轻子女质量的旧观念的影响依然存在,养儿防老、养儿传宗接代的思想还相当普遍。因此,提倡移风易俗,加强新思想、新观念的宣传仍具有重要意义。

（五）增加智力投资,提高人口文化素质

发展教育,提高人口文化素质,是调整人口产业结构的前提,是欠发达地区致富的根本大计。近年来磐安县对教育工作比较重视,1993年已基本普及九年制义务教育。然而要全面提高磐安县人口文化素质,任务仍很艰巨,需继续在以下几个方面做出努力。

1. 狠抓基础教育

虽然目前学龄儿童入学率较高,1993年达到99.52%,然而仍有不少学龄儿童因家庭经济原因而面临失学的危险。"希望工程"实施两年来,已使1024名失学少年得以重返校园,但目前仍有1000多名学龄儿童濒临失学,还有不少中学生因交不起学费而中途辍学。另外,教学设施不配套、教学手段落后、教学内容和教学方法陈旧、教师数量不足与素质不高等,也是当前面临的实际困难和问题。有些家长之所以不愿让孩子多念书,原因之一就是看到孩子读完书后升不了学,回家后所学的知识用不上,有的甚至不会种地。因此改革教学内容和方法实属刻不容缓的事。教育工作必须适应当地经济和社会发展的需要,充分考虑当地的具体情况,尽可能为当地多培养留得住、用得上的人才。应扩大师范院校定向招生的比例,以缓解师资紧缺问题。

2. 重视扫盲工作

据第四次人口普查资料,1990年磐安县15—40岁人口中尚有文盲半文盲8372人,扫盲的任务十分艰巨。当前一方面要抓紧扫盲,提高中青年人口的识字率,另一方面要狠抓扫盲后的继续教育。对初脱盲者应进一步提出"三会"要求,即会看报刊和常用计算,会一二门实用技术,会管理家庭和教育子女。要把扫盲工作与生活、生产劳动挂钩，注重实效，防止复盲现象出现。

3. 加强岗位培训

在农村主要是办成人文化技术学校，分期分批对农民进行培训，使每一农户特别是贫困户掌握一二项实用技术。对企业的职工特别是新招收的临时工，要轮流进行岗位培训，鼓励职工学文化、学技术。对于回乡的初中高中毕业生要进行上岗培训。培训内容要结合当地的生产和生活，讲求"实用、实际、实效"。

4. 增加教育经费的投入

自 1988 年起，磐安县每年从县财政中挤出 40 万元用于普及义务教育。1992 年全县教育经费支出为 679 万元，比 1984 年增加近 3 倍。县领导干部带头为教育事业捐款。尽管如此，目前教育投入仍显不足。例如，农村退休教师包教扫盲对象，每扫除一位文盲，所得报酬仅 5～15 元。据统计，1991 年全县学校图书馆藏书 66001 册，平均每个学生仅 2.2 册。目前还有不少企业对职工培训存在"四无"（无场地、无计划、无师资、无经费）现象。要解决这些问题，必须多渠道筹措经费，不断增加对教育的投入。

（六）鼓励人口流动，支持山民"下山"脱贫

本课题组 1990 年在磐安县所作的千户调查数据表明，外出从事经济活动人员的比例中富裕户最高，脱贫户次之，贫困户最低。这表明人口流动特别是以务工经商为目的的人口流动与脱贫致富存在着正相关关系。增强人口的流动性，特别是促进经济活动人口流动，是脱贫致富的重要途径之一。

磐安县农村剩余劳动力多，除调整农业内部生产结构和发展乡镇企业以吸纳一部分剩余劳动力外，搞劳务输出也是一条重要出路。近年来磐安县外出务工经商的流动人口日益增多，从总体上看是十分可喜的现象，这将会给农村发展带来新的生机。政府有关部门要因势利导，兴利除弊。要加强调查研究，摸清底细。要尽可能将安排就业与职业培训结合起来，实行先培训、后输出。有关部门要与计划生育部门密切配合，搞好外出流动人口的

计生管理。

　　人口迁移在欠发达地区具有特殊的意义。磐安县胡宅乡的一些农民到乡镇企业发达的宁波平原地区帮助那里的农民耕种,从短期打工到长期承包,再到举家搬迁,闯出了一条走出山门、易地脱贫的路子。欠发达地区的这种人口迁移,是在市场机制作用下自发进行的,符合人口城镇化的社会发展规律。它有助于缓解欠发达地区的人地矛盾,也有利于平原地区工农业协调发展。有关部门应当为这种迁移创造条件。除支持缺少耕地的欠发达山区农民到平原地区承包耕地外,还可以有意识地在交通及自然条件好的地区设立扶贫经济技术开发区,以优惠的政策吸引欠发达地区的农民到那里当工人,闯市场,办企业。

　　原载张纯元主编:《消除贫困的人口对策研究》,高等教育出版社,1996年,第 87-99 页。

中国欠发达地区人口、资源与可持续发展

人口、资源、环境与发展是当今世界的热门话题。然而，不同的国家或地区，由于经济发展水平、社会发育程度、所处的社会及地理环境不同而情况千差万别。中国作为一个发展中国家，现代化进程严重地受到人口、资源、环境等因素的制约。庞大的、持续增长的、质量低下的人口已成为中国现代化进程中的最大障碍，成为未来中华民族生存与发展的最大压力。[①]在中国的欠发达地区，人口与资源、环境的矛盾更为突出，并有自身的特点。本文着重分析中国欠发达地区人口与资源、环境的状况，并就这些地区如何协调人口与资源、环境的关系，实现可持续发展的问题提出一些想法。

一、贫困地区人口与资源状况

中国人口与资源的紧张关系早已形成。人口增多，耕地减少，局部地区和多数城市供水不足，是我国人口与资源矛盾的基本格局。[②] 我国欠发达地区人口与资源的紧张状况十分突出，主要表现于以下几个方面。

（一）农业资源短缺，随着人口的增长，人均占有量急剧减少

耕地是最基本的农业资源。欠发达地区的耕地资源有两种情况：一是

---

① 中国科学院国情分析研究小组.生存与发展[M].科学出版社，1989:25.
② 中国科学院国情分析研究小组.生存与发展[M].科学出版社，1989:157-158.

宜农土地面积少;二是宜农土地面积虽然较多,但土质较差,或者受气候条件限制难以开发利用。总的趋势是,随着人口的持续增长,耕地的人均占有量急剧下降。新中国成立以来人口增长了一倍左右,人均耕地面积则减少了一半甚至更多。问题的严重性在于,耕地面积仍在逐年减少,而人口则还将持续增长相当长的时间。欠发达地区由于经济、文化比较落后,人们受传统的价值观、生育观影响较深,计划生育工作开展得较晚,因而人口转变过程比较缓慢。早婚早育、多胎生育仍是欠发达地区较普遍的现象。这些都意味着人地矛盾将进一步激化。

(二)过多的人口给资源和环境造成巨大压力,使生态系统失去平衡

在人口持续增长和人均耕地面积日益减少的情况下,人们为了弥补耕地的不足,不得不毁林开荒,或填湖造田。此外,欠发达地区的农牧民基本上以秸秆、薪柴、畜粪等为生活燃料。由于人口不断增长,燃料需求量日益增大。在缺乏薪柴的地方,人们便割野草,甚至刨草根。由于生态系统失去平衡,由此而带来一系列严重的后果,如水土流失、自然灾害频繁、土壤肥力下降、土地沙漠化面积不断扩展等。

(三)人口素质低,生产技术落后,使资源短缺与资源浪费共存,污染与破坏并发

欠发达地区人口素质低,文盲率高,专业技术人口比重小,基本上保持着传统的粗放型生产模式,有些地方甚至保留着原始农耕方式。

改革开放以来,欠发达地区也开始改变单一的产业布局,重视多种经营。但由于缺乏统一规划,更缺乏资源保护及可持续发展意识,在强烈的致富愿望驱动下,对现有的林木、药材等生物资源进行掠夺性开发,资源的毁坏及浪费现象随处可见。

改革开放初期,欠发达地区乡镇企业寥若晨星,但近年来也发展迅速。不少地方利用本地资源办起小煤矿、小铁矿、小水泥厂、小建材厂及小造纸

厂,等等。这对活跃地方经济、安置剩余劳动力、提高人们的生活水平起了积极作用,但也付出了巨大代价。由于受资金、技术、人才的限制,所兴办的企业一般都是投资少、技术要求低、高消耗、高排放的企业,一方面造成资源浪费,另一方面造成环境污染。

从上述分析中可以看出,欠发达地区人口与资源环境不协调,主要表现于两个方面:一方面是人口数量与土地承载力不相适应;另一方面是人口素质与资源的合理开发利用不相适应。

土地的人口承载力是以不破坏生态环境的平衡与稳定、保证资源的永续利用为前提的。欠发达地区生态系统不断遭到破坏的态势以及那里的人们长期在越穷越垦、越垦越穷的恶性循环中挣扎的现实都告诉人们,那里的人口数量已超过了资源与环境的承受能力。1977年联合国沙漠会议提出,干旱地带人口每平方公里不要超过7人,半干旱地带不要超过20人。甘肃省定西县(今定西市)1990年平均人口密度为每平方公里113人,按照上述标准,已超过临界指标4倍多。定西县土地人口承载力的运算结果表明,在当前自然资源、农业生产及中等投入条件之下,1990年土地资源对人口的承载能力,温饱水平约为30万人,小康水平不超过27万人,科学营养水平以低于22万为宜①。1990年定西县实际人口为41.22万人,超载情况是十分明显的。

资源的开发利用状况,既受人口数量的制约,也受人口素质的制约。所谓资源,是指由人发现的有用途和价值的物质。"资源"是一个动态概念。贫困地区对资源开发利用的大致情形是:对于一些与生存有关并能直接利用或便于利用的资源,如水资源、耕地资源、森林资源、生物资源等,利用过度而深度开发不足;对一些开发难度大但能开辟良好发展前景的资源,如矿产资源、气候资源(包括水能、太阳能、风能等)及旅游资源,则开发及利用均显不足。这两个"不足"的存在,除资金条件外,技术和人才是主要的制约因

---

① 韦惠兰等.贫困地区人口科学文化素质对生态环境的影响——以甘肃省定西县为例[J].西北人口,1994:16-22.

素。因此,人口素质低、专业技术人员少,是贫困地区人口与资源不相协调的一个重要方面。

二、人口既可成为主要障碍,也是希望所在

中国欠发达地区人口与资源的紧张关系是历史形成的,"冰冻三尺非一日之寒"。从历史背景上看,欠发达地区的自然环境大体可分为自然障碍区和生态失衡区两类。自然障碍区,是指高寒地区、干旱和半干旱地区等不适宜人类居住的地区。这类地区改良的余地很小,居住的人口一旦超过资源与环境的承受能力,其必然结果是人口的贫困与环境的恶化并发。生态失衡区,指的是原先自然条件比较优越,由于人口增长以及人类对自然资源的过量开发利用,使生态系统失去平衡的地区。黄土高原的变化就是一例。据著名历史地理学家史念海教授考证,在西周时期,黄土高原森林覆盖率达57%,其余是一望无际的草原。明朝时期的兰州皋兰山还是"绝顶青青立马看……天晴万树排浪高"。清初,永登一带还有"古树参天,清流遍地,幽旷绝尘,宛若武陵桃园"的描述。但从清朝开始,由于人口剧增,人类无节制地扩大耕地面积,森林被砍伐,草原遭滥垦,植被覆盖率逐渐缩小,水土流失日趋严重。到清末,甘肃已是"千里陇原,一片赤地"了。

人口与资源、环境的关系,亦即人类与自然界的关系,是个古老而又常新的话题。人类与自然界的不协调,固然有自然方面的原因,如火山、地震、台风、洪水等自然灾害,但主要是人类方面的原因,即由于人类不能正确认识自身与大自然的关系从而不能及时调整自身的行为(包括生产行为、生活行为和生育行为)所致。人类是自然界紧张关系的制造者,也是这种关系后果的承受者。

然而,作为万物之灵的人类,与一般的动物不同,具有认识世界和能动地改造世界的能力,包括改变自己的思想和行为,使之与外部世界的客观规律相一致。这并不是一个高深的哲理问题,有许多具体事例能说明这一点。

据《光明日报》1987 年 3 月 4 日报道,云南省通海县境内有一个杞麓

湖,全县 90％以上的人口、80％以上的农田都在湖滨。1958 年在"大办粮食"的高潮中,提出了"放干杞麓湖,增产万担谷"的口号,围湖造田,又在湖滨山头上毁林开荒。粮食是增产了,从几千万斤增至上亿斤,可是自然生态平衡却被破坏了。水土不能保持,气候发生明显变化。湖面积由 72000 多亩萎缩到 24000 亩,水量由 1.7 亿立方米降至 0.17 亿立方米。一遇旱灾,粮食产量锐减。人们终于在沉痛的教训中醒悟过来,从 1984 年起,开始对杞麓湖进行综合治理,包括退耕还湖,植树造林,保护湖泊的活水资源,调整农作物布局减轻湖泊的负荷,确立并严格执行湖泊用水的上下限等。结果仅两年时间,杞麓湖面积就由 24000 亩恢复到 55900 亩,水量由 0.17 亿立方米上升到 1.67 亿立方米。耕地虽然减少,人们的收入反而增加了。

　　20 世纪 80 年代以来在各省、自治区、直辖市开展生态农业示范试点工作所取得的成绩也令人鼓舞。浙江省奉化市(今奉化区)滕头村,是全国上千个生态农业试点村之一。这个村原本是个"田不平,路不平,收入只有一百零,有囡不嫁滕头村"的穷地方。经过十几年的艰苦奋斗,如今,这个村是奉化市首屈一指的"均富村",是计划生育先进单位,是省级"科技星火示范村"、全国社区建设的文明单位,还是"全球五百佳生态荣誉村"。它已成为经济、社会、人口、环境协调发展的富裕村。联合国副秘书长、环境规划署执行主任伊丽莎白·多德斯韦尔女士目睹了该村"田成方,屋成行,清清渠水浇村庄;橘子渠,葡萄河,绿树成荫花果香"的景象后说:"我到过世界上好多国家,很少有像滕头村这样美丽的、整洁的村庄。我将以自己的亲身感受,把你们生态方面取得的经验传播到世界各地。"①

　　浙江省磐安县是典型的山区县,经济欠发达,然而这个县从基础抓起,一面抓发展经济,一面抓计划生育,同时还十分重视环境保护。穿县城而过的文溪,原是条垃圾成堆的枯溪,经过整治,现在又重现青山倒影。磐安县城的人们利用县城四面环山的条件创建两万多亩的森林公园,并十分重视县城的清洁卫生。1996 年 6 月经省卫生检查团严格考核后,确认磐安县城

---

　　①　王嗣均.经济、社会、环境协调发展的滕头村[J],西北人口,1996(2):33-36.

为浙江省第一个卫生县城。

以上例子都说明,在遵循客观规律的前提下,"事在人为"是至理名言。人的思想和行为改变了,环境面貌也会随之改变。面对人口、资源、环境的严峻形势,盲目乐观自然不可取,悲观也无必要。在人口、资源、环境这三者中,人口处于中心地位。协调人口与资源、环境三者关系,人口既可成为主要障碍,也是希望所在。

三、树立可持续发展的人口发展观

欠发达地区的基本特征是发展不够,这是历史形成的。要改变这些地区的落后面貌,也要靠发展,发展是硬道理。然而,不能再走传统的以资源高消耗和环境污染为代价的发展道路,应当走可持续发展的道路。"可持续发展"思想的提出,是人类文明进化的历史性重大转折。今天,这一战略思想已逐步成为人类的共识和时代的强音。

可持续发展的含义深刻,内容丰富,但是它有两个最基本的要点:一是强调人类享有追求健康而富有生产成果的生活权利,但这种权力应当通过与自然相和谐的方式实现,而不应当通过耗竭资源、破坏生态和污染环境的方式实现;二是强调当代人在创造与追求发展与消费的时候,应当承认并努力做到使自己的机会和后代人的机会相平等,不能允许当代人一味地、片面地、自私地为了追求今世的发展与消费,而毫不留情地剥夺后代人本应合理享有的同等的发展与消费机会。

中国欠发达地区的人口现状从总体上看是人口数量过多而素质偏低。这是造成资源超载和环境污染的重要原因,与可持续发展的要求背道而驰。因此,必须改变传统的单纯追求人口数量的人口发展观,树立控制人口数量、注重人口质量的新的人口发展观。同经济增长并不等于经济发展一样,人口增长也并不等于人口发展。人口增长是人口的量的变化,而人口发展则是人口量与质辩证统一的变化过程。与社会生产力发展水平相适应,人口发展经历了由注重数量增长到注重质量提高的过程。如果说工业革命标志着机器代替手工操作，使机器成为手的延伸，那么20世纪中叶以来微电子工业和电子计算机的出现和发展，则标志着电脑开始替代部分人脑活动。现代科学技术的迅速发展，对劳动者质量的要求越来越高，注重人口质量是人口发展的必然趋势。

中国提出的控制人口数量、提高人口素质的策略思想，符合中国国情，切中人口问题的要害，也体现了现代人口发展的总趋向。从贫困地区的实际情况出发，严格控制人口数量，大力提高人口素质，是改善人口与资源环境关系、实现可持续发展的希望所在。

中国欠发达地区控制人口数量的任务依然十分艰巨，但已取得不少成功的经验。我们在调查中发现，已有越来越多的贫困家庭从"越穷越生、越生越穷"的旋涡中摆脱出来，走上"少生孩子多种树""少生孩子快致富"的正确轨道。

欠发达地区控制人口数量的途径有两个：一是控制人口的自然增长，二是在一定范围内实行开发性移民。后者是通过人口地域变动来控制人口数量，减轻人口对资源环境的压力。有些地方自然环境恶劣，生存与发展的客观条件很差，无论是"输血"还是"造血"，效果都不佳。实践证明，对于这种地方，迁移不失为明智之举。目前开发性移民已有多种形式。有的是"体外造血"，在较发达地区设立扶贫经济开发区，为欠发达地区安置剩余劳动力和发展经济；有的是创造一定条件，吸引住在干旱地区的农户迁移到灌区，或者吸引住在偏僻的高山或深谷中的农户迁移到沿江、沿海、沿路或城镇中安家落户。从各地的经验看，不管采取哪种形式，都取得较好的效果。这些做法不仅使一部分农户摆脱了"失地利"的困境，加快了脱贫致富的步伐，而且有利于集中生产要素，加速城镇的发展，有利于填补较发达地区劳动力大量向二、三产业转移后出现的务农劳动力的空缺，有利于一些宜林地区退耕还林，改善生态环境。

欠发达地区提高人口素质既是战略性任务，又是当务之急。多数地方政府采取两手抓，即一手抓基础教育，提高学龄儿童入学率，防止新文盲的产生；一手抓劳动适龄人口的职业培训。

欠发达地区"人才流失"是个普遍现象。本地输送出去的优秀学生往往远走高飞,外地分配来的毕业生或者由于专业难对口,或者由于生活条件差,往往难以留住。人们在长期的实践中逐步认识到培养"永久牌"实用人才至关重要。办法是加大职业技术培训的投入,使更多土生土长的有一定专业知识的人员能受到培训和重用。

今日的欠发达地区处于现代科学突飞猛进形势的包围之下。要摆脱落后的被动局面,必须发挥"后发展"优势,实现跨越式发展。而要实现"跨越",仅仅依靠自身的努力是不够的,外部支援是必要的。新中国成立以来,较发达地区支援欠发达地区曾走过曲折的道路,有成功经验,也有失败的教训。实践证明,向人口压力已经很重的地区移民垦荒是不妥的,向欠发达地区实行智力支援,促进地区资源、资金、技术、人才合理配置,才是真正的"雪中送炭"。

参考文献

[1] 刘长茂、叶明德.中国贫困地区人口、资源与社会经济发展[J].人口与经济,1996(1):27-35.

[2] 张纯元.消除贫困的人口对策研究[M].高等教育出版社,1996:87-99.

[3] 李志民、胡广济等.中国贫区经济发展趋势[M].北京农业大学出版社,1993:97-103.

[4] 中国科学院国情分析研究小组.生存与发展[M].科学出版社,1989:14-37.

[5] 胡焕庸、严正元.人口发展和生存环境[M].华东师范大学出版社,1992:46-53.

原载第 23 届国际人口科学大会《中国人口论坛文选》,《云南人口》1997年第 4 期,第 3-10 页。

对"中国进入后人口转变时期"的质疑

2000 年年初以来,在有关学术刊物上可以陆续看到一些文章称中国人口转变已经完成并已进入后人口转变时期。例如,《南方人口》2000 年第 2 期上发表的李建民的《中国的人口转变完成了吗?》一文指出:"我们认为 20 世纪末我国人口转变过程已经结束,在步入 21 世纪的同时,我国也将进入后人口转变时期。"《中国人口科学》2000 年第 2 期发表的于学军的《中国进入"后人口转变"时期》一文指出:"中国人口在 90 年代完成了传统意义上的人口转变历程,开始进入低生育时期,所谓的'后人口转变'时期。"《人口研究》2000 年第 3 期发表的"中国未来人口发展与生育政策研究"课题组《中国未来人口发展与生育政策研究》一文写道:"我们得出明确的结论:我国人口转变过程在 20 世纪 90 年代末已经完成,开始步入后人口转变时期。"

然而,读了这些文章后,笔者感到中国人口转变已经完成并已进入后人口转变时期的结论颇值得怀疑。在此将自己的一些想法提出来,以求教于学界同仁。

一、怎样确定评判人口转变是否完成的标准

这里涉及两个问题:一是应当选择哪些指标,二是怎样确定这些指标的标准值。

于学军只选用一个指标,即生育率。他认为中国出生平均预期寿命已

接近发达国家或地区的水平,因此考察中国人口转变是否完成了第三阶段,应主要看生育水平的高低和状态稳定与否。①

　　"中国未来人口发展与生育政策研究"课题组选用了两个指标,即生育率和出生平均预期寿命。他们在《中国未来人口发展与生育政策研究》一文中写道:"我们可以根据两个标准判定人口转变是否完成:一是生育率水平是否降到更替水平以下(TFR<2.1);二是人口出生时的平均预期寿命是否达到或高于规定的老年人口年龄下限,即65岁。"

　　李建民采用比较判断法来考察中国人口转变的进程。他以中国1998年的有关人口指标为基点设计了四个指标用于中国与西方发达国家的比较:①出生平均预期寿命等于或大于69.5岁;②育龄妇女总和生育率等于或小于1.9;③人口出生率等于或低于16.5‰;④人口自然增长率低于10‰。

　　我们知道,西方人口转变论者对人口转变阶段的描述不尽相同,如兰德里的三阶段模型、汤普森的三阶段模型、诺特斯坦的三阶段模型和四阶段模型、科尔和胡佛的四阶段模型、布莱克的五阶段模型等,然而对人口转变基本过程的认识是一致的。这一过程可以概括为由"高出生率、高死亡率、低自然增长率"的起始阶段,经过"高出生率、低死亡率、高自然增长率"的过渡阶段,最后达到"低出生率、低死亡率、低自然增长率"的转变完成阶段。换言之,所谓人口转变,就是人口出生率与死亡率由高位均衡向低位均衡的转变。因此,从统计学角度衡量人口转变完成与否,最直接、最有效的指标是出生率、死亡率和自然增长率。

　　上述文章作者中,只有李建民直接使用了出生率和自然增长率这两个指标,然而所有作者都回避了死亡率这一指标。他们是以出生平均预期寿命指标来替代死亡率指标,以生育率指标来替代出生率指标。然而事实表明,用上述两个替代指标来评估像中国这样的发展中国家的人口转变进程,缺乏应有的灵敏性和有效性。

---

　　①　于学军.中国进入"后人口转变"时期[J].中国人口科学,2000(2):8-15.

平均预期寿命确实能反映死亡率的高低。出生平均预期寿命高,说明总死亡率尤其是低年龄段死亡率低。但是在评估人口转变是否完成时,出生平均预期寿命指标无法直接与出生率进行比较,以观察出生率与死亡率之间的均衡状态。再说,就算出生平均预期寿命高,死亡率低,那也只说明该人口处于转变之中,并不一定意味着人口转变已经完成。1981 年中国人口出生平均预期寿命就超过 65 岁(为 67.88 岁),而这一年的出生率和自然增长率仍处于 20.91‰ 和 14.55‰ 的较高水平。更为明显的例子是,90 年代中期尼加拉瓜的出生平均预期寿命已超过 65 岁(为 66 岁),然而出生率和自然增长率仍高达 38‰ 和 32‰,在这样的增长水平上人口总量 22 年就要翻一番。可见,出生平均预期寿命的高低与人口转变完成与否并无多大直接联系。

育龄妇女总和生育率是一个很重要的指标,它能最终决定人口增长的方向。然而,这一指标用在不同的人口转变模式中其灵敏度是不一样的。如果总和生育率低于更替水平是人口转变的自然结果,以此来评判人口转变完成与否显然非常有效。然而在中国,情形有所不同,生育率降至更替水平以下不是自然形成而主要是政策控制的结果。尽管 90 年代中国总和生育率已降至更替水平以下,但这仅仅意味着人口零增长、负增长的内在机制业已形成,并不等于人口零增长、负增长已成为现实,甚至也并不意味着中国已实现像西方发达国家那样的人口低增长。1998 年中国人口自然增长率仍为 9.53‰,比同期发达国家和地区的平均水平高 8.53 个千分点,这种增长率 70 多年人口总量就要翻一番。

要准确评估人口转变是否完成,除了要选择有效的指标外,还有一个如何为这些指标确定标准值的问题。确实,出生率、死亡率、自然增长率达到什么样的程度才叫"低",目前并无明确的、公认的统一标准,但这并不等于标准值问题就无法解决。由于西方发达国家已经经历了人口转变的过程,这些国家的经验数据是有参考价值的。

法国是世界上最早出现人口转变现象并率先完成人口转变的国家,表 1 给出的是 19 世纪中叶以来法国人口自然增长率的状况。

据法国国家人口研究所搜集的资料,旧制度时期法国人口出生率和死亡率都保持在40‰上下的高水平,但到19世纪中叶,死亡率和出生率都明显下降,自然增长率已降到很低的水平。从表1中可以看出,100多年来,低出生率和低死亡率是相对的、动态的,但出生率与死亡率的低位均衡状态是比较稳定的;与此相应,自然增长率也一直较低,19世纪中叶以来(除1953年因受二战后"婴儿热"影响有所回升外),基本上保持在5‰及以下的水平。

表1　19世纪中叶以来法国人口自然增长状况　　　　单位:‰

年份	出生率	死亡率	自然增长率
1831—1835	29.6	26.0	3.6
1896—1900	21.9	20.6	1.3
1953	18.9	13.1	5.8
1982	15.0	10.0	5.0
1998	12.0	9.0	3.0

资料来源:1831—1900年数据引自王渊明:《历史视野中的人口与现代化》,第185页—187页;1953年数据见沈益明:《近三十年世界人口普查和人口概况》,第72页;1982年数据引自邬沧萍:《世界人口》第87页;1998年数据见美国人口咨询局:《1999年世界人口数据表》。

如果说法国的例子从纵向展示了人口转变完成状况,那么,我们还可以从横向考察人口转变完成状况。表2给出的是1982年北欧和西欧国家的"三低"状况。

从北欧、西欧当代人口转变完成状态看,"三率"的指标值大体如下:出生率10‰～15‰,死亡率8‰～12‰;自然增长率5‰及以下。美国人口咨询局《人口手册》(国际版)曾把芬兰作为人口转变的一个典型例子。芬兰人口转变第四阶段即完成阶段(1970—1976年)的"三率"是:出生率13‰,死亡率10‰,自然增长率3‰。

表2　1982年北欧和西欧人口自然增长状况　　　　单位:‰

	国家	出生率	死亡率	自然增长率		国家	出生率	死亡率	自然增长率
北欧	丹麦	11	11	0	西欧	卢森堡	12	12	0
	芬兰	13	9	4		荷兰	13	8	5
	挪威	12	10	2		瑞士	12	9	3
	瑞典	12	11	1		比利时	13	12	1
西欧	奥地利	12	12	0		法国	15	10	5
	联邦德国	10	12	−2		英国	14	12	2

资料来源:邬沧萍.世界人口[M],北京:中国人民大学出版社,1983:87.

出生率与死亡率的均衡状态可以从自然增长率上得到反映。从理论上讲,出生率与死亡率低位均衡的典型状态(或中心值)是人口零增长;一般状态应在低增长与低负增长之间,其数值一般在−5‰~5‰之间。上述欧洲国家的经验数据与这种理论分析是基本相符的。然而在李建民的评估指标体系中,人口自然增长率的标准值定为"低于10‰"。这无论是从理论上看还是从经验数据上看都显得过于宽泛,上限值几乎超出经验数值1倍,其有效性不能不叫人怀疑。

二、中国人口转变是否"已经完成"

"人口转变"的提法源于西方的人口转变论(最初的提法是"人口革命",1945年美国学者诺特斯坦称人口革命为人口转变,此后一直沿用)。这是西方学者试图对19世纪下半叶和20世纪初欧洲人口自然增长率下降的原因做出合理解释而创立的理论。欧洲人口自然增长率下降是一个客观存在,用马尔萨斯的理论已无法解释,需要一种新的理论来说明,于是人口转变论便应运而生。由于人口转变的事实在前,理论解释在后,而人们对客观规律的认识又不可能一次完成,这就决定了人口转变理论的形成需要有一个过程。就整个世界而言,目前只有不足20%的国家与地区已经完成人口转变,而80%的国家与地区人口转变尚在进行之中。地区间的差异性决定了各地区人口转变的过程及模式的不同。人口转变的某些形态尚未充分展现出来,因而时至今日,这一理论尽管一直在修正和补充,但仍不能说已臻于完善。然而,它的现实指导意义是不容怀疑的。

西方人口转变论者都将人口转变放在经济社会发展的大背景中考察,将其看成是工业化、城市化和整个社会现代化的产物。事实上所谓人口转变是由传统农业社会向现代工业社会发展过程中人口发展所经历的一场根本性变革。因此,评估人口转变是否完成就不能只考察人口状况的外部表现(即出生率、死亡率、自然增长率的高低),而要同时看人口转变的机制(包括人口内部运行机制和外部制约机制)是否形成。

中国人口转变完成论者在做出中国人口转变"已经完成"这一重要结论时,其根据仅仅是他们自己所设立的一些量化指标,其方法基本上是比较法,或称比较判断法,就是将中国人口与西方发达国家的人口做量的比较。李建民在《中国的人口转变完成了吗?》一文中较详细地介绍了这种方法。该作者说:"分析和判断逻辑如下:首先以我国1998年有关人口指标水平为基点,然后确定西方发达国家达到相同或相似水平的时间,如果我们可以认为在这些时间维度上,西方发达国家已经完成了人口转变,那么我们也就可以判定我国的人口转变也已经完成。"诚然,这种方法从形式逻辑角度看是严密的,问题是这种考察比较仅仅局限于人口转变的外部表现形式。即使这些比较指标都准确而有效,单凭对外部形式即量的比较而未深入进行内在机制的考察和分析就匆匆下结论,这种结论的可靠性和科学性是值得怀疑的。目前中国的人口状况与西方发达国家人口状况相比实属形似而神异,某些统计指标的相同或相似无法掩盖许多实质性的差别。

西方发达国家人口出生率的下降,尽管原因各有差异,对其解释也形形色色,但从总体上看是工业化、城市化等现代化进程的产物。西方著名人口转变论者诺特斯坦就曾经把用社会经济发展来解释人口变动称为"人口转变的标准解释"。经济的发展,资金密集型和技术密集型产业比重的增大,教育的发展以及社会保障制度的建立与完善,都促使人们从追求孩子数量转向追求孩子质量,从而对人口增长起了有力的制约作用。就其实质而言,西方发达国家实现人口出生率与死亡率的低位均衡是经济社会现代化的结果。

中国的情况有所不同,"无论是西方学者还是中国学者都认为,中国生育率下降的主导因素是计划生育政策,大致占 60%～70%"①。中国现代化程度还不高,尽管工业化、城市化进程的加速对人口增长有一定的制约作用,但广大农村仍然以体力劳动为主,社会保障覆盖率很低,"养儿防老"仍然是农民的实际需要,长期形成的养儿"传宗接代"的习俗也不可能在短时期内改变。低生育率的经济、社会、文化环境尚未真正形成。于学军等曾在一篇文章中指出,中国育龄妇女的低生育水平背后还有诸多不稳定因素:育龄人口数量还没有达到峰值,庞大的育龄人口中蕴藏着巨大的"生"机;社会经济发展对中国人口增长仍在起"双刃剑"作用;低生育水平状况下仍存在出生性别比问题、人口统计数字问题(出生瞒报)、生育权和人权问题等等,所有这些问题的存在都是人口转变尚未真正完成的表现。如果人口转变"已经完成",像社会经济发展对人口增长起"双刃剑"作用之类就很难加以解释。

此外,中国由于实行"急刹车"式的人口控制,生育率由高到低的转变是在二三十年内完成的。当生育率降到更替水平以下时,人口年龄结构相对而言还比较年轻。这种年龄结构从两个方面对人口增长造成影响:一是育龄人群庞大,形成强大的惯性增长,使人口出生率与同等生育水平的发达国家比较相对较高(这种惯性增长还将持续二三十年,即使维持目前的生育水平,人口总量也还要增加 3 亿多);二是老年人口尤其是高龄人口的比例相对较低,从而使死亡率与发达国家相比相对较低(目前发达国家平均人口死亡率为 10‰,比中国高 3 个千分点左右)。这一高一低,影响了目前中国出生率与死亡率低位均衡状态的形成。1998 年中国人口出生率为 16.03‰,死亡率为 6.50‰,前者是后者的近 2.5 倍。

从根本上说,上述差别源于国情的不同、人口转变模式的不同。中国属

---

① 翟振武.稳定低生育水平:概念、理论与战略[J],人口研究,2000(3):1-17.

于发展中国家,国际国内环境不允许我们重复西方发达国家的人口转变道路。中国的人口死亡率转变属于外生性转变,在工业化起步之际就已降到很低的水平。高出生率伴随着很低的死亡率,造成巨大的人口增长态势,给经济社会发展造成巨大压力。严峻的形势促使我们寻求新的人口转变道路。我们的做法是对人口发展实行强有力的外部干预,包括政策制约、思想开导、利益诱导等,用以规范人们的生育行为。通过这种努力,我们有效地抑制了人口过快增长,并最终使生育率降至更替水平以下,为将来实现人口零增长和负增长打下了基础。然而就人口转变的过程而言,路还没有走完。如果说我们"实现了人口再生产类型的转变",那也只是从统计学意义上说的。诚如江亦曼、姚宗桥所说,中国目前的这种人口转变"不是经典意义上的转变,是不彻底的人口转变",原因很清楚,在中国尚未形成人口转变完成状态的稳定的内在机制,低生育水平并不稳固。政府干预对中国人口转变进程起了催化作用,这种作用虽然有效,但也有限。从某种意义上说,稳定低生育水平比起降低生育水平任务更复杂、更艰巨。只有通过长期的综合治理,营造了低生育率的经济、社会、文化环境,使人们的传统生育需求和观念得到彻底改变,才真正有资格宣布人口转变已经完成。这一天一定会到来,但不是现在。

三、怎样划分人口转变时期与后人口转变时期

中国人口转变完成论者都认为,中国的人口发展已进入后人口转变时期。这"后人口转变时期"是怎样的呢,李建民在《后人口转变论》一文中对此作了解释并从较长的时间跨度上对人口发展演变过程作了时代划分。

看了李建民所做的人口发展演变模型,人们难免要提出这样的一个问题:人口转变作为人口发展的一个完整历史过程,它的终点在哪儿?换言之,后人口转变作为一个相对独立的时期,它的起点在哪儿?

在这个模型中有一个"准均衡"阶段。根据模型提示,其主要特征是:人口总量由低增长趋向于零增长和负增长,人口年龄结构迅速老化。这个阶

段被归并于后人口转变时代。

对于这样划分人口转变时代与后人口转变时代,李建民的解释大致是:当人口再生产模式转变为"低出生率、低死亡率、低自然增长率"类型时,人口转变即告完成;其后的人口发展走出了人口转变论的视野。根据他的模型和解释,人口转变时代与后人口转变时代的交接点或分界线是低出生率与低死亡率条件下的人口低增长。

笔者认为,这种划分法有待进一步推敲。因为有这样几个问题需要考虑。

其一,人们通常确实将"低出生率、低死亡率、低自然增长率"看成是人口转变的完成状态,然而这只是一种简单明了的概括说法,不能理解为人口转变完成状态只限于人口低增长,不包含或者排斥人口零增长。人口转变完成状态还有一种概括说法,那就是出生率与死亡率的低位均衡,这种说法可以将人口低增长、零增长甚至低度负增长都包含在内。

其二,人口低增长、零增长、负增长以及人口老龄化等现象并未走出人口转变论的视野。如果说,生育率降至更替水平及以下是人口转变的重要特征,那么出现人口零增长和负增长就是人口转变的题中应有之义。事实上,西方早期及当代著名人口转变论者对人口零增长和负增长都有所论及,并将这种人口形态纳入人口转变的某一阶段。例如,兰德里将这种形态纳入他的三阶段模型的第三阶段;诺特斯坦将这种形态纳入他四阶段模型的第四阶段;布莱克将这一形态纳入他五阶段模型的第四、第五阶段。

其三,后人口转变时代的起点在哪里,是人口低增长形态吗?后转变阶段的概念是西方学者于20世纪70年代提出来的。从西方发达国家的情况看,引起人口学者关注后转变阶段的不是人口低增长,而是人口零增长和负增长。20世纪40—60年代,欧美国家都经历了短暂的人口出生率回升,接着便是比第二次世界大战前更为显著的出生率下降,欧洲一些国家陆续出现人口零增长和负增长。这种现象引起了人们的关注,更引起了人们的某种担忧。显然,若出现无限期的人口负增长,其后果不堪设想。因此,人口学家们提出在后人口转变时期出生率与死亡率将再度恢复均衡的假设是自然而然的。如此看来,在人口转变进程中将出现两次零增长:一次在人口转变完成阶段;再一次作为一种假设有可能出现在后人口转变阶段。显然这两次零增长的人口学含义是不一样的。在李建民的模型中,这两次零增长的起点和终点都定在"后人口转变时代",其合理性是值得研究的。

综合上述分析,笔者认为,人口转变时代与后人口转变时代的交接点应是人口转变进程中第一次出现的人口零增长,而不是"人口低增长"。

四、过早宣布中国已进入后人口转变时期有可能产生误导

中国人口转变完成论者一致认为中国已同西方发达国家一样进入"后人口转变时期"。然而笔者则认为,这一论断不仅在理论上经不起推敲,而且对实际工作也没有什么积极意义,甚至有可能产生误导。

在西方国家,人口转变发生在工业社会,"后人口转变"则与所谓的"后工业社会"相对应。后工业社会也好,后人口转变也好,人们既然将其视为特定的历史阶段,必然有其特定的问题或主要矛盾。西方学者对后人口转变的关心,很大程度上是出于对人口缩减的担忧。由于人口零增长、负增长现象的出现,有些人认为当今欧洲正处于"人口的冬天"。美国有的学者甚至预测人口缩减会波及全球,出现持续的人口规模衰减,甚至会导致世界人口减少一半。中国的国情与西方国家不同,也许将来某个时候中国也会出现类似当今欧洲一些国家那样为人口衰减而担忧的现象,但对目前的中国来说毕竟还很遥远。

从中国国情及我们所能预料的情况看,中国人口就是进入后人口转变时期,也会表现出一些与发达国家不同的特征。首先,由于在人口转变过程中总和生育率在较短的时间内迅速下降,因而将来在一定时期内负增长的势头要比西方国家来得迅猛。其次,我们虽然也要尽量避免过快过猛的负增长,但并不惧怕负增长,倒是希望在相当长的时期内保持低度负增长,以便使人口总量逐渐达到与经济、社会、资源、环境相适宜的水平。

目前,中国正处于人口转变的惯性增长阶段,中国步入"后人口转变"时

期至少是在 21 世纪 20 年代之后①。现在就宣布中国与西方发达国家一样已进入"后人口转变时期",有可能在客观上产生以下负作用:

其一,掩盖中国目前人口过多的问题。将目前严重过剩的中国人口与正在担忧其缩减的发达国家的人口归为一类,容易使人们产生模糊认识,看不清首要问题之所在。

其二,模糊人口工作的主攻方向。中国未来几十年的人口工作目标是稳定低生育水平,争取人口总量由低增长逐步过渡到零增长,随后再继续缓慢下降,逐步减轻人口对经济、社会、资源、环境的压力。然而,后人口转变时期的人口工作目标主要是防止人口过分缩减。正如李建民所说:"处于后人口转变时代的国家政府基本上都转向鼓励生育的人口政策,一些国家如日本、法国、俄罗斯等甚至患上了'低生育率恐惧症'。"既然如此,过早宣布中国已进入"后人口转变时期",显然不利于正确把握主攻方向。

其三,助长麻痹松懈情绪。于学军、杨书章曾举出 10 条理由说明稳定当前的生育水平不比从前降低生育水平的工作简单和轻松。可是目前还有相当一部分人对稳定低生育水平的重要性和艰巨性认识不足,存在麻痹松懈情绪。在这种情况下过早宣布中国已经完成人口转变并已进入"后人口转变时期",这不仅无助于消除麻痹松懈情绪,而且有可能对这种情绪起推波助澜作用。

参考文献

[1] 国家计划生育委员会"中国未来人口发展与生育政策研究"课题组.中国未来人口发展与生育政策研究[J].人口研究,2000(3):18-34.

[2] 李建民.中国的人口转变完成了吗? [J].南方人口,2000(2):5-9.

---

① 翟振武.稳定低生育水平:概念、理论与战略[J].人口研究,2000(3):1-17

［3］于学军.中国进入"后人口转变"时期［J］.中国人口科学,2000(2)：
　　　8-15.

［4］李建民.后人口转变论［J］.人口研究,2000(4):9-13.

［5］李竞能.当代西方人口学说［M］.太原:山西人民出版社,1992：
　　　434-435.

［6］顾宝昌.社会人口学的视野［M］.北京:商务印书馆,1992:136.

［7］王渊明.历史视野中的人口与现代化［M］.杭州:浙江人民出版社,
　　　1995:185-187.

［8］沈益民.近三十年世界人口普查和人口概况［M］.北京:群众出版
　　　社,1983:72.

［9］邬沧萍.世界人口［M］.北京:中国人民大学出版社,1983:87.

［10］翟振武.稳定低生育水平:概念、理论与战略［J］.人口研究,2000
　　　(3):1-17.

［11］江亦曼.21世纪稳定低生育率的战略和政策［J］.中国人口科学,
　　　2000(5):78-80.

原载《中国人口科学》2001年第1期,第32-37页。

低生育稳定期:中国特色的人口转变阶段

当前我国人口发展呈现出前所未有的复杂局面。学术界乃至整个社会对人口问题高度关注思想十分活跃。对于同一种现象、同一个问题往往有着截然不同的看法。理论工作者及实际工作者都有着许多不解、困惑和烦恼。种种现象都表明我国人口发展正处于一个新的阶段或者说正处于一个从未遇到过的新的关节点。与其在具体问题上争论不休,不如后退一步,从更宏观的角度看看我们以往做了些什么,当前及今后还该做些什么。笔者试图从人口转变的角度审视我国当前人口发展的态势,分析我国人口发展的阶段性特征并提出一些应当引起重视的问题。

一、中国人口转变的阶段如何划分?

人口计生部门的一位干部曾对我国人口发展的阶段作了这样的划分:控制人口阶段(20世纪70到90年代);稳定低生育水平阶段(20世纪90年代中后期到2006年);统筹解决人口问题阶段(2007年起)。实际工作部门将党和政府发布某一重要决定作为新一阶段工作的起点是无可非议的。但从学术研究的角度看,划分人口发展阶段需要着眼于人口内在运行规律,从而达成一些能使更多人认同的比较客观的标准。

世纪之交,学术界对我国人口发展阶段的划分有较多的研究,并曾引起了争论。一部分学者提出,20世纪末我国人口转变已经结束,开始步入后人口转变时期。[①] 一部分学者则不同意这样的结论,认为中国的人口转变模式不同于发达国家的经验模式,不能简单地用发达国家的模式来检测中国人口转变的历程。[②] 这场争论提出了许多值得深入探讨的问题,如怎样分析中国人口发展的形势,怎样把握"人口转变"和"后人口转变"的概念,中国的人口转变模式与发达国家的经验模式有何区别,怎样划分中国人口转变的阶段等。由于当时的争论较多地集中在中国是否已进入"后人口转变时期"的问题上,对中国人口发展的阶段如何划分以及当前中国人口发展的阶段性特征等问题讨论得并不充分。其实统一对人口发展所处阶段的认识是极其重要的。当前热议中的生育政策要不要调整、如何调整等问题都与这个根本性问题有关。

20 世纪 90 年代,全国育龄妇女总和生育率降到更替水平以下,人口再生产类型实现了由"高出生率、低死亡率、高自然增长率"到"低出生率、低死亡率、低自然增长率"的历史性转变,中国人口发展进入到一个新的时期。对于这一点,学术界并无异议。然而新时期是个什么样的时期,它的终点在哪里、怎么命名,则见仁见智,众说纷纭。

人口转变论不同于一般的人口理论,它主要得自对历史经验和实际资料的分析,而不是纯理论的演绎的结果。[③] 人口转变是人类社会发展的必然现象,它反映的是人口由传统的出生率与死亡率的高位均衡向现代出生率与死亡率的低位均衡转变的历史事实。由于各国人口转变发生的时空条件不同,人口转变的历程并不一致。中国的人口转变虽然也遵循人口转变的一般规律,但具有鲜明的中国特色。已有的西方人口转变论模型不管是三阶段模型,还是四阶段、五阶段模型都难以确切地反映中国人口转变的实

---

① 具体参见于学军发表于《中国人口科学》2000 年第 2 期的论文《中国进入"后人口转变"时期》、李建民发表于《人口研究》2000 年第 4 期的论文《后人口转变论》以及中国未来人口发展与生育政策研究课题组发表于《人口研究》2000 年第 3 期的论文《中国未来人口发展与生育政策研究》。

② 具体参见李建新发表于《人口研究》2000 年第 6 期的论文《后人口转变论质疑》和叶明德发表于《中国人口科学》2001 年第 1 期的论文《对"中国进入后人口转变时期"的质疑》。

③ 李竞能. 当代西方人口学说[M]. 太原:山西人民出版社,1992:434.

际情况。

　　中国人口转变的独特性，不仅在于中国是世界上第一人口大国，也不仅在于中国是经济社会尚不发达的发展中国家，有着独特的文化背景，还在于中国是社会主义国家，党和政府根据国情和经济社会发展的需要采取了迄今为止人类最严格的生育控制政策，并通过上下一致的努力而取得显著效果。可见中国的人口转变不是一个纯自然过程，而是有明显的人工痕迹，从程序上讲有点超"常规"。这就好比通常的婚配程序是先恋爱后结婚，而我们则把这个程序倒过来。结果是，结婚了也生孩子了（实现了"三低"），可是关系还不是太融洽（低生育率仍有反弹势能，人口惯性增长仍在继续且增量不小）。人口发展同任何其他事物的发展一样有其自身的内在规律。人类发挥主观能动性，改变一下运作的程序或许可行，但客观规律无法逾越，缺少的环节是需要弥补的。于是中国的人口转变除了通常必经的阶段之外还不可避免地多了一个"婚后恋爱"的非常独特的阶段。

　　这个阶段怎么命名？有学者认为可命名为"低生育时期"，也可以定义为"人口惯性增长时期"或者"现代人口转变初步实现阶段"。[①] 笔者认为，由于这个阶段的主要任务是进一步营造低生育率的经济社会文化环境，稳定低生育水平，促使我国人口再生产类型由统计形式上的转变达到实质上的转变，因此不妨直接命名为"低生育稳定期"。

　　这个阶段有多长？这涉及我国何时能真正进入"后人口转变时期"。对于人口转变时期的终点或"后人口转变时期"的起点问题学术界尚未取得共识。笔者认为，既然人口转变的实质是人口出生率与死亡率的高位均衡转向低位均衡，那么低位均衡最典型、最无可争议的状态就是出生率与死亡率相互抵消，自然增长率为零。因此这个独特的低生育稳定期应当是以总和生育率降至更替水平或更替水平以下为起点，以实现人口零增长为终点。

_____

　　① 穆光宗."一胎化政策"的反思[J].人口研究，2000(4)：26-28.

我国的育龄妇女总和生育率于 20 世纪 90 年代初降至更替水平以下。[1] 据预测,若保持 1.8 的生育率水平,到 21 世纪 30 或 40 年代将实现人口零增长。[2][3] 可见,"低生育稳定期"不会只有几年时间,而是长达三四十年。

二、"低生育稳定期"的阶段性特征

"低生育稳定期"具有明显的过渡性质。笔者认为,这个时期的阶段性特征主要表现于以下两个方面:一是人口问题多元化、复杂化;二是人口发展趋向日益明朗化。

20 世纪 90 年代,我国人口问题多元化、复杂化的现象就已显现,目前这种状况表现得更为突出。

从人口运行本身来看,总和生育率已降至更替水平以下,并越来越低,可是全国的人口总量则越来越多,人口对资源环境的压力越来越大。人口数量问题尚未最后解决,人口结构问题包括人口老龄化问题、出生性别比问题、人口迁移流动及人口城乡分布、地域分布、产业分布合理化问题等又接踵而至。

基层人口和计生工作的复杂状况也是前所未见。不管是计生工作先进地区还是后进地区,都可以看到自愿放弃生育指标与不惜代价"超生"并存;计生管理有序化与无序化并存;个性化、温馨化服务与不得不强行动员"超计划"怀孕妇女"自愿"引流产并存;越穷越生与名人、富人"超生"并存。

复杂化是内在矛盾的反映。"低生育稳定期"从本质上看是主要矛盾转化期。我国人口领域的主要矛盾是什么? 这可不是一个轻松的问题。在上一世纪,我国的经济学家、社会学家和政治家们为解决这个问题作了不懈的

---

① 转折点在 1992 年。参见郭志刚.中国人口形势已进入低生育率新时代[N].第一财经日报,2008-06-30(A10).

② 刘金塘,林富德.从稳定低生育率到稳定人口—新世纪人口态势模拟[J].人口研究,2000(4):35-40.

③ 宋健.信息时代的人口动力学[J].人口研究,2007(1):11-18.

努力。"联系我国的经济、社会发展程度,资源和环境现状,人口基数大、数量多、增长快是我国人口问题的要害。""经过百年曲折迂回、充满苦涩的争辩和探索,我们终于达到了、取得了'中国人口必须控制'的共识。"①

这个事关中华民族前途命运的问题现在解决得怎么样了呢?既可以说已经解决,也可以说尚未解决或尚未完全解决,关键在于从哪个角度看问题。

限于人类的"普世价值",控制人口增长只能从控制出生率入手,而人口出生率与妇女生育率直接相关。因此育龄妇女总和生育率的高低成为控制人口增长的风向标。20世纪90年代,全国的育龄妇女总和生育率降至更替水平以下,这件事对于中国的人口控制而言意义非同一般。它意味着一直处于增长的中国人口从此180度地掉转方向,由增长型人口变为缩减型人口。这是中国人口史上、中国历史上乃至世界历史上都值得大书特书的事件。②

从逻辑上讲,人口增长方向已经改变,只要继续保持更替水平以下的生育率,人口总量就会持续缩减,主要矛盾已经解决。然而,这里所说的增长乃是指内在自然增长,而非实际自然增长。由于受年龄结构的影响,"内在"的人口缩减趋势并未表现为"外在"的人口负增长。实际上,总和生育率降至更替水平以后,中国的人口总量仍在继续增长,这种状况将持续三四十年。另一方面,低生育率也不够稳定,仍有反弹势能。从这个意义上说,还不能认为中国人口数量过多的问题已经解决。这就是说,主要矛盾实转而形未转,内转而外未转,目前正处在这种似转非转、若即若离的节骨眼上。实质与表象、"内在"与"外在"的不统一,是造成目前人口问题纵横交错、扑朔迷离的深层原因。

"低生育率稳定期"作为从人口转变时期到后人口转变时期的过渡期,既有人口问题复杂化的一面,又有人口发展趋向逐渐明朗化的一面。在这

---

① 查瑞传.人口控制:一个需要不断深入认识的战略性问题[J].人口研究,2001(2):1-5.
② 翟振武,刘爽,陈卫等.稳定低生育水平:概念、理论与战略[J].人口研究,2000(3):1-17.

个时期,人口问题错综复杂、扑朔迷离是表面的,暂时的,就如冰封河流的静止是表面的、暂时的一样,拨去表面的冰层,向下涌动的河流便展现在眼前。

如果说,20世纪90年代我国人口增长方向发生"逆转"还是潜在的、隐蔽的,除了引起少数专业学者的欢呼外,并未引起全社会的普遍关注,那么在今天,随着经济社会文化的发展和人口按照自身规律的行进,潜在的人口发展趋势已越来越显性化。

首先,人口零增长和负增长的现象不断出现。上海市早在1993年就出现人口负增长。世纪之交,苏南和浙东北的南通、舟山、嘉兴、湖州等市相继出现人口零增长或负增长。进入21世纪后,北京市连续出现人口零增长。至于县、市、区一级出现人口零增长和负增长的现象早已不是什么新鲜事。

其次,少子老龄化问题逐步显现,以往总以为少子老龄化问题只有日本等发达国家才需要面对。如今我国较发达地区也面临这一问题。上海人口少子老龄化的发展速度不仅领先全国,而且直逼甚至超越日本等发达国家。[①]

此外,尽管"超计划"生育的现象仍然存在,但"少生优生优育"已逐渐成为社会的主流倾向,维持低生育水平不光是政策层面的要求,也得到多数群众的认同。

笔者自20世纪90年代以来在浙江不同地区做过多次生育意愿调查,结果显示,无论是已婚夫妇还是未婚青年,无论是城市还是农村,平均期望生育子女数均未超过两个。2007年上半年笔者曾跟随国家人口计生委的调查组到浙江许多地方与基层干部交谈,感到一些基层干部的说法很值得品味。义乌市的一位计生干部说:"群众中追求儿女双全的人达80%,自愿只生一个孩子的只占20%。"宁波市的一位计生干部说:"普通农民60%以上想生二胎!"诸暨市下山湖镇的一位干部说:"现在群众的生育观念是两头小中间大:少数很富的人想多生,穷人中多子多福的观念也还有,中间占90%的人认为'一个太少,两个正好,三个不要'。"德清县的一位计生干部

---

① 王桂新,沈甜.上海人口少子高龄化与和谐社会建设[J].华东师范大学学报(哲学社会科学版),2008(1):33-42.

说:"对独生子女家庭我们做过摸底工作,主动放弃二胎生育指标的有 700 多对,想生二胎的有 120 多对,真正想生的有 50 多对,强烈想生的不到 10 对。"我也听到浙江省人口计生委的一位干部说:"从全省看,至少还有 70% ~80% 的群众主张生二胎!"显然,其中有些计生干部凭经验做出这些估测是想说明目前计生工作形势依然严峻,可是笔者听到这些估测数据则感到欣慰,甚至产生另外一种担忧。原因是我们所依据的标准不同:他们所依据的是现行生育政策,笔者的"尺子"则是"低生育水平"①。

20 世纪 90 年代以来,无论是人口普查数据还是人口抽样调查数据,无论是学者们采用各种方法估测的数据还是计生干部们直观估测数据,都表明中国确实已进入低生育率时期。

简言之,低生育稳定期人口发展的基本特征是问题复杂,趋向明朗。我国的大众传媒对新时期人口问题的复杂性、人口计生工作的艰巨性强调得较多,而对我国未来人口发展的实质性趋向则宣传得很少甚至有意无意地加以回避。这种片面性宣传带来的后果是模糊了人们对我国人口发展形势的正确认识,以为我国目前控制人口增长的形势仍然与 20 世纪一样"严峻",甚至"更严峻""更艰巨"。有些地方的个别领导人甚至把学者们颇有远见卓识的意见和建议当作"干扰"来加以排除。

三、新时期需要有新目标、新对策

低生育稳定期随着主要矛盾的逐步转换,人口发展的战略重点也必然逐步转移。具体地说,在这个时期要实现了几个转变。

由降低生育率向稳定低生育率转变。实际上这个转变在 20 世纪 90 年代就已开始。2000 年中共中央、国务院《关于加强人口与计划生育工作稳定低生育水平的决定》的发布,正式确认了这个转变。该《决定》指出:"随着

---

① "低生育水平"指总和生育率低于更替水平。通常认为更替水平是 2.1,中国人民大学人口研究所"稳定低生育水平"课题组研究结果显示,若考虑出生性别比因素,我国总和生育率的更替水平不是 2.1,而是 2.31 或更高一点。

21世纪的到来,我国人口与计划生育事业将进入一个新的重要发展时期。"稳定低生育水平时期人口与计划生育工作的目标与任务与降低生育率时期相比是有所不同的。除了少数生育率过高的地区需要继续降低生育率外,多数地区的根本任务就是营造低生育水平的经济社会文化环境,建立维持低生育率的长效机制。对于尚处于社会主义初级阶段的我国来说,完成这个任务是艰巨的,因为这并不是靠人口计生部门就可以单独完成,它取决于经济、社会、文化事业的同步发展。

由着眼于人口数量控制到注重人口质量的提高。我国控制人口数量的措施已使用到近乎极限。至于人口惯性增长那是由既定的人口自然结构所决定的,人们对它无能为力。因此将人口发展战略重点由注重量的控制转向质的提高是必然的。现存的13亿多人口以及必然要出现的15亿左右人口,对于我国经济建设和社会进步来说,既有可能是包袱,也有可能是重要资源,关键在于我们如何面对。优先投资于人的全面发展是适应新时期需要的全新的人口发展战略理念,是变人口包袱为人力资本的战略举措。显然,将人口发展战略重点转向人口质量的提高,丝毫不意味着对人口数量控制的忽视,相反,这是巩固人口数量控制成果最有效的措施。只有优先投资于人的全面发展,全面提高人口素质,才能从根本上优化资源配置,转变经济发展方式,提高经济运行的质量和效益,从根本上解决农村社会保障体系不够健全、生产生活方式落后等问题,转变人们的价值观念和生育观念,形成稳定低生育水平的长效机制。

由着眼于人口规模控制转向兼顾人口结构的改善。我们所追求的理想社会是和谐的可持续发展的社会。实现这样的社会,不仅要求人口具有质与量的适度性,还要求人口具有结构的合理性。人口的自然结构尤其是年龄结构与人口的出生控制有着密切的关系。出生人口的迅速下降,必然导致人口年龄结构的过快老化。如果说20世纪七八十年代我们面对人口过快增长的形势不得不把控制人口规模放在优先地位,而把可能带来的某些结构性问题作为不得不付出的代价,那么在实现低生育率的目标之后,虽然还不能放松对人口规模的控制,但至少可以将人口规模问题与结构问题同时兼顾,而不能一味地顾此失彼。

人口政策是为人口战略目标服务的。低生育稳定期是主要矛盾转换和战略重点转移的时期,因而也是人口政策调整期。

当前人们关注的重点和热点是生育政策的调整与完善。我国现行的生育政策是在特定历史条件下针对特定的人口问题而提出并逐步完善的,是不得已而为之的政策。1980 年 9 月 25 日发布的《中共中央关于控制我国人口增长问题致全体共产党员、共青团员的公开信》,在提出"最近二三十年的时间普遍提倡一对夫妇只生育一个孩子"的同时也指出,"到三十年以后,目前特别紧张的人口增长问题就可以缓和,也就可以采取不同的人口政策了"。我国执行现行生育政策已接近 30 年。尽管自 20 世纪 90 年代以来我国的低生育水平"到底有多低"至今还没有一个统一的说法,但已低于更替水平是中外学者普遍认同的。这就是说,我国已从人口运行的内在机制上创造了实现人口零增长和负增长的前提条件,只要生育率不突破更替水平,人口零增长和负增长便指日可待。为此,研究未来生育政策取向的任务已历史地摆在我们面前。问题不在于要不要调整,而是何时调整及如何调整。笔者在这里特别想说的是,广开言路,倾听各方面的意见,尤其是倾听广大育龄群众的意见和深知社情民意的广大基层计生干部的意见,是决策层不容忽视的程序。那种替民作主,先定个框子,然后再搞点预测就定调子的做法已经过时了。

四、新时期要有新思维

我国的人口转变由降低生育率时期转向低生育稳定期是有明显的标志和界限的,但是由于生育政策和人口计生工作的连续性,这种阶段性的转换在人们的感觉中并不明显。尽管我们早已进入人口转变的新阶段,但人们的思想往往落后于实践,并未很快形成清晰的"新阶段"意识。

笔者在调研中,感到有几个问题需要站在"新阶段"的角度来分析和认识。

（一）稳定低生育水平不等于生育率越低越好

《国家人口发展战略研究报告》指出:"全国总和生育率在未来 30 年应保持在 1.8 左右,过高或过低都不利于人口与经济社会的协调发展。"这一基本判断在于提醒人们,稳定低生育水平有一个适当的"度",并非生育率越低越好。人们头脑中的"生育率越低越好"的观念是在降低生育率时期形成的。那时的奋斗目标是千方百计使生育率降到更替水平以下。哪个地区生育率低,就说明该地区控制人口措施得力,计生工作到位,成效显著,对全国控制人口事业的贡献大。总和生育率的高低成了评价一个地区人口计生工作绩效的硬指标。慢慢地,"生育率越低越先进,越光荣"的观念便深入人心。当全国总和生育率降至更替水平以下之后,如果头脑中缺乏"度"的观念,仍然认为"生育率越低越好",并以此指导工作,就有可能背离新时期的战略目标,甚至造成意想不到的后果。

人口发展是有规律的,是按一定的"程序"运行的,这"程序"就是年龄结构,直观形态是人口年龄金字塔。金字塔的形状决定人口增减的走向。例如,金字塔下大上小,意味着人口快速增长;上下一般大,意味着人口不增不减保持稳定;上略大下略小的草垛形意味着人口缓慢缩减;上大下小意味着人口快速缩减。根据我国的国情,人口年龄金字塔出现草垛形是难免的,也是我们所追求的。然而倒金字塔意味着人口年龄结构极度老化,会造成严重的社会后果,是我们应当避免的。一味地降低生育率,使出生人口逐年减少,老年人则因为生活安定而普遍长寿,势必造成倒金字塔的年龄结构。这是人口统计学中简单而基本的道理。道理虽然简单明了,但要认识这个道理,让社会民众及广大基层干部都真正懂得这个道理,则并不那么简单。马寅初当年宣传人口倍增效应,道理也很简单,认同他所宣传的这个简单的道理还是付出了沉重的代价。

（二）稳定低生育水平不等于维持现状

地区之间发展不平衡是中国人口发展的重要特征之一。中国人口发展地理空间上的差异,实质上是人口发展在阶段（时间）上差异的一种表现。

因此,在同一时期,起点不同的各个地区所面临的人口发展形势、人口问题以至人口调控的内容,都会存在很大的差别,其中有些差别甚至带有完全不同的性质。[①]

《国家人口发展战略研究报告》在分析人口状况时指出,我国目前的总和生育率为1.8。在设计未来30年的生育控制目标时,指出全国总和生育率应保持在1.8左右。这两个"1.8"很容易使人们造成这样的错觉:只要维持现行生育政策和控制力度,防止生育率反弹,就能完成稳定低生育水平的历史性任务。事实上,全国性的研究,只能提供综合性的数据,这种数据只具有综合和概括的意义,真实的数据是差别巨大的地方性数据。对各地而言,稳定低生育水平的过程,不是也不可能是维持现状,而是一个动态的过程,是各地向着同一目标作不同方向调整的过程。那些目前生育率尚高于1.8甚至高于更替水平的地区,应当在发展经济社会的同时适当加大对生育率控制的力度,使总和生育率逐步接近1.8。相反,那些总和生育率早已低于1.8,甚至早已低于当地的政策生育率,早已进入超低生育水平的地区,则要通过适当的政策调整,使总和生育率向1.8方向回升。有一个问题需要进一步探讨:有学者认为,各地人口发展不平衡,人口老龄化进度快慢不一和严峻程度不等,可以通过人口迁移流动使之缓解,他们提出了非生育调节解决人口结构问题的思路,甚至认为即便是不久将面临非常严重的人口老龄化及老年人问题的发达地区,也不必调整生育政策,因为调整、放宽生育政策本身就不是最好的选择。

确实,在我国的特定国情下,人口迁移流动对部分地区一定时点的人口老龄化水平会起到"补偿效应"。这可以通过对"四普""五普"资料的分析对比而得到证实。然而这里有两个问题需要深入思考:其一,老龄问题可分为发展方面的问题与人道主义方面的问题。国内大规模的人口迁移流动可以缓解发展方面的问题(主要是劳动力资源的余缺互补),但未必能化解人道主义方面的问题。人道主义方面的问题主要集中在微观家庭方面,例如亲

---

① 翟振武,刘爽,陈卫等.稳定低生育水平:概念、理论与战略[J].人口研究,2000(3):1-17.

情的需要等。正如穆光宗教授所说,独生子女家庭本质上是一个风险家庭,一有闪失,就很难弥补。也如有的学者所言,别的消费品可以引进,唯独亲生子女无法引进。家庭劳务问题通过人口迁移流动也可以得到部分缓解,但这背后仍包含着不容忽视的人道主义代价。在较发达的人口流入地吸纳了一大批青壮年打工者的同时,人口流出的欠发达地区则出现了一大批孤苦的"留守儿童"和"留守老人"。报刊上曾报道过这样的事例:某城市一位"空巢"家庭的老人,对外地保姆产生超常依赖。春节前,保姆执意要回家过年,这位老人见劝说无效,便绝望地跳楼自尽。这当然是一个极端的事例,但也给人们留下了许多思考。人口普查以常住人口统计而不是以户籍人口统计,实际上掩盖了微观层面的许多问题。

再一个是政策的公平性问题。我国的生育政策具有明显的利益调整的内涵,它要求政策实行者以个人利益服从整体利益、眼前利益服从长远利益。虽然政策实行者能得到一定的物质奖励和精神鼓励,但从个人角度看,这种付出与获得是不成比例的。计划生育工作起步早、见效快的地区,人们的付出相对更早、更多。否认计生工作先进地区生育政策率先调整的必要性,让先进地区无限期地从紧从严、无限期地为全国控制人口事业作贡献,这对计生工作先进地区的人们似乎欠公平,有鞭打快牛的嫌疑。

(三)统筹解决人口问题不能人为设立"禁区"

统筹兼顾是科学发展观所要求的根本处事方法。笔者认为,统筹解决人口问题,一是要对目前的人口问题进行梳理,分清轻重缓急,看看哪些问题是本质性的;哪些是非本质的;哪些是事关全局影响深远的,哪些是个别的、局部的;哪些是属于战略性或政策性问题,哪些是属于工作是否到位的问题。这是个必要的前提。二是寻求解决问题的方法和途径不能事先设立"禁区",什么方法有效就采用什么方法。要是事先把某些必要的、既有利又有效的路径堵死,不许提,不许碰,这还能叫"统筹"吗？要有效地解决人口自然结构方面的问题,势必会涉及生育政策问题,不能总是回避或绕行。任何政策都不可能完美,由政策性缺陷所产生所积累的问题若不从政策本身入手,只能是隔靴抓痒。人为地设立"禁区",不管是由外部设立,还是由内心深处自觉或不自觉地设立,都只会抑制创造性思维,堵塞言路,于解决问题无补。

参考文献

[1] 李建新.世界人口格局中的中国人口转变及其特点[J].人口学刊,2000(5):3-8.

[2] 朱国宏.关于"后人口转变"[J].中国人口科学,2001(3):60-65.

[3] 于学军.再论"中国进入后人口转变时期"[J].中国人口科学,2001(3):54-60.

[4] 翟振武,陈卫.1990年代中国生育水平研究[J].人口研究,2007(1):19-32.

[5] 乔晓春.中国控制人口增长的任务是否已经完成?[J].人口与发展,2008(1):36-38.

[6] 陈友华.关于进一步完善生育政策的若干认识问题[J].市场与人口分析,2007(1):30-41.

[7] 国家人口发展战略研究课题组.国家人口发展战略研究报告[J].人口研究,2007(1):1-10.

[8] 于学军.中国进入"后人口转变"时期[J].中国人口科学,2000(2):8-15;李建民.后人口转变论[J].人口研究,2000(4):9-13.

[9] 中国未来人口发展与生育政策研究课题组.中国未来人口发展与生育政策研究[J].人口研究,2000(3):18-34.

[10] 李建新.后人口转变论质疑[J].人口研究,2000(6):1-7.

[11] 叶明德.对"中国进入后人口转变时期"的质疑[J].中国人口科学,2001,(1):32-37.

原载《人口与发展》2008年第6期,第47-52页。

村民自治与计划生育村民治理①

一、"计划生育村民自治"的提法值得商榷

近年来,实际工作者和理论工作者研究"计划生育村民自治"的文章日趋增多。"计划生育村民自治"的提法也就习惯成自然,为越来越多的人所接受。

前不久,笔者应浙江省嘉兴市计划生育委员会的邀请,在该市农村基层考察了村民自治和计划生育村民管理试点工作,并与有关县、市、区的领导进行了座谈。这期间笔者发现人们对"计划生育村民自治"这一概念有着不同的理解。例如,在率先进行"计划生育村民自治"试点工作的秀洲区,所有文件或文本从不单独提"计划生育村民自治",而提"计划生育村民自治、民主管理"。笔者纳闷:自治中的"治"有治理、管理的含义,将"村民自治"与"民主管理"并提有这个必要吗?该市嘉善县的一个镇则把"计划生育村民自治"改称为"计划生育工作重心下移工程"。该镇下发的关于实施"计划生育村民自治"的通知题目就叫《关于实施计划生育工作"重心下移"工程的通知》。

就事论事地看,上述这些理解并不难做出是非判断,然而问题恐怕并不

---

① 本篇与邱海盈合作完成,发表时署名"叶明德,邱海盈"。

在于表面上的谁是谁非,而在于"计划生育村民自治"这一概念到底应该如何理解。

经过反复思考,笔者认为"计划生育村民自治"这一提法是值得商榷的。理由如下:

第一,自治,是指自己处理自己的事务。从中外社会发展史来看无论是民族区域自治、地方自治、社会自治,都是一个整体概念并且与分权有很大联系。自治的内容是根据分权的属性来确定的,例如中央与地方分权后的自治,管理的是政务;国家与社会分权后的自治,涉及的是社会事务。[①] 村民自治应属于后者,它涉及的是村务。村级计划生育工作同村级的环保、治安、公共卫生、人民调解等工作一样,只是村民自治的内容之一。没有必要并且不宜将自治范围内的每项工作都冠以"村民自治"。由于报刊上一再出现"计划生育村民自治"的提法,使人们误以为"村民自治"是随处可贴的标签,在海盐县我们甚至听到了"计划生育协会实施村民自治"这种使人难以捉摸的说法。现在有人用"大自治"与"小自治"来加以解释,认为农村整体实行村民自治叫"大自治",计划生育村民自治叫"小自治"。这种说法也经不起推敲。确实有些地方推行村民自治,计划生育工作部门跑在前面,对这项工作起了很好的推动作用。但是如果没有农村整体的村民自治,单项工作的所谓"小自治"也是难以实现的。

第二,中国的计划生育是政府行为、社区行为、家庭及个人行为的统一。并非完全是社会自治行为。"计划生育村民自治"概念中的"计划生育",实际上指的是村级计划生育事务,而非完整意义上的具有中国特色的计划生育。因此,笼统地提"计划生育村民自治"很容易引起人们误解。从嘉兴市农村试点情况看,误解之一是一些村民一听说要实行"计划生育村民自治",便以为计划生育工作权力下放了,生育政策放宽了;误解之二是一些乡镇干部或村干部一听说要实行"计划生育村民自治"便感到放心不下,认为计划生育这项工作光靠村民自治不行,应当是行政管理与村民自治双管齐下

---

① 徐勇.中国农村村民自治[M].武汉:华中师范大学出版社,1997:41-45.

（"村民自治"与"民主管理"并提很可能就是这种指导思想的产物①）。此外有些人为了防止出偏差，甚至主张对实行"计划生育村民自治"设立门槛，即规定若干个前提条件。这些误解其实都是由"计划生育村民自治"提法中"计划生育"与"村民自治"这两个概念的非对称性引起的。从这个意义上说，基层干部群众的某些不太合乎逻辑的提法可以看作是对学术界理念不清的一种自发的矫正。

第三，近年来有不少学者为"计划生育村民自治"的提法寻找法律依据。但从笔者所见到的资料看，他们所找到的仅仅是计划生育作为一项公共事务可以成为村民自治内容之一的依据，并未找到直接证明"计划生育村民自治"这一提法合理合法的依据。

有的学者在论文中写道："《宪法》规定：实行计划生育是我国的一项基本国策。《村民委员会组织法》规定：村民委员会是我国农村居民自我管理、自我教育、自我服务的基层群众性自治组织，承担着宣传贯彻党的方针政策，教育和推动村民自觉遵守国家法律、法规的任务。由此可见计划生育社区自治是我国法律赋予村级社区居民的一项基本权利和义务。"②这段文字从逻辑推理上看是有些问题的。按照常用的三段论推理法，这里的大前提是村民委员会要教育和推动村民自觉遵守国家法律、法规；小前提是计划生育是一项基本国策；结论只能是村民委员会要教育和推动村民自觉执行计划生育基本国策，而不能推出"计划生育社区自治是我国法律赋予村级社区居民的一项基本权利和义务"。我国《宪法》是规定"夫妻双方有实行计划生育的义务"，但这里的"计划生育"概念不能随意改换成"计划生育社区自治"。

《中华人民共和国国民经济和社会发展第十个五年计划纲要》提出要建立"依法管理、村（居）民自治、优质服务、政策推动、综合治理"的人口与计划

---

① 对于"村民自治"与"民主管理"并提的另一种解释是将村民与自治组织村委会机械地分开，认为"村民自治"是专指村民个体自己约束自己，"民主管理"是指村委会对全体村民实施民主管理。

② 张再生.农村社区计划生育自治理论探讨[J].南方人口,2000(1):25-29.

生育工作管理机制。这里提到的"村(居)民自治"是指城市社区和农村基层的人口与计划生育工作应纳入居民自治和村民自治轨道,在政府指导和推动下实现人民群众的广泛参与和自主管理。显然,这也不能作为"计划生育村民自治"提法的依据。

笔者认为,我国的计划生育工作实行国家指导与群众自愿相结合的原则,因此政府的管理、技术服务与群众的自我教育、自我管理、自我服务是并行不悖的。作为村民自治条件下的一种管理机制,提"计划生育村民治理"比较合适。在这里,"治理"这一概念指的是农村社区公共权力对本社区内公共事务的组织、管理和调控。计划生育村民治理的含义是将村级计划生育工作纳入村民自治轨道,由村民及其代表组织依法进行民主治理。它意味着村级计划生育工作的管理权由乡镇政府权力体系向农村社区公共权力体系转换,而来自政府的合作力则体现于乡镇政府对村级计划生育工作的指导、支持和帮助。

二、计划生育村民治理的基本特征

作为农村计划生育管理的新模式,计划生育村民治理具有以下特征。

(一)独立自主

村民自治是村民在党的统一领导下,在政府的指导、支持和帮助下,依法独立自主地管理本村的事务。实行计划生育村民治理,意味着村民及其自治组织将独立自主挑起村级计划生育工作的担子。具体地讲,就是使村级计划生育工作真正落实"三有"——有人管事、有章理事、有钱办事;实行"三自"——自我教育、自我管理、自我服务。

嘉兴市秀洲区在计划生育村民治理试点工作中,扎扎实实地落实"三有"。首先,他们狠抓村级计划生育管理网络的建设。在村一级设立以村党支部和村委会主要负责人为组长的计划生育领导小组,并选派能力较强、威信较高、热心于计划生育工作的同志担任计划生育联系员。各村民小组女组长担任计划生育联络员。同时积极发挥村级计划生育协会的作用,建立和完善会员联系户制度。这种管理网络对村内的育龄夫妇进行了全覆盖。在乡镇政府与村委会签订计划生育目标管理责任书的基础上,村委会与村民小组计划生育联络员签订工作责任书,与各农户签订遵守村民自治章程和村规民约协议书,使各级领导直至农户职责分明。村计生联系员和组计生联络员根据工作业绩给予一定的报酬和奖励。另外,他们以直接民主的方式认真制定了包括计划生育工作在内的自治章程和村规民约,将育龄夫妇的权利与义务以及奖惩措施等规定得明明白白。此外,该区的试点村都一致做出规定,全年用于计划生育的经费不得少于村提留的 10%。根据当地的经济状况,一般的村每年都能按照此规定筹集到计划生育专项经费3 万～5 万元。落实了"三有",使村级计划生育工作实行群众自我教育、自我管理、自我服务就有了组织上、制度上和物质上的保障。

（二）直接民主

计划生育村民治理是通过村民自治组织来实行的。村民自治组织实行直接民主制度,即村民可以直接参与选举、决策、管理和监督,直接行使当家作主的民主权利。

嘉兴市各县、市、区在计划生育村民治理试点工作中,根据计划生育工作的特点,始终把建立和健全民主议事、民主决策制度和村务公开、民主监督制度放在突出位置。凡涉及与村民利益有关的事项,诸如从村提留中提取计划生育专项经费的比例、有关人员的奖励或误工补贴、对独生子女户或双女户的优惠措施等等,都经过村民反复讨论,然后通过村民会议或村民代表会议以少数服从多数的原则做出决定,全体村民遵照执行。计划生育经费的收支情况、照顾生育二孩政策的执行情况、人口计划的完成情况等都及时向村民公布,实行计划生育村务公开。成立以计划生育协会会员为骨干的计划生育民主监督小组,并建立一年两次的计划生育民主评议会制度（有的村与民主听证会结合在一起）。在评议会上,先由村委会负责人作工作报告,然后由监督小组成员及有关干部群众代表提问,村委会负责人或相关责任人当场解答。笔者曾列席平湖市黄姑镇虎啸桥村计划生育民主评议会，会上村干部和出席会议的村民代表都非常认真,使人感到一种新型的主人与公仆的关系已在农村社区中建立起来。

（三）依法管理

计划生育村民治理是依法治理,村民及其自治组织必须严格执行国家的法律、法规,同时依法保护自身的合法权益。

从嘉兴市秀洲区的试点经验来看,推行计划生育村民治理的过程也就是村民和村干部学法、用法并增强法治观念的过程。这个区于 1999 年 4 月开始进行计划生育村民治理试点工作。据不完全统计,在一年多时间内村级召开各种会议 900 多次,新增标语 390 余条,黑板报、广播宣传 400 多期（次）,发放有关宣传资料 12 万份,上门入户宣传 6 万多农户。[①] 群众说:"这是土地承包到户以来我们印象最深的一次宣传教育,真正把党和政府关于计划生育的政策和法规都交给我们了。"

三、实行计划生育村民治理的意义

实行村民自治,推行计划生育村民治理,意义十分重大,突出地体现于以下几个方面。

一是"群众是计划生育主人"的直接体现。人民群众是计划生育工作的主人。然而,由于我国计划生育工作是在特殊情况下自上而下推开的,在初始阶段由于国家的政策与群众的生育意愿有距离,也由于是由政府出面推行,人们并未觉得计划生育是自己的事,而认为是政府要求做的事,使自己处于被动的客体地位。

推行计划生育村民治理,将国家的有关方针政策、法律法规原原本本地交给群众,直接由群众讨论和决定该做什么,不该做什么。这种直接民主的

---

① 嘉兴市秀洲区计划生育委员会.实行计划生育村民自治,促进计划生育依法管理[J].当代人口,2001(3):15-16.

实施一下子激活了群众的"主体意识",让群众实实在在地感受到自己是在行使当家作主的权利,主动性和责任感油然而生。嘉兴市开展计划生育村民治理试点工作以来的大量生动事例充分说明了这一点。例如,1999年夏天秀洲区洪合镇泰石桥村召开村民代表大会表决通过村民自治章程时,有695户(占总农户的83.0%)户主出席,将一个主会场、13个分会场坐得满满的。开这么大的会,又有这么高的到会率,自实行联产承包责任制以来还是第一次。秀洲区建设乡计划生育协会举办会员培训活动,讲计划生育政策和优生优育知识,原先只借了3个教室,结果来了470余人,坐满了8个教室。这个乡的干部说,过去查环查孕工作很费劲,如今只要一发通知,育龄妇女就会主动来,由于排队等的人多,只好给她们放VCD。推行计划生育村民治理后,一旦出现计划外怀孕情况,家庭成员首先做工作,若做不通,则主动请小组干部或村干部做工作。村级负责计划生育工作的同志普遍反映,现在的工作比过去好做多了。

二是计划生育工作管理模式的创新。与传统的行政管理模式相比,计划生育村民治理是一种崭新的计生工作管理模式。嘉兴市农村试行新的管理模式后已初步显示出不同凡响的效果。首先,村、组及农户各级计划生育职责明确,责任心增强,真正实现了计划生育工作重心下移。据秀洲区基层干部反映,推行计划生育村民治理后,90%以上农户都能自觉遵守村民自行制定的自治章程和村规民约。少数农户出现违约问题,大部分能在组一级解决,个别难度较大的由村干部出面解决,由乡镇干部出面解决的情况很少。其次,群众满意度提高,干群关系明显改善。据嘉善县反映,从2000年4月起他们按照村民自治的原则在村级建立起民主决策、民主管理、民主监督、村务公开等十多项民主管理制度。2000年年底全县1个镇有1579名村民代表参与计划生育工作民主评议,结果满意和基本满意率达99%。秀洲区洪合镇一位副镇长反映说,在村委会选举中,分管计生工作的女干部得票率很高,一般都在前三名以内。可以肯定,随着村民自治各项制度的不断完善,计划生育村民治理的深远意义将会进一步显现出来。

三是人口与计划生育综合改革的基础工程。人口与计划生育综合改革内容很多，任务很重。其根本目标是通过综合改革实现计划生育工作思路和工作方法的"两个转变"，使人口与计划生育事业真正成为造福于人民群众的事业。推行计划生育村民治理，使村一级真正实现"有人管事、有章理事、有钱办事"，这就为农村基层的人口与计划生育综合改革提供了组织保障、制度保障和物质保障。在此基础上，计划生育优质服务活动、婚育新风进万家活动、新家庭计划活动等就能顺利进行。就全国而言，目前人口与计划生育综合改革尚处于试点阶段。抓住全面推行村民自治的机遇，在村一级建立起真正体现人民群众当家作主的计划生育管理新体制，就能为人口与计划生育综合改革打下坚实的基础。

四、推行计划生育村民治理需要注意的几个问题

（一）全面发动群众，充分发扬民主

计划生育村民治理作为在村民自治条件下农村计划生育工作管理的新模式，新就新在村级计划生育事务由村民依法直接参与治理，使村民自觉地将村里的计划生育工作看成是一项社区内的公共事务或公益事业，坚持"大家的事大家议，大家的事大家管，大家制定的制度大家执行"。

现在各地都在学习村民自治和计划生育村民治理的试点经验。然而如何学习大有讲究。有的村为了赶进度，将试点村的自治章程和村规民约拿来依样画葫芦地搞一份，试点村一些具体做法也照抄照搬。表面上看起来，试点村里有的这里也都有了。然而，具体做法可以引进，村民的民主参政意识和主人翁责任感则无法引进，而这恰恰是计划生育村民治理的精髓所在。推行计划生育村民治理决不能搞形式主义，做表面文章，而是要扎扎实实地做好宣传发动工作，严格按民主程序办事，充分发扬民主，使推行计划生育村民治理的过程真正成为扩大农村基层民主的过程，成为逐步培养和增强村民民主参政意识和主人翁责任感的过程。

（二）民主建设与法治建设同步进行

村民自治组织既是民主的组织，也是法制的组织。村民及其自治组织

必须严格执行国家的法律和法规,同时依法保护自己的合法权益。让广大村民知法懂法,了解党和国家人口与计划生育工作的方针政策及有关法规,是保证村民正确行使民主权利、参与村级计划生育事务管理的前提。村民自治章程和村规民约中有关计划生育的内容,既要从实际出发,充分体现村情民意,又要符合国家的政策法规。目前我国的《人口与计划生育法》和《计划生育技术服务管理条例》已相继颁布,以往制定的村民自治章程和村规民约应当根据这两个法律文件的精神重新修订。只有这样,才能使自治章程和村规民约具有规范性和权威性,避免自治领域工作的随意性。推行计划生育村民治理的过程,既是扩大民主的过程,也是健全法制的过程,应当使这两者有机结合,同步推进。

(三)充分发挥村党支部的领导核心作用

村党支部是村级各种组织和各项工作的领导核心。计划生育村民治理作为农村基层民主法治建设的一个重要组成部分,只有在村党支部的领导下才能顺利进行。实践证明,哪一个村计划生育工作搞得好,群众参与率高,计划生育协会等群众组织的作用得到充分发挥,都是由于有一个好的支部,特别是有一个好的带头人——党支部书记。如果说,实行村民自治、推行计划生育村民治理需要什么条件的话,那么一个有威信的坚强的村党支部就是最重要的前提条件。

1999年3月29日发布的《中国共产党农村基层组织工作条例》的规定,"领导和推进村级民主选举、民主决策、民主管理、民主监督,支持和保障村民依法开展自治活动","搞好本村的社会主义精神文明建设和社会治安、计划生育工作"等,都是村党支部的重要职责。推行计划生育村民治理与加强农村基层党组织建设的目标是一致的。村党支部应当把推行计划生育村民治理的过程看成是加强党对村级工作的领导和加强自身建设的过程,在这项工作中积极发挥领导核心作用。

(四)上下配合,整体推进

实行村民自治,推行计划生育村民管理,是当前我国人口与计划生育工作综合改革的重要组成部分。搞好这项工作,一方面要靠村级扎实有效地做好大量基础性工作,另一方面也要靠各级政府积极主动的配合,加速政府职能的转变。各级政府尤其是处于基层的乡镇政府对于村级计划生育工作一方面要热心指导、支持和帮助,另一方面又要尊重自治组织的自主权,不干预属于自治范围内的事,不能再像以往那样事无巨细都直接出面去抓。实行村民自治之后,计划生育工作的重心将真正下移到村、组一级。作为政府职能部门的计生委,可以腾出更多的时间和精力议大局、出思路、订规划、抓大事,更多地从宏观和全局角度思考问题,尽可能在营造人口与计划生育工作健康发展的良好环境方面下功夫。

(五)因地制宜,循序渐进

村民自治的进程在一定程度上反映一个村的总体发展水平。目前我国农村工作发展不平衡,地区之间、同一地区村与村之间差异明显。从总体上看,各地都有相对后进的村,这些村一般生产力发展水平较低,村干部的素质和管理能力有待进一步提高。推行计划生育村民治理必须充分考虑到这些因素,从实际出发,因地制宜,循序渐进。要坚持先试点、后推广的原则,逐步摸索经验,切忌一哄而起。千万不能将这项工作当作"形象工程",搞脱离实际的"达标"活动。

参考文献

[1] 徐勇.中国农村村民自治[M].武汉:华中师范大学出版社,1997:
　　41-45.

[2] 张再生.农村社区计划生育自治理论探讨[J].南方人口,2000(1):
　　25-29.

[3] 嘉兴市秀洲区计划生育委员会.实行计划生育村民自治,促进计划
　　生育依法管理[J].当代人口,2001(3):15-16.

原载《人口与经济》2003年第3期,第23-27页。

◇ 浙江人口发展状况与展望

浙江人口的性别、年龄构成

　　人口的性别构成和年龄构成属于人口的自然构成。引起人口自然构成变动的直接的一般的原因是人口的出生与死亡,然而决定人口自然构成变动的间接的根本的原因则是社会经济政治因素。由于人口性别构成和年龄构成对人口再生产的规模和速度、对国民经济的发展都有直接影响,因此分析人口的年龄、性别构成,研究其与社会经济政治的关系,对于预测未来人口发展趋势、制定人口政策、制定经济和社会发展规划都具有重要的现实意义。

一、浙江人口的性别构成

　　人口的性别构成是指在一定时间和范围内男性和女性在总人口中的比例关系。它既可以用男性和女性人口分别占总人口的比重来表示,也可以用男性人口数对女性人口数之比亦即性别比来表示。后者通常以女性人口数为100计算男性人口数与女性人口数的比例,即计算每100名女子和与之相对应的男子数。如果性别比等于100,表明男女人口相等;大于100,表明男多于女;小于100,表明男少于女。性别构成指标既可按全体人口计算,也可按各年龄组人口计算。常用的人口性别构成有总人口性别构成、出生婴儿性别构成和婚龄人口性别构成等。
　　作为各种人口性别构成基础的出生人口性别比主要是由生物学因素决

定的,比较稳定。大量统计资料表明,出生婴儿性别比一般都在 105±2 的范围内。总人口性别比平衡区间一般为96-106。

(一)总人口性别构成的基本状况及变化趋势

浙江省的人口性别比历来较高。据记载,1947 年浙江人口性别比为113.35,超出正常范围 7.35 个百分点。新中国成立后,由于受历史因素的影响,总人口性别比依然偏高,但从发展趋势看,则是在缓慢下降,逐步趋向正常(见表1)。

表1　1949—1980 年浙江省人口性别构成变化情况

年份	占总人口%		性别比	年份	占总人口%		性别比
	女性	男性			女性	男性	
1949	52.33	47.67	109.79	1967	52.03	47.97	108.48
1950	52.33	47.67	109.80	1968	52.02	47.98	108.43
1951	52.35	47.65	109.87	1969	52.03	47.97	108.46
1952	52.47	47.53	110.39	1970	51.94	48.06	108.07
1953	52.50	47.50	110.55	1971	51.99	48.01	108.27
1954	52.53	47.47	110.65	1972	51.94	48.06	108.07
1955	52.52	47.48	110.62	1973	51.94	48.06	108.08
1956	52.40	47.60	110.07	1974	51.92	48.08	108.00
1957	52.34	47.66	109.83	1975	51.94	48.06	108.08
1958	52.69	47.31	111.35	1976	51.93	48.07	108.04
1959	52.35	47.65	109.86	1977	51.92	48.08	107.98
1960	52.50	47.50	110.51	1978	51.94	48.06	108.08
1961	52.32	47.68	109.75	1979	51.88	48.12	107.81
1962	52.21	47.79	109.25	1980	51.89	48.11	107.85
1963	52.13	47.87	108.90	1981	51.85	48.15	107.70
1964	52.16	47.84	109.01	1982	51.86	48.14	107.71
1965	52.07	47.93	108.63	1983	51.88	48.12	107.81
1966	52.05	47.95	108.57	1984	51.88	48.12	107.80

续表

| 年份 | 占总人口％ | | 性别比 | 年份 | 占总人口％ | | 性别比 |
	女性	男性			女性	男性	
1985	51.88	48.12	107.83	1988	51.83	48.17	107.60
1986	51.89	48.11	107.87	1989	51.81	48.19	107.53
1987	51.86	48.14	107.74	1990	51.80	48.20	107.47

资料来源：根据浙江省统计局公布的历年年末人口计算。

从表 1 中可以看到，1949 年到 1990 年大致可以分为三个阶段：1949 年至 1964 年，总人口性别比大致在 109 以上，最高年份达 111.35；1965 年至 1978 年，在 108 与 109 之间，最高年份为 108.63；1979 年至 1990 年，降到了 107—108 之间。

新中国成立后四次人口普查的情况也反映了人口性别比逐渐下降的趋势。1953 年第一次人口普查时，总人口性别比为 110.83；1964 年第二次人口普查时，降为 109.33，比 1953 年下降 1.5 个百分点；1982 年第三次人口普查时降为 107.74，比 1964 年又下降 1.59 个百分点；1990 年第四次人口普查，总人口性别比为 106.37，比 1982 年又下降 1.37 个百分点（见表 2）。

表 2　浙江省四次人口普查总人口性别比

年份	总人口/万人	男性/万人	女性/万人	性别比
1953	2241.57	1178.34	1063.23	110.83
1964	2831.86	1479.06	1352.80	109.33
1982	3888.46	2016.70	1871.76	107.74
1990	4144.60	2136.31	2008.29	106.37

（二）分年龄的人口性别构成

总人口的性别比是多种因素综合作用的结果，它只能反映人口总体的一般状况。要深入分析人口的性别构成，还必须考察分年龄的人口性别比。

大量统计资料表明，一个大的人口群体的性别比从总体上考察总是基本平衡的，但在不同的年龄段却有较大差别。基本情形是：在婴幼儿至青少年阶段男多于女;在中年阶段男女大体平衡;在老年阶段女多于男。

人口性别构成的这种阶段性变化是由多种因素促成的。首先是生物学原因。近代细胞遗传学对染色体和基因的深入研究,使人们进一步明确了生男生女的机理。人类性别的遗传途径来自成熟的性细胞。性细胞中的23对染色体,有22对是男女相同的,称为常染色体,决定人类身体的一般性状;还有一对与性别有关的染色体,称为性染色体。女性的两条性染色体都被命名为 x,即为 xx 型,男性的一条被命名为 x,另一条被命名为 y,即为 xy 型。当精子与卵子结合时,如果卵子与含有染色体 x 的精子结合,胎儿便是女性,即 xx 型;如果卵子与含有染色体 y 的精子结合,胎儿便是男性,即 xy 型。男性胚胎一般多于女性胚胎。这就为出生婴儿性别差异奠定了基础。由于性染色体的差别,女性胚胎在发育过程中的自然淘汰率比男性胚胎要低,因此出生婴儿虽然仍然男多于女,但同胎儿性别比相比已有大幅度下降,一般在 105±2 的范围内。性染色体的差异不仅会在胎儿发育过程中起作用,而且会在人的一生中起作用,成为女性预期寿命普遍高于男性的生物学原因。正是基于这一点,人口的性别构成具有自然构成的性质。

此外,各个年龄段的人口性别比差异除上述生物学因素外,大量的是社会因素,包括战争、移民、社会制度、经济开发、人口生育政策、医学科学技术的发展及运用、社会意识形态的影响等。所以,不同的国家或地区,或者同一国家或地区的不同时期,人口各年龄组的性别比会呈现出不同的形态。

新中国成立后所进行的四次人口普查,给出了浙江省人口四个年份的分年龄性别比(见表3)。

从表3中可以看出,浙江人口分年龄性别比的变化首先体现了一般性规律,即低年龄段性别比较高,男多于女;随着年龄的增加,性别结构逐渐达到平衡;到老年阶段性别比则降低,呈现女多于男的状态。同时,由于历史和现实的种种原因,浙江人口分年龄的性别比又具有以下一些明显的特点。

表 3　浙江省四次人口普查分年龄的人口性别比

年龄组	1953 年	1964 年	1982 年	1990 年
总人口	110.83	109.33	107.74	106.37
0—4 岁	110.39	108.23	108.43	114.07
5—9 岁	118.06	111.74	107.47	109.32
10—14 岁	129.06	111.45	107.34	107.89
15—19 岁	117.18	112.21	105.86	104.74
20—24 岁	111.35	113.13	105.61	100.24
25—29 岁	114.39	120.36	107.82	103.28
30—34 岁	111.67	117.54	108.88	107.66
35—39 岁	112.91	118.45	114.58	105.90
40—44 岁	113.68	113.28	112.52	109.68
45—49 岁	111.31	110.25	118.65	116.70
50—54 岁	110.50	107.28	117.69	119.45
55—59 岁	102.44	100.18	114.48	115.01
60—64 岁	92.49	93.48	104.31	112.29
65—69 岁	78.03	81.22	97.37	102.08
70—74 岁	63.95	69.19	85.89	89.15
75—79 岁	50.47	54.44	70.92	76.84

1. 婴幼儿性别比偏高,20 世纪 80 年代呈上升趋势

从表 3 中可以看到,0—4 岁组的婴幼儿性别比,1953 年为 110.39,1964 年有所下降,为 108.23,1982 年略有回升,为 108.43,到 1990 年上升为 114.07,比 1953 年还高。这一现象是十分引人注目的。

0—4 岁组婴幼儿性别比虽然并不等于出生婴儿性别比,但在一定程度上反映了出生婴儿性别比。如前所述,由于出生婴儿性别构成主要受生物学因素的影响,因而一般是相当稳定的。根据国际上大量的持续一二百年的人口统计数据,生物学意义的(无人们社会行为干扰的)人类正常的出生婴儿性别比,一般都在 106 左右,即每 100 个女婴对应 106 个左右的男婴。

然而,80年代以来,浙江省出生婴儿的性别比一直偏高,并呈上升趋势。据第三、第四次人口普查和1987年1‰人口抽样调查,1981年、1986年、1989年的出生婴儿性别比分别为108.8、123.8和117.1。1981年虽然偏高,但尚属常见范围,而1986年和1989年的偏离度就不正常了。

就全国范围看,20世纪80年代人口出生性别比升高不但是个普遍的现象,而且偏离度超出常见范围。这种现象很难以自然因素来解释,必须探求其社会原因。据有关人员调查分析,80年代人口出生性别比升高的原因主要有以下几个方面:首先是女婴漏报。有些人头胎是女孩的,如果二胎又是女孩,往往隐匿不报,以便按现行生育政策,日后再生个男孩。头胎是男孩的,如果抢生二胎,不管是男是女,均属超计划生育,因而也千方百计隐瞒,尤其是生女孩更是隐瞒不报。据曾毅、顾宝昌等人口学者研究,80年代各年份女婴漏报率大都相当于男婴漏报率的2倍以上。80年代出生婴儿性别比超出正常值的部分至少有1/2到3/4是由漏报女婴造成的。其次是产前性别鉴定与选择性人工流产。80年代,中国各地陆续装备了一大批用于检测包括肿瘤在内的多种疾病和检测避孕环状况及孕情的B超诊断仪。然而这一诊断技术的普及也为一部分人对婴儿的出生进行性别选择提供了可能。利用B超诊断仪进行非医疗性的产前性别鉴定是政府严令禁止的,但还是有人采取"说人情""开后门"等办法,使这种行为禁而不止。根据有关资料,一些出生婴儿性别比特别高的地方,产前性别鉴定的非法行为也特别严重。她们主动到医院做引产手术的引产胎儿极大部分是女婴。在以上两种原因中,瞒报所造成的性别比例失常基本上是一种假象,而产前胎儿性别鉴定与选择性人工流产所造成的女婴减少则是实质性的,其后果十分严重,必须引起高度重视。

2. 婚育期人口性别比较高,但呈下降趋势

由于受历史上高性别比的影响,新中国成立后浙江省20—49岁婚育期人口的性别比一直较高,但随着新中国成立前出生的人口陆续退出婚育期,性别比也因之有所下降(见表4)。

表 4　浙江省 20—49 岁婚育期人口的性别比

年份	男性/万人	女性/万人	性别比/女性＝100	无偶率
1953	472.46	419.83	112.54	5.90
1964	540.09	465.87	115.93	7.38
1982	839.36	754.93	111.18	4.66
1990	1035.28	979.18	105.73	2.79

注:无偶率是男女人口数之差与男女人口总数之比。

从表 4 中可以看出,浙江 20—49 岁婚育期人口的性别比第一次、第二次和第三次人口普查时均在 111 以上,到第四次人口普查时,已降至 105.73,无偶率也从 1964 年最高时的 7.38％降至 2.79％。1990 年 41—49 岁的人口基本上是新中国成立前出生的,这个年龄段男性为 200.76 万人,女性为 177.89 万人,性别比仍高达 112.86。1990 年 20—40 岁的人口全是新中国成立后出生的,男性为 834.52 万人,女性为 801.29 万人,性别比则为 104.15。这说明新中国成立后 1950—1970 出生的人口,性别比是正常的。

0—19 岁人口是准婚育期人口,这一年龄段人口的性别比将直接影响之后的婚配。新中国成立后的 30 多年中,浙江省 0—19 岁人口的性别比已逐步由新中国成立前造成的失调转向正常,而 80 年代又略有回升(见表 5)。

表 5　浙江省 0—19 岁人口的性别比

年份	男性/万人	女性/万人	性别比/女性＝100	无偶率
1953	539.86	461.92	116.87	7.78
1964	747.43	675.28	110.68	5.07
1982	847.53	791.16	107.13	3.44
1990	702.26	645.80	108.74	4.19

从表 5 中可以看到,浙江省 0—19 岁人口的性别比 1953 年高达 116.87,到 1964 年降至 110.68,到 1982 年进一步降至 107.13,然而 1990

年又回升至 108.74。这主要是受 80 年代婴幼儿性别比升高的影响。

3. 受历史因素影响,性别比达到平衡的年龄偏高

一般说来,经济发达国家的人口在中年阶段就能达到两性平衡,而后女多于男,而发展中国家由于受出生婴儿性别比、婴儿死亡率、育龄期妇女死亡率等因素的影响,则要在中年后期或老年期才能达到两性平衡。例如据联合国提供的 1975 年世界主要国家人口按年龄组划分的性别比表,经济发达国家于 30—34 岁年龄段达到两性平衡,而发展中国家则于 60—64 岁年龄段达到两性平衡,两者相差 30 年。中国目前两性平衡的年龄偏高,主要是受旧社会高性别比的影响。从表 3 中可以看出,性别比峰值年龄组 1953 年为 10—14 岁组,1964 年为 25—29 岁组,1982 年为 45—49 岁组,1990 年为 50—54 岁组,性别比分别为 129.06、120.36、118.65、119.45。这些不同年份不同年龄的高性别比人口,其主要组成部分实际上是同一批人。尽管由于受不同年龄段两性人口死亡率差异的影响,性别比会相应地产生一些变化,但从中还是可以清楚地看到前期低年龄组的高性别比对后期相应年龄组性别比的影响。正是由于这种影响,才使两性平衡的年龄组不断向高年龄段推移。1953 年和 1964 年达到两性平衡的年龄都是在 57—58 岁,到 1982 年移至 65—66 岁,1990 年进而移至 67—68 岁。旧社会高性别比的影响,要等到新中国成立前出生的人口逐渐辞世之后才能消除。

(三)人口性别构成的地区差异和城乡差异

1. 地区间人口性别构成的差异

根据第四次人口普查,浙江省各市、地之间的人口性别构成存在一定差异,性别比最高的是衢州市,为 111.03;最低的是嘉兴市,为 102.96,两者相差 8.07 个百分点(见表 6)。

表 6　1990 年浙江省各市、地人口的性别比

地区	性别比	地区	性别比
全省总计	106.37	绍兴市	103.90
杭州市	107.17	金华市	105.44
宁波市	104.25	衢州市	111.03
温州市	109.45	舟山市	103.24
嘉兴市	102.96	丽水地区	110.59
湖州市	108.28	台州地区	104.44

　　从地理区域来看,浙东北的杭州、宁波、嘉兴、湖州、绍兴、舟山六个市人口的性别比相对较低。全省性别比最低的三个市即嘉兴、舟山、绍兴市都在这个区域。浙西南的三个市和两个地区人口性别比相对较高,全省性别比最高的三个市、地即衢州市、温州市和丽水地区都集中在这个区域。

　　1990 年与 1982 年相比,11 个市、地人口性别比除杭州、舟山两市略有提高外,其余 9 个市、地均有所降低,但降低幅度不同(见表 7)。

表 7　1990 年和 1982 年浙江省各市、地人口的性别比

地区	1990 年	1982 年	1990 年比 1982 年增减
杭州	107.17	106.73	＋0.44
宁波	104.25	10.436	−0.11
温州	109.45	111.3	−1.85
嘉兴	102.96	103.89	−0.93
湖州	108.28	111.29	−3.01
绍兴	103.9	106.99	−3.09
金华	105.44	107.04	−1.60
衢州	111.03	112.4	−1.37
舟山	103.24	102.68	＋0.56
丽水	110.59	111.69	−1.10
台州	104.44	107.01	−2.57

　　从表 7 中可以看出,1990 年与 1982 年相比,杭州市和舟山市的人口性别比分别提高 0.44 和 0.56 个百分点。人口性别比下降的 9 个市、地以绍

兴、湖州两市的降幅为最大,前者降低 3.09 个百分点,后者降低 3.01 个百分点。在全省 11 个市、地中,1982 年人口性别比超出正常范围 106 的有 8 个,到 1990 年已下降为 5 个;1982 年人口性别比最高的市、地与最低的相差 9.72 个百分点,1990 年最高的与最低的只相差 8.07 个百分点。因此,从总体看,地区间的差别在缩小。

值得重视的是,各市、地之间出生人口性别比的差异却出现了扩大的趋势。根据第四次人口普查资料,1989 年出生人口性别比最高的是温州市,高达 143.46;最低的是嘉兴市,为 104.52,两者相差 38.94 个百分点(见表 8)。

表 8　1989 年浙江省各市、地出生人口的性别比

地区	性别比	地区	性别比
全省总计	117.14	舟山市	106.14
浙东北	108.23	浙西南	127.66
杭州市	108.57	温州市	143.46
宁波市	111.64	金华市	120.82
嘉兴市	104.52	衢州市	113.57
湖州市	104.97	丽水地区	112.39
绍兴市	109.00	台州地区	128.12

如前所述,由于近几年有些地方出现了超生女婴漏报、瞒报、非法用 B 超诊断仪对胎儿性别鉴定选择等现象,1989 年浙江省出生人口的性别比除嘉兴、湖州、舟山三个市属正常范围外,其余各市、地都不同程度地出现了偏离现象。从地理区域来看,浙东北的 6 个市出生人口性别比平均为108.23,浙西南的 3 个市和两个地区平均为 127.66,相差 19.43 个百分点。若由高到低按次序排列,则全省出生人口性别比最高的 5 个市、地全部集中在浙西南地区。

1990 年浙江省 51 个县和 16 个地辖市的人口性别比可以分为 5 种类型:一是人口性别比在 100 以下的为绍兴、东阳两个市;二是在 100 左右的为萧山、平湖、海盐、上虞、岱山 5 个县市;三是在 101~107 之间的为桐庐、临安、余姚、慈溪、奉化、象山、鄞县(今鄞州区)、瓯海、海宁、嘉善、诸暨、义

乌、永康、浦江、嵊泗、缙云、椒江、临海、黄岩、温岭、天台、玉环等22个县市；四是在107～110之间的为富阳、余杭、建德、淳安、宁海、瑞安、洞头、乐清、永嘉、桐乡、德清、安吉、武义、磐安、江山、丽水、青田、庆元、仙居、三门等20个县市；五是在110～119之间的为平阳、苍南、文成、泰顺、长兴、嵊县（今嵊州市）、新昌、兰溪、金华、衢县（今衢江区）、常山、开化、龙游、云和、龙泉、遂昌、松阳、景宁等18个县市。其中性别比最低的是东阳市，为95.45；最高的是泰顺县，为118.68。两者相差23.23个百分点。

平阳等18个县、市人口性别比较高，主要是受历史因素的影响。这些县（市）在历史上性别比比目前还要高（见表9）。

表9　浙江省18个县、市四个普查年份的人口性别比

县（市）	1953年	1964年	1982年	1990年
平阳	128.69	122.67	115.02	111.48
苍南	—	—	115.75	113.47
文成	156.21	145.51	123.27	114.70
泰顺	148.22	141.38	123.37	118.68
长兴	128.42	124.10	113.59	111.54
嵊县	114.41	112.76	112.19	112.25
新昌	110.69	110.53	110.68	110.22
兰溪	113.72	110.81	111.21	110.58
金华	111.88	113.87	109.26	110.67
衢县	117.20	116.77	112.81	113.97
常山	117.10	112.88	111.97	111.32
开化	121.74	114.58	111.90	110.92
龙游	118.84	—	112.20	111.52
云和	118.83	119.05	117.16	114.75
龙泉	123.90	119.75	113.68	111.99
遂昌	118.59	113.73	115.42	114.15
松阳	112.31	—	111.59	111.46
景宁	123.51	—	116.74	116.28

注：龙游、松阳、景宁三县因撤并或当时尚未建置，有些年份缺资料。

从表 9 中可以看出，这 18 个县、市在四次人口普查中人口性别比都比较高。从发展过程来看，除个别县、市有过某些波动外，总趋势是性别比逐步降低。以 1990 年全省人口性别比最高的泰顺县为例，该县 1953 年性别比曾高达 148.22；1964 年降至 141.38，降低 6.84 个百分点；到 1982 年又降至 123.37，降低 18.01 个百分点；1990 年为 118.68，又比 1982 年降低 4.69 个百分点。从 1953 年到 1990 年，共降低 29.54 个百分点，下降了 20% 左右。但值得注意的是，这些历来人口性别比偏高的县、市，近年来出生婴儿性别比却未能降至正常范围，有些县、市甚至还有所上升。例如苍南县、平阳县 1989 年出生婴儿性别比分别高达 146.67 和 133.74，虽然其中有些虚假成分，但不能不看到这是一个值得重视的问题。

2. 城乡人口性别构成的差异

根据第四次人口普查资料，1990 年浙江省市、镇、县人口性别比分别为 106.48、104.46 和 106.78。

1982 年第三次人口普查时，无论是全国还是浙江省，在市、镇、县人口中，性别比均以镇为最高，市次之，县最低。然而到第四次人口普查时，则以县为最高，市次之，镇最低。八年来市、镇、县人口性别比发生这种变化，与社会经济发展及人们思想面貌的变化有关。为了说明问题，必须进一步考察一下 1990 年市、镇、县人口分年龄的性别比（见表 10）。

表 10　1990 年浙江省市、镇、县人口分年龄的性别比

年龄组	市		镇		县	
	性别比	位次	性别比	位次	性别比	位次
0—4 岁	105.47	1	113.96	2	115.90	3
5—9 岁	106.28	1	108.82	2	109.99	3
10—14 岁	105.88	1	107.96	2	108.20	3
15—19 岁	109.27	3	97.93	1	105.40	2
20—24 岁	110.24	3	93.98	1	99.52	2
25—29 岁	107.59	3	99.93	1	103.04	2

续表

年龄组	市		镇		县	
	性别比	位次	性别比	位次	性别比	位次
30—34 岁	109.07	3	105.87	1	107.72	2
35—39 岁	104.71	2	103.22	1	106.88	3
40—44 岁	107.90	1	110.49	3	109.96	2
45—49 岁	109.03	1	118.15	2	118.51	3
50—54 岁	112.25	1	117.72	2	121.79	3
55—59 岁	113.77	1	121.69	3	113.96	2
60—64 岁	112.81	2	117.75	3	111.10	1
65—69 岁	102.44	3	101.55	1	102.10	2
70—74 岁	87.06	2	85.63	1	90.34	3
75—79 岁	72.97	2	71.49	1	78.84	3

从表 10 中可以看出,0—14 岁少年儿童人口的性别比以县为最高,镇次之,市最低。而 15—39 岁青壮年人口的性别比,则是以市为最高,县次之,镇最低。这种状况表明,从 1982 年到 1990 年镇人口性别比之所以从最高变为最低,而县人口性别比之所以从最低变为最高,至少有两个方面的原因:其一是受人口移动的影响。1982 年中国改革开放尚处于初始阶段,一部分农村女性人口基本上还滞留在原地。此后,随着改革开放的逐步深入,不但一部分农村青壮年男性人口,而且一部分农村女性人口也开始向市、镇移动,农村妇女婚迁附近小城镇或进入城镇从事经济活动的逐渐增多。80 年代中期以来,云南、贵州、四川等地的婚龄女性人口也纷纷涌向浙江,在各地择偶落户。据有关部门统计,到 1990 年底,外省涌入浙江择偶落户的女性人口已达 9.74 万人之多。这些人选择的目标自然首先是经济较发达、交通较方便的小城镇,其次才是农村。可见,镇人口性别比由最高变为最低,县人口性别比由最低变为最高,与青壮年人口即经济活动人口和婚龄人口的流动有关。这是农村改革深化和产业结构调整的必然结果,是人口城镇化过程中的正常现象。其二是重男轻女思想的影响。由于人们传统的

生育观念没有完全改变,在子女的数量受到严格控制的情况下,人们对子女的性别偏好就表现得更为明显,以致出现了如前面所述的人为干扰性别比的现象。相比之下,农村人口受传统的重男轻女思想影响更严重一些,因而近年来农村出生婴儿性别比相对较高。

人口移动不仅对镇和县的人口性别比产生影响,而且也使城市人口性别比发生了变化。流动人口对城市人口性别比的影响取决于外出人口和外来人口的规模及其性别比(见表11)。

表11 1990年浙江省省辖市市区人口性别比分类比较

市区	普查登记人口性别比	户籍管理人口性别比	外出人口性别比	外来人口性别比	外来人口为外出人口的倍数
杭州市区	110.82	108.89	185.42	134.84	2.20
宁波市区	105.39	102.65	113.01	137.42	7.47
温州市区	103.55	104.60	151.53	94.11	7.12
嘉兴市区	103.91	103.22	199.32	157.52	2.21
湖州市区	106.96	107.50	186.87	84.66	2.43
绍兴越城区	100.92	105.16	173.14	72.43	2.95
金华婺城区	108.93	111.94	190.37	93.16	3.20
衢州柯城区	108.51	108.21	100.22	123.21	4.56
舟山市区	104.01	103.55	114.29	141.39	2.06

从表11中可以看出,1990年浙江省9个省辖市市区的外来人口多于外出人口一倍以上,有的多6倍以上,因而使外来人口的性别比更具有决定性影响。例如:杭州、宁波、嘉兴、衢州、舟山5个市区的外来人口性别比较高,男性大大多于女性,因而这5个市区普查登记人口的性别比高于户籍管理人口的性别比。相反,温州、湖州、绍兴、金华4个市区的外来人口性别比较低,女性显著多于男性,因而普查登记人口的性别比低于户籍管理人口的性别比。1990年与1982年相比,杭州、宁波、舟山三市的人口性别比都有所提高,分别提高3.77、3.29和0.51个百分点。很明显,这三个市外来人

口性别比较高,是总人口性别比提高的一个重要原因。

综合以上分析,可以看出,浙江人口性别比虽在缓慢下降,逐步趋于正常。但从 80 年代以来,婴幼儿性别比出现了偏高的趋势。从城乡划分来看,主要是乡村;从地域划分来看,主要是浙西南地区;其中有假性偏高,也有真性偏高。针对这种情况,应该进一步加强计划生育管理,继续破除重男轻女的思想,克服漏报、瞒报女婴等现象,以消除假性偏高;要特别加强 B 超机的管理,严格防止用 B 超机鉴定胎儿性别以留男去女的违法行为,对于违反规定的,要追究责任,以消除真性偏高现象,努力使婴幼儿性别比逐步恢复到正常范围。而这些工作的重点在农村,特别是浙西南地区。

二、浙江人口的年龄构成

(一)人口年龄构成及其分类

任何一个人口群体都是由许多不同年龄的人口组成的,年龄是人口除性别之外另一个基本的自然属性。

年龄是指每个人从出生时起到计算时为止所经历的时间,通常以周岁为单位。不同年龄的人在社会和经济生活中的地位、作用、需求都有所不同,在人口再生产过程中的作用也不同。为了对人口现状、类型和发展趋势进行分析,为了研究年龄与其他人口现象的关系,需要将人口按年龄分组。最基本的年龄分组是把一定时点的人口按当时每人的周岁年龄分成一岁一组。根据所掌握的资料粗细或研究任务的不同,也可以分成组距更大的年龄组,常用的有 5 岁组、10 岁组等等。此外,还可根据实际需要,将人口分成具有各种社会经济特征的特殊年龄组,例如 0—14 岁的少年儿童组,15—59 岁的劳动年龄组,60 岁及以上的老年人口组,等等。各个年龄组人口在全体人口中所占的比重,就是该人口群体的年龄构成。

根据反映年龄构成的一定指标,按照一定的标准,可将不同的人口群体区分为不同的类型。通常将人口的年龄构成划分为年轻型、成年型和老年型三种类型。用来划分人口年龄构成类型的指标,通常有以下四个:(1)老年人口比重;(2)少年儿童人口比重;(3)老少比(即老年人口数与少年儿童人口数的比值);(4)年龄中位数(将全体人口按年龄大小依次排列,位于半数人口的年龄标志值)。1956年联合国发表的《人口老龄化及其经济社会含义》,提出了划分人口年龄构成类型的标准,具体指标如表12所示。

表12 联合国颁布的人口年龄构成类型划分标准

指标	年轻型	成年型	老年型
65岁及以上人口比重	4%以下	4%～7%	7%以上
0—14岁人口比重	40%以上	30%～40%	30%以下
老少比	15%以下	15%～30%	30%以上
年龄中位数	20岁以下	20—30岁	30岁以上

表12所列这些指标的具体数值不是一成不变的。例如,老年人口的年龄界限就有不同的标准。19世纪末20世纪初,瑞典人口学家桑德巴,曾以50岁为老年的起点年龄,其理由是50岁为大多数人的更年期,一般人到此年龄后不再生育。法国是世界上第一个老年型国家,当时以60岁为老年起点年龄。随着人口平均寿命的延长,20世纪60年代,国际上普遍使用65岁为老年起点年龄。1982年联合国在奥地利首都维也纳召开老龄问题世界大会时,考虑到许多发展中国家的实际情况,又把老年起点年龄定为60岁。在人口统计方面,现在世界上60岁和65岁两个老年起点年龄都在使用。如果以60岁为起点年龄,则老年人口比重在10%以上的人口为老年型人口。

(二)人口年龄构成的变化

1. 人口年龄构成演变状况

人口年龄构成变动的基础是各种年龄人口数量的变化。在净迁移率很小的情况下,决定各个年龄人口数量变动的主要因素是人口出生率和死亡率的变动。新中国成立以来,浙江省人口死亡率基本上处于从逐渐下降到基本稳定的态势,而人口出生率则经历了一个由高到低,再由低到高,又由高到低的过程。因此,人口年龄构成也发生了阶段性的变化。这从四个人口普查年份的人口年龄构成变化中可以看出来,更可以从这四个年份的人口年龄金字塔中直观、形象地反映出来(见表13、图1、图2、图3和图4)。

表 13　浙江省人口年龄构成变化　　　　单位:%

年龄组	1953 年	1964 年	1982 年	1990 年
总计	100.00	100.00	100.00	100.00
0—4 岁	16.13	15.11	8.24	7.74
5—9 岁	11.06	14.00	9.30	7.56
10—14 岁	8.04	12.13	11.76	7.99
15—19 岁	9.46	9.01	12.84	9.24
20—24 岁	8.57	5.99	8.53	10.81
25—29 岁	7.81	6.96	9.81	10.20
30—34 岁	6.77	6.83	7.93	8.67
35—39 岁	6.05	6.16	5.39	8.35
40—44 岁	5.33	5.22	4.34	6.41
45—49 岁	5.27	4.36	5.00	4.17
50—54 岁	4.69	9.78	4.44	4.19
55—59 岁	3.88	3.41	3.73	4.29
60—64 岁	2.82	2.83	2.93	3.56
65—69 岁	1.85	2.07	2.24	2.77
70—74 岁	1.23	1.21	1.63	1.89
75—79 岁	0.68	0.60	1.10	1.20
80—84 岁	0.25	0.24	0.57	0.64
85—89 岁	0.06	0.06	0.18	0.25
90 岁及以上	0.01	0.01	0.03	0.06
不详	0.02	0.02	0.00	0.00

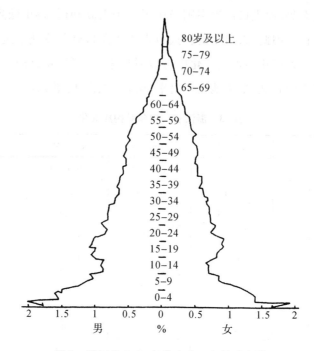

图 1　浙江省 1953 年普查人口年龄金字塔

从四次人口普查的资料来看,新中国成立以来浙江省的人口年龄构成主要发生了如下变化:

(1)高峰年龄组逐步后移,低年龄组人口比重渐渐缩小。从表 13 和图 1 中可以看到,1953 年和 1964 年各年龄组人口占总人口的比重,均以 0—4 岁组为最大,整个人口年龄结构呈底大上小的金字塔形。1982 年和 1990 年,低年龄段人口占总人口的比重开始缩小,比值最大的年龄组后移。1982 年比值最大的年龄组变为 15—19 岁组,到 1990 年进而移至 20—24 岁组。这两个年份比值最大的年龄组的人口都是在 60 年代第二次生育高峰期间出生的。1982 年和 1990 年的人口年龄结构都是中间大两头小的变形金字塔。1990 年 0—4 岁组的比重略高于 5—9 岁组,这是人口年龄构成对生育产生影响的结果。80 年代中期起第二次生育高峰期间出生的人口陆续进入婚育期,如不严格控制人口,就会出现第三次生育高峰。

　　从表 13 中还可以看出,1990 年 0—4 岁组人口比重仅比 5—9 岁组高 0.18 个百分点,这说明近年来旨在"削峰填谷"的调整人口年龄结构的工作取得了十分显著的成绩。

　　(2)人口年龄构成由"年轻型"转向"成年型",并开始向"老年型"过渡。四次人口普查资料显示,新中国成立以来浙江省人口年龄构成的变化可以分为两个阶段。1953 年到 1964 年,人口年龄构成趋于年轻化;1964 年到 1990 年,人口年龄构成逐步趋于老龄化(见表 14)。

表 14　浙江省人口年龄构成类型变化情况

分类	1953 年	1964 年	1982 年	1990 年
0—14 岁人口比重/%	35.23	41.23	29.30	23.29
60 岁以上人口比重/%	6.90	7.04	8.69	10.38
65 岁以上人口比重/%	4.11	4.22	5.76	6.83
老少比[①]/%	11.65	10.23	19.65	29.32
年龄中位数/岁	22.97	19.82	24.70	27.74

注:[①]老少比=65 岁及以上人口/0—14 岁人口×100。

　　从表 14 中可以看出,根据国际通用的人口年龄构成类型划分标准,1953 年浙江人口年龄构成属于成年型,到 1964 年转变为年轻型。这期间,人口年龄构成年轻化十分明显。0—14 岁少年儿童人口占总人口的比重由 35.23% 上升到 41.23%,上升了 6 个百分点。65 岁及以上的老年人口比重虽略有上升,由 4.11% 上升到 4.22%,但老少比和年龄中位数都有所下降。老少比由 11.65% 降至 10.23%,年龄中位数由 22.97 岁降至 19.82 岁。这主要是 50 年代和 60 年代两次生育高峰造成的。到 1982 年,人口年龄构成又转为成年型,其中少年儿童系数这项指标已达到老年型的标准。1990 年与 1982 年相比,人口年龄构成的老化程度进一步加深,除少年儿童人口比重这项指标早已达到老年型标准外,其余三项指标也都已十分接近老年型的标准。将这几个方面的情况综合起来看,表明 1990 年浙江省人口年龄构成已处于由成年型向老年型过渡的阶段(见图 2、图 3)。

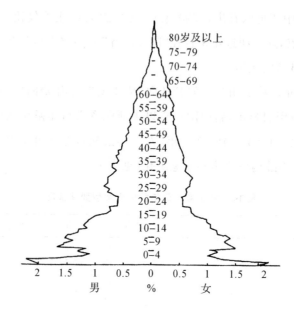

图 2 浙江省 1964 年普查人口年龄金字塔

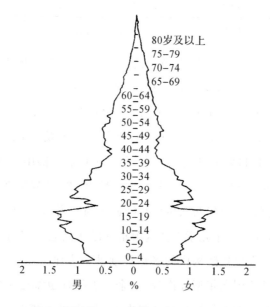

图 3 浙江省 1982 年普查人口年龄金字塔

(3)人口再生产的年龄构成类型由增加型转向稳定型。人口年龄构成与人口再生产有着密切的关系。一般地说,14 岁以下的少年儿童人口比例大,人口出生率和自然增长率必然高,并且意味着未来育龄人群比例大。反之则会出现相反的情况。瑞典人口学家桑德巴根据现有人口年龄构成与未来人口出生率、自然增长率的关系,将人口年龄构成分为增加型、稳定型、减少型三种类型。根据桑德巴人口再生产年龄构成类型划分标准,浙江省1953 年、1964 年、1982 年、1990 年四次人口普查的人口年龄构成变化情况如表 15 所示。

表 15　桑德巴氏模式标准下浙江省人口年龄构成类型的变化　　　单位:%

年龄	桑德巴氏模式			浙江省人口年龄构成			
	增加型	稳定型	减少型	1953 年	1964 年	1982 年	1990 年
0—14	40	26.5	20	35.2	41.2	29.3	23.3
15—49	50	50.5	50	49.3	44.5	53.8	57.8
50 岁及以上	10	23.0	30	15.5	14.2	16.9	18.9

从表 15 中可以看出,浙江省 1953 年、1964 年的人口年龄构成都属于增长型。1982 年的人口年龄构成趋向稳定型,但还没有达到稳定型的标准。1990 年的人口年龄构成具有特殊性(见图 4)。从 0—14 岁人口所占的比重来看,早已达到了稳定型的标准,并开始趋向减少型;但由于 15—49 岁的人口比重过大和 50 岁及以上人口比重较小,这两项指标与稳定型的标准相比都还有一定距离,这就是说,还潜伏着促使人口迅速增长的因素。1990 年特殊的人口再生产年龄构成是 50、60 年代人口高速增长与 70 年代以来严格控制人口并取得成效的反映。它一方面显示了近 20 年来人口出生率得到了有效的控制,并有利于未来人口出生率的降低;另一方面又显示了目前的人口年龄构成仍然十分有利于人口增长,只要控制人口的工作稍有放松,人口出生率就会大幅度提高。

2. 人口年龄构成变化的原因

一定时期的人口年龄构成,是以往人口生育、死亡和迁移的结果,而人

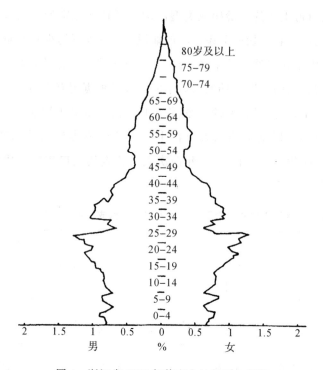

图 4 浙江省 1990 年普查人口年龄金字塔

口的生育、死亡和迁移又无不受社会经济文化和历史上人口状况等诸因素的制约。具体分析浙江省的实际情况,则可以看出自新中国成立以来人口年龄构成变化的原因主要有以下几个方面。

(1)人口死亡率的影响。浙江与全国一样,新中国成立以后人口死亡率下降很快。据浙江省统计局公布的资料,1950 年全省人口死亡率为15.43‰,到 1956 年降至 10‰以下。虽然在三年经济困难时期略有回升,但总的趋势却是稳定下降的,到 1967 年进而降至 7‰以下。这期间,人口出生率并未同步下降,仍然保持了较高的水平。这就使得浙江省人口再生产进入了高出生率、低死亡率、高自然增长率的人口高速增长时期,也导致了 70 年代以前人口年龄结构的年轻化。

(2)社会经济变动的影响。从新中国成立后 40 多年的人口发展状况来看,社会经济变化影响所起的作用是十分明显的。50 年代,由于经济发展、医疗卫生条件改善,城乡人民生活水平提高,随之而来的是城乡人口高速增长。1959—1961 年,国民经济发生严重困难,人口出生率出现了不正常的降低,而人口死亡率则明显上升,以致自然增长率陡然下降。1966—1976 年,"文化大革命"造成了生育的无政府状态,使第二个生育高峰期持续了 10 年之久,从而明显地影响了人口年龄结构的变化。这反映在 1964 年、1982 年的年龄金字塔上,便是相应的年龄段出现了一个醒目的凹槽。

(3)计划生育工作的影响。浙江省是计划生育工作抓得比较早的省份之一。1963 年全省出现了补偿性的人口高速增长之后,由于开展了计划生育工作,并在城市和农村试点单位取得了成效,因而使人口高速增长的势头得到了初步控制。要不是"文化大革命"的干扰,计划生育工作的成效会更大。进入 70 年代逐步加大了计划生育工作的力度。80 年代以来,开始实行严格控制人口增长的生育政策。正是由于计划生育工作的开展,才使人口出生率和自然增长率迅速下降,从而使人口年龄构成发生了历史性的变化,即由年轻化逐步向老龄化转变。从 1982 年的人口年龄金字塔来看,金字塔的底部从 12 岁组开始收缩,这表明转折点是 1970 年,从这一年开始,浙江省人口年龄构成结束了年轻化的趋势,开始向着成年化、老龄化方向发展。到 80 年代后期,虽然由于人口发展的惯性作用,使人口出生率出现了一些波动,但由于计划生育工作的深入开展,人口老龄化的方向却始终没有改变。

(三)人口年龄构成的地区差异和城乡差异

由于各地区之间社会经济文化的发展存在着一定的差别,计划生育工作开展的时间及深广程度也有所不同,人口的出生率和自然增长率不免存在着差异,因而反映在人口年龄构成上也显出了地区差异和城乡差异。

根据第四次人口普查资料,浙江省 11 个市、地人口年龄构成如表 16 所示。

表16　1990年浙江省各市、地人口年龄构成

地区	0—14岁人口比重/%	15—59岁人口比重/%	60岁及以上人口比重/%	15—64岁人口比重/%	65岁及以上人口比重/%	老少比/%	年龄中位数
杭州	20.19	69.20	10.61	73.01	6.79	33.65	29.72
宁波	20.97	68.58	10.45	72.22	6.81	32.49	29.81
温州	30.10	60.63	9.27	63.74	6.16	20.48	24.64
嘉兴	18.34	70.05	11.61	74.11	7.55	41.15	31.04
湖州	20.04	68.29	11.66	72.30	7.65	38.17	29.92
绍兴	21.09	67.61	11.29	71.35	7.56	35.84	29.64
金华	24.48	65.06	10.47	68.58	6.95	28.38	27.57
衢州	23.63	66.56	9.81	69.99	6.38	27.02	27.29
舟山	21.37	68.97	9.66	72.32	6.32	29.56	29.50
丽水	26.50	63.63	9.87	67.07	6.43	24.26	25.38
台州	24.89	65.21	9.89	68.44	6.66	26.76	26.94

　　表16的数据表明，在全省11个市、地中，嘉兴市人口年龄构成老化程度最高，少年儿童比重、老年人口比重、老少比、年龄中位数四项指标均已达到"老年型"的标准，这表明嘉兴市在1990年业已进入了老年型地区的行列。其次是湖州市，四项指标中只有年龄中位数一项未达到"老年型"标准，但也已十分接近，可以说基本上进入了老年型地区的行列。四项指标中有三项达到"老年型"标准的还有杭州市、宁波市、绍兴市。人口年龄构成老化程度最低的是温州市。这主要是由于温州市计划生育工作开展得相对较晚，人口出生率的下降也不像其他市、地那样迅速，少年儿童人口比重较高，从而影响了人口年龄构成类型转变的速度。尽管如此，温州市1990年的人口年龄构成也已经不再是年轻型，而是比较典型的成年型了。

　　按地理区域来看，浙东北的杭州、嘉兴、湖州、绍兴、宁波、舟山六市人口年龄构成老化程度较高，除舟山市外，60岁及以上老年人口的比重均已达到10%以上，0—14岁少年儿童人口比重及老少比这两项指标也都达到了"老年型"人口标准。而浙西南的温州、金华、衢州三市和丽水、台州两地区

人口年龄构成老化程度相对较轻,60 岁及以上老年人口的比重除金华市以外均未达到 10%,老少比及年龄中位数也明显低于浙东北六市。

在城乡之间,由于存在出生率、死亡率的差别,再加上人口流动等因素,因而城乡人口年龄构成也存在一定差异(见表 17)。

表 17　1990 年浙江省城乡人口年龄构成　　　　　　单位:%

地区	0—14 岁人口比重	15—59 岁人口比重	60 岁及以上人口比重	15—64 岁人口比重	65 岁及以上人口比重	老少比	年龄中位数
全省	23.29	66.33	10.38	69.88	6.83	29.32	27.74
市	18.95	70.19	10.86	74.01	7.04	37.17	30.79
镇	22.21	68.49	9.30	71.72	6.07	27.34	27.94
县	24.53	64.96	10.51	68.52	6.94	28.31	27.15

从表 17 中可以看出,在市、镇、县人口中,市人口的年龄构成老化程度最高,少年儿童人口比重、老年人口比重、老少比和年龄中位数四项指标均已达到"老年型"标准,属于老年型人口。相比之下,镇与县的人口年龄构成老化程度较低。镇与县比,人口年龄构成又各有特点。由于农村的生育水平较高,因而 0—14 岁少年儿童人口的比重县比镇高。改革开放以来,农村剩余劳动力纷纷向城镇移动,而农村老人则很少外移,因此,15—59 岁和15—64 岁人口比重和年龄中位数镇比县高,而老年人口比重和老少比,则是县比镇高。

(四)人口年龄构成的变化对人口再生产的影响

人口再生产的规模和速度除受妇女生育率水平的影响外,还要受现有人口年龄构成的影响。前面提到,1953 年和 1964 年的人口年龄构成对于人口再生产来说属于增加型。这种年龄构成是在高出生率、低死亡率、高自然增长率的情况下形成的,由于少年儿童人口比例很高,因而它会促进未来人口高速增长。浙江省的育龄妇女 1953 年为 517.47 万,1964 年增加到586.05 万,1982 年又猛增到 997.45 万,到 1990 年已突破千万大关,达到1166.17 万。新中国成立以后出现的两个生育高峰,不仅造成了人口数量的激增,而且给尔后控制人口的工作带来了困难。例如 1964 年第二次人口普查时 6—12 岁的人口,是 1952 年至 1958 年第一个生育高峰期间出生的。这些人在 1972 年前后陆续进入了婚育期,是一个庞大的生育人群。1982 年第三次人口普查时 11—20 岁的人口则是第二个生育高峰期间出生的。从 1962 年到 1971 年这 10 年间,共出生 960 多万人,平均每年出生 96 万多人,年均人口出生率为 31.86‰。这批人从 80 年代中期起陆续进入生育旺盛期。如果不实行严格控制人口生育的政策,那么由于人口发展的惯性作用就会在 80 年代中期到 90 年代中期复制出第三个生育高峰来。据第四次人口普查资料,1989 年浙江省育龄妇女总和生育率为 1.4,远低于更替水平。但是由于育龄人群庞大,出生人数仍然超过死亡人数,总人口数仍在继续增长。一方面是生育率已处于当今世界的低水平,另一方面则是还要大力抓控制人口的工作,丝毫不能放松。这种矛盾现象就是源于历史形成的人口年龄结构。

1982 年和 1990 年的人口年龄构成,是在调整过程中形成的,其特点是既有历史形成的部分,又有经过调整的部分。由于实行计划生育,从 70 年代初期开始,少年儿童人口比重逐步下降,使人口年龄构成从增加型逐步走向稳定型。人口再生产的模式已经发生了历史性的转变,即从高出生率、低死亡率、高自然增长率的过渡性人口再生产类型转向低出生率、低死亡率和低自然增长率的现代人口再生产类型。从某种意义上说,当前实行严格控制人口的政策,其目的就是为了调整人口年龄结构。这一任务尚未完成,控制人口的工作仍需抓紧。随着时间的推移,人口年龄构成中经过调整的部分所占比重将会越来越大,反映在人口年龄金字塔上,则是底部收缩的部分逐步上移。这将对未来的人口发展产生深远的影响,使人口再生产真正从传统型转变为现代型。

(五)人口年龄构成的变化对国民经济的影响

在一般情况下,人们往往只注意到劳动生产率对国民收入和人均国民收入的影响,其实,人口年龄构成的变化对国民收入和人均国民收入也有着重要的影响。

从 20 世纪 50 年代到 60 年代,浙江省人口年龄构成变化的趋向是年轻化。现以 1953 年和 1964 年这两个人口普查年份为例,看看人口年轻化对国民收入和人均国民收入会产生什么影响。

1953 年浙江省国民收入为 24.89 亿元。据人口普查资料,1953 年 15—59 岁的人口为 1296.5 万人。为了计算方便,我们假定 15—59 岁人口全部就业,并都从事物质生产领域的劳动,那么这一年的劳动生产率为 192 元。按普查人口计算,这一年的人均国民收入为 111 元。据统计资料,1964 年浙江省国民收入为 46.84 亿元。按上述方法可计算出这一年的劳动生产率为 320 元,比 1953 年提高 67%。一般地说,如果其他条件不变,人均国民收入与劳动生产率会成等比地发生变化,在劳动生产率提高 67% 的情况下,人均国民收入也会提高 67%,达到 185 元。但实际上 1964 年人均国民收入只比 1953 年提高 49%,只达到 165 元。其原因就是人口年龄构成发生了变化,拖了经济发展的后腿(见表 18)。

表 18　人口年龄构成与国民收入、人均国民收入的关系(一)

年份		总人口/万人	人口年龄构成/%			劳动生产率/元		国民收入/亿元		人均国民收入/元	
			0—14 岁	15—59 岁	60 岁及以上						
1953	人数	2241.66	789.80	1296.5	154.70	192		24.83		111	
	比重	100.00	35.20	57.90	6.90						
1964（假定）	人数	2831.90	996.50	1639.20	195.40	Ⅰ	Ⅱ	Ⅰ	Ⅱ	Ⅰ	Ⅱ
	比重	100.00	35.20	57.90	6.90	192	320	31.47	52.45	111	185
1964（实际）	人数	2831.90	1167.70	1464.70	198.80	320		46.84		165	
	比重	100.00	41.30	51.70	7.00						

注:①1953 年总人口数中包括年龄不详者,因此与各年龄人数之和不完全相等。1964 年的情况也是如此。②1953 年和 1964 年国民收入的实际数均按当年价格计算,见《浙江统计年鉴》(1992)第 25 页。

从表18中可以看出,在第1种情况下,年龄构成与1953年一样,劳动生产率也保持1953年的水平不变,那么虽然人口总数有所增加,国民收入也可从1953年的24.89亿元提高到31.47亿元,但人均国民收入不变,仍是111元。在第Ⅱ种情况下,人口年龄构成不变,劳动生产率提高67%(实际提高幅度),国民收入达到52.45亿元,人均国民收入也相应提高67%,达到185元。这就是说如果从1953年到1964年浙江省的人口年龄构成稳定不变,那么,1964年的国民收入将比实际额多5.61亿元(52.45亿元—46.84亿元),人均国民收入也将比实际额多20元(185元—165元)。

从1964年到1990年,浙江省人口年龄构成趋向老龄化。这种年龄构成变化的趋向对国民收入和人均国民收入的影响如表19所示。

表19　人口年龄构成与国民收入、人均国民收入的关系(二)

年份		总人口/万人	人口年龄构成/%			劳动生产率/元		国民收入/亿元		人均国民收入/元	
			0—14岁	15—59岁	60岁及以上						
1964	人数	2831.90	1167.70	1464.70	198.80	320		46.84		165	
	比重	100.00	41.30	51.70	7.00						
1990 (假定)	人数	4144.60	1711.70	2142.80	290.10	Ⅰ 320	Ⅱ 2643	Ⅰ 68.47	Ⅱ 566.34	Ⅰ 165	Ⅱ 1366
	比重	100.00	41.39	51.70	7.00						
1990 (实际)	人数	4144.60	65.20	2749.00	430.40	643		726.57		1753	
	比重	100.00	23.30	66.30	10.40						

1990年浙江省国民收入的实际额为726.57亿元(按当年价格计算)。按第四次人口普查资料所提供的人口数据计算,这一年劳动生产率为2643元,比1964年的320元提高7.3倍;人均国民收入为1753元,比1964年的165元提高9.6倍。为什么后者提高的幅度会大于前者呢?这是得益于人口年龄结构的优化。从表19中可以清楚地看到,假如1990年的人口年龄构成与1964年一样,劳动生产率也不变,那么人均国民收入自然也不会改变;若劳动生产率提高7.3倍,国民收入达到566.34亿元,那么人均国民收

入也只能提高 7.3 倍,达到 1366 元,不可能更多。正是由于 70 年代以来全面地开展了计划生育工作,原先过于年轻的人口年龄结构得到了逐步调整,因而使得 1990 年的实际国民收入要比在人口年龄结构未加调整的情况下可能得到的数额要多 160.23 亿元(726.57 亿元～566.34 亿元),实际人均国民收入要比在人口年龄结构未加调整的情况下可能得到的数额多 387 元(1753 元～1366 元)。

尽管上述数据属分析性数据,但也足以表明,人口年龄构成对国民收入和人均国民收入有着重要的直接的影响,它对国民经济的发展显著地起着阻碍作用,或者促进作用。

从经济角度看,一个人口群体主要是由两部分人组成的:一部分是从事生产劳动的人口,另一部分是被抚养的人口。如前面所说,浙江省人口年龄构成变化大致可分为两个阶段。第一阶段是 50 年代和 60 年代。这是人口再生产基本处于无控制状态、人口迅速增长的阶段。这一阶段虽然老年人口比重不大,但由于少年儿童人口比例不断提高,总抚养比也随之提高。例如,1953 年总抚养比为 73%,到 1964 年就上升到 93%,上升了 20 个百分点。人口年龄构成的这种变化,势必对经济的发展起制约作用。从 70 年代初期开始进入第二阶段,人口迅猛增长的势头得到了有效控制,少年儿童人口比例逐渐降低,老年人口比例有所提高,人口年龄构成开始向老龄化方向发展。由于少年儿童抚养比降低,老年抚养比又不太高,因而总抚养比降低。例如,1982 年总抚养比为 61%,比 1964 年降低 32 个百分点。1990 年总抚养比为 51%,又比 1982 年降低 10 个百分点。如果以 65 岁为老年人口起点年龄,则 1990 年总抚养比还要低。这就十分有利于经济的发展。众所周知,日本的经济腾飞曾经得益于良好的人口条件。从 20 世纪 60 年代起,日本受抚养人口指数迅速下降,劳动力资源非常丰富。1970 年,日本受抚养人口指数达到战后的最低点,社会经济负担很轻,对其经济发展起了极为有利的作用。浙江省 1990 年的人口年龄构成与日本 1970 年的人口年龄构成相类似。1970 年,日本人口中少年儿童(0—14 岁)比重、劳动适龄人口(15—64 岁)比重、老年人口(65 岁及以上)比重和年龄中位数分别为

23.9％、69％、7.1％和 29 岁。1990 年浙江省人口中上述四项指标分别为 23.3％、69.9％、6.8％和 27.7 岁。1970 年,日本人口的总抚养比为 45.1％,其中少年儿童抚养比为 34.9％,老年人口抚养比为 10.3％。1990 年 浙江省人口的总抚养比为 43.1％,其中少年儿童抚养比为 33.3％,老年人口 抚养比为 9.8％。从社会经济负担的角度看,浙江省 1990 年的人口年龄构成 似乎比日本 1970 年的人口年龄构成更优越,因而对经济发展也更有利。从浙 江省人口发展的趋势来看,今后一个时期内总抚养比还将进一步降低。这表 明,经过 20 多年来的艰苦工作,浙江省的人口年龄结构已经调整得较为合理。 要抓住人口正处于成年型向老年型过渡、负担系数较低的有利时机,加强资 金积累和劳动力资源的开发利用,尽快地把浙江经济搞上去。同时要再接再 厉、一如既往地抓紧抓好控制人口的工作,不断提高人口素质,这样就能为本 世纪和下个世纪浙江省的经济腾飞创造出极为有利的人口条件。

三、浙江人口的老龄化问题

(一)浙江人口老龄化的现状、特点和发展趋势

人口老龄化是指总人口中年轻人口比重下降、老年人口比重上升,从而 使年龄构成发生变化的动态过程。某一时点上的人口年龄构成是静态的,但 只要从时间序列上纵观人口年龄构成的变化过程,就能看出人口是在老龄化 还是在年轻化。老年人口比重、少年儿童人口比重、老少比、年龄中位数等反 映人口年龄构成特点的指标,也是衡量一个人口群体是老龄化还是年轻化的 指标。其中老年人口比重是衡量人口老龄化程度的最直接最常用的指标。

人口老龄化是当今世界人口发展的一种普遍趋势,是人口再生产类型 转变的必然结果。人口学研究表明,人口再生产类型的转变大致可分为三 个阶段:高出生、高死亡、低增长阶段;高出生、低死亡、高增长阶段;低出生、 低死亡、低增长阶段。由第一阶段向第二阶段过渡,会发生人口年轻化趋 向;由第二阶段向第三阶段过渡,则会出现人口老龄化趋向,这已成为一个 一般的规律。

1949 年以前,浙江省人口属于高出生、高死亡的传统人口再生产类型。

新中国成立后,人口死亡率先于出生率迅速下降。据国民党政府 1936 年公布的材料,浙江省人口死亡率曾高达 28.2‰,但到 1956 年已降到 10‰ 以下。在五六十年代,出生率仍保持原来的高水平,使得浙江省的人口年龄构成不仅没有老龄化,反而处于年轻化。

浙江省人口再生产由"高低高"类型向"低低低"类型过渡始于 70 年代初期。70 年代以来,由于计划生育工作日益加强,高出生率逐渐得到控制,总人口中的少年儿童人口比重随之下降,老年人口比重相应上升。当人们集中注意力严格控制人口增长的时候,人口年龄结构已在悄悄地变动,即由趋向年轻化变为趋向老龄化了。

浙江省的人口老龄化具有以下特点。

1. 老龄化进展迅速

首先,老年人口比重提高得很快。1953 年第一次人口普查时,浙江省 60 岁及以上的老年人口比重为 6.9%,在全国各省、自治区、直辖市中占第 11 位。1964 年第二次人口普查时为 7.02%,在全国占第 4 位。1982 年第三次人口普查和 1990 年第四次人口普查时,分别上升为 8.69% 和 10.38%,在全国各省、自治区、直辖市中仅次于上海,居第 2 位。60 岁及以上人口占总人口 10% 以上,通常被认为是"老年型"人口的开始。如果单按这一标准衡量,可以说浙江省已于 1990 年进入老年型地区行列,成为全国最早出现的 5 个老年型省市之一,其余 4 省市是上海、江苏、北京和天津。可见,浙江省人口老龄化速度之快在全国各省、自治区、直辖市中乃是名列前茅的。

其次,老年人口增长速度远远超过总人口增长的速度。从表 20 中可以看出,以 1953 年为定基发展速度 100%,1964 年与 1953 年相比,总人口增长 26.33%,老年人口增长 28.44%,后者虽快于前者,但相差不大;1982 年与 1953 年相比,总人口增长 73.47%,老年人口增长 118.32%,后者比前者高 44.85 个百分点,或者说,后者的增长速度是前者的 1.6 倍;1990 年与 1953 年相比,总人口增长 84.9%,老年人口增长 178.13%,后者的增长速度是前者的 2.1 倍。

表 20 浙江省老年人口增长与总人口增长比较

类别	1953 年		1964 年		1982 年		1990 年	
	人口/万人	定基发展速度/%	人口/万人	定基发展速度/%	人口/万人	定基发展速度/%	人口/万人	定基发展速度/%
总人口	2241.57	100.00	2831.86	126.33	3888.46	173.47	4144.60	184.90
60 岁及以上人口	154.74	100.00	198.75	128.44	337.83	218.32	430.38	278.13

2. 老年人口的年龄构成尚比较轻

1990 年浙江省 60 岁及以上老年人口中 60—69 岁的人口占 60.97%, 70—79 岁的人口占 29.85%,80 岁及以上的人口占 9.18%。通常把 60—69 岁的人口称为低龄老人,70—79 岁的为中龄老人,80 岁及以上的为高龄老人。可见,目前浙江省老年人口中低龄老人占大多数。这种老年人口年龄构成既受当前人口长寿水平的影响,也与历史上人口出生率、死亡率的状况有关。纵观新中国成立以后 40 多年的历史,浙江省老年人口的年龄构成变化情况,见表 21。

表 21 浙江省老年人口年龄构成的变化 单位:%

年龄组	1953 年	1964 年	1982 年	1990 年
60—69 岁	67.17	69.74	59.54	60.97
70—79 岁	27.77	25.73	31.42	29.85
80 岁及以上	4.52	4.53	9.04	9.18
总计	100.00	100.00	100.00	100.00

从表 21 中可以看到,80 年代与 50 年代和 60 年代相比,老年人口年龄构成的变化是比较大的,其特点是 60—69 岁低龄老年人口比重有所下降,而 80 岁以上高龄老年人口的比重则有逐渐上升的趋势。1953 年,浙江省人口的长寿系数(80 岁及以上人口与 60 岁及以上人口之比)为 4.52%,

1964 年为 4.53％，到 1982 年上升到 9.04％，1990 年进而上升到 9.18％。1990 年浙江人口的长寿系数与 50、60 年代相比提高了一倍多。

3. 地区之间发展速度不平衡

人口老龄化的程度是由人口的出生、死亡、迁移等因素决定的，它与社会经济发展的状况有着密切的联系。浙江省的地形特点是东北低、西南高，平原主要分布在东北部沿海地区。西南部群山集结，多半为山区、半山区。由于自然条件、经济发展状况、文化教育水平以及妇女生育水平等方面存在差异，因而各市、地之间人口老龄化速度也不一样。1990 年浙东北的杭州、宁波、嘉兴、湖州、绍兴、舟山六市，有五个市 60 岁及以上老年人口比重达到了 10％以上，其中湖州市和嘉兴市分别高达 11.66％和 11.61％。而浙西南的温州、金华、衢州三市和丽水、台州两地区，除金华市以外，其余 4 个市、地 60 岁及以上老年人口的比重均未达到 10％，低于全省的平均水平。

就城乡而言，1990 年浙江省市和县人口 60 岁及以上老年人口的比重分别为 10.86％和 10.51％，已达到"老年型"标准，而镇则只有 9.3％，人口年龄构成相对较轻。

人口长寿水平各地也有差异，但与人口老龄化程度并不一致。按第四次人口普查资料计算，浙江省 11 个市、地中，1990 年长寿系数最高的是温州市，为 10.64％；其次是台州地区，为 10.34％；最低的是湖州市和嘉兴市，分别为 8.14％和 8.21％。这与人口老龄化的程度相反。之所以出现这种现象，其一是人的长寿与否不仅与经济状况有关，而且还受生理、环境、遗传、生活方式等多种因素的制约，是个很复杂的问题；其二是与老年人口的年龄构成有关，低龄老年人口比重高，长寿系数相应就低，反之则高。

浙江省人口老龄化的现状、特点已如上述，其发展趋势和前景如何呢？根据浙江省人口普查办公室预测，从 1990 年到 2050 年的 60 年内，浙江省人口老龄化过程将呈现出以下特点：

第一，进度快，持续时间长。据预测，1990 年后特别是进入 21 世纪后，人口老龄化有加速发展的趋势。就 65 岁及以上老年人口的比重来看，1982 年为 5.8%,预计到 2000 年为 8.8%,近 20 年时间就将增加 3 个百分点;到 2020 年为 14%,20 年中将再增加 5.2 个百分点;到 2040 年为 22%,20 年中将进一步增加 8 个百分点,可见越往后速度越快。就世界范围来看,65 岁及以上老年人口的比重从 7% 上升到 14% 所经历的时间,法国为 115 年,瑞典为 85 年,美国为 66 年,英国为 45 年,日本为 25 年。据预测,浙江省 65 岁及以上人口的比重 1992 年为 7.1%,到 2020 年上升为 14%,先后将历时 28 年,虽略慢于日本,但比法国、瑞典、美国、英国都要快得多。我国人口发展的目标是实现零增长,按照老龄化的这种速度,根据国家现行的生育政策,不管采取哪一种预测方案,浙江省人口老龄化的进程都将延续到 21 世纪 40 年代左右。

第二,峰值高,老年人口绝对数量大。据预测,到 21 世纪 20 年代,65 岁及以上的人口数将超过 0—14 岁少年儿童人口数。到 2040 年,65 岁及以上人口的比重将达到 22.6%,老少比为 127.1%,年龄中位数为 42 岁。这比目前世界上任何老年型国家的老化水平都要高。

受目前人口年龄构成的影响,未来 60 多年内老年人口的基本规模业已框定,通过年龄推移法(略去迁移因素)就可以大体测算出来。当新中国成立后两次生育高峰期出生的人口进入老年期后,老年人口的数量将会急剧增长。到 20 世纪末,浙江省 60 岁及以上的老年人口将达到 550 余万,65 岁以上的人口将达到近 400 万。到 21 世纪 30 年代,65 岁及以上的人口将突破 1000 万。到那时,每 5 个人中就会有一位 65 岁以上的老人。

第三,在时间上具有阶段性。由于历史上种种原因造成人口骤增骤减,因而总人口中各相近年龄段的人数差异较大。从人口年龄金字塔上可以清楚地看到各年龄组人口数膨胀或收缩的情况,这就决定了人口老龄化的进程不是平稳的,而是呈阶段性的。根据现有人口年龄结构推测,在未来的半个世纪中,大致上可以分为三个时期:1990—2010 年为逐步发展时期。在此期间,老年人口的相对数和绝对数虽然呈加速增长的趋势,但一般还比较平稳。2010—2030 年为高速发展时期。在此期间,新中国成立后两个生育高峰期出生的人口将陆续进入老年期,老年人口的相对数和绝对数都将迅速增加。2030—2040 年为高峰时期。由于 20 世纪五六十年代出生的大量人口进入老年期后不会很快退出,那时经济的发展和医疗卫生条件的进一步改善,又会使长寿水平进一步提高,因而在此期间人口年龄金字塔的顶部将会堆积大量的老年人口。再加上那时育龄妇女的总和生育率将被控制在 2.1 的更替水平,因此在人口年龄构成中,0—14 岁少年儿童人口的比重将低于老年人口比重,人口金字塔的形状将变为上大下小的草垛形,从而使浙江省的人口步入高度老化的阶段。过了这个阶段,即到 21 世纪 50 年代,人口老龄化程度虽然依旧很高,但将会呈现出逐渐降低的趋势。

第四,在空间上具有不平衡性。由于城乡之间、各地区之间控制人口的工作有先有后、有紧有松,人口出生率和自然增长率的差异早已存在。由现有人口年龄构成所决定,在今后半个世纪内城乡之间、各市地之间人口老龄化的速度和程度也将会有所不同。一般地讲,人口老龄化的速度城市会快于农村,浙东北经济发达地区会快于浙西南经济相对较为落后的地区。人口老龄化程度也将是前者高于后者。因此,将来对生育政策作适当调整时,不能一刀切,而应根据人口发展的不平衡情况,有所区别。

(二)浙江老年人口的婚姻与家庭

1. 老年人口的婚姻

婚姻是男女两性结合的社会形式。婚姻关系是家庭关系的基础,是实现人口再生产的前提。老年人口的婚姻是指进入老年期人口的法定两性关系。一般说来,老年人口的婚姻关系已经经历了结婚、生育和抚养后代的过程,人口再生产的内容已不复存在,但生活上的相互关心体贴、生理和心理上的相互调适的内容则显得更为重要而突出起来。因此,老年人口的婚姻关系仍然是老年人口家庭的基础,是老年人生命过程的重要支柱。老年人口的婚姻问题,同样是一个值得关注的社会问题。

(1)老年人口的婚姻状况。婚姻状况一般是指婚姻构成状况,其内容包括未婚、有配偶、丧偶、离婚等方面。据 1990 年第四次人口普查资料,浙江省 60 岁及以上老年人口的婚姻状况是:未婚的占 1.58%;有配偶的占

60.26%;丧偶的占 36.88%;离婚的占 1.28%(见表 22)。

表 22   1990 年浙江省老年人口的婚姻状况   单位:%

性别	未婚	有配偶	丧偶	离婚
合计	1.58	60.26	36.88	1.28
男	3.02	75.21	19.40	2.37
女	0.21	46.14	53.39	0.226

从表 22 中可以看到,浙江省老年人口中有婚姻生活的占 60.26%,无婚姻生活(包括未婚、丧偶、离婚)的占 39.74%。无婚姻生活者的比重男性为 24.79%,女性为 53.86%,女性比男性高 29.07 个百分点。这就是说,女性老年人口中有一半多没有婚姻生活。究其原因,主要是女性老年人口中丧偶者的比重高。女性老年人口中未婚者的比重和离婚者的比重分别比男性低 2.81 和 2.11 个百分点,而丧偶者的比重却是男性的 2.75 倍。这与两性人口的寿命差异有关。中外大量统计资料表明,女性人口的寿命一般都高于男性。配偶中男性先于女性辞世而去,必然导致女性丧偶率增高。越趋向高龄,女性丧偶率越高。正因为如此,所以社会上对于孤寡女性老人的问题更应当予以特别的关注。

1990 年的老年人口婚姻状况与 1982 年比较,发生了如下变化:未婚者的比重上升 0.11 个百分点,其中男性上升 0.18 个百分点,女性下降 0.04 个百分点;有配偶者的比重上升 6.19 个百分点,其中男性上升 3.85 个百分点,女性上升 7.46 个百分点;丧偶者的比重下降 6.16 个百分点,其中男性下降 3.71 个百分点,女性下降 7.39 个百分点;离婚者的比重下降 0.12 个百分点,其中男性下降 0.31 个百分点,女性下降 0.04 个百分点。可见,这 8 年间有配偶的比重和丧偶者的比重变动的幅度比较大,前者上升,后者下降。这种变化趋势一方面与老年人口的年龄构成有关,另一方面也反映了随着人们生活水平的提高和医疗卫生条件的改善,老年人口的寿命有所延长。

(2)浙江老年人口婚姻状况的城乡差异。生活环境不同,老年人口的婚姻状况也会有所不同。1990 年浙江省老年人口婚姻状况的城乡差异如表 23 所示。

表 23　1990 年浙江省城乡老年人口婚姻状况比较及性别构成　　单位：%

婚姻状况	市			镇			县		
	合计	男	女	合计	男	女	合计	男	女
未婚	1.48	2.66	0.37	1.41	2.49	0.39	1.63	3.21	0.14
有配偶	61.80	78.27	46.42	61.59	78.77	45.49	59.63	73.79	46.21
丧偶	35.34	16.77	52.69	35.86	16.77	53.74	37.45	20.54	53.48
离婚	1.38	2.30	0.52	1.15	1.97	0.38	1.29	2.47	0.17

表 23 揭示了如下情况：其一，未婚者的比重乡村高于城镇，尤其是乡村男性老年人口未婚者的比重特别高。其二，有配偶者的比重城镇高于乡村；丧偶者的比重与此相反，乡村高于城镇。这两者的城乡差别主要反映在男性老年人口中，且差距较大。而女性的城乡差别则不明显。其三，离婚者的比重男性乡村高于城镇，女性与此相反。

（3）浙江不同文化程度的老年人口的婚姻状况。老年人口婚姻状况受多种因素的影响，文化程度是其中的重要因素之一。1990 年浙江省不同文化程度的老年人口婚姻状况如表 24 所示。

表 24　1990 年浙江省不同文化程度及文盲、半文盲的老年人口婚姻状况　单位：%

文化程度	未婚		有配偶		丧偶		离婚	
	男	女	男	女	男	女	男	女
大学	1.67	2.86	85.82	73.07	9.82	21.59	2.69	2.48
高中	1.82	1.79	83.64	68.24	11.76	28.00	2.78	1.97
初中	1.69	1.68	82.79	64.89	13.33	32.05	2.19	1.38
小学	2.01	0.56	78.44	61.12	17.48	37.76	2.07	0.57
文盲、半文盲	4.22	0.14	70.47	43.94	22.66	55.74	2.64	0.19

从表 24 中可以看到以下一些特点:其一,男性老年人口未婚者的比重随文化程度的提高而下降,女性则与此相反。未婚者的比重男性以文盲半文盲为最高,女性以大学文化程度的为最高。显然,这两者的含义是不一样的,前者的高未婚率一般是由经济条件、本人素质、生理缺陷等原因所造成,而后者更多的是受人生观、婚姻观等因素影响。再说,两者的绝对数也大小悬殊。男性文盲半文盲的老年未婚者全省有 4 万余人,而女性大学文化程度的老年未婚者仅 82 人。其二,有配偶者的比重随着文化程度的提高而上升,丧偶者的比重则与之相反,随着文化程度的提高而下降。男女两性虽然比值不同但趋向一致。男性大学文化程度的老人与文盲半文盲老人相比,有配偶者的比重高 15.35 个百分点,丧偶者的比重低 12.84 个百分点。女性大学文化程度的老人与文盲半文盲老人相比,有配偶者的比重高 29.13 个百分点,丧偶者的比重则低 34.15 个百分点。可见,文化素质对婚姻状况的影响是十分显著的。其三,女性老年人口离婚的比重随着文化程度的提高而上升,这与她们的自立能力、思想观念等有关。男性老年人口离婚者的比重是两头高、中间低。当然,高中以上文化程度的男性老人离婚者的比重较高与文盲半文盲男性老人离婚者的比重较高含义是不尽一样的,后者多半是离婚后无力再婚,前者的原因则要复杂得多。

2. 老年人口的家庭

老年人口家庭是整个社会家庭的一个组成部分,是对主体人口进入老年之后的家庭的一种界定。

据第四次人口普查资料,1990 年浙江省有 60 岁以上老年人口的家庭户共 331 万户,占全省家庭户总数的 28.33%。在有老年人口的家庭户中,有一个老年人口的家庭 237.43 万户,占有老年人口家庭户总数的 71.73%;有两个老年人口的家庭 91.82 万户,占 27.74%;有三个及三个以上老年人口的家庭 1.75 万户,占 0.53%。可见,由于家庭规模日趋小型化、家庭类型趋于简单化,因而有三个及三个以上老年人口的联合家庭比重极小,而有一个或两个老年人口的核心家庭或主干家庭则占 99% 以上。各市、地由于人口老龄化程度不同,平均家庭规模不同,因而家庭户中有老年人口的户所占的比重也有所不同(见表 25)。

表 25　1990 年浙江省各市、地有老年人口的家庭户情况

地区	家庭总户数/万户	有 60 岁以上老年人口的户数/万户	有老年人口户数占总户数的比重/%	位次	家庭平均人数/人
杭州	165.07	47.72	28.91	4	3.35
宁波	157.70	40.48	25.67	10	3.15
温州	155.49	44.79	28.81	5	4.63
嘉兴	87.43	28.83	32.97	2	3.55
湖州	65.25	22.36	34.27	1	3.66
绍兴	120.22	35.09	29.19	3	3.25
金华	123.36	33.16	26.88	8	3.24
衢州	61.68	17.17	27.83	7	3.55
舟山	30.00	7.16	23.87	11	3.17
丽水	62.91	17.66	28.07	6	3.65
台州	139.36	36.59	26.25	9	3.45

从表 25 中可见,在全省 11 个市、地中,有老年人口的家庭户比重最高的是湖州市和嘉兴市。这两个市人口老龄化程度也最高。宁波市人口老龄化程度并不低,但由于家庭规模小,平均每户只有 3.15 人,因而有老年人口的户数占总户数的比重也相应降低,居倒数第二位。温州市的情况则正好相反,虽然人口老龄化程度为全省最低,但由于家庭户平均人数为全省最多,达 4.63 人,因而有老年人口的户占总户数的比重提高,居全省第五位。

在全省 331 万个有老年人口的家庭户中,由 60 岁及以上老年人当户主的共有 217.66 万户,占 65.76％。这 200 多万个家庭户是名副其实的老年人口家庭。这些家庭已进入家庭生命周期的最后阶段,它预示着这些老年人口家庭将会逐渐减少直至结束,或者老年人口在家庭中的地位将发生重大变化,即由主体变为从属体,家庭权力移至子代。

在老年人口家庭中,最值得重视的是孤老家庭。据第四次人口普查资料,1990年浙江省共有一人户117.85万户,其中60岁及以上老人的一人户共57.29万户,占48.61%。这就是说,在一人户中有将近一半是老人户。这些老人户的户主,有配偶分居两地的为4.47万人,仅占7.81%,而未婚、丧偶或离婚的孤寡老人达52.81万人,占92.19%。从各地的实际情况看来,迫切需要社会关心和帮助的首先是这批孤寡老人。

就浙江省的情况来说,人口老龄化与家庭规模小型化正在同步发展。这意味着未来孤老家庭或"空巢家庭"(仅有老年夫妇而无子女的家庭)将有增无减。据第四次人口普查资料,在浙江省1168万多户家庭中,有183万多户没有0—34岁人口。一般说来,这些家庭正是现今或未来的孤老家庭或"空巢家庭"。"空巢家庭"和孤老家庭增多,必然会对社会生活服务提出更高的要求,有关部门对此应该予以足够的重视。

(三)老年人口的续就业和再就业

老年人进入老年期后,仍有一部分人继续从事一定的生产劳动或社会工作。我国城乡劳动制度和退休制度不同,农村老年人口只要体质条件允许,一般是继续参加劳动。城镇老年人口参加工作,一般是离退休后再次就业。

据第四次人口普查资料,在浙江省430多万60岁及以上老年人口中,在业的有近140万人,在业率为32.29%。其中男性老年人口在业率为54.26%,女性为11.54%。就城乡而言,乡村老年人口在业率高于城镇。城镇老年人口的在业率为23.4%,乡村为36.15%,其中乡村男性老年人口在业率为60.56%。60—64岁的农村男性老年人口有81.64%仍在参加劳动。

浙江省老年人口的就业范围主要是在物质生产部门,非物质生产部门比重很小,前者占95.53%,后者仅占4.47%。若按三次产业划分,则主要集中在第一产业,二、三产业的比重较小(见表26)。

表 26　1990 年浙江省在业老年人口的性别与产业构成

类别	60 岁及以上在业人口/万人	第一产业		第二产业		第三产业	
		人数/万人	比重/%	人数/万人	比重/%	人数/万人	比重/%
合计	138.96	116.18	83.61	9.37	6.74	13.42	9.65
男性	113.41	94.75	83.55	8.21	7.24	10.45	9.21
女性	25.55	21.42	83.87	1.16	4.52	2.97	11.61

从在业老年人口的职业来看,多数是体力劳动者,其中农、林、牧、渔劳动者占 80.52%,生产工人、运输工人和有关人员占 6.5%,两者合计为 87.02%。如果将商业工作人员、服务性工作人员也算在内,则所占比重高达 96.5%。脑力劳动者包括各类专业、技术人员,国家机关、党群组织、企事业单位负责人,办事人员和有关人员等,只占 3.49%。

在业老年人口的行业、职业构成与老年人口的文化素质有关。1990 年 60 岁及以上的老年人口的学龄期都是在旧社会度过的,不少人当时失去了求学机会,因而文盲率很高。据第四次人口普查资料,浙江省 60 岁及以上的老年人口文盲半文盲比重高达 67.98%,其中男性为 47.02%,女性为 87.77%。老年人口这种文化素质状况大大限制了他们的就业范围。

进入老年期的人口在健康情况允许的前提下继续从事一些力所能及的工作,好处是多方面的。其一,由于生理和心理方面的原因,老年人从工作岗位上退下来之后,若过于空闲,往往会使体力和智力加速衰退;若继续做些工作,使生活内容丰富而充实,则能延缓衰老,有益于身心健康。其二,从社会效益看,由于老年人有丰富的工作经验和劳动技能,工作责任心也比较强,多数人健康状况良好,完全可以在物质文明建设和精神文明建设方面继续作出贡献。其三,老年人通过参加适当的工作,能够增加收入,因而可以减轻政府、社会或家庭成员的负担。因此,对于老年人的再就业,全社会包括青年人在内都应该抱积极支持的态度。当然,党和政府以及有关部门既要积极提倡"老有所为",并不断为老年人口的再就业创造条件;同时更要统筹兼顾,把这个问题列入解决整个社会劳动就业问题的计划和解决新增劳动力的就业问题以及"隐性失业"人员的剩余劳动力转移问题一起安排,让老年人多去从事那些要么是青年人做不了的,如某些技术性、咨询性工作,要么是青年人不愿做的,如某些服务性工作,而尽可能做到不要与青年人争岗位、"抢饭碗"。

此外,还应注意,人到一定年龄,体力和智力都将逐步衰退,这是自然现象。老年人继续参加工作要因人而异,量力而行。工作时间要适度而灵活,可根据不同情况实行6小时工作制、半日制、半周制等。总之,既要"老有所为",又不能忽视老年人的身心健康,应当使老年人有较多的闲暇时间从事体育文娱活动和休息,从而幸福、愉快地安度晚年。

(四)老年人口的养老方式与社会保障

1. 养老方式的现状及变化趋向

养老方式是指老年人的生活保障形式。它是由社会生产力发展状况以及由它所制约的人们的劳动方式与生活方式所决定的,同时也受社会文化传统的影响。长期以来,中国的养老方式基本上是单一的家庭养老。随着社会经济的发展,城乡养老院、敬老院、福利院等逐步增多,社会化的养老方式已开始引起人们的重视。

养老的内容主要包括经济供养和生活服务两个方面。因此养老方式也可以分为经济供养方式和生活服务方式。这两者既有联系又有区别,各自有其相对的独立性。例如,由社会供养的老人,如农村中的"五保户",既可住进敬老院,生活由敬老院照料;也可住在家里,生活上自我照料;由子女供养的老人在某种情况下也可住进养老院,由社会机构帮助解决生活照料问题。

老年人的经济来源大致可以归为三大类:一是个人收入,包括现劳动收入及存款利息、租金等;二是家庭帮助,包括配偶、子女、亲属等的经济援助;三是社会或国家供给,包括退(离)休金、救济金、各种补贴及居委会或村委会的经济补助等。依照经济来源不同,老年人的供养方式也可分为自我供养、家庭供养和社会供养三种。据1992年2月由联合国人口基金资助,浙江省老龄委组织的一项关于老年人口供养状况的抽样调查,浙江省城市老年人口经济来源的前三位是退(离)休金、国家帮助和配偶收入,拥有这三种经济来源的老年人分别占74.55%、72.79%和53.45%,获得子女帮助的老年人仅占40.89%。在农村,居前三位的是子女帮助、配偶收入和现劳动收入。拥有这三项来源的老年人分别占77.45%、66.74%和47.42%,而拥有退(离)休金的只占3.87%。可见,在城市,家庭供养的功能已明显减弱,社会供养占据了重要位置;在农村,则基本上还是家庭供养。

老年人的生活服务方式取决于从何处获得服务。一般有家庭服务、专业机构服务和社区服务三种。据1992年浙江省老年人供养状况抽样调查,老年人生活上的帮助者主要来自家庭(见表27)。

表27　浙江省老年人口生活照料者构成　　　　　　单位:%

类别	做饭		洗衣		料理家务		购物	
	城市	农村	城市	农村	城市	农村	城市	农村
配偶	73.56	69.62	62.80	72.43	71.46	70.33	62.48	57.89
子女	23.32	28.26	33.51	25.78	25.52	27.91	34.81	37.85
保姆	1.60	0.08	1.77	0.09	1.47	0.18	0.54	0.00
亲友、邻居	1.12	0.80	1.39	0.75	1.24	0.71	1.62	2.61
社区服务人员	0.16	0.09	0.07	0.00	0.08	0.00	0.08	0.10
养老机构	0.08	0.97	0.08	0.66	0.08	0.70	0.08	0.68
其他	0.16	0.18	0.38	0.19	0.15	0.17	0.39	0.87

资料来源:根据1992年浙江省老龄委老年人供养状况抽样调查资料整理。

从表27中可以看到,在做饭、洗衣、料理家庭杂务、购物等方面,无论是城市还是农村,来自配偶、儿女(包括儿子、儿媳、女儿、女婿等)方面的帮助的均占95%以上,其中配偶又是最主要的照料者。可见,家庭养老仍然是当前城乡主要的和最基本的养老方式。

家庭养老是中国传统的养老方式,它不仅在漫长的自给自足的自然经济中发挥过重要作用,而且在今天仍然保持着一定的生命力。这是因为老年人的需要是多方面的,不仅需要经济上的供养,而且需要生活方面的关心和精神方面的安慰。以血缘关系为纽带的家庭能够在生活照料及精神慰藉方面发挥出其他社会组织难以替代的作用。然而,在另一方面也不能不看到,随着社会经济的发展,家庭的规模、功能及内部关系也在随之发生变化。特别是70年代以来,浙江省家庭小型化的趋向十分明显。家庭结构也在趋于简化,核心家庭比重上升,主干家庭和联合家庭比重下降。有相当一部分家庭养老功能明显弱化。在这种形势下,除了继续发挥家庭养老的作用外,对于社会化养老就必须引起应有的重视了。

2. 建立有中国特色的老年社会保障体系

社会保障是指社会成员因年老、疾病、伤残、失业、生育、死亡、灾害等原因而丧失劳动能力或生活遇到困难时,有从国家、社会获得基本生活需求的保障。老年社会保障是社会保障的重要组成部分。

新中国成立以来,中国老年社会保障制度从无到有逐步发展。1951年政务院公布的《中华人民共和国劳动保险条例》中,就有关于养老待遇的规定。1958年2月经全国人民代表大会常务委员会批准,国务院公布了《关于工人、职员退休处理的暂行规定》,使国营、公私合营的企业、事业单位和国家机关、人民团体的工人、职员有了统一的退休办法。1978年国务院颁布了《关于安置老弱病残干部的暂行办法》和《关于工人退休、退职的暂行办法》。1983年国务院对城镇集体企业提取一定数量保险基金问题作了规定,使养老保障范围进一步得到了扩大。

然而,中国老年社会保障制度还很不完善,突出表现为:第一,国家机关和企事业单位的职工虽有退休办法,但形式单一,资金渠道狭窄,已不能适应市场经济和对外开放的需要。第二,一些乡镇企业、小集体企业、个体和私营企业、中外合资企业的职工,养老制度基本上没有建立起来。有的虽已实行养老保险,但由于缺乏统一的规定,很不规范。第三,广大农村创建养老制度的工作还刚刚起步,绝大多数农民尚处于老年社会保障的"安全网"之外。第四,养老保障多头管理的体制尚未理顺。总之,建立和健全符合中国国情、具有中国特色的老年社会保障制度势在必行,但要完成这一任务尚需做出艰苦的努力。

　　浙江省人口老龄化与家庭小型化的进度都处于全国的前列。建立和健全城乡老年社会保障体系的任务显得十分紧迫。20世纪80年代以来,在城镇职工实行养老保障制度改革的同时,农村也开始积极探索社会化养老的措施和办法。一些经济较发达的地区,早已开始试行农民退休制度。80年代中期,温州市的一些农村出现了"女儿户养老基金会",绍兴市的一些农村开始推行"养老储蓄"等。随后,各种形式的养老保险也在各地农村试行。但总的看,目前老年社会保障的覆盖面还很小,各地发展很不平衡,不能适应形势发展的需要。

　　建立和健全老年社会保障体系是一项复杂的社会系统工程,既要积极探索、大胆实践,又要慎重、稳妥。据此,特针对浙江省人口老龄化的形势和社会经济发展状况,就建立城乡老年社会保障体系问题提出以下建议。

　　(1)统筹兼顾,长远规划。养老保障问题不是一个孤立的问题,必须把它放在人口和社会经济发展的总体规划中加以考虑。老年人口的生活只有在发展生产力、增加社会财富的基础上才能得到切实的保障和改善。增加社会财富靠的是加速现代化,而现代化需要较长时间的高投入,这就要求我们在发展老年保障事业的过程中,兼顾公平与效率,以有利于生产力发展为前提。同时,老年人口是总人口的一部分,老年人口的问题需要解决,但也要处理好与其他年龄人口的关系。解决养老问题,既要考虑到历史的条件和因素,又要面对当前的现实情况,要兼顾将来的发展,同时还要与人口、经济、政治、文化等方面的现状和发展趋势相协调。中国多种经济形式、多种经营方式将长期并存,各种所有制单位职工之间的关系要统筹考虑,以便于劳动者在不同所有制之间、不同企业之间合理流动,各得其所,以更好地促进生产的发展和社会的安定。

　　(2)从实际情况出发,建立多形式、多层次的养老保障制度。我们的目标是要尽快地扩大养老保障的覆盖面。为此必须根据各地区、各种所有制形式的特点,因地制宜地建立起标准不同、形式多样的养老保险制度,不搞一刀切。例如,对县以下城镇集体所有制职工,要从企业自身的承受能力出发,尽快完善低标准的养老保障制度。对城镇个体劳动者要建立强制性的养老保险制度。广大农村则应根据经济发展状况,量力而行,但也要尽可能地及早起步。

(3)要多渠道筹集养老基金,并逐步实现部分积累制。应当改变目前养老金由国家和企业包揽的做法,逐步实行由国家、企业、个人共同合理负担。农村也要按照国家、集体和个人共同合理负担的原则筹集养老基金。只有这样,才能在不过度加重国家财政负担的情况下迅速扩大养老保障范围,以应对人口老龄化的挑战,同时又能增加人们的自我保障意识。养老保障制度应当有预先积累的养老基金作保证。然而目前实行的基本上是现收现付制,其弊端是资金不能有所积累。在人口老龄化程度日益提高的情况下,潜伏着收不抵支、难以维持的危机。鉴于目前的经济状况,要马上实行完全积累制尚不可能,只有而且必须积极创造条件,逐步由现收现付制向部分积累制过渡。

(4)应继续发挥家庭养老的作用,同时因时、因地、因人制宜地积极推广社会化养老,以此作为辅助方式。随着社会的发展、家庭规模和结构的变化以及人们思想观念的改变,养老方式由家庭养老走向社会化养老是不可避免的。因此,必须不失时机地发展社会养老事业,如兴办老年公寓、活动中心、敬老院、托老所等,以弥补家庭养老的不足。然而,无论是现在还是将来,家庭终将是绝大多数老年人生活的主要场所。而且老年社会保障制度侧重于经济保障,不可能包揽一切。即使是享受退休金、保险金待遇的老人,他们的饮食起居、日常生活还是需要家庭成员的照料。家庭生活对于老年人精神上的安慰更是其他社会机构所难以替代的。根据中国的文化传统及西方国家的经验教训,可以设想,即使在将来经济高度发展、老年人的社会供养占绝对优势的情况下,具有东方特色的家庭养老方式也不会消失。在现阶段提倡以家庭养老为主、社会养老为辅是符合实际情况的。家庭养老和社会养老都应当成为整个社会养老保障体系的有机组成部分。

(5)建立和完善老年社会保障的法律体系。建立老年社会保障制度是关系国计民生的大事。只有让全体公民了解他们可享受的权利和应尽的义务,让各有关部门明确他们的职责和权限,才能保证老年社会保障制度的实施。要做到这一点,光靠行政手段是不够的,必须有与之相适应的法律手段。中国的宪法、婚姻法、民法、继承法、劳动保险条例以及省和各地有关保护老年人合法权益的规定,对维护老年人的权益起了积极的作用。今后应当在这些法规的基础上,进一步建立和完善有关老年社会保障的法律体系。这也是搞好老年社会保障事业的一个关键。

原载《跨世纪的中国人口》(浙江卷),中国统计出版社,1994 年,第39-89页。

关于浙江人口发展前景的几点思考

我们正以倒计时的方式一步步接近世纪之交,20世纪内的人口发展形势渐趋明朗,制订跨世纪人口发展战略的任务已提到议事日程上来。

考虑全局性、长期性的人口发展战略问题既需要有精确的测算,又需要有明确的思路。这就需要集思广益多方听取意见。笔者在此就浙江人口发展前景问题谈几点想法,目的是抛砖引玉,以期引起深入的讨论。

一、关于浙江人口形势的估计

分析人口现状是研究人口发展前景的基点。当我们审视浙江人口发展现状时,以下几点是十分引人注目的。

(一)人口再生产类型已转向现代型

20世纪70年代中期以来,浙江省人口出生率一直处于20‰以下的低水平。70年代末80年代初育龄妇女总和生育率已降至更替水平,此后一直维持在更替水平以下。十余年来,浙江省的人口再生产状况与西方发达国家的整体水平不相上下。这就是说,浙江省的人口再生产类型已越过"高出生、高死亡、低增长"的传统型和"高出生、低死亡、高增长"的过渡型,转入"低出生、低死亡、低增长"的现代型。当然,浙江省与全国各省、市、区一样,人口转变属于控制转变,与西方国家的自然转变有所不同:其一,这种转变具有不平衡性,城乡之间、地区之间的差别比较显著;其二,具有不稳定性,人们期望拥有的子女数一般来说要高于实际拥有的子女数,眼前的低生育率潜伏着较强的反弹性。所以我们只能说人口再生产类型已由过渡型转入现代型,还不能说已经完成这种转变。

(二)成功地平抑了第三个出生高峰

新中国成立后第二个生育高峰期(1962—1971 年)出生的大批人口到 80 年代中期陆续进入婚育期。在一般情况下由于人口发展的惯性作用,必然要引发第三个生育高峰期。然而进入 80 年代后,浙江省一直认真贯彻执行国家严格控制人口增长的政策,从而较好地完成了"削峰填谷"的任务。主要表现在:第一,在最有可能出现人口出生高峰的 1986—1990 年(受1962—1966 年出生人口的影响),出生率仍保持在 15‰~17‰上下的低水平,"高峰"已不复存在;第二,受 60 年代初生育低谷期影响的 1984、1995 年,人口出生率接近于 13‰,这使得 80 年代出生率高低起降的幅度比起 60 年代已大为缩小。现在回过头来看,要是当时能更灵活主动地调整婚育年龄和生育间隔,"削峰填谷"的工作或许能做得更好一些。但不管怎样,抑制了可能出现的新中国成立后第二个出生高峰,意味着完成了一项控制人口数量、调整人口结构的历史性任务,其意义是非常深远的。

(三)2000 年的人口严控目标可望实现

当我国把 2000 年的人口控制目标确定为 12 亿时,浙江省相应的人口控制目标为 4550 万。就全国而言,"12 亿"的目标早已被更为宽松的目标所代替,可是浙江省则一直没有放弃这一目标。现在看来,只要不出现大的工作滑坡,这一目标完全有可能实现。据抽样调查,浙江省 1993 年的总人口为 4334.8 万(公安部门年报为 4313 万人),出生率为 13.61‰,死亡率为6.58‰,自然增长率为 7.03‰。若按 1993 年的人口增长速度,到 2000 年总人口数为 4552.7 万。如果 1993 年的人口数据较为可靠,那么到 2000 年人口总数突破 4550 万的可能性是很小的。因为据"四普"资料,1994—2000年这 7 年内,进入婚龄、育龄和生育高峰年龄段的育龄妇女数将逐年有所减少。人口死亡率具有一定的稳定性。在现行生育政策不变、人口控制力度不变的前提下,20 世纪内的平均人口增长速度只会低于而不可能高于 1993 年的水平。各种人口预测资料也表明,到 2000 年浙江人口总数一般不会突破 4550 万。这就是说,80 年代初确定的"在 20 世纪末把我国人口总数控制在 12 亿以内"的严控方案,虽然已不可能在全国范围内实现,却有可能部分地在浙江省这一局部地区实现。

我们还应当注意到,在人口运行内部条件发生变化的同时,人口发展的外部环境也在发生着变化。从总体上看,市场经济的蓬勃发展,人们生活水平的普遍提高,妇女就业状况的改善,都有利于人们生育观和价值观的转变,有利于生育现代化和人口现代化。在我们周围,主动放弃二胎生育指标者和自愿终身不育者在悄然增多,少生优生优教正渐渐成为新的时尚。但在另一方面也必须看到,目前经济发展水平特别是农村经济发展水平还没有达到能使生育率自发下降的程度,人们的生育意愿与现行生育政策还有距离。这当中既有认识问题、观念问题,又有实际问题。盘根错节的传统生育文化的影响不可能在短期内消失。日益富裕起来的人们不仅考虑"传宗接代""光耀门庭",还十分关心财产继承问题。在传统的"重男轻女"的思想影响下,在多育愿望受到现行政策严格控制的情形下,人们"生男孩"的欲望空前地强烈起来。总之,人口运行内在条件和外部环境的变化,已使人口发展进入一个新时期。我们一方面取得了控制人口的决定性胜利,一方面又正面临着持续低生育率条件下诸多问题的挑战。

二、当前浙江人口问题的特点

人口问题多元化是当前浙江人口问题的显著特点。如果说,在 70 年代以及 80 年代人口过速增长问题几乎处于压倒一切的地位,那么到了 90 年代,我们面临的问题要复杂得多。

首先,人口数量问题虽然有所缓解但并未最终解决。生育率虽已降到很低的水平,但人口总量仍在继续膨胀。再说,目前的低生育率是不稳定的。有些地区计划外二胎和多胎生育还比较严重。如果计划生育工作有所放松,就有可能出现大的滑坡,以至前功尽弃。这并非危言耸听。

其次,浙江省的人口老龄化来得早、来得猛。1987年全国1‰人口抽样调查和1990年第四次人口普查的资料都表明,在全国大陆各省、自治区、直辖市中,60岁及以上老年人口比重由高到低排列,浙江省处于第二位,仅次于上海市。也可以说,浙江省是全国最早进入老年型的省区。人口老龄化是人口年龄结构变化的一种趋势.就其本身很难做出价值判断,因而谈不上什么问题。然而人口老龄化意味着少年儿童人口比重下降和老年人口比重上升,老少比提高,这势必给我国传统的家庭养老模式带来冲击,使老年人的生活保障(包括经济供养、生活照料、精神慰藉等)发生问题,而且此类问题还会波及社会生活的方方面面。这些问题可以统称为老龄问题。这是当前人口问题的一个重要方面。随着人口老龄化程度的日趋加重,这个问题将会愈来愈突出。

再次,出生性别比问题引人注目。一般情况下,出生婴儿性别比是相对稳定而有规律的。早在三百年前,人口学家格兰特就在人口统计中发现出生婴儿中男女婴儿数几乎相等,并且男孩略多于女孩,比例为14∶13,按百分比计算是108左右。这就是说,过分低于或高于出生性别比的正常值就表明存在问题。新中国成立后相当长的时间里,浙江省出生婴儿性别比是正常的,可是80年代以来出现了偏高现象。1987年1‰人口抽样调查资料和"四普"资料表明,浙江省1986年和1989年的出生性别比分别高达113.8和117.1,在全国大陆各省、自治区、直辖市中均居首位。

此外,我们还面临劳动适龄人口数量多而素质偏低的问题、农村大量剩余劳动力需要转移而城市吸纳能力有限的问题等等。

为什么今天面临的人口问题特别多?其实,人口问题本来就是多维的。所谓人口问题,是指人口系统在运行过程中其数量、质量、结构和分布与经济、社会、生态系统不相适应的状况。在20世纪七八十年代,只是由于数量问题过于突出、过于严峻,其他问题或者被掩盖,或者退居次要地位,或者以别的形式出现。一旦生育率降下来,人口数量过速增长问题有所缓解,有些问题便显露出来,有些问题则突出起来。

控制人口是需要付出一定代价的，这是一个不可回避的问题。所谓代价，不仅包括计划生育工作的人、财、物投入，也包括某些人口学后果以及经济社会效应。20世纪80年代以来出现的出生性别比偏高问题和人口老化浪潮加速到来的问题，都与严格控制人口有关，也可以说是控制人口数量所付出的代价。这些问题的出现并非偶然，事先也有所预料。我们的方针是"两害相权取其轻，两利相衡取其重"，如此而已。

目前我国已进入低生育率国家的行列。"持续的低生育率及其社会经济含义"的研究正在我国兴起。持续低生育率的后果在西方一些国家已经充分显露。对于这些国家来说，研究此类问题虽有理论意义，但没有多大现实意义，一些国家想方设法鼓励生育，以改变出生率过低的现状，但收效甚微。但在我国则不然，我国的低生育率是实行控制的结果。研究低生育率国家的经验以及我们自己的经验，对于掌握人口控制的速度和力度是会有参考价值的。"持续的低生育率及其社会经济含义"的研究应当成为我国人口发展战略研究的重要内容之一。

三、关于实现人口零增长方案的选择

以实现人口零增长作为我国21世纪人口控制的战略目标，这一点举国上下已取得共识，浙江省自然不能例外。然而如何实现零增长还是大有讲究的。就实现零增长时间的早晚而言，可以有早、中、晚三种选择。然而这种选择不能随意为之，因为实现零增长时间的迟早，会牵涉到实现零增长时的人口总量和人口结构，并由此涉及经济、社会、环境等方面的问题。因此，要作适当的选择，必须遵循以下这些基本原则：

一是从实际出发，即从浙江省人口发展状况、经济社会发展状况及资源环境状况出发。

二是兼顾经济效益、社会效益和生态效益，在保证经济社会持续发展的框架内考虑人口问题。

三是兼顾眼前利益和长远利益，既要满足人民群众日益增长的物质生活和精神生活的需要,又要为子孙后代提供一个良好的生存和发展环境。

四是兼顾地区的特殊性和全国的统一性。

五是兼顾理论推断的可能性和实际工作的可操作性。

根据上述原则,我们就可以对各种预测方案进行评价和选择。

浙江省的人口转变速度明显快于全国平均水平.因此浙江省实现人口零增长的早、中、晚三个方案的内涵自然与全国不同。根据我国目前人口发展状况,估计要到 2050 年前后才能实现零增长。对浙江省来说,与全国同步的方案即为晚方案。

比照全国的情形,浙江的所谓晚方案只能是:到 1996 年基本通过潜在第三出生高峰期之后即将生育政策放宽到普遍生两孩,总和生育率保持于更替水平直至实现零增长。即使是这样,实现零增长的时间可能比全国还要提前一点。

这个方案实行起来比较省事,群众易于接受,有助于缓解出生性别比偏高问题和人口年龄结构过于老化问题,也符合 80 年代初关于提倡生育一孩只限于一代人、目的在于"削峰"的设想。然而由于实现零增长的过程较长,这期间人口增长虽然在微微起伏中缓慢递减,但人口增长的累计量仍然不少。这对于人口密度已经很高、耕地资源和矿产资源短缺的浙江省来说未必适宜。持续的人口增长也会使经济社会发展长期受到牵制。再说,如果浙江省率先对现行生育政策有较大的调整,势必影响左邻右舍,有可能给全国的人口控制带来不利影响。

浙江的所谓早方案,是在实现零增长之前都不改变现行生育政策,育龄妇女总和生育率只在现行政策的框架内实行自然微调,即独生子女与独生子女结婚允许生两个孩子。根据这个方案,在 2020 年之前浙江就能实现零增长,比全国要提前 30 余年。

这一方案的好处是:其一,能保持政策的连续性,具有很强的可操作性;其二,人口增长率持续的时间较短,实现零增长时的人口总量可以保持在 5000 万以内,具有较好的经济效益和生态效益。然而实行这一方案,其负效应也不容忽视。其一,目前浙江省 14 周岁以下少年儿童中独生子女只占

22%左右。独生女与独生子婚配的概率是比较低的。在城市里这种概率自然会高一些,但也不可能达到100%。这就意味着有一部分人要连续两代只生一个孩子,执行起来会有一定困难。其二,提倡生育一孩的政策延续过长,而人们传统的男孩偏好又不可能在短期内改变,出生性别比偏高问题较难缓解,甚至有可能愈演愈烈。其三,目前浙江省育龄妇女总和生育率在1.5上下。就算今后所有的独生女均与独生子婚配(事实上不可能),二孩生育面也不过扩大20%左右。这就是说,在"削峰"之后到实现零增长这段时间,总和生育率仍将保持在更替水平以下。总和生育率处于更替水平以下长达30余年,必然会形成较强的人口缩减惯性。如果实现零增长后人口出生率不能较快回升,到21世纪三四十年代人口金字塔将成为上大下小的草垛形,人口老化的程度将会十分严重,在宏观和微观方面都会给社会带来不良后果;如果实现零增长后出生率回升较快,少年儿童比重上升,虽然能减弱人口老化程度,但最终会使人口金字塔变成两头大中间小的哑铃形。这将意味着在老年抚养比很高的情况下又提高了少儿抚养比,社会负担不仅没有减轻反而加重。可见这一方案虽然能在目前取得较好的经济效益和生态效益,但付出的代价将会是很大的,而且偿还代价的不光是我们这一代人,还会拖累子孙后代。

中方案是处于上述两种方案之间的。这个方案的思路是:完成"削峰"任务后,逐渐调整生育率,使每年的人口出生基数处于稳定,使人口金字塔的底部不收缩也不扩大,大体保持平直,使人口总量得到适当控制,大体到2030年前后实现零增长。实行这个方案到21世纪三四十年代,人口金字塔将变成上大下直的笔筒形。这种结果是不可避免的。顶部突出是由于新中国成立后第二个生育高峰期出生的大批人口此时都已进入老年。这是一个既成的历史事实,无法更改。我们所能做的只是不使人口金字塔底部过多地收缩,以致加重人口老化的程度。

这个方案的明显缺点是操作上有一定难度。因为生育率的调整会涉及政策的调整,很难保持政策的连续性。所以中方案只能说是一个折中的方案,并不是十分理想的方案。

人口发展战略的最终目标是追求一种理想的人口,包括适当的人口数量、较高的人口素质和合理的人口结构。实现这样的目标不可能一蹴而就,应分阶段进行,需要几代人坚持不懈地努力。现阶段我们首先要考虑的是如何消化新中国成立后因人口一度失控所造成的人口问题。因而在第二个生育高峰出生的大批人口于人口金字塔中消失之前,只能考虑人口的稳定问题,还不能考虑人口缩减或理想人口问题。那种问题只能留给后人在下一阶段考虑。

四、实现跨世纪人口目标的对策性建议

浙江省乃至全国跨世纪的人口目标应是以最优方式实现人口零增长。要实现这一目标,需要采取以下对策。

（一）坚持不懈地抓紧抓好计划生育工作

实行计划生育是控制人口的根本性措施。在目前情况下,计生工作一有放松就有可能出现生育失控和出生率"反弹",甚至有可能再度出现出生人口规模大起大落现象。浙江省的计生工作发展不平衡,基础比较薄弱的地区更应当加强基层基础建设。计划生育是同生育无政府状态相对而言的,不能将计划生育永远等同于一对夫妇只生一个孩子,计划生育甚至不一定是节制生育。[①] 从这个意义上说,计划生育工作不仅我们这一代人要抓,子孙后代都要一直抓下去。

（二）创造低生育率的社区环境

计划生育工作要着眼于人们生育观念的转变。人们传统的早婚早育、多生多育、重男轻女等观念彻底改变之时,便是现代人口转变最终完成之日。对于生育率低而不稳的浙江省来说,根本的任务是加速经济发展,建立和健全社会保障体系,努力创造低生育率的社区环境,促使人们生育观念的

---

① 邬沧萍,梁文达.中国人口发展战略研究[M].武汉:武汉出版社,1988:8.

改变。

（三）对人口问题实行综合治理

随着国际社会对人口问题认识的不断深化，过去仅靠减缓人口增长速度解决人口问题的主张已经为要从更宽的角度认识人口问题、在更广泛的领域采取综合措施解决人口问题这种共识所取代。[①] 浙江省目前正在开展的"新家庭计划"活动，把计划生育同发展经济、帮助群众勤劳致富奔小康、建设文明幸福的新家庭结合起来。这是综合治理人口问题的重要途径，是在市场经济条件下使计生工作上台阶的新举措，其意义十分深远，应当不断总结经验，逐步在全省范围内推开。

（四）政府应设立人口委员会

人口问题是多维的，人口系统涉及各个部门，因此有必要专门设立一个人口委员会以便更好地协调人口与经济发展、人口与劳动就业、人口与社会保障、人口与国民教育、人口与医疗卫生、人口与社会治安、人口与市镇规划等多方面的关系。现在计划生育委员会的工作实际上已超出生育的范围，养老保障等问题早已进入计生部门的视野。这也为向人口委员会过渡创造了条件。

（五）加强人口科学的研究

人口运行周期长，惯性大。一种人口政策对人口系统的影响，要经过很长时间才能显示出来，到了那个时候，如果时间证明政策错了，即便想要纠正也为时已晚，不得不承担其后果的将是我们的子孙后代。因此加强科学研究显得特别重要。在人口转变的进程中，尤其是在经济社会的大变革时期，更需要对人口问题加强战略性研究，以减少盲目性，增强决策的科学性。教育系统要重视人口学这一应用性很强的学科的建设。政府有关部门要重视和支持人口科学的研究。

---

① 彭珮云.在全国计划生育工作先进集体、先进个人电话表彰会上的讲话[N].中国人口报，1994-10-31(1).

参考文献

[1] 顾宝昌,穆光宗.重新认识中国人口问题[J].人口研究,1994(5):
2-10.

[2] 邬沧萍,梁文达.中国人口发展战略研究[M].武汉:武汉出版社,
1988:8.

[3] 曾毅,顾宝昌.我国近年来出生性别比升高原因及其后果分析[J].
人口与经济,1993(1):3-15.

[4] 丁元中.前进中的浙江人口[M].杭州:杭州大学出版社,1993:
1-13.

[5] 彭珮云.在全国计划生育工作先进集体,先进个人电话表彰会上的
讲话[N].中国人口报,1994-10-31(1).

原载《浙江社会科学》1995 年第 2 期,第 45-49 页。

1992—1996 年浙江人口发展状况[①]

一、人口发展的成就

正如经济增长不等于经济发展一样,人口增长也不等于人口发展。所谓人口发展,是指作为社会主体的人口,随着经济社会条件的变化,其数量、质量和结构向着与经济、社会、资源、环境协调方向转变的过程。人口发展既是经济社会发展的结果,又是经济社会发展的前提和条件。

70 年代以来,由于加强了计划生育工作,在控制人口数量方面取得了显著成效。与此同时,人口的质量有所提高,人口的结构有所改善,一个现代化建设所必需的良好人口环境正在逐渐形成。1992—1996 年,人口发展的形势总的来讲是好的,令人鼓舞的。突出地表现于几个方面。

(一)圆满地完成了"八五"人口计划

"八五"期间,国家下达给浙江省的人口计划指标有三项:①人口年均增长率 10.43‰;②五年内增加人口 222 万;③期末总人口控制在 4390 万。实际执行的结果是:年均增长率为 7.03‰,比计划指标低 3.40 个千分点;五年净增人口 151 万,比计划指标少增 71 万;1995 年末总人口按 1%人口

① 本文为《浙江省社会发展状况 1992—1996》社会发展蓝皮书第六章人口部分,该书 1997 年 12 月由浙江人民出版社出版。为阅读方便,本次文集出版时作者增加了题目。

抽样调查推算为 4319 万,比计划指标减少 71 万(见表 1)。五年内少增人口 71 万,相当于减少一个中等以上县的人口。这表明"八五"期间,浙江省不仅完成了国家下达的人口计划,而且为全国控制人口总量作出了贡献。

表 1　浙江省"八五"人口计划执行情况

指标	计划数	实际数	相差
期末总人数/万人	4390.00	4319.00	−71.00
年均增长率/‰	10.43	7.03	−3.40
增加人口数/万人	222.00	151.00	−71.00

注:表中期末总人数为常住人口,户籍人口计划数为 4460 万,实际数为 4389 万。

根据 1991—1994 年各年人口变动抽样调查和 1995 年全国 1‰人口抽样调查,"八五"期间浙江省每年都圆满完成国家下达的年度人口计划(见表 2)。

表 2　浙江省"八五"期间各年度人口计划执行情况　单位:万人

年份	计划	实际	相差
1991	4282.3	4269.5	−12.8
1992	4322.0	4304.0	−18.0
1993	4365.0	4335.0	−30.0
1994	4410.5	4364.0	−46.5
1995	4460.0	4389.0	−71.0

注:表中总人口数为户籍人口。

根据 1995 年的统计资料,全省各市(地)也都较好地完成了"八五"人口计划。"八五"期末的总人口数均控制在计划指标以内,1995 年的出生率和自然增长率也都低于计划指标(见表 3)。

统计数据表明,"八五"期间,各市、地每年都完成人口计划。考虑到统计数据的水分问题,我们将计划指标与人口和计划生育目标管理考核调查的数据进行比较,结果表明,除少数市(如温州市、金华市、衢州市)的个别指标突破了计划外,其余市、地即使考虑到统计水分的因素,以考核调查的数据加以调整,也仍然较好地完成了各年的人口计划。

表 3 浙江省各市、地 1995 年人口计划执行情况

地区	年末总人数/万人		出生率/‰		自然增长率/‰	
	计划	实际	计划	实际	计划	实际
全省	4460.00	4389.00	14.40	12.66	8.10	5.91
杭州市	606.50	597.96	12.81	10.51	6.65	4.43
宁波市	537.50	526.20	14.29	11.36	7.94	5.13
温州市	702.00	697.89	13.60	12.20	8.60	7.60
嘉兴市	334.00	326.39	15.06	12.45	8.13	5.11
湖州市	259.00	252.63	15.44	11.64	8.49	4.69
绍兴市	432.00	424.70	14.18	13.80	7.70	6.85
金华市	445.30	436.23	14.21	11.61	7.89	5.08
衢州市	242.00	236.39	14.54	11.79	8.34	5.43
舟山市	101.20	98.28	13.90	8.66	8.00	2.44
台州市	540.00	529.56	13.77	12.77	8.19	6.69
丽水地区	250.50	243.40	14.03	12.31	7.66	5.93

注:各市、地实际数据为公安部门统计数据。

(二)成功地平抑了潜在的第三个出生高峰

受新中国成立后第二个出生高峰期(1962—1971 年)的影响,从 80 年代中期起每年都有大批男女青年进入婚育年龄,这种状况已持续 10 余年,形成了新中国成立以来规模最大、持续时间最长的第三次潜在人口出生高峰。然而,由于 80 年代以来,浙江省严格执行国家的生育政策,采取有力措施控制人口的过快增长,使潜在的出生高峰未能变为现实。"八五"期间是浙江省潜在出生高峰的峰顶期,而这五年人口出生率分别为 14.48‰、14.72‰、13.61‰、13.24‰、12.66‰,均处于 15‰以下的低水平,"高峰"已不复存在。这对于改善全省人口年龄结构、促进人口再生产类型转变起了意义深远的历史性作用。

(三)人口再生产类型已转向现代型

现代人口再生产类型以低出生率、低死亡率和低自然增长率为基本特征。虽然"三率"的水平怎样才算"低"并无绝对的尺度,但当今发达国家人口再生产类型属于现代型是没有问题的。90 年代以来,浙江省的粗出生率与发达国家的平均水平不相上下,只是由于人口年龄结构老化程度轻、粗死亡率比较低,因而自然增长率比发达国家要高一些。然而同发达国家中的美国、加拿大、澳大利亚等国相比,"三率"的水平并无多大差别(见表 4)。

表 4　浙江省人口自然变动情况与发达国家比较　　　　单位:‰

地区	出生率		死亡率		自然增长率	
	1990 年	1995 年	1990 年	1995 年	1990 年	1995 年
发达国家平均	15.00	12.00	9.00	10.00	5.00	2.00
美国	16.00	15.00	9.00	9.00	8.00	7.00
加拿大	14.00	14.00	7.00	7.00	7.00	7.00
澳大利亚	15.00	15.00	7.00	7.00	8.00	8.00
浙江	15.33	12.66	6.31	6.75	9.02	5.91

注:发达国家数据引自美国人口咨询局编《1990 年世界人口数据表》和《1995 年世界人口数据表》。

需要指出的是,虽然从统计数据看,浙江省的人口再生产类型已进入"低出生、低死亡、低增长"的现代型,已经完成了人口转变,然而,这种转变属于政策诱导性转变,与西方发达国家在经济社会发展基础上的自发性转变是有所不同的。它不那么稳定,具有可逆性。因为就我们的经济社会发展水平而言,还不可能使生育率自发下降到如此低的程度。我们的社会保障体系尚不完备,盘根错节的传统生育文化的影响不可能在短期内消失,要是计划生育工作稍有放松,人口出生率和自然增长率就有反弹的可能。

(四)人口年龄结构得到改善

按照国际上流行的人口年龄三分法,通常将人口按年龄分为 0—14 岁的少年儿童人口、15—64 岁的劳动适龄人口和 65 岁及以上的老年人口三部分。这三部分人口占总人口的比重,就形成最简单也最常见的人口年龄结构(本来意义的人口年龄结构是由每一个年龄的人口占总人口的比重所组成,它的直观形式是一岁一组的人口年龄金字塔)。为了便于比较,1956年联合国发表的《人口老龄化及其经济社会含义》一文将人口年龄结构划分为年轻型、成年型和老年型三种类型,并提出了划分的标准(见表5)。

表5　联合国颁布的人口年龄结构类型划分标准

指标	年轻型	成年型	老年型
65 岁及以上人口比重	4％以下	4％～7％	7％以上
0—14 岁人口比重	40％以上	30％～40％	30％以下
老少比	15％以下	15％～30％	30％以上
中位年龄	20 岁以下	20—30 岁	30 岁以上

新中国成立以来,浙江省人口年龄结构经历了由年轻型到成年型和老年型的变化过程。从 20 世纪 50 年代到 60 年代,由于人口出生率高,0—14岁少年儿童人口比重迅速提高,人口年龄结构趋于年轻化。70 年代以来,由于开展计划生育工作,人口出生率得到有效控制,人口年龄结构开始发生历史性变化。1982 年全国第三次人口普查时,浙江省的人口年龄结构已由年轻型转化为成熟的成年型,并开始向老年型过渡。1995 年全国 1％人口抽样调查时,浙江省的人口年龄结构已完全进入老年型(见表6)。

表6　浙江省人口年龄结构变化情况

指标	1953 年	1964 年	1982 年	1990 年	1995 年
0—14 岁人口比重/％	35.23	41.23	29.30	23.29	21.74
15—64 岁人口比重/％	60.66	54.55	64.94	69.88	21.74
65 岁及以上人口比重/％	4.11	4.22	5.76	6.83	8.65
老少比/％	11.65	10.23	19.65	29.32	39.77
中位年龄/岁	22.97	19.82	24.70	27.74	32.00

浙江省人口年龄结构发生上述变化,对经济社会发展有着重要的现实意义和深远意义。

首先,意味着劳动年龄人口负担减轻。人口中非劳动年龄人数与劳动年龄人数之比称为抚养比,以百分比表示。它表明从整个社会看,每 100 名劳动年龄人口负担多少非劳动年龄人口。其中少年儿童人数与劳动年龄人数之比称为少儿抚养比,老年人数与劳动年龄人数之比称为老年抚养比。70 年代以来,由于实行计划生育,人口出生率得到控制,少儿抚养比迅速下降,另一方面由于人口老龄化,老年人口比重上升,老年抚养比提高,但目前提高的幅度并不大,因此总抚养比在下降,并处于很低的水平。

一般说来,当人口年龄结构由年轻型迅速向成年型和老年型过渡时,会出现一个抚养比很低的所谓"黄金时期",这对积累资金和发展经济十分有利。众所周知,日本的经济腾飞曾得益于良好的人口条件。1970 年,日本劳动年龄抚养比降到战后的最低点,社会负担很轻,对经济发展极为有利。浙江省 1990 年的人口年龄结构与日本 1970 年的人口年龄结构相类似(见表 7)。

从表 7 中可以看出,1990 年我省的少儿抚养比和老年抚养比都比 20 年前的日本略低,总抚养比也比 1970 年日本的总抚养比低 2 个百分点。这表明,经过多年的艰苦努力,浙江省的人口年龄结构已经调整得比较合理,为 20 世纪和 21 世纪的经济腾飞创造了极为有利的人口条件。当然,年龄抚养比并不等于实际抚养比。如果丰富的劳动力资源得不到合理的开发和利用,一部分劳动年龄人口会因为未能就业而转化为被抚养人口,实际抚养比会随之提高,这一点是不容忽视的。目前丰富的劳动力资源对我们来说既是一种机遇,又是一种挑战。

表 7　浙江省人口年龄结构与日本比较　　　　单位:％

指标	日本(1970 年)	浙江(1990 年)
0—14 岁人口比重	23.90	23.30
15—64 岁人口比重	69.00	69.90
65 岁及以上人口比重	7.10	6.80
少儿抚养比	34.90	33.30
老年抚养比	10.30	9.80
总抚养比	45.10	43.10

其次,浙江省人口年龄结构的变化趋向,有利于控制未来的人口规模。人口再生产的规模不仅与生育率高低有关,而且直接受人口年龄结构的影响。一般地说,0—14岁少年儿童人口比重大,意味着未来育龄人群庞大,人口有增加的趋向,反之则会出现相反的情况。在瑞典人口学家桑德巴的人口再生产年龄结构模式中,将0—14岁人口占总人口40%定为增加型,占26.5%定为稳定型,占20%定为减少型。显然,浙江省0—14岁人口比重,1964年属于增加型,1995年已接近减少型。这就是说,经过20多年的艰苦努力,在人口结构内部,人口零增长和负增长的机制已经形成,我们已经取得了控制未来人口规模的主动权。

(五)人口质量在逐步提高

由于医疗卫生事业的发展和城乡居民生活水平的逐年提高,浙江省人口的身体素质明显提高。根据1995年1%人口抽样调查数据推算,1995年浙江省人口平均预期寿命已达72.46岁,比1990年提高了0.43岁。这一指标已接近同期发达国家的平均水平(74岁)。婴儿死亡率是反映人口健康水平特别是妇幼卫生服务质量的一个敏感性指标。新中国成立前,浙江省婴儿死亡率很高。据国民党政府的统计资料,1936年浙江省婴儿死亡率高达161.4‰。新中国成立后,随着生活水平的提高和医疗卫生条件的改善,婴儿死亡率迅速下降。1981年全省婴儿死亡率已降至30.6‰,目前处于25‰左右(据1995年1%人口抽样调查数据,该年婴儿死亡率略微高于25‰,但据省卫生系统人口死因追踪调查,1995年全省婴儿死亡率为23.94‰)。这一指标虽然高于同期发达国家的水平(1995年发达国家婴儿死亡率平均水平为10‰),但远低于发展中国家平均水平和世界平均水平(1995年前者为72‰,后者为62‰)。与阿根廷(23.6‰)、罗马尼亚(23.3‰)、阿曼(24‰)、沙特阿拉伯(24‰)等国相似。

据1995年1%人口抽样调查,1990年"四普"以来全省人口受教育程度有所提高。1995年与1990年相比,每10万人口中,拥有大专及以上文化程度人口由1171人增至1477人,增加306人;高中文化程度人口由7021

人增至 8004 人,增加 983 人;初中文化程度人口由 23766 人增至 28643 人,增加 4877 人;小学文化程度人口由 39659 人增至 41177 人,增加 1518 人(见表 8)。

表 8　每 10 万人口拥有各种文化程度人数比较　　单位:人

文化程度	1990 年	1995 年	增减数
大专及以上	1171	1477	+306
高中	7021	8004	+983
初中	23766	28643	+4877
小学	39659	41177	+1518

由于具有各种文化程度人口在总人口中的比例提高,粗文盲率(15 岁及以上文盲、半文盲人口占总人口的比重)由 1990 年"四普"时的 17.61% 下降到 1995 年 1‰ 人口抽样调查时的 13.32%,下降了 4.29 个百分点。据 1995 年 1‰ 人口抽样调查资料推算,自 1990 年以来全省青壮年文盲人口每年以 7.69% 的速度递减,到 1996 年只剩下 118 万,已达到国家规定的占同龄人口 5% 以内的扫盲标准。1997 年 1 月,国家扫盲检查组对浙江省扫盲工作进行了抽样评估,确认浙江省已实现现阶段国家基本扫除青壮年文盲的目标。检查组还确认,浙江省小学适龄儿童入学率、年辍学率、毕业率、15 周岁人口初等教育完成率都达到了国家规定的要求,已经基本普及了初等教育,基本堵住了新文盲的产生。这表明在"八五"期间以及 1996 年浙江省在狠抓"基本扫除青壮年文盲、基本普及九年制义务教育"方面取得了突破性进展。

(六)计划生育工作继续保持全国一类水平

"八五"期间,浙江省计划生育工作取得了显著成绩,在全国继续保持一类地区的水平,不仅较好地完成了"八五"人口计划,在生育旺盛期(20—29 岁)妇女人数处于高峰期时有效地控制了人口过快增长的势头,而且在实践中积累了不少经验,在开展新家庭计划活动、狠抓后进转化、推进孕前管理、强化基层基础等方面都取得了新的进展。与"七五"期末相比,"八五"期间总和生育率在低水平情况下又有所降低，晚婚率和已婚育龄妇女独生子女领证率有所提高，计划生育率由于自 1991 年起全省进行计划生育统计"挤水分"工作，同时补报往年出生人数，因而有所下降，但准确度则有所提高（见表 9）。

表9　浙江省"八五"期间婚育状况变化情况

总和生育率/‰	1399.00	1248.00
计划生育率/%	96.97	94.46
已婚育龄妇女独生子女领证率/%	21.95	23.33
晚婚率/%	64.15	73.69

由于经济社会发展水平不同，计划生育工作基础不同，以及人口内部结构包括年龄结构、素质结构、城乡结构等的不同，各地人口与计划生育工作进展不平衡。大体的情形是浙北地区的杭州、宁波、嘉兴、绍兴、湖州、舟山 6 市基础较好，浙南地区的温州、丽水、台州、衢州、金华 5 市（地）后进面相对较大。由于采取分类指导，狠抓后进转化，经过数年的努力，后进转化工作取得突破性进展。1996 年，全省 20 个计划生育重点县全部摘掉了后进帽子。浙北、浙南计划生育工作的差距正在逐步缩小（见表 10），同时，经过 3 年努力，全省已有 48 个县（市、区）计划生育达到孕前管理标准。

表10　浙江省各市、地 1992—1996 年计划生育率　　　单位：%

地区	1992 年	1993 年	1994 年	1995 年	1996 年
全省	88.75	92.30	93.63	94.46	95.51
杭州市	97.05	97.87	98.24	98.22	97.57
宁波市	98.45	99.17	99.35	99.29	98.60
嘉兴市	99.08	99.49	99.48	99.38	87.65
湖州市	98.52	98.88	99.16	99.19	99.35
绍兴市	97.03	97.26	98.87	98.88	99.19
舟山市	99.47	99.77	99.76	99.89	98.73

地区	1992 年	1993 年	1994 年	1995 年	1996 年
温州市	70.58	76.18	78.70	81.15	93.56
金华市	91.56	90.92	93.05	93.21	97.07
衢州市	87.67	90.69	93.65	94.56	99.70
台州市	76.78	93.24	95.34	97.28	87.65
丽水地区	93.29	90.27	91.53	90.84	97.08

二、人口发展中面临的问题

20 世纪 80 年代以来,浙江省育龄妇女总和生育率一直处于更替水平和更替水平以下(在目前死亡率较低的情况下,更替水平的总和生育率为 2.1 左右,即每对夫妇生育 2.1 个小孩,即可完成世代更替。低于更替水平,未来人口将逐渐减少)。然而,持续的低生育率并不意味着人口问题的消失,而是使人口问题复杂化、多元化。目前浙江省仍然面临诸多人口问题的挑战。

(一)人口总量继续增长,就业压力不断加大

由于受人口年龄结构的影响,即使不改变现行的从严控制人口的生育政策,继续维持低生育率水平,人口增长的势头一时也不会停止下来。最乐观地估计人口停止增长的时间也在 2015 年之后,而不可能更早。"九五"期间,平均每年仍将净增 30 多万人口。由于人口基数大,人口继续增长意味着人口压力继续加大。

此外,新中国成立后出现的两次人口出生高峰,随后必然引起就业高峰。20 世纪 80 年代以来,全省劳动年龄人口的绝对数和相对数都处于上升趋势。按国内口径计算的劳动年龄人口,1982 年"三普"时为 2259.03 万,到 1990 年"四普"时增至 2599.40 万,平均每年增加 42.55 万。据预测,到 20 世纪末将增加到 2951 万,到 2007 年达到峰值时,将接近 3000 万。按国

内口径计算的劳动年龄人口比重,1982 年为 58.10%,此后一直上升。据预测,21 世纪初将上升到 65% 以上,大约要到 2020 年左右才会回复到 80 年代初的水平。

劳动年龄人口的持续增长,对于正处在关键时期的浙江省经济建设来说,喜忧参半,既是机遇,又是挑战。就机遇而言,劳动年龄人口比重高,意味着总抚养比低,社会负担轻。这是积累资金、扩大再生产、发展经济的好时机。所谓挑战,主要是指就业压力增大。据估计,1995 年全省农村剩余劳动力存量已达 700 多万。城镇就业形势也不容乐观,1995 年末,全省企业富余职工已多达 60 万人。在市场竞争日趋激烈的形势下,隐性失业显性化,就业问题将会变得更为严峻。

(二)人口老龄化来势迅猛

据 1995 年 1% 人口抽样调查,1995 年 10 月 1 日前浙江省衡量人口年龄结构老化程度的 4 项指标均超过老年型标准的下限值,表明已经进入老龄社会,人口老龄化进度处于全国的前列。1990 年"四普"和 1995 年 1% 人口抽样调查的数据都表明,在全国 30 个省、自治区、直辖市中,浙江省的人口老龄化程度仅次于上海,居全国第二位。据预测,下世纪上半叶浙江省人口老龄化呈加速发展趋势。与西方发达国家不同,我国是在经济尚不发达的情况下迎来人口老龄化,由此会给家庭及社会带来一系列问题。

(三)出生性别比失衡

出生婴儿性别比主要受生物学因素的影响,通常是相当稳定的,一般都在 106 左右,即每 100 个女婴对应 106 个左右男婴。然而,20 世纪 80 年代以来,浙江省出生婴儿性别比一直偏高。据"三普"资料,1981 年浙江省出生性别比为 108.83,出生性别比偏高问题已初露端倪。据 1987 年 1% 人口抽样调查,1986 年出生性别比为 123.8,在全国 29 个省、自治区、直辖市中为最高。1990 年"四普"资料显示,1989 年浙江省出生性别比为 117.1,偏离度之大在全国 30 个省、自治区、直辖市中位居第一。据 1995 年 1% 人口抽样调查,出生性别比为 115.22,与 1989 年相比略有下降,但偏离度仍然较大。

(四)人口文化素质结构亟待改善

虽然 1990 年"四普"以来浙江省人口受教育程度有所提高,但同国内经济社会发展较快的一些先进省市比较,甚至同全国平均水平比较,就会发现浙江省的人口文化素质结构不合理,具有高中、大专以上文化程度人口比重低于全国平均水平,初中、小学文化程度人口比重则高于全国平均水平,粗文盲率也高于全国平均水平 1.31 个百分点。浙江省是经济比较发达的一个省份,"八五"期间无论是经济总量还是经济发展速度均处于全国前列,然而人口文化素质结构不仅劣于一些先进省市,甚至劣于全国平均水平,这是极不相称的。

(五)人口城市化水平滞后于经济发展

据 1995 年 1‰人口抽样调查,浙江省市镇人口比重为 32.58%。按可比性原则对全国各省、自治区、直辖市的城市化水平进行测定和排序,1994 年浙江省城市化水平在 30 个省(自治区、直辖市)中居第 14 位。根据人口城市化水平与人均国内生产总值相关性的分析,浙江省人均国内生产总值所许可的城市化水平理论值为 45.08%,而实际值只有 31.30%,比理论值低 13.78 个百分点。这说明浙江省人口城市化水平明显滞后于经济发展水平。

(六)计划生育工作面临新情况新问题

随着改革开放的深入和社会主义市场经济的发展,流动人口日益增多,显然增加了计划生育管理工作的难度。尽管近几年来浙江省加强了对流动人口的计划生育管理,也取得了一些经验,但总的来看,这项工作尚未取得根本性的突破。与此相联系,城市计划生育工作也由于流动人口的增多而日趋复杂化。就全省的计划生育工作而言,要巩固和发展以往的成果,就必须实行计生工作的"两个转变",即由仅就计划生育抓计划生育向与经济社会发展紧密结合、采取综合措施解决人口问题转变;由社会制约为主向逐步建立利益导向与社会制约相结合,宣传教育、综合服务、科学管理相统一的机制转变。如何实现这"两个转变",尚需在实践中不断探索。

三、促进浙江省人口发展的对策

邓小平同志讲过:"我们的人口政策是带有战略性的大政策。"1996 年 3 月江泽民同志在党中央、国务院召开的计划生育工作座谈会上明确指出,要从可持续发展的战略高度认识人口问题。所谓可持续发展,就是既要考虑当前发展的需要,又要考虑未来发展的需要,不要以牺牲后代人的利益为代价来满足当代人的利益。这是可持续人类社会发展的必然要求。然而,要实现可持续发展,必须有良好的人口环境,包括适度的人口总量、优良的人口质量和合理的人口结构。促进浙江省人口发展,就是要创造这样的良好的人口环境。这是我们的奋斗目标,也是人口与计划生育工作的根本指导思想。因此,必须继续采取强有力的措施控制人口数量、提高人口质量、改善人口结构,促进人口与经济、社会、资源、环境的协调发展和可持续发展。

(一)继续严格控制人口数量

浙江省是个资源小省。随着人口的持续增长,人均耕地面积日益减少,人地矛盾越来越突出。人均耕地面积 1953 年第一次人口普查时为 1.37 亩,到 1995 年已降至 0.56 亩,减少了一大半。20 世纪 80 年代以来,粮食人均占有量不是增加,而是减少:1982 年为 436 公斤,1990 年降至 375 公斤,1995 年进而降至 327 公斤。据统计,从 1982 年到 1996 年,人均占有粮食以 1.7% 的速率递减。按国际标准,人均水资源占有量低于 2000 米^3/年,即属于贫水国或贫水地区。目前浙江省人均水资源占有量为 2152 米^3/年,低于 2400 米^3/年的全国平均水平,已接近"贫水"的边缘。此外,无论是农村还是城市,目前已积存大量剩余劳动力,就业压力有增无减。城市住房紧张,交通拥挤。所有这一切无不反映出人口已经超载,资源与环境正在承受着前所未有的压力。

然而,根据人口预测,今后浙江省的人口还要持续增长 20 余年。例如,根据浙江省统计局的中方案预测,浙江省人口增长峰值年为 2023 年,那时

总人口为 4831 万,与 1996 年相比,还要净增 488 万。中国人民大学"中国
人口发展前景与对策"课题组按中方案预测,浙江省人口增长峰值年为
2024 年,那时总人口为 4808 万。与 1996 年相比,还要净增 465 万。可见,
尽管浙江省的人口控制工作已取得巨大成就,但人口形势仍不容乐观,在未
来的 20 多年里人口压力仍将继续增大。

此外,全省各地区计划生育工作不平衡。虽然从总体上看生育率水平
已经很低,但低生育率并不稳固。据调查,经济欠发达地区农民群众"多生"
"生男孩"的愿望还比较强烈。经济较发达地区人们"多生"的愿望有所减
弱,但"生男孩"的观念尚未完全转变,生育意愿与生育政策的要求还有一定
距离。如果计划生育工作稍有放松,生育率立即就会出现反弹。

从全省人口发展形势来看,今后必须坚定不移地贯彻计划生育的基本
国策,继续严格控制人口数量。各地都要正确估计本地区的人口与计划生
育工作的形势,深刻理解计划生育工作的长期性、复杂性和艰巨性,保持清
醒的头脑。一方面,必须坚持以往的成功经验。这些经验概括地讲就是:坚
持"三不变",即坚持各级党政一把手亲自抓、负总责不变,现行计划生育政
策不变和既定的人口控制目标不变;落实"三为主",即计划生育工作要以宣
传教育为主、避孕为主和经常性工作为主;实行"三结合",即把计划生育工
作与发展经济、帮助农民勤劳致富奔小康、建设文明幸福家庭结合起来。另
一方面,要认真研究改革开放过程中和市场经济条件下计划生育工作出现
的新情况、新问题,提出相应的对策。当前要特别加强对流动人口的计划生
育管理。同时要认真贯彻国家计生委等八部委局联合发出的《关于进一步
做好城市计划生育工作的意见》,加强城市计划生育的基层基础工作,深化
宣传教育,扩大服务领域,不断提高管理水平和服务质量,以适应育龄群众
不断增长的需求和形势发展的需要。

(二)深入持久地开展新家庭计划活动

新家庭计划活动是浙江省推行计划生育"三结合"的具体形式,1993 年
以来在试点的基础上逐步推开。1995 年 5 月,省委省政府正式发文,要求

在全省范围内,重点在农村有计划有步骤地开展新家庭计划活动。1996 年 2 月省委省政府再次发文,明确提出新家庭计划活动是建设社会主义新农村的有机组成部分和基础工程,必须围绕浙江省 90 年代农村奔小康、建设社会主义新农村的总目标和战略部署,与社会主义新农村建设同步计划、同步实施、有机结合,并提出了新家庭必须具备的有关勤劳致富、计划生育、履行义务、遵纪守法、弘扬公德、勤学科技、保障安全和卫生整洁等方面的八个条件。

实践证明,新家庭计划活动,是一项群众性的社会主义新生活的创建活动,也是实现计划生育工作"两个转变"的有效途径。它突破了就计划生育抓计划生育的旧模式,将计划生育工作与发展农村经济、帮助农民勤劳致富奔小康紧密结合起来,与农村基层社会主义精神文明建设紧密结合起来,着眼于家庭这一社会细胞,生产、生活、生育一起抓,物质文明、精神文明齐促进,从而使计划生育工作更容易得到群众的理解、认同和支持,使政府各部门和社会各方面的工作能更好地协调配合,真正形成齐抓共管、综合治理人口问题的新局面。只要真正按照八条标准去创建新家庭,就能通过人们自身素质的改善和生活质量的提高,逐步改变传统的生活方式和价值观念,早婚早育、多生多育、性别偏好等问题就会迎刃而解。这是解决人口问题的治本之策。

新家庭计划活动是近年来在浙江省出现的具有生命力的新生事物,这项活动应当在省委省政府的领导下深入持久地开展下去。各地要从实际出发,抓住群众的热点问题,选择适当的载体,因地制宜,因势利导,使这项活动开展得有声有色。目前全省已有近 70％的家庭参与这项活动,要争取到 20 世纪末在全省范围内普及。要建立定期评估制度,形成经常性的自我监督机制和激励机制,使这项活动健康有序地逐步推进。

(三)坚持推行"经济高增长、人口高素质"战略

浙江省未来人口的质量特别是文化教育素质问题,是人口发展战略的核心问题。这是因为:第一,实行"科教兴省"战略,实现经济增长方式的转变,关键在于国民素质的提高。对于提高人口文化教育素质的重要性和紧

迫性,怎么强调都不过分。第二,浙江省虽然面临人口数量继续增长的巨大压力,但低生育率条件下的人口增长主要是人口再生产的惯性在起作用,控制生育率的潜力已极其有限,目前所要做的工作主要是转变人们的传统生育观念,巩固低生育率。而提高人口质量,是巩固低生育率的最有效措施。控制人口数量的战略任务,只有在不断提高人口质量条件下才能最终完成。第三,浙江省是我国经济较发达的省份之一,1996 年全省城镇居民人均可支配收入和农村居民人均纯收入分别居全国第四位和第三位。然而,浙江人口的文化教育素质水平与浙江所处的经济大省的地位极不相称,不仅低于国内先进省市的水平,甚至低于全国平均水平。这个问题不解决,将严重影响浙江经济发展的后劲,成为制约浙江经济社会发展的关键性因素。

浙江人口文化教育素质问题,主要表现为结构不合理,即受过高中及以上教育的人口比重偏低。因此,改善浙江人口的文化教育素质结构应当提到战略高度来认识。一方面要继续狠抓九年制义务教育,加强基础教育,防止新文盲的产生;另一方面,要着重提高高中学龄段人口的教育普及率,并大力发展高等教育。参照目前中等收入国家教育发展的状况及本省经济社会发展的整体目标,到 2010 年浙江省高中生占适龄人口(16—18 周岁)和大学生占适龄人口(18—21 周岁)比例分别应提高到 90％和 20％左右。这是提高浙江人口整体素质的一场攻坚战。

要提高人口文化教育素质,发展教育事业是关键。近几年浙江省的教育事业是在发展,但是步子不快,与形势的要求不相适应。究其原因,首先是教育事业的投入跟不上。《中国教育改革和发展纲要》提出:"逐步提高国家财政性经费支出占国民生产总值的比例,本世纪末达到 4％。"浙江省近几年这一比例为:1993 年 1.91％,1994 年 1.76％,1995 年 1.6％,1996 年 1.61％。1996 年全国平均比例为 2.46％,浙江省低于全国平均水平 0.85 个百分点。要提高对教育事业的战略地位的认识,真正把教育事业当作国民经济中一个具有战略性、基础性、先导性的行业,加大资金投入,实行"经济高增长、人口高素质"战略。没有这种大手笔的宏伟气魄,就不可能从根本上扭转教育相对滞后的局面。

(四)采取多种措施,迎接人口老龄化的挑战

20 世纪 70 年代以来,由于计划生育工作日益加强,高出生率逐渐得到控制,总人口中的少年儿童人口比重随之下降,老年人口比重相应上升,出现了人口老龄化现象,至今已持续 20 余年。据预测,从 20 世纪 90 年代到 21 世纪四五十年代,在长达五六十年的时间里,浙江省人口老龄化呈加速发展的趋势。

人口年龄结构老龄化特别是当这种老化达到一定程度的时候,对人类社会的影响是多方面的,深刻的。正因为如此,日本学者称人口老龄化为"无形的革命"。我国既然采取了严格控制人口数量、加速人口转变的战略措施,那么人口老龄化现象的出现和老龄社会的到来是不可避免的,我们只能主动地去适应,尽可能减少其负面影响。

1. 加强宣传,促进观念上的适应

浙江省已进入老龄社会,但多数人对这一形势尚缺乏认识,对人口老龄化的成因、人口老龄化的发展趋势及可能产生的社会经济问题知道的人就更少。因此,各种新闻媒介要加强对人口老龄化和老龄科学的宣传力度,使人们一方面懂得,人口老龄化是人类社会发展的必然趋势,是社会进步的表现;另一方面又清醒地看到,我国是在社会经济尚不发达的情况下迎来人口老龄化,与发达国家相比,我们遇到的问题会更多、更复杂,从而作好迎接人口老龄化挑战的精神准备。

2. 加速养老保险改革步伐,促进养老制度上的适应

为了应对日益加剧的人口老龄化,养老保险制度改革的目标,一是要扩大覆盖面,尽快将广大农民和其他个体劳动者都纳入社会保障网;二是要改变养老保险金的现收现付制,代之以部分积累制或积累制。由于近年来经济的迅速发展,浙江省从总体上已具备在全省范围内全面推行农村养老保险制度的经济实力。现在的问题就是要提高农民对人口老龄化形势的认识和增强保险意识。同时也要进一步探索和解决养老保险金的筹集、管理以及如何使其保值等问题。养老保险金的保值增值问题是个无法回避的问

题,这个问题不解决,就不可能调动农民群众投保的积极性,会使相当一部分人长期处于观望状态。

3. 发展老年社会福利和服务事业,促进社会生活环境的适应

随着老龄社会的到来,必须把发展老年社会福利和服务事业提到议事日程上来。老年人社会福利及服务涉及的面很广,如济困问题、医疗保健问题、住宅问题、学习问题、生活服务问题、文化娱乐问题等。解决这些问题,需要采取切实的措施,增添必要的设施,并设立一些相应的机构。各类问题要根据需要与可能,分别轻重缓急,逐项解决。鉴于今后相当长的一段时间人口老龄化的趋势已经明朗,因此必须把老年事业的发展纳入社会经济发展的中长期规划。要从长计议,从根本上改变目前老年服务设施不足及布局不合理的问题。

4. 弘扬敬老爱老养老的优良传统,促进社会文化环境的适应

市场经济对社会道德的影响是双重的。市场经济有助于培育人们独立人格、自立自强精神和自由、权利观念。不仅能激励人们从事有效的经济活动,而且也为人们道德的发展和精神价值的创造提供了物质条件。然而不可否认,市场经济对社会伦理道德有着负面影响。现实生活中代际关系的种种问题,提醒我们,经济的发展、人均消费水平的提高,并不意味着老年人的生活质量一定能随之提高。为了适应老龄社会,我们不仅要建立和健全养老保险制度,以解决"老有所养"问题,而且要弘扬我国敬老爱老养老的传统美德,创造敬老爱老的社会文化环境,使老年人能得到理解、尊重和爱护,心情愉快,安度晚年。

5. 大力发展生产力,促进物质承受能力的适应

由人口老龄化所引起的各种社会经济问题的最终解决,都有赖于社会生产力的发展,如果没有承受老龄社会的强大的物质基础,就难以做到社会整体利益与老年人利益的统一,就谈不上老年人分享社会发展成果。因此,必须充分利用当前由人口年龄结构类型转变而赢得的总抚养比很低的"黄金时期",大力发展经济,增强老龄社会的物质承受能力。

浙江人口发展前景及战略选择

　　人口发展与经济社会发展相互联系、相互依存、相互渗透、相互制约。人口发展战略是经济社会发展战略的重要组成部分。从"九五"计划开始到2010年,是浙江提前基本实现现代化的一个关键性时期。这一时期的人口状况如何,对于实现该时期的经济社会目标有着重要的影响。本文根据1990年"四普"资料和1995年全国1‰人口抽样调查资料,对浙江省人口状况进行分析,对浙江省未来人口发展趋势进行预测,在此基础上,对浙江省跨世纪的人口发展战略进行探索和研究,提出人口发展战略目标、战略重点和战略性措施,供有关部门参考。

一、关于浙江人口发展形势的估计

　　正确认识人口形势,是科学地制定人口发展战略的前提。1990年第四次人口普查、1995年1‰人口抽样调查的数据表明,由于计划生育工作和其他经济社会因素的作用,浙江省已成功地平抑了潜在的第三个人口出生高峰,圆满地完成了"八五"人口计划,人口再生产类型已转向现代型。

　　现代人口再生产类型以低出生率、低死亡率和低自然增长率为基本特征。国际上通常以粗出生率在20‰以下为低出生率。按此标准,浙江省自1975年起就处于低出生率地区行列。90年代以来,浙江省的人口粗出生率与发达国家的平均水平不相上下,只是自然增长率比发达国家要高一些。

然而同发达国家中的美国、加拿大、澳大利亚等国相比,"三率"的水平并无多大差别(见表1)。

表1　1995年浙江人口自然变动情况与发达国家比较　　单位:‰

发达国家(地区)	出生率	死亡率	自然增长率
	12.00	10.00	2.00
其中:美国	15.00	9.00	7.00
加拿大	14.00	7.00	7.00
澳大利亚	15.00	7.00	8.00
中国浙江	12.66	6.75	5.91

资料来源:发达国家的数据引自美国人口咨询局编《1995年世界人口数据表》,浙江省数据来源于浙江大学人口与发展研究所

需要指出的是,虽然从统计数据看,浙江省的人口再生产类型已进入"低出生、低死亡、低增长"的现代型,已经完成了人口转变,然而,这种转变属于政策诱导性转变,与西方发达国家的自发性转变是有所不同的。我们的社会保障体系尚不完备,传统生育文化的影响不可能在短期内消失,要是计划生育工作稍有放松,人口出生率就有反弹的可能。

浙江省育龄妇女总和生育率在70年代末就接近更替水平[①]。1980年总和生育率1.76,破天荒第一次降至更替水平以下,对于浙江省的人口再生产而言具有划时代意义。1981和1982年稍有反弹,总和生育率为2.15和2.22。从1983年起至今,浙江省育龄妇女总和生育率一直处于更替水平以下。持续的低生育率对于平抑潜在的第三个人口出生高峰起了决定性作用。然而,在低生育率条件下,人口问题不是消失,而是复杂化、多元化。浙江目前仍面临着诸多人口问题的挑战。

从控制人口规模的角度看,经过20多年卓有成效的工作,浙江省已经取得了主动权。主要表现在:第一,1983年以来,总和生育率一直处于更替水平

[①]　总和生育率是指假定按现时某一年度各年龄妇女生育水平生育,一个妇女一生可能生育的子女数。考虑到我国目前的死亡率,通常以育龄妇女总和生育率2.1~2.2为更替水平。

以下,人口数量递减的内部运行机制早已形成,实现人口零增长和负增长只是时间的迟早问题;第二,预测表明,育龄妇女的人数虽然在 20 世纪内一直处于增长态势,但从下世纪起将停止增长,并逐年缓慢减少,人口再生产的惯性开始转变方向;第三,浙江省的人口年龄结构已经进入老年型,表明浙江省已经进入人口转变后期,今后出生率的继续下降将与死亡率的微微回升同时并举,这必然会加速人口零增长和负增长的进程。可见经过持续有效的生育控制,浙江省已经从根本上扭转了人口无限制增长的局势,人口零增长与负增长的方向已经确定,当前人口总量继续增长只是暂时的、表面的现象。

二、关于浙江未来人口规模的几种预测

尽管浙江未来人口规模变化的总趋向已逐渐明朗,但是如果人口控制力度不同,实现人口零增长的时间也就不同,未来人口规模及人口年龄结构都会因此而有所不同。为了探测浙江未来人口的可能走向及其后果,我们设计了几种方案进行预测。

人口预测以 1990 年为基年,以该年进行的全国第四次人口普查的数据为基本依据。我国生育政策以控制终身生育率为核心。本次预测的目的是考察在不同控制力度下浙江未来人口发展变化的轨迹,因而主要控制变量为育龄妇女总和生育率,对迁移因素未予考虑。死亡水平采用浙江的死亡模式及预期寿命来测定。为了便于比较,设想了高、中、低三套方案。

三套方案本纪内的总和生育率都设定为 1.5,是基于这样的考虑:其一,据"四普"资料,1989 年育龄妇女总和生育率为 1.399。然而,人口普查表中按育龄妇女生育状况登记的出生人数与按人记录汇总的出生人数有差异,后者比前者多 3.04 万人。这表明育龄妇女生育状况登记有水分。因此,将总和生育率调整为 1.5 比较符合实际。其二,据 1995 年 1‰ 人口抽样调查,浙江省 1994 年 10 月 1 日至 1995 年 10 月 1 日的总和生育率为 1.248。考虑到可能出现的生育瞒报因素,实际的总和生育率应调整到 1.4 左右。其三,1995—2000 年,独生子女间婚配允许生二胎的政策要开始兑

现,然而 1996 年全省 20 个计划生育重点县全部摘掉了"后进"帽子,计划外生育将会得到较好的控制,可以抵消一部分政策兑现而多生的人口。因此,到 2000 年,总和生育率很可能还维持在 1.5 左右。

高方案是一种相对宽松的假设,即从 21 世纪起,将生育政策放宽到一对夫妇生育两个孩子,总和生育率维持在更替水平。这也符合 20 世纪 80 年代初关于提倡一对夫妇生一个孩子只限于一代人的设想。

低方案是保持现有总和生育率 1.5 的水平 50 年不变。这是对另一种极端状况的假设,没有任何现行政策依据。设计这一预测方案,是为了考察持续从紧从严控制生育的人口学后果。

中方案是以现行生育政策为基础的方案。浙江省目前的育龄妇女总和生育率低于国家政策要求的终身生育率(全国按政策要求的终身生育率为 1.7 左右)。2000 年后,独生子女间婚配允许生二孩的情况有所增多。此外,为了使人口年龄结构较为合理,避免日后人口过于老化,生育率需要逐渐向国家现行政策要求的水平靠拢,必要时需继续向上微调,但不能超过更替水平。总和生育率的预测参数是:1990—1995 年为 1.5,此后每隔 5 年提升 0.1,直至更替水平。根据中方案进行预测所得到的有关数据如表 2 所示。

表 2　中方案人口预测数据

年份	总人口/万人	0—14岁人口比重/%	15—64岁人口比重/%	65岁及以上人口比重/%	女性15—49岁人口比重/%	中位年龄	性别比/%	年均变化率/%	粗出生率/‰	粗死亡率/‰	自增率/‰
1990	4214.6	23.2	70.1	6.7	28.1	28.2	107.4	90-95	14.4	6.7	7.7
1995	4380.3	21.6	70.8	7.6	28.7	30.7	107.8	95-00	13.3	7.0	6.3
2000	4519.5	20.3	71.1	8.6	28.3	33.3	107.8	00-05	12.4	7.5	4.9
2005	4631.2	18.8	72.1	9.1	27.1	36.0	107.7	05-10	11.7	8.1	3.6
2010	4716.5	17.8	72.9	9.3	25.8	38.3	107.4	10-15	11.5	8.6	2.9
2020	4829.1	16.6	69.7	13.7	21.6	41.7	106.6	15-20	11.3	10.4	0.9
2030	4844.3	16.7	64.0	19.3	19.5	43.5	106.0	25-30	11.0	13.3	−2.3
2040	4701.5	16.8	59.9	23.3	18.9	43.8	106.5	35-40	11.0	14.7	−3.7

资料来源:此表根据杭州大学人口与发展研究所"浙江省 1995—2010 年人口发展战略研究"课题组研究所得的有关数据整理而成。

从预测数据中可以看出,生育控制的力度不同,人口运行的情况也就不同。三种方案预测结果的区别主要表现在以下几个方面:

首先,实现人口零增长的时间先后不一样。按高方案预测,即从 2000 年起就将生育率提高到更替水平,并保持不变,到 2032 年前后达到零增长;按中方案预测,即在现有生育率基础上每隔 5 年向上微调 0.1,直至更替水平,则将在 2027 年前后实现零增长;按低方案预测,即保持现有生育率水平不变,那么到 2016 年前后就将实现零增长,比高方案提前 16 年。

其次,人口增长峰值不同,高方案峰值年为 2032 年,人口总量为5136.3 万;中方案峰值年为 2027 年,人口总量为 4852.8 万;低方案峰值年为 2016 年,人口总量为 4690.8 万。高方案与低方案相差 445.5 万人。

第三,人口年龄结构不同。预测数据显示,生育控制越严,人口老化程度越严重。

高方案预测的 2040 年人口金字塔,上下基本平直呈柱形。这是一个老年型人口结构,但由于金字塔上下基本平直,能使人口老化的过程比较平稳,老化程度也不会过高。

中方案预测的 2040 年人口金字塔,呈上大下小的草垛形。与高方案相比,这种年龄结构老化进程较快,程度也相对较为严重。

低方案预测的 2040 年人口金字塔,底部收缩得很厉害,上粗下细,成了倒金字塔形。这是一种人口迅速缩减的年龄结构。它使人口老化迅猛,而且老化程度严重。

三、浙江人口发展的战略选择

发展战略研究是包括预测活动在内的宏观决策活动,它包括发展战略目标的研究、发展战略重点的研究、发展战略方针及发展战略措施的研究等等。如前所述,人口控制力度不同,人口发展会呈现出不同的趋向,因此人口发展战略研究对整个社会经济的发展具有特别重要的意义。

(一)浙江人口发展战略目标的选择

根据我国国情和浙江省省情,根据可持续发展的全球性战略思想,浙江省人口发展的战略目标应当是创造可持续发展的良好人口环境,即保持适度的人口总量、创造优良的人口质量和合理的人口结构,以促进人口与经济、社会、资源、环境的协调发展和可持续发展。

然而,对于这样的总体战略目标必须根据不同时期的特点加以具体化,即必须进一步分析研究什么样的人口总量才算"适度",什么样的人口结构才算"合理",以及根据经济社会发展的需要,人口应当达到怎样的质量水平。同时还必须考虑到,无论是人口的数量问题、质量问题还是人口的结构问题,都不是孤立的。人口的数量、质量、结构及其与外部的经济、社会、资源、环境诸多因素的关系,必须同时兼顾、统筹规划。这就是说,既要讲求经济效益,又要顾及社会效益和生态效益;既要满足当代人的基本需求,又不能危害子孙后代满足其需求的能力。

浙江是个资源小省,不仅缺铁少煤,而且耕地资源、水资源等也相对不足,人均耕地面积 1953 年第一次人口普查时为 1.37 亩,到 1995 年已降到 0.56 亩,减少了一大半。目前浙江省人均水资源占有量为 $2152m^3$/年,低于 $2400m^3$/年的全国平均水平,已接近"贫水"的边缘。此外,无论是农村还是城市,目前已积存大量剩余劳动力,就业压力有增无减。城市住房紧张,交通拥挤。所有这一切无不反映出人口已经超载。

从人口超载的角度看,浙江未来人口总量应当减少而不能增加。人口再生产的惯性作用使人口总量不得不继续增加,只能是尽量争取少增,少增一人就减轻一分压力。这是一个基本的原则。人口总量控制应分几步走:第一步,在实现零增长之前,要争取尽可能少增长;第二步,实现零增长后,要进而使其负增长,使人口总量逐渐缩减。至于缩减到何种程度为宜,可留待以后解决,因为这是一个较长的过程。

前面提到的三个方案的预测,若按低方案,从 1996 年起到停止增长,还要再增加 371.8 万人,增长 8.61%;若按中方案,还要再增加 533.8 万人,增长 12.36％；若按高方案，则还要再增加 817.3 万人，增长 18.92％。尽管按高方案预测，未来的人口年龄结构有合理的一面，即能够在一定程度上缓解人口老化，同时，生育政策也会比较宽松，但是高方案是不可取的。因为人口总量的压力超过其他方面的压力，人口数量问题仍然是我们面临的最严峻的问题。

　　浙江未来人口结构问题，突出的是人口年龄结构问题，即如何避免过度老化。人口老龄化所带来的后果，不仅仅是老年抚养比高低的问题，它对整个社会经济发展都会带来深刻的影响。人口老龄化是人口转变的必然结果，一定程度的老龄化是不可避免的，是人类社会进步的表现。对我们来说，较高程度的人口老龄化也必须承受，这是严格控制人口所必须付出的代价。但是，过于严重的人口老化则应当设法避免，因为它会影响社会协调发展和可持续发展。上述三个预测方案，按高方案预测，到 2040 年 65 岁及以上老年人口比重达到 21.5％，老年人口超过少年儿童人口，老少比为117.49％，中位年龄为 40.4 岁，这是迄今为止人类尚未经历过的老化社会。然而在三个方案中，这一方案算是老化程度最轻的。按低方案预测，到2040 年 65 岁及以上老年人口比重高达 26％；老少比为 213.11％，即 65 岁及以上老年人口超过 0—14 岁人口一倍以上；中位年龄为 48.1 岁，即总人口中有一半是 48 岁以上。从发展趋势来看，2040 年还不是人口老化的高峰，老化程度还将继续加重。虽然我们无法具体了解这样的老化程度会产生哪些社会经济后果，但大致上可以判断这样的社会不可能有多大的生机与活力，因为整个社会的人口年龄结构是畸形的。因此低方案预测的发展趋势，虽然从控制人口总量的角度看前景十分诱人，既可以提前实现零增长，峰值年的人口总量也不会太高，但是从保持人口结构的合理性的角度看则是不可取的，或者说是应当设法避免的。

　　中方案是兼顾人口总量与人口年龄结构的折中方案。按这个方案预测，峰值年人口总量为 4852.8 万，比高方案要少 283.5 万。到 2040 年 65岁及以上人口比重为 23.3％，比高方案高 1.8 个百分点，但比低方案要低2.7 个百分点。

中方案实际上仍可以有多种选择。总的原则是对人口数量问题与人口结构问题要同时兼顾,不能只强调某一方面。同时,还要兼顾地区的特殊性和全国的统一性,兼顾理论推断的可能性和实际工作的可操作性。"四普"以来,省内外的人口学者对浙江省未来人口曾作过多种预测,设计的中方案大同小异(见表3)

表3　浙江未来人口多种中方案预测比较

类别	总和生育率假设	总人口/万人					零增长年份	峰值人口/万
		2000 年	2010 年	2020 年	2030 年	2040 年		
本所预测	从 1995 年的 1.5 间隔 5 年调高 0.1,直至更替水平	4519.5	4716.5	4829.1	4844.3	4701.5	2027	4852.8
浙江省统计局预测	2000 年提升到 1.65,然后每 5 年提高 0.1,直至更替水平	4540.4	4701.8	4817.6	4801.0	4670.5	2023	4830.9
中国人口发展前景与对策课题组预测	2000—2010 年线性上升到 1.8,然后保持不变	4504.0	4681.0	4799.5	4767.8	4576.7	2024	4808.1

注:表中浙江省统计局预测数据取自《跨世纪的中国人口》(浙江卷),中国统计出版社 1994 年出版;中国人口发展前景与对策课题组预测数据取自《走向二十一世纪的中国人口、环境与发展》,高等教育出版社 1996 年出版。

这些预测方案有以下共同点:其一,在生育政策的选择上,鉴于浙江省目前的实际生育率水平已低于国家政策要求的水平,因此从 21 世纪起,生育率水平要逐步向上微调。其二,2000 年和 2010 年的人口总量,都控制在浙江省规划指标之内(根据 1996 年修订的《浙江省社会主义精神文明建设纲要》,浙江省总人口 2000 年控制在 4550 万左右,2010 年控制在 4751 万以内)。其三,最高人口数均控制在 5000 万以内。其四,为了尽可能缓解21 世纪面临的严重老龄化,将生育率下降到更替水平以下至实现人口零增长的"趋零期"延长到 40 年以上。这些共同点表明大家所遵循的原则是大体一致的。当然,这些预测方案也存在差异,这表明在不违背一些基本原则的前提下尚有一定的选择余地。人口预测毕竟是对未来人口发展趋势的一种推测,由于受种种因素的影响,要做到准确预测是不容易的。对于中长期前景规划,只能随着时间的推移和认识的加深,不断进行滚动研究。

（二）浙江人口发展战略重点的选择

战略重点是实现战略目标的着力点、制高点和突破口。战略重点的选择是否恰当,对于实现战略目标具有关键性的意义。

战略重点必须随着条件的改变而改变。20世纪70年代初,浙江省育龄妇女总和生育率高达4.55。80年代初,虽然总和生育率已在更替水平上下波动,但却面临新中国成立以来规模最大、持续时间最长的潜在的人口出生高峰期,因此当时的战略重点毫无疑问应当是控制人口总量,并以此来调整人口年龄结构,使其从年轻化转向老龄化,并且通过控制人口数量而为提高人口质量创造条件。目前,潜在的出生高峰期即将过去,生育率已经下降到很低的水平,不仅低于一般发展中国家,而且低于经济发达国家的平均水平。控制人口的工作自然不能放松,特别是一些计划生育工作基础薄弱的地区仍然需要加强控制的力度,但就整体而言,工作目标和工作方法都必须转换,即由降低生育率转为巩固低生育率,由主要依靠行政手段的强度控制转向营造低生育率的社会环境。实现这种转变,主要靠发展经济,提高人们的生活质量,提高人们的素质,改变传统的价值观念和生活方式,实现人的现代化。再说,从现在起到21世纪初的几十年时间,是浙江实现现代化的关键时期,要实现现代化的奋斗目标,应有高素质的劳动者作保证。因此,为了适应上述客观形势,必须实行人口发展战略重点转移,即逐步由控制人口数量为重点转向以提高人口素质为重点,并以此来巩固低生育率,扩大控制人口数量的成果,并且为改善人口结构创造条件。

（三）人口发展战略措施的选择

战略措施是实现战略目标的方法和手段。浙江要实现跨世纪的人口发展战略重点转移,达到提高人口素质、抑制人口增长、改善人口结构的目的,必须从宏观决策到实际操作都采取强有力的措施。

要提高人口文化教育素质,发展教育事业是关键。近几年浙江省的教育事业是在发展,但是步子不快,与形势的要求不相适应。究其原因,首先是教育事业的投入跟不上。国际比较教育的统计数据表明,类似浙江这样的教育结构和教育普及程度,财政性教育经费应占国内生产总值比例的3%～4%。而浙江省的财政性教育经费虽经过努力,1996年只占国内生产总值的1.6%,1997年也只占1.75%。缺口如此之大,严重影响教育事业的发展。可见浙江省人口文化教育素质相对偏低不是偶然的。领导决策层需要提高对教育事业的战略地位的认识,真正把教育事业当作国民经济中一个具有战略性、基础性、先导性的产业,拓宽筹资渠道,加大资金投入。没有这种大手笔的宏伟气魄,就不可能从根本上扭转教育相对滞后的局面,也就无法体现人口发展战略重点的转移。实际操作层的措施,在于引导、组织群众大力发展经济,通过各种途径提高自身素质。浙江省目前正在全面推开的新家庭计划活动,是引导、推动农民群众勤劳致富奔小康、积极投入两个文明建设的好形式。这一活动应当与城乡社区的精神文明建设紧密结合,积极引导群众摆脱贫困、走向富裕,摆脱愚昧、崇尚科学,摆脱粗野、走向文明,不断提高人的现代化素质,为浙江提前基本实现现代化打下坚实的基础。

四、结语

经过多年的努力,浙江省控制人口工作已取得明显成效,人口再生产类型已进入"低出生、低死亡、低增长"的现代型,育龄妇女总和生育率已属于当今世界最低的一类。浙江省已取得控制人口数量的主动权,人口问题已由原来突出的数量问题转向多元化。

通过多方案的人口预测,并经过比较,我们认为从人口与经济、社会、资源、环境协调发展和可持续发展的基本要求出发,根据经济效益、社会效益、生态效益兼顾以及当前利益与长远利益兼顾的原则,在未来十多年时间里,既要继续从严控制人口，尽可能减少人口增量，又要适当调整生育政策，使生育率由目前的低水平向国家政策要求的一般水平方向回升，以避免将来人口过度老化。

鉴于浙江省生育控制已趋极限，当前又面临劳动适龄人口数量过多而素质不高、就业压力空前巨大的现实问题，从"科教兴省"的战略思想出发，人口发展战略的重点应由侧重于控制人口数量转向侧重于提高人口素质，在全省范围内实行"经济高增长、人口高素质"战略，以保证跨世纪经济社会发展目标的实现。同时，要实行人口发展战略重点的转移，政府必须加大对教育事业的投入，城乡基层必须深入持久地开展新家庭计划活动。

参考文献

［1］姚新武、尹华.中国常用人口数据集［M］.北京：中国人口出版社，198.140-143.

［2］谷迎春、杨建华.浙江社会发展问题与思考［M］.杭州：杭州大学出版社，1998：23.

原载《浙江大学学报》（人文社会科学版）1999 年第 2 期，第 80-86 页。

绍兴大城市人口发展战略研究^①

一、研究背景

在经济全球化的大背景下,浙江省根据"接轨大上海,融入长三角"的思路,积极打造长三角"金南翼"。2003 年 12 月 10 日《浙江省环杭州湾地区城市群空间发展战略规划》通过了专家论证。根据这个规划,到 2020 年杭州湾地区将崛起一个以"三、三、四、六"为总体框架的庞大城市群,即以一个杭州湾城市连绵带为基础,形成湖嘉、杭绍、甬舟三片城市集群,四类生态控制区,六个都市区。绍兴都市区就是其中的都市区之一。

绍兴作为长三角南翼的一个区域性中心城市和历史文化名城,在新的形势下必须以更加开放的姿态积极融入长三角经济圈和西太平洋经济圈,在更高层次的经济社会互动中迅速壮大自己,以其特有的文化底蕴、城市结构及现代文明跻身于世界知名城市行列。为此,绍兴市委、市政府于 2002

---

① 本文是与"绍兴大城市发展战略研究"相配套的专项研究课题,2004 年由绍兴市人口与计划生育委员会出面向绍兴市科技局提出课题申报后,被确定为绍兴市"社会发展重点科研项目",课题承担单位为浙江大学人口与发展研究所,课题负责人为叶明德。张海勇助理研究员承担了本课题的人口预测任务,并撰写了研究报告的三、四、五、七、八部分。王嗣均教授参与了课题的设计和调研,对研究报告的框架与思路提了建设性意见,同时直接指导张海勇撰写研究报告的"人居环境"部分,并亲自予以修改。王怡嘉参与了数据资料工作和研究报告第六部分的撰写,制作了 2000 年绍兴都市区人口生命表。叶明德起草课题文本和研究报告的内容框架,撰写研究报告的一、二、六、九部分及内容提要和后记,负责整个研究报告及附件的统编。

年开展了"绍兴大城市发展战略研究",形成了《绍兴大城市发展战略纲要》,2002 年 10 月 30 日绍兴市第四届人民代表大会常务委员会第 37 次会议审议并通过了这个纲要。该纲要提出了"到 2020 年,把绍兴中心城市建设成为长江三角洲地区和杭甬之间崛起的拥有百万人口、历史文化与现代文明相互融合、山水风光与城市景观交相辉映的现代化生态型大城市"的宏伟目标。2003 年 6 月 20 日,绍兴市委召开常委扩大会,专题研究杭州湾绍兴工业新城区开发建设问题,明确提出,要通过若干年的努力,把杭州湾绍兴工业新城区建设成为绍兴大城市和绍虞城市组群的重要组团、绍兴市的新兴工业中心和航运中心、长三角"金南翼"和杭州湾产业带以轻纺为特色的重要先进制造业基地、园区建设的体制创新示范区,使之成为绍兴由"鉴湖时代"跨入"杭州湾时代"的新标志,接轨上海的新载体,未来工业发展的新高地。

本课题是与"绍兴大城市发展战略研究"相配套的专项研究课题,着重对规划中的绍兴都市区范围内现有人口状况及存在问题进行分析,对未来人口发展趋向进行预测,并对现实的以及潜在的人口问题提出相应的对策性建议。

一般认为,都市区是由一个较大的城市人口集聚核心区以及与之有密切经济社会联系的邻接县组合而成。从越城区、绍兴县(今绍兴市)和上虞市(今上虞区)发展的现状看,三者已基本上形成以越城区为中心城市、以绍兴县和上虞市为外围地区的都市区。因此,本文将规划中绍兴大城市所涉及的地域范围包括越城区、绍兴县、上虞市所辖的行政区域,统称为绍兴都市区。

二、绍兴都市区人口现代化程度及存在问题

研究一个地区的人口发展战略,必须从该地区的人口发展现状出发。

绍兴地区是我国计划生育工作起步较早、抓得较好的地区之一,人口过快增长的势头早已得到控制。然而人口问题不只是数量问题,还包括质量、结构、分布等诸多方面。为此,我们认为在考察规划中的绍兴都市区人口发展现状时,必须站在人口现代化的高度进行比较全面的分析与评估。

(一)绍兴都市区人口现代化程度测评

1. 人口现代化的内涵

人口现代化问题最初是由中国人民大学刘铮教授提出来的。1992 年刘铮教授在《人口研究》第 2 期上发表《人口现代化与优先发展教育》一文,引起学术界的关注。此后,中国人民大学的查瑞传教授、邬沧萍教授,上海社会科学院的张开敏研究员等都先后撰文探讨人口现代化问题。尽管到目前为止学术界对人口现代化内涵的认识还不尽一致,甚至有些学者对"人口现代化"这一概念能否成立尚有疑义,然而在实践中,将人口现代化作为我国人口发展的目标和评价人口发展状况的参照系已得到越来越多学者和实际工作者的认同。

由于对人口现代化概念本身有不同的理解,学术界对人口现代化的内涵或研究的重点有不同的概括。有的概括为两个方面,即人口再生产类型和人口素质;有的概括为四个方面,即人口再生产类型、人口素质、人口结构、人口迁移和分布;有的概括为五个方面,即人口自然变动、人口年龄结构、人口文化教育水平、人口行业职业分布、人口地区迁移;也有的将人口现代化分为内现代化和外现代化两个系统,内现代化包括人口增长类型和人口年龄结构现代化两个方面,外现代化包括人口的健康化、知识化、城镇化、非农化四个方面。有些学者设计了衡量人口现代化的指标体系。例如,王秀银设立了 8 项指标[1],"苏南现代化进程中人口现代化问题"课题组设立了 10 项指标[2],徐八达等设立了 22 项指标[3]。

我们认为,人口现代化指的是人口发展全方位地由传统向现代转变的一种状态,包括人口再生产类型、人口结构、人口质量、人口分布等多方面的现代化。现代化既是一种历史发展趋势,又是一种受人们价值观念指导的

---

① 王秀银.关于人口现代化的几点思考[J].人口研究,2002(4):9-16.
② 陈惠仁.苏南人口现代化问题[M].南京:江苏人民出版社,1998:303.
③ 徐八达、原华荣、张祥晶.人口现代化评价和浙江人口现代化水平[J].当代人口,2004(1):1-5.

有目的有计划的实践活动。根据以人为本,全面、协调、可持续的科学发展观,人口现代化的目标取向应是适度的人口总量、优良的人口素质、合理的人口结构和布局。衡量人口现代化的指标可以根据研究的需要和数据的可得性多设或少设,但上述这些基本的方面都应有所反映。

2. 人口现代化程度的测评方法

目前学术界对人口现代化程度的测评主要有静态测评法和动态测评法两类方法。所谓静态测评法是根据经验设立具体的指标值。例如"苏南现代化进程中人口现代化问题"课题组确定人口自然增长率的现代化指标值为 7‰,平均预期寿命的现代化指标值为 72 岁,成人识字率的现代化指标值为 88％以上等。[①] 所谓动态测评法是采用相对的、动态的指标值。例如,徐八达、原华荣、张祥晶等人在测评中国和浙江省的人口现代化程度时,以国内最高值(正指标)或最低值(逆指标)为参照值。中国科学院可持续发展研究组在测评中国现代化实现程度时以当代发达国家的平均水平为参照值。[②]

我们认为,现代化是一个相对的、动态的概念,要确立衡量人口现代化程度的统一的或为人们所普遍认同的指标值是不容易的。在这种情况下,以当代中等发达国家水平(即发达国家的平均水平)为参照值虽然不是很理想的办法,但相比之下还是一种比较切实可行的办法。本研究暂时参照这一方法。

3. 绍兴都市区人口现代化程度测评

(1)人口再生产类型现代化程度测评。生育现代化是人口再生产类型现代化的基础和前提。根据第五次人口普查(以下简称"五普"),2000 年绍兴都市区育龄妇女总和生育率为 1.002,经调整为 1.091。这一年发达国家总和生育率的平均水平为 1.657。绍兴都市区的总和生育率明显低于发达国家的平均水平(见表 1)。

---

① 陈惠仁等.苏南人口现代化问题[M].南京:江苏人民出版社,1998:303-304.
② 中国科学院可持续发展研究组.2001 中国可持续发展战略报告[M].北京:科学出版社,2001:44-45.

表 1　绍兴都市区人口再生产现代化状况与发达国家比较

国家或地区	人口出生率 /‰	人口死亡率 /‰	人口自然增长率 /‰	总和生育率
澳大利亚	13.00	7.00	6.00	1.700
奥地利	10.00	10.00	0.00	1.300
比利时	11.00	10.00	1.00	1.600
加拿大	11.00	7.00	4.00	1.500
丹麦	12.00	11.00	1.00	1.700
芬兰	11.00	10.00	1.00	1.700
法国	13.00	9.00	4.00	1.800
德国	9.00	10.00	−1.00	1.300
爱尔兰	15.00	9.00	6.00	1.900
以色列	22.00	6.00	16.00	2.900
意大利	9.00	10.00	−1.00	1.200
日本	9.00	8.00	1.00	1.300
荷兰	13.00	9.00	4.00	1.600
新西兰	15.00	7.00	8.00	2.000
挪威	13.00	10.00	3.00	1.800
葡萄牙	11.00	11.00	0.00	1.500
西班牙	9.00	9.00	0.00	1.200
瑞典	10.00	11.00	−1.00	1.500
瑞士	11.00	9.00	2.00	1.500
英国	12.00	11.00	1.00	1.700
美国	15.00	9.00	6.00	2.100
平均	12.10	9.19	2.91	1.657
绍兴都市区	9.45	6.29	3.16	1.091
实现率/%	100.00	100.00	93.060	100.000

资料来源:美国人口咨询局编:《2000 年世界人口数据表》。

根据"五普"资料,2000 年绍兴都市区人口出生率为 9.45‰,死亡率为

6.29‰,自然增长率为 0.32%,这一年上述指标发达国家的平均水平分别是 12.10‰、9.19‰和 0.30%。相比之下,绍兴都市区只是人口自然增长率略高于发达国家的平均水平,而人口出生率和死亡率均低于发达国家的平均水平。这里需要指出的是,发达国家死亡率水平较高,并不是生活质量或医疗水平所限,而是人口老龄化水平较高所致。至于育龄妇女总和生育率和人口出生率,不能笼统地认为越低越好。在此,我们只是将绍兴都市区的总和生育率和人口出生率、死亡率与发达国家归于同一类型,而不作更具体的比较。从表 1 中可以看出,绍兴都市区人口再生产类型与发达国家已没有多少差别,已实现人口再生产类型的现代化转变。

(2)人口素质现代化程度测评。人口素质包含身体素质、科学文化素质、思想道德素质等诸多方面,有些素质难以量化,不便比较,因此这里只选用出生预期寿命、人均受教育年限、成人文盲率等常用指标来表示。

表 2　绍兴都市区人口素质现代化状况

国家或地区	出生预期寿命/岁	成人文盲率/%	平均受教育年限/年	国家或地区	出生预期寿命/岁	成人文盲率/%	平均受教育年限/年
澳大利亚	79.00	0.10	16.00	荷兰	78.00	0.10	15.50
奥地利	78.00	0.10	14.00	新西兰	77.00	0.10	16.50
比利时	78.00	0.10	15.50	挪威	78.00	0.10	14.50
加拿大	79.00	0.10	17.50	葡萄牙	75.00	9.00	14.50
丹麦	76.00	0.10	15.00	西班牙	78.00	3.00	15.50
芬兰	77.00	0.10	15.50	瑞典	79.00	0.10	14.50
法国	78.00	0.10	15.50	瑞士	80.00	0.10	14.50
德国	77.00	0.10	15.00	英国	77.00	0.10	16.50
爱尔兰	76.00	0.10	15.00	美国	77.00	0.10	15.50
以色列	78.00	4.50	—	平均	77.81	0.94	15.29
意大利	78.00	1.50	—	绍兴都市区	75.59	8.52	7.30
日本	81.00	0.10	14.00	实现率/%	97.15	11.03	47.74

资料来源:美国人口咨询局所编《2000 年世界人口数据表》;《世界银行发展报告》(1999)。

　　从表2中可以看出,由于人口死亡率比较低,绍兴都市区的人口出生预期寿命已接近发达国家的平均水平。但是,成人识字率(这里用成人文盲率来表示)和平均受教育年限这两项指标与发达国家相比,还存在着巨大的差距。在消除成人文盲方面的现代化实现率只达到11.03%,虽然高于全国6.18%的平均实现率[①],但是这项指标极大地影响了人口现代化的综合实现率。

　　(3)人口结构和人口分布现代化程度测评。这里所说的人口结构,主要指人口自然结构,包括人口性别结构和年龄结构。

　　据"五普"资料,2000年绍兴都市区总人口性别比为97.22,出生性别比为106.49,均属正常范围。

　　据"五普"资料,2000年绍兴都市区总人口中,0—14岁少儿人口占19.05%,15—64岁劳动适龄人口占71.53%,65岁及以上老年人口占9.42%。根据国际通行标准,这种年龄结构属于老年型。但是与发达国家比较,老龄化程度还不高(见表3)。从另一个角度看,由于少儿人口比重和老年人口比重都不高,而劳动年龄人口比重较高,劳动力资源丰富,这种年龄结构对经济社会的发展是有利的。

　　现代人口分布变化的主要特征是人口城市化。据"五普"资料,2000年绍兴都市区总人口中市镇人口占53.71%。作为一个都市区,它的城市化率比整个绍兴市的平均水平已高了不少,但与发达国家的城市化水平相比仍然有一定差距。

　　(4)人口现代化程度综合测评。为了对绍兴都市区人口现状有一个总体的评价,还必须对人口现代化程度进行综合测评(见表4)。

---

① 王秀银.关于人口现代化的几点思考[J].人口研究,2002(4):9-16.

表3　绍兴都市区人口结构和分布现代化状况　　单位:%

国家或地区	0—14岁人口比重	65岁及以上人口比重	城市人口比重	国家或地区	0—14岁人口比重	65岁及以上人口比重	城市人口比重
澳大利亚	21.00	12.00	85.00	荷兰	19.00	14.00	61.00
奥地利	17.00	15.00	65.00	新西兰	23.00	12.00	85.00
比利时	18.00	17.00	97.00	挪威	20.00	15.00	74.00
加拿大	19.00	12.00	78.00	葡萄牙	17.00	15.00	48.00
丹麦	18.00	15.00	85.00	西班牙	15.00	16.00	64.00
芬兰	18.00	15.00	60.00	瑞典	19.00	17.00	84.00
法国	19.00	16.00	74.00	瑞士	18.00	15.00	68.00
德国	16.00	16.00	86.00	英国	19.00	16.00	89.00
爱尔兰	22.00	11.00	58.00	美国	21.00	13.00	75.00
以色列	29.00	10.00	90.00	平均	18.95	14.57	75.90
意大利	15.00	17.00	90.00	绍兴都市区	19.05	9.42	53.71
日本	15.00	17.00	78.00	实现率	99.48	64.65	70.76

资料来源:美国人口咨询局所编《2000年世界人口数据表》。

表4　绍兴都市区人口现代化程度综合测评

指　标		实现率/%
人口再生产类型	育龄妇女总和生育率	100.00
	人口出生率	100.00
	人口死亡率	100.00
	人口自然增长率	93.06
人口素质	育龄妇女总和生育率	100.00
	人口出生预期寿命	97.15
	成人文盲率	11.03
	成人平均受教育年限	47.74

续表

指　　标		实现率/%
人口自然结构	人口性别比	100.00
	0—14 岁人口比重	99.48
	65 岁及以上人口比重	64.65
人口分布	城市人口比重	70.76
综合实现率		80.35

前面说过,人口现代化的内涵十分丰富,涉及的指标很多,限于数据的可得性,这里我们只选择了 11 个比较重要的指标,虽然有一定代表性,但显然不够完整。另外,我们以当代发达国家的平均水平为参照值,虽然有一定道理,但并不是很理想,因为现代化不等于西方化。因此,我们这个测评是比较粗略的,测评的结果仅供参考,目的在于寻找问题和差距。测评结果显示,绍兴都市区人口现代化实现程度为 80.35%。

(二)绍兴都市区主要人口问题

这里所说的人口问题,有的是显性问题,如成人受教育程度偏低;有的是潜在性问题,如今后人口老龄化来势迅猛;有的是隐蔽性问题,如出生性别比问题。

1. 人口受教育程度偏低

从绍兴都市区人口现代化程度测评中可以看出,与发达国家差距最大的是人口受教育程度方面的指标。在实现降低文盲率或提高成人识字率方面,绍兴都市区只相当于发达国家平均水平的 11.03%;成人平均受教育年限只相当于发达国家平均水平的 47.74%。

值得引起注意的是,绍兴都市区人口受教育程度不仅与发达国家相比有很大差距,而且与全省和全国的平均水平相比也有一定距离。从表 5 中可以看出,绍兴都市区无论是每十万人中拥有高中或中专文化程度人数还是每十万人中拥有大专及以上文化程度人数都少于全省和全国的平均数。尤其是经济发达的绍兴县,总人口中拥有高中以上文化程度人口的比例与全省、全国的平均水平相差很大,其中每十万人中拥有大专及以上文化程度人数只相当于全省平均水平的 31.70％、全国平均水平的 28.59％,与经济发展水平形成极大的反差(见表5)。

表5　绍兴都市区人口受教育程度与全省、全国比较

地区		每十万人中拥有高中或中专文化程度人数/人	每十万人中拥有大专及以上文化程度人数/人
全国		11128	3543
浙江省		10785	3196
绍兴都市区	合计	10391	2759
	越城区	15551	6172
	绍兴县	7268	1013
	上虞市	9292	1682

资料来源:根据第五次人口普查资料计算。

2. 人口老龄化来势迅猛

绍兴都市区目前的人口老龄化程度与发达国家相比并不算高,65 岁及以上老年人口比重只相当于发达国家平均水平的 64.65％,然而由于整个绍兴地区是我国计划生育工作先进地区,近二三十年来控制人口增长的力度较大,在很短的时间内使生育率降到很低的程度,导致人口金字塔迅速变形、底部老化严重,预示着今后的人口老龄化来势迅猛。从 2000 年绍兴都市区人口金字塔中可以看到,塔形的下半部收缩明显,几乎变为倒宝塔形(见图 1)。随着时间的推移,老年人口的比重将越来越大,甚至会超过少儿人口比重。随着生活质量的提高和人们寿命的延长,少子高龄化的趋势会越来越明显。人口年龄结构的这种变化,是多年来执行严格控制人口增长的生育政策的结果,也是经济社会发展的产物。然而,人口老龄化的快速到来,必然会给老年社会保障带来巨大压力,而且会给经济社会发展诸多方面带来深刻的影响。从某种意义上说,这是控制人口过快增长所不得不付出的一种代价。对此,各有关部门必须予以重视,并积极应对。

3. 局部区域人口出生性别比偏高

根据国际上长期观察,正常的出生婴儿性别比比较稳定,一般在 103～107 之间。20 世纪 80 年代以来,我国出生婴儿性别比持续攀升,已经成为全国性的严重问题。

尽管绍兴都市区出生婴儿性别比在正常范围之内,但分区域观察,1999 年 11 月至 2000 年 10 月出生人口性别比越城区为 105.01,绍兴县为 108.95,上虞市为 105.06。越城区和上虞市属正常范围,绍兴县偏离了正常值,虽然偏离度不算很大,但也必须引起重视。

图 1　2000 年绍兴都市区人口金字塔

4. 人口城市化率有待继续提高

目前绍兴都市区城市人口比重为 53.71%,比起以往已有很大提高,但与发达国家相比还有一定差距。

从发达国家的城市化历程来看,城镇发展有两种形式:一是小城镇不断增强吸纳人口和扩大就业的能力,逐步形成各具风格和特色的中、小城市群;二是大城市向周边地区扩展,人口和产业向郊区转移,造就一批具有较强经济实力和一定规模的郊区卫星镇。后一种形式现已逐渐成为世界城市化发展的主流。

2003 年绍兴的 GDP 达到 1000 亿元以上,人均 GDP 达到了 3000 美元,社会整体已进入工业化中后期。这是城市化的加速期。政府应因势利导,在扩大中心城规模的同时,加速传统小城镇和新型卫星镇的建设,继续提高城市化率。

三、绍兴都市区人口发展预测

(一)人口自然增长预测

1. 人口自然增长预测方案设计

采用分要素预测法对绍兴都市区 21 世纪上半叶的人口数量和结构的变动趋势进行预测:各年龄人口采用年龄移算法进行预测;出生人口采用分年龄生育率法进行预测;死亡人口按年龄别死亡率进行预测。

(1)未来育龄妇女生育状况变动假设。浙江省 2002 年 9 月 3 日颁布的《浙江省人口与计划生育条例》规定,夫妻双方均为独生子女的夫妻可以生育二孩,或者夫妻双方中一方连续两代为独生子女的也可以生育二孩。根据《条例》,大致上在 2008 年左右开始,育龄妇女的生育水平逐渐向普遍生育二孩(总和生育率为 2.0)过渡。绍兴都市区人口预测方案中未来生育水平变动就是按照这一思路设计的。

在现行生育政策不变的前提下,我们设计了高、中、低 3 个人口自然增长预测方案。

高方案按生育政策允许的最高生育水平设计(由于在绍兴农村,很多独女户放弃生育二孩,实际生育水平达不到政策水平)。据 2000 年绍兴都市区城乡人口构成情况,政策总和生育率为 1.363。随着时间的推移,独生子女间婚配的比例逐渐增多,总和生育率逐渐提高到 2.0(见表 6)。

表 6　21 世纪上半叶绍兴都市区育龄妇女总和生育率变化一览　　单位:‰

年份	低方案	中方案	高方案
2001	1091	1227	1363
2002	1091	1227	1363
2003	1091	1227	1363
2004	1091	1227	1363
2005	1091	1227	1363
2006	1091	1227	1363
2007	1091	1227	1363
2008	1111	1249	1388
2009	1118	1257	1397
2010	1131	1272	1413
2011	1161	1305	1450
2012	1205	1356	1506
2013	1276	1435	1594
2014	1366	1537	1707
2015	1450	1631	1812
2016	1509	1698	1886
2017	1544	1736	1929
2018	1565	1761	1957
2019	1577	1774	1971
2020	1582	1780	1978
2025	1596	1795	1995
2030	1599	1798	1998
2035	1600	1800	2000
2040	1600	1800	2000
2045	1600	1800	2000
2050	1600	1800	2000

　　低方案按 2000 年"五普"时绍兴都市区的总和生育率为预测起点(绍兴都市区"五普"长表得到的总和生育率为 1.002,我们根据短表中的出生人数进行了调整,调整后的总和生育率为 1.091)。随着时间的推移,总和生育率将逐渐提高。考虑到将来有一定比例的夫妇放弃生育二孩,总和生育率最终稳定在 1.6。

　　中方案的总和生育率介于高、低两个方案之间,2000 年为 1.227。随着时间的推移,最后达到 1.80。

　　生育模式以 2000 年"五普"时的生育模式为准,未来保持不变。出生性别比以 2000 年"五普"时的 106.5 为准。

　　(2)未来人口死亡变动假设。首先根据 2000 年"五普"资料编制浙江省分性别的生命表,然后以此作为年龄移算的依据。未来人口出生时的平均预期寿命则根据联合国提供的经验数据(中方案)调整(见表 7),同时假定未来人口的死亡模式保持不变。

表 7　21 世纪上半叶绍兴都市区人口出生时预期寿命变化一览　　　　单位:岁

年份	男	女	年份	男	女
2001	72.93	77.64	2014	75.02	79.72
2002	73.09	77.80	2015	75.12	79.88
2003	73.25	77.96	2016	75.22	80.04
2004	73.41	78.12	2017	75.32	80.14
2005	73.57	78.28	2018	75.42	80.24
2006	73.73	78.44	2019	75.52	80.34
2007	73.89	78.60	2020	75.62	80.44
2008	74.05	78.76	2025	76.12	80.94
2009	74.21	78.92	2030	76.62	81.44
2010	74.37	79.08	2035	77.12	81.94
2011	74.53	79.24	2040	77.60	82.43
2012	74.69	79.40	2045	78.00	82.85
2013	74.86	79.56	2050	78.40	83.25

(二)人口自然增长预测结果

1. 人口机械增长预测

(1)户籍人口机械增长预测。户籍人口机械增长预测以公安部门提供的 1990—2003 年数据为依据,用幂函数和线性函数拟合后外推取二者的平均值得到(见表 8)。

表 8　绍兴都市区人口机械增长预测　　　　　　单位:人

年份	户籍人口机械增长数(1990年为起点)	户籍人口机械增长数(2000年为起点)	外来人口	外出人口	外来－外出	外来－外出增加数(2000年为起点)	常住人口机械增长数(2000年为起点)
1990	4171	—	41282	89270	−47988	—	—
2000	56696	—	335222	286228	48994	—	—
2005	88082	31386	482192	384707	97485	48491	79877
2010	118157	61461	629162	483186	145976	96982	158443
2015	148805	92109	776132	581665	194467	145473	237582
2020	179929	123233	923102	680144	242958	193964	317197

注:常住人口机械增长数＝户籍人口机械增长数(2000年起点)＋外来人口增长数－外出人口增长数(2000年起点)。

(2)外来人口预测。受经济周期变动的影响,外来人口预测是一件较为困难的事,无法预测出一个正确的数值,只能估计未来变动的趋势。

这里采用的预测方法是,用"四普"和"五普"时绍兴都市区的外来人口数据进行线性外推(见表 8)。1990 年绍兴都市区外来人口为 4.1 万人,2000 年达到 33.5 万人。按此趋势,预计到 2010 年绍兴都市区外来人口大致在 63 万左右;到 2020 年,大致在 92 万左右。

(3)外出人口预测。外出人口是指户口在绍兴都市区但常年生活在县域外的人口。绍兴都市区地处浙江省两大中心城市杭州市和宁波市之间,交通便捷,不但有大量的外来人口来此务工经商,同时也有大量人口常年在外务工经商。随着长三角经济一体化进程的加快,区域内各城市之间的联系将更加密切,人流、物流、信息流的渠道更加畅通。随着区域经济的发展和区域格局的变化,绍兴都市区外出人口又会有一定程度的增加。1990 年绍兴都市区外出人口为 8.9 万人,2000 年为 28.6 万人。按此外推,预计到 2010 年外出人口大致在 48 万左右,2020 年将保持在 68 万左右(见表 8)。

四、绍兴都市区未来人口规模变化趋势

2000 年"五普"时绍兴都市区总人口为 2147438 人。根据本课题设计的人口预测方案,按中方案,绍兴都市区 2020 年末的人口规模大约在 253 万左右(见表 9)。

表 9　绍兴都市区未来常住人口规模预测　　　　单位:人

年份	自然增长人口数			常住人口机械增长数(2000 年起点)	常住人口数		
	低方案	中方案	高方案		低方案	中方案	高方案
2000	2147438	2147438	2147438	—	2147438	2147438	2147438
2005	2160948	2175440	2189932	79877	2240825	2255317	2269809
2010	2157016	2182751	2208480	158443	2315459	2341194	2366923
2015	2156123	2192500	2228882	237582	2393705	2430082	2466464
2020	2162727	2212125	2261519	317197	2479924	2529322	2578716

注:常住人口数＝只考虑自然增长的人口数＋常住人口机械增长数(2000 年起点)。

五、绍兴都市区未来城市化水平和中心城人口规模

(一)城市化水平预测

1. 绍兴都市区未来城市化趋势分析

对绍兴都市区城市化进行预测时,必须首先对未来的变动趋势进行基本估计。我们认为,绍兴都市区未来城镇化水平将持续上升。理由是:

(1)无论是从发达国家城市化的实际过程来看,还是从已有的理论研究情况来看,城市化进程是有阶段性的,发展历程大致如一条 S 形曲线,都要经历城市人口缓慢增长、城市化快速推进以及城市化水平基本稳定三个发展阶段。从绍兴都市区以往的城市化发展历程来判断,目前正处于城市化发展的第二阶段即快速推进阶段。在未来的一段时间里,绍兴都市区的城市化水平将呈现加速增长态势。

(2)今后的 20 年是浙江省城镇化水平加速发展的时期。浙江省第十次党代会已提出了加快城镇化进程和发展中心城镇的战略决策,要求全省的城镇化水平 2005 年达到 43% 左右,2015 年达到 56% 左右。在这样的背景下,一系列不利于人口和产业聚集的制度障碍将被突破,而有利于城镇化发展的政策将不断出台。

(3)绍兴市目前的城镇化进程仍然滞后于非农化的进程。城镇化水平是否滞后于非农化进程可以用非农化水平(劳动力非农比重,用 N 表示)与城镇化水平(U)的比值(NU)来反映。2001 年绍兴市非农化水平为 65.9%,城镇化水平为 48.68%,NU 值为 1.35。按照钱纳里提出的发展模型或标准结构,一般认为,NU 值大体呈现随着人均 GDP 的增长而下降并最终稳定在 1.2 的水平上。因此可以说绍兴市的城镇化水平仍然滞后于非农化水平。随着各级政府积极的政策引导,绍兴市城镇化与非农化脱节的问题将得到有效解决,城镇化滞后于非农化的现象将逐步扭转,城镇化水平将随着非农化进程的推进进一步上升。

(4)已有研究表明,城镇化水平与经济发展水平呈现显著相关性。有学者曾经以城市人口比重代表城镇化水平、人均国内生产总值代表经济发展水平,对 1977 年世界 157 个国家和地区的资料进行统计分析,除了科威特、新加坡、瑞士、乌拉圭等 20 个国家由于特殊因素的影响,两种水平之间不匹配外,其余 137 个国家和地区的两项指标都呈现显著的对数曲线关系。我们认为,今后随着绍兴钱塘江大桥的建设,绍兴都市区的区位条件将更加优越,经济发展势头将更加强劲,必然会推动城市化水平的提升。

2. 绍兴都市区未来城市化进程预测

基于上述分析,本文运用 URGD 预测法和线性增长法对绍兴都市区的城市化水平进行多方法预测。

绍兴都市区城镇人口比重 1990 年第四次人口普查时为 21.64%(第二口径),2000 年"五普"时为 53.71%。由于计划经济的影响和统计口径的差异,1990 年城镇化水平明显偏低。若采用该数据对未来城镇化进行预测,将会导致矛盾的结果。因此,需用其他方法进行调整。

这里,我们采用两个非农平方根法进行调整。此方法是将总人口中城镇非农业人口比重和从业人口中从事非农业人口比重乘积的平方根作为城镇人口比重的估算值。

估算模型为:

$$S = \sqrt{(P_1/P) \times (P_2/P_3)}$$

式中,S 为城镇化水平;P 为区域总人口;P_1 为区域非农业人口;P_2 为非农业从业人口;P_3 为社会从业人口。

运用上述模型估算绍兴都市区 1995 年和 2000 年的城镇化水平。由于用两个非农平方根法估算城镇化水平时没有考虑暂住人口的影响,往往结果偏低,因此需要进行调整。本报告采用第五次人口普查的数据进行调整。调整后绍兴都市区的城镇化水平见表 10。

UGRD 预测法:UGRD 预测法是由联合国开发的用于城乡人口变动的预测方法。这种方法的基本原理为用总人口的预测值以及城市人口和农村人口的现状值,计算出城市人口和农村人口的增长率之差,假定区域未来的变动按照这样的发展趋势变动。UGRD 预测法大致可以分为人口增长率法和 Logistic 表法。本报告采用 Logistic 表法。

Logistic 表法是一种相对比较简单的方法,基于这样的假设:预测区域城市化水平的增长曲线近似于 Logistic 曲线;城乡人口的增长率之差为常数。预测模型为:

$$100 \times U^{(t)}/T^{(t)} = 100 \times e^{dt}/(1 + e^{dt})$$

式中，$U^{(t)}$ 为某区域 t 时刻的总人口；$T^{(t)}$ 为某区域 t 时刻的城市人口；d 为城市人口与农村人口的指数增长率差；t 为预测时间。

以上述模型为基础，假设 d 每年为 0.01，联合国有关机构计算了城市化水平从 0.8163%（-480 单位年）到 99.175%（479 单位年）之间的 100 * dt(dt 即"单位年"）的值，编制成表格形式，即 Logistic 表。根据 Logistic 表，在假设城市化水平的变化近似于 Logistic 曲线的情况下，可以简单地根据该表查出所要预测的某一时刻的城市化水平。未来绍兴都市区城镇化进程以1995—2000 年期间的速度为参照，借助 Logistic 表进行预测，结果见表 10。

线性增长法：线性增长法就是假定在调查期间和最终调查年份以后的城镇化水平年增长量保持稳定不变，以此为据建立模型进行区域城镇化预测的方法。

数学模型为：

$$P_t = P_0 + R \times t$$

式中，P_t 为预测年 t 年的城镇化水平，P_0 为基年城镇化水平，R 为增长速度。

假设从 t 年到 $t+n$ 年内每年增长速度 R 保持不变，则利用 t 年的总人口，逐年滚动计算，就可以预测 $(t+1)$ 年直至 $(t+n)$ 年的城镇化水平。

在本次预测中以 2000 年为预测的基年，预测结果见表 10。

UGRD 法和线性增长法这两种方法的不足之处在于过分依赖于过去的发展速度，同时使用这两种方法可以尽可能地避免误差的产生，因此，可以用两种方法的算术平均值作为预测结果。

从表 10 中可以看出，根据我们的预测，绍兴都市区的城市人口比重到2005 年将上升到 60.46%，到 2010 年将达到 67.00%，到 2015 年达到73.27%，到 2020 年达到 79.20%。

表 10　绍兴都市区城市化水平多方法预测　　　　　单位:%

预测方法	1995 年	2000 年	2005 年	2010 年	2015 年	2020 年
趋势外推法	46.96	53.71	60.46	67.21	73.97	80.72
Logistic 表法	46.96	53.71	60.45	66.79	72.58	77.69
算术平均	46.96	53.71	60.46	67.00	73.27	79.20

(二)绍兴都市区未来中心城人口规模

这里采用比例法对绍兴大城市未来人口规模进行预测。2000 年越城区和绍兴县城建成区内人口占绍兴都市区城镇人口的比重为 46.14%。规划中的绍兴大城市作为绍兴都市区的中心城市,随着倾斜式、非均衡的城市化战略的推进,市区人口将有较大规模的增长。预计 2020 年前绍兴大城市城建成区内人口占绍兴都市区城镇人口比重将达到 60%。按中方案预测,2020 年绍兴都市区常住人口将达到 253 万。该年城镇人口比重为 79.2%,按此推算,到 2020 年绍兴大城市建成区内人口将达到 120 万人左右。

当然,以上只是按一般性规律所做的推测。一个城市可以发展到多大规模,是多种因素相互作用的结果,是内在的自组织机制使然。在决定城市人口规模的诸因素中,经济、资源和环境等方面的因素至关重要。一个城市的人口规模与其所能提供的就业岗位呈正相关。而就业机会的创造则有赖经济的发展水平。需要指出的是,随着技术的进步,资本有机构成的提高,知识经济的兴起,同值的经济增长所提供的低素质就业岗位将呈减少之势。另外,生活水平不同,人口对资源环境所造成的压力也不同。一般地,城市单位人口的生态作用强度与该城市的经济发展水平、消费水平呈正相关关系。如果生活水平提高了,而城市对与人口生态作用有关的商品供应能力和废弃物处理能力没有相应提高,会使城市人口容量减少。此外,城市所处的地理位置、交通条件、区域分工、土地利用条件、水资源、生态环境容量等都是城市人口规模的重要制约因素。总而言之,在既定的自然条件下,城市人口规模取决于城市性质和功能定位。

六、绍兴都市区未来人口年龄结构变化及相关问题

本部分只是根据人口自然增长预测的数据进行分析。由于人口迁移的主体是青壮年,因此在城市化的过程中未来人口年龄结构的某些问题可能会有所缓解。

(一)育龄妇女数量变化趋势

从人口预测的结果来看,不论哪种方案,育龄妇女人口数都呈下降的态势。受20世纪五六十年代出生高峰的影响,在2018年以前20—29岁生育高峰年龄段育龄妇女人口数一直处于较大规模。但是这期间该年龄段育龄妇女的数量也有所波动(见表11、图2)。

表11　绍兴都市区未来育龄妇女人数变化趋势预测　　单位:人

年份	15—49岁育龄妇女人数			其中20—29岁生育高峰期育龄妇女人数		
	高方案	中方案	低方案	高方案	中方案	低方案
2005	630237	630237	630237	139986	139986	139986
2010	610158	610158	610158	142885	142885	142885
2015	553979	553979	553979	143912	143912	143912
2020	489749	482822	475892	121118	121118	121118
2025	437780	425420	413056	109539	102628	95712
2030	415599	398124	380626	103087	90756	78419
2035	410964	387233	363487	99090	88540	77956
2040	393891	363050	332241	112851	101438	90025
2045	381089	341871	302758	120609	107167	93785
2050	376106	327760	280265	113330	97729	82240

从表11中可以看出,20—29岁生育高峰期育龄妇女人数最多的是2015年,为14.39万人。有两个年份处于相对的低谷期,一是2006年,为13.59万人,与高峰年相差8000人;二是2013年,为13.62万人,与高峰年

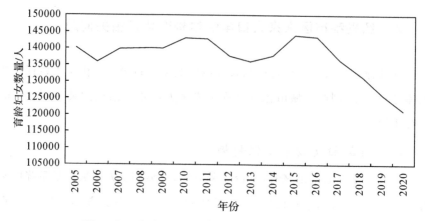

图2　绍兴都市区20—29岁育龄妇女数量变动情况

相差7700人。

(二)出生人口与学龄人口数量变化趋势

受育龄妇女年龄构成的影响,绍兴都市区也同其他地区一样,未来的人口出生数、学龄前儿童数和学龄人口数波动较大(见表12,图3、图4)。

表12　绍兴都市区未来出生人数和学龄人口变化趋势　　单位:人

年份	年出生数	幼儿园适龄人口	学龄人口		
			小学	初中	高中
2005	19208	62653	148702	82139	92448
2010	17497	55040	123294	70564	86120
2015	21139	53705	108619	62520	61111
2020	23988	64852	109778	53143	58298
2025	20843	68999	131370	55531	51294
2030	17937	60316	134965	66954	59745
2035	16430	51476	118425	66719	70133
2040	16966	48548	102304	58614	62794
2045	18370	51044	97378	50071	54784
2050	18437	54552	102850	48489	48662

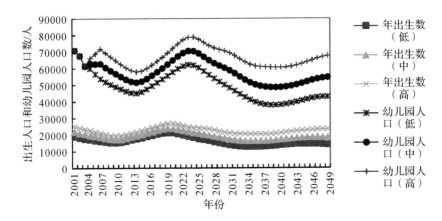

图 3　绍兴市出生人口和幼儿园人口变动趋势

根据人口预测的中方案,21 世纪头 10 年绍兴都市区出生人口数处于逐年下降态势,到 2009 年降到最低点,为 1.7 万人。但是从 2010 年起开始缓慢回升,到 2019 年将达到 2.4 万人,比 2009 年要多出近 0.7 万人。

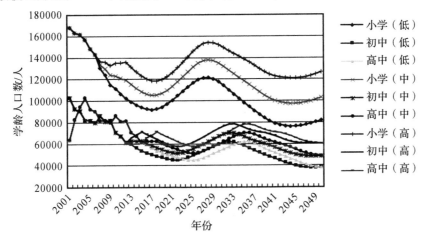

图 4　绍兴市学龄人口数变动趋势

幼儿园适龄人口 2006 年为 6.3 万,此后缓慢下降,到 2013 年降至 5.2 万,与 2006 年相比减少了 1.1 万。但是从 2014 年起有缓慢回升,到 2023 年将达到 7 万,比 2013 年差不多要多出近 2 万。

　　小学学龄儿童人数在未来的 30 年内可谓大起大落,波动幅度很大。21 世纪头20年基本上处于快速下降趋势。2001 年小学学龄儿童为 16.8 万,到 2017 年将降至 10.5 万,比 2001 年少 6.3 万,减少近四成。但是到 20 年代又开始回升,到 2028 年将达到 14 万,与 2017 年相比要增加 3 万多,增长幅度将达 33%。

　　初中学龄人口数在 21 世纪头 20 年呈下降趋势,2001 年为 10.3 万,到 2020 年将降至 5.3 万,到 2022 年进一步降至 5.1 万,比 2001 年减少了一半。但此后又缓慢回升,到 2032 年增至 7 万,比 10 年前的 2022 年增加近2万。

　　高中学龄人口数在 21 世纪头 20 年也是呈下降趋势,2004 年为 10.3 万,到 2020 年将降至 5.8 万,与 2004 年相比减少 4.5 万。但此后人数有所回升,到 2035 年将达到 7 万。

(三)劳动适龄人口数量和负担系数变化趋势

　　绍兴都市区 15—64 岁劳动适龄人口的数量在 21 世纪头 20 年呈大起大落态势。据中方案预测,2001 年绍兴都市区劳动适龄人口为 154.15 万,到 2010 年将增至 164.34 万,比 2001 年多 10 万。此后开始逐渐缩减,到 2020 年将降至 152.34 万,比 2010 年少 12 万。2020 年以后劳动适龄人口仍呈下降趋势,到 2050 年将降至 105 万,比世纪初减少将近 50 万,比峰值年 2010 年减少近 60 万(见表 13,图 5)。

　　在人口统计学中,一般将 0—14 岁少儿人口和 65 岁及以上老年人口看成是被抚养人口,被抚养人口与劳动年龄人口之比叫抚养比,又称抚养系数或负担系数。这一比例表明每一百名劳动年龄人口负担多少非劳动年龄人口。其中少儿人口和劳动年龄人口的比例叫少儿抚养比,老年人口与劳动年龄人口的比例叫老年抚养比。

　　据中方案预测,21 世纪头 20 年绍兴都市区劳动年龄人口的负担系数比较低。头 10 年总抚养比处于下降趋势,2001 年为 39.83%,到 2010 年降至最低点,为 32.82%,降低 7.01 个百分点。此后缓慢上升,到 2020 年升至 45.21%,但总的看仍然比较低(见表 13,图 5)。2000 年发达国家劳动年龄人口负担系数的平均水平约为 49％，发展中国家的平均水平约为 64％（据美国人口咨询局编印的《世界人口数据表》资料推算）。绍兴都市区劳动年龄人口的负担系数在较长一段时间均低于发达国家的平均水平。

表13　绍兴都市区未来劳动适龄人口数量和负担系数变化趋势

年份	劳动适龄人口	劳动适龄人口负担系数/％		
		少儿抚养比	老年抚养比	总抚养比
2005	1606175	21.97	13.47	35.44
2010	1643359	18.33	14.50	32.82
2015	1602190	17.83	19.01	36.84
2020	1523426	19.64	25.57	45.21
2025	1434723	22.29	32.09	54.39
2030	1320334	24.09	41.94	66.03
2035	1211446	23.62	53.26	76.88
2040	1133373	22.91	60.49	83.40
2045	1093994	23.12	60.52	83.63
2050	1051337	24.86	59.20	84.06

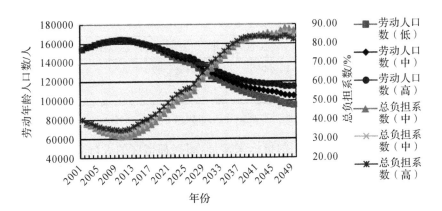

图5　绍兴市劳动年龄人口数和总负担系数变动趋势

近年来我国的一些学者利用"人口红利"理论来证明计划生育工作所带

来的经济效益。所谓"人口红利",就是通过家庭计划生育,在较低收入的条件下,加速人口转变,形成较高比例的劳动或工作人口。这意味着相对比例较高的工作者与储蓄者,相对比例较低的被抚养人口,有利于经济增长。我国由于积极推行计划生育工作,20世纪80年代就开始进入"人口红利"阶段,主要表现在劳动人口比例不断上升,抚养系数迅速下降。从人口预测的情况看,绍兴都市区目前及今后十五年左右仍处于劳力资源丰富、少儿与老年抚养比均相对较低的"人口红利"黄金时期。当然这只是一种理论分析,实际情形不一定如此。劳动年龄人口比例增大,也意味着就业压力增大。如果劳动年龄人口不能就业,也就成了被抚养人口。

(四)人口老龄化趋势

平时人们常用老年人口占总人口的比例来衡量人口老龄化程度。其实,要比较精确地衡量一个国家或地区的人口老化状况,必须同时考察以下四个指标,即少儿人口比重、老年人口比重、老少比、年龄中位数。这四个指标的常用指标值如表14所示。

表14 反映人口老龄化程度的常用指标值

年龄构成类型	年轻型	成年型	老年型
0—14岁人口	40%以上	30%～40%	30%以上
65岁及以上人口	4%以下	4%～7%	7%以上
老少比	15%以下	15%～30%	30%以上
年龄中位数	20岁以下	20—30岁	30岁以上

资料来源:邬沧萍.社会老年学[M].北京:中国人民大学出版社,1999:139.

根据上述国际上通用的指标来衡量,绍兴都市区的人口年龄结构早已进入老年型。未来的半个世纪是绍兴都市区人口老龄化程度逐步提升并达到高峰的时期。表15给出的是中方案预测的人口老龄化发展态势。从表15中可以看出,0—14岁少儿人口比重在今后10年左右继续呈下降趋势,到2017年前后开始有所回升,但直到2050年仍处于较低的水平。65岁及以上老年人口比重在今后几十年内一直处于上升态势,到2044年达到

33.27%。这意味着到那时每 3 个人中就有一位 65 岁以上的老人。从 2045 年起开始缓慢回落。老少比是老年人口数与少儿人口数之比。从表 15 中可以看出,到 2014 年老少比开始超过 100,这意味着这时 65 岁及以上老年人口数超过了 0—14 岁少儿人口数。到 2033 年老少比超过 200,表明那时老年人口数超过少儿人口数一倍。峰值年是 2042 年,那时的老少比为 268.19,即老年人口数是少儿人口数的 2.68 倍,此后缓慢回落。年龄中位数是度量人口老龄化程度的重要指标。现在发达国家的人口年龄中位数大多在 35—40 岁之间。绍兴都市区目前的人口年龄中位数与发达国家相似。今后的几十年年龄中位数将不断提高,到 2047 年将达到 52.01 岁,也就是到那时有一半人口的年龄在 52 岁以上。根据四项指标综合分析,21 世纪 40 年代是绍兴都市区人口老化的高峰期,届时老年人口的绝对数和相对数将先后达到高峰(见图 6)。

表 15　绍兴都市区未来人口老龄化发展趋势

年份	0—14 岁人口比重/%	65 岁及以上人口比重/%	老少比	年龄中位数
2005	16.22	9.95	61.33	37.72
2010	13.80	10.91	79.11	41.00
2015	13.03	13.89	106.59	44.07
2020	13.53	17.61	130.16	46.45
2025	14.44	20.79	143.95	48.06
2030	14.51	25.26	174.13	48.91
2035	13.36	30.11	225.44	49.69
2040	12.49	32.98	264.03	51.20
2045	12.59	32.95	261.77	51.80
2050	13.51	32.16	238.15	51.67

　　人口老龄化的加深,老年人口绝对量和相对量的不断增加,会给经济社会发展带来深刻的影响,其中最突出最明显的是会给家庭和社会养老带来

巨大压力。如前面所述,当少儿人口比重下降、老年人口比重又不太高的时候,劳动年龄人口的负担很轻,有利于经济社会的发展。但是老年人口比重不断提高,老年抚养比也随之逐渐提高,必然推动总抚养比的提高,劳动年龄人口的负担也将逐渐加重。据预测,绍兴都市区老年抚养比 2005 年为13.47%,到 2021 年将翻一番,达到 27.00%,到 2050 年将达到 59.20%,相当于 2005 年的 4.39 倍。受老年抚养比上升的影响,总抚养比于 2010 年降到最低点 32.82%之后就开始缓慢上升,到 2050 年将升至 84.06%,相当于2010 年的 2.56 倍(见表 13,图 5)。

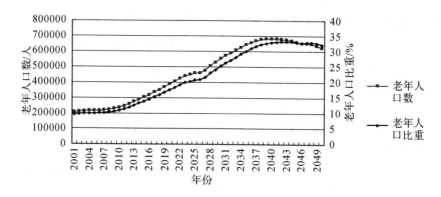

图 6　绍兴市老年人口数和老年人口比重变动趋势

由于人们生活质量的不断提高和寿命的延长,在人口老龄化的同时,80岁以上高龄老人数量及其占老年人口的比重也迅速增加。据预测,绍兴都市区 80 岁以上的高龄老人 2001 年有 3 万人,到 2010 年将上升到 5 万多,到 2018 年将超过 7 万,到 2028 年将超过 10 万,到 2043 年将超过 20 万,到2050 年将达到 27 万,是 2001 年高龄老人数的 9 倍(见图 7)。高龄老人除了老年人的基本需求外,还有自身特殊的需求,如日常生活照料及医疗护理等。高龄老人的成倍增长,将会给家庭与社会养老带来新的压力,是新世纪养老保障方面所面临的新课题。

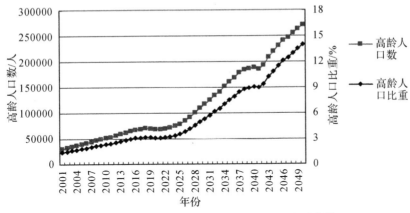

图 7　绍兴市高龄人口数和高龄人口比重变动趋势

七、绍兴都市区人口迁移与人口分布

(一)绍兴都市区人口迁移状况

统计数据显示,1990 年到 2000 年绍兴都市区户籍人口迁入率由 1.53% 上升到 2.00%,迁出率由 1.42% 上升到 1.95%。这表明人口迁移强度较大且持续上升,但是净迁移率比较低,迁入迁出相互抵消后,迁入略强于迁出。从表 16 中可以看出,1990 年净迁入人口为 2181 人,到 2000 年,净迁入人口近 1091 人。分地区看,越城区为净迁入地;绍兴县 1990 年为净迁入地,2000 年为净迁出地;上虞一直是净迁出地。

表 16　绍兴都市区 1990 年和 2000 年户籍人口迁移情况比较　单位:人

地区	1990 年			2000 年		
	迁入人口	迁出人口	净迁入	迁入人口	迁出人口	净迁入
越城区	10447	9317	1130	23649	18868	4781
绍兴县	9889	8824	1065	6293	8608	−2315
上虞市	9509	9523	−14	11942	13317	−1375
合计	29845	27664	2181	41884	40793	1091

资料来源:绍兴市普查资料和统计年鉴。

从常住人口的角度看情况有所不同。1990 年净流出 4.8 万人,到 2000 年转变为净流入 4.9 万人,人口流动的规模和强度较 1990 年均有较大增加(见表 17)。2000 年的外来人口主要集中在越城区和绍兴县,尤其是来自省外的人口有近 90% 集中在这两个区域,有 63% 的省外人口是冲着绍兴县而来的(见表 18)。

表 17　绍兴都市区 1990 年和 2000 年常住人口迁移流动情况比较　单位:人

地区	1990 年			2000 年		
	外来人口	外出人口	净流入	外来人口	外出人口	净流入
越城区	22566	7637	14929	148526	112459	36067
绍兴县	14883	47659	−32776	143185	77325	65860
上虞市	3833	33974	−30141	43511	96444	−52933
合计	41282	89270	−47988	335222	286228	48994

资料来源:绍兴市普查资料和统计年鉴

表 18　2000 年绍兴都市区常住人口迁移流动情况

	合计		越城区		绍兴县		上虞市	
	人数	%	人数	%	人数	%	人数	%
外来人口	335222	100.00	148526	44.31	143185	42.71	43511	12.98
其中来自省外	135659	100.00	36340	26.79	85502	63.03	13817	10.19
外出人口	286228	100.00	112459	39.29	77325	27.02	96444	33.69

资料来源:绍兴市普查资料和统计年鉴。

2000 年绍兴都市区人口流动的规模和流动强度与浙江省其他地市相比居中游水平(见表 19)。

表 19　2000 年绍兴都市区人口流动强度与浙江省各地市比较

地区	常住人口数(人)	外来人口数/人	外来人口占常住人口比重/%	外出人口数/人	外出人口占常住人口比重/%
杭州市	6878722	1484481	21.58	821849	11.95

续表

地区	常住人口数 /人	外来人口数 /人	外来人口占常 住人口比重/%	外出人口数 /人	外出人口占常 住人口比重/%
宁波市	5963362	1355749	22.73	799067	13.40
温州市	7557640	2030928	26.87	1877795	24.85
嘉兴市	3582996	461061	12.87	199431	5.57
湖州市	2625595	310095	11.81	236171	8.99
绍兴市	4304241	638145	14.83	665794	15.47
金华市	4571881	888115	19.43	768215	16.80
衢州市	2128856	160070	7.52	453051	21.28
舟山市	1001530	197370	19.71	176540	17.63
台州市	5153715	832759	16.16	1133852	22.00
丽水市	2162113	239889	11.10	553443	25.60
绍兴都市区	2147424	335222	15.61	286228	13.33

资料来源:根据浙江省 2000 年人口普查资料计算

　　从 2000 年人口普查的情况来看,绍兴都市区所在的绍兴市吸引外来人口的能力不是很强。"五普"数据显示,2000 年 11 月 1 日浙江省户口在省外的外来人口共有 368.9 万,流向绍兴市的 22.7 万,占总数的 6.2%,所占比例低于温州(27.7%)、宁波(16.6%)、杭州(13.6%)、台州(12.1%)、金华(10.5%)、嘉兴(7.0%),在 11 个市中居第 7 位。[1] 有关研究表明,1995—2000 年绍兴市在长三角范围内迁入 4 万人,迁出 13.79 万人,净迁出 9.79万人。在长三角地区的城际人口迁移中,江苏省的镇江市和浙江省的台州、绍兴、湖州等城市也呈显著净迁出态势。[2]

---

[1] 浙江省人口普查办公室.迈入新世纪的浙江人口(第一卷)[M],中国统计出版社,2003:306.

[2] 王桂新.中国长三角地区的人口迁移与城市发展[A],长三角地区人口发展战略研讨会论文汇编,2003:30.

(二)绍兴都市区的人口分布与再分布

这里以 2000 年第五次人口普查的市人口数据作为人口分布的基准数据。

1. 人口密度

浙江省是一个人口密集的省份,2000 年全省人口密度为每平方公里451 人,远高于每平方公里 135 人的全国平均水平。

2000 年绍兴市人口密度为每平方公里 521 人,高于全省平均水平,绍兴都市区人口密度为每平方公里 730 人,又高于全市平均水平。

2. 人口再分布特征

特征之一:再分布人口以远距离和近距离流动为主,中距离流动相对较弱。

据 2000 年普查,绍兴都市区 33.5 万外来人口中,来自省外的占40.47%,来自本县、市、区内的占 36.36%,而来自本省其他县、市、区的只有 23.17%。绍兴都市区对省内其他县、市、区人口的吸引力较弱。在 28.6万外出人口中,外出省外的占 32.49%,外出本县、市、区内的占 42.59%,而外出本省其他县、市、区的只有 24.92%。这说明绍兴都市区对本省其他县、市、区的影响力较弱(见表 20)。

特征之二:人口再分布空间指向趋同。

从外来人口的流入地特征看,主要是流入经济相对发达和活跃的镇、街道,如越城区的各个街道和鉴湖镇,绍兴县的柯桥、华舍街道和钱清、杨汛桥镇,上虞市的百官街道等。以上镇、街道的外来人口共有 20.67 万人,占全部外来人口的 72.22%。这表明经济因素是吸引外来人口最重要的因素之一。

表 20　2000 年绍兴都市区人口流动状况　　　　　　单位:人

地区	合计	外来人口				外出人口				净流入人口
		小计	来自本县市区其他乡镇街道	来自本省外县市	来自省外	小计	外出本县市区其他乡镇街道	外出本省外县市	外出省外	
越城	260985	148526	77106	35080	36340	112459	77121	16975	18363	36067
绍兴	220510	143185	21690	35993	85502	77325	21691	28888	26746	65860
上虞	139955	43511	23086	6608	13817	96444	23098	25455	47891	−52933
合计	621450	335222	121882	77681	135659	286228	121910	71318	93000	48994
构成/%	—	100.00	36.36	23.17	40.47	100.00	42.59	24.92	32.49	—

资料来源:根据绍兴市 2000 年人口普查资料计算

特征之三:区域间人口再分布不平衡。

在绍兴都市区内部,各区域间人口再分布差异较大。其中,绍兴县是人口流动的净流入地,净流入规模较大;越城区流入略大于流出;而上虞市则是人口的净流出地,净流出规模较大。从外来和外出人口的总规模看,越城区和绍兴县的流动规模较大,上虞市则少得多。

特征之四:来自省外的外来人口主要以绍兴县为目的地。

来自省外的流动人口大部分以绍兴县为目的地。2000 年绍兴都市区来自省外的人口共有 13.6 万,流入绍兴县的有 8.6 万,占 63%。

3. 绍兴大城市人口空间布局发展趋势

城市人口的空间变动主要是城乡人口迁移与流动的结果。随着城市化进程的推进,人口迁移数量、强度以及空间布局都将发生相应的变动。在城市空间扩展过程中,人口密度的增加与城市范围的扩大是同时出现的,但是在城市化的不同阶段,人口的空间变动趋向并不一致。在城市化的初期,人口向市区集聚是主要的特征,此时城市人口数量增加,人口密度升高,城市建成区不断扩大。在中期阶段,一般是集中型城市化与扩散型城市化同时发展,这时城市空间不断扩展,老城区人口虽有一定增加,但新区人口集聚更快。在城市化中后期,市中心人口开始减少,人口密度降低,城市空间的范围进一步扩大,与周边中小城市的联系更加紧密,开始向都市区方向演化。

绍兴南面靠山,北临平原。南面为风景区,又处于城市水源上游,加上山区地形的限制,人口容量较小。20世纪90年代中期,同全国许多城市一样,绍兴市也结束了城市土地行政划拨、无偿使用的历史,开始进行城市土地使用制度改革。由于土地资源的稀缺,老城区地价与房价上升,大量人口向城北新区迁移,导致人口空间布局发生变化。随着城市由"山会时代"向"鉴湖时代"和"杭州湾时代"发展,将来会有更多人口流向袍江工业区和江滨工业区,城市的重心也会随之转移。

八、绍兴都市区聚落体系重构与人居环境提升

"聚落",指人类聚居地,是人文地理学上常用的术语。1992年联合国环境与发展大会之后,我国于1994年公布的《中国21世纪议程——中国21世纪人口、环境与发展白皮书》中用的是"人类住区";同一时期,建筑学界、城市规划学界又出现了"人居环境"一词。这些名词术语的内涵基本上是一致的,指的都是与一定生产方式和生活方式相联系的、由人类聚居地(居民点)的建筑物、各种设施、文化特征以及自然环境共同构成的生产和生活环境综合体。"聚落体系",则是指在一定时空条件下不同规模、不同性质的聚落所构成的系统。不难理解,聚落体系和聚落都是经济社会发展、人口增减及其与自然环境相适应的产物,它们随着时代的变化而变化。

(一)聚落体系重构与人居环境提升的必要性和有利条件

21世纪是我国坚持以人为本,全面、协调、可持续发展的世纪,必须重视提升人居环境,这是因为:

第一,提升人居环境是体现以人为本理念的基本内容之一。以人为本的思想由来已久,其含义逐渐演变,今天还不能说已经有了明确的界定。但

是,不断满足人民群众的物质和文化需要,促进人的全面发展,应该是它的核心内容。这里,改善人居环境又是满足人们物质文化需要的重要基础,随着社会经济的发展,理应把提升人居环境的任务提到议事日程上来。

第二,提升人居环境是消除城乡二元结构消极影响的重要手段。半个世纪以来,由计划经济体制所造成的城乡二元经济和社会结构烙印仍深深地打在聚落居住环境上,城乡在所有制、分配制度以及规划、投资、建设体制方面走的都是二元化的道路。重构聚落体系,提升城乡居住环境,虽然不能替代从体制上解决二元社会结构问题的努力,但可以对消除二元社会结构的消极影响起重要作用。

第三,提升人居环境是体现社会公平的必要举措。人的能力有大小,职业有不同,对国家和社会的贡献不尽相同,生活水平当然有差别。但是,在宪法和法律的范围内,人人都有共享社会成果的权利。提升人居环境正是在社区公共物品共享这一点上能够较好地体现社会公平。

第四,提升人居环境是改善聚落生态系统的必由之路。聚落不论是城市还是乡村,都是开放系统,人们在生产和生活中时时存在着与外界的物质和能量交换。随着人口的增长和经济活动强度的增大,在这个过程中所产生的大量代谢产物进入周围环境,久而久之,造成对生态系统的破坏。在规划引导下,对聚落体系和居住环境进行有序的重整和治理,可以在很大程度上改善城乡生态系统。

第五,提升人居环境是提高都市品位和影响力的重要环节。都市品位对提高都市影响力具有重要意义,而提升人居环境则是提高都市品位的重要一环。比如说,绍兴是个水乡城市,历史上市区河网发挥着给水、排水、运输、消防等重要功能。随着时间的推移,除了排水功能之外其他功能基本上已经完成了各自的历史使命,而水域美化城市环境的功能开始上升。在这种情况下,政府和规划部门与时俱进,适时地把环城河道及其沿岸地带改造成为城市生态走廊和居民休闲的去处,再辅之以其他措施,使绍兴荣获全国环境模范城市的称号,有效地提高了城市的品位和影响力。

由此可见,提升人居环境的必要性是毋庸置疑的,现在的问题是,在本世纪头 20 年绍兴都市区是否具备提升人居环境的条件。我们认为,这种条件已经初步具备,并且将逐步走向成熟。

首先,绍兴都市区经济快速发展,经济实力迅速增强,未来 20 年内将从全面小康迈进到初步现代化,这是提升人居环境的基础。

其次,都市区人口自然变动将度过低增长,转向负增长,人口自然增长的压力行将消除;同时,由于迁移增长继续存在,而迁入人口一般年龄结构偏轻,将带来正面的人口红利效应,对增加都市区资金积累,提高人居环境改造能力有利。

其三,城市化水平进一步提高,人们的定居方式从历史上的扩散式转向集聚式,以城市为主要生产和生活基地已是不争的事实,从根本上改变聚落体系和聚居格局的客观进程将促使政府和社会作出改善人居环境的主观努力。

其四,居民的生活质量观正在发生深刻的变化,提升人居环境将成为公众的自觉要求,政府推进改善人居环境的工作将得到居民的广泛支持,这应该是主流。当然,整个过程会出现某些法律问题,但是,在法治观念和法治意识日益增强的时期,群众和政府认同依法办事的程度提高,不能不说也是一种有利条件。

最后,党和政府的注意力将逐步由注重经济工作向经济工作和社会发展工作并重的方向转变,领导有可能腾出较多的精力去处理包括改善人居环境在内的社会发展问题。从各国发展的进程看,当经济发展到较高程度时,政府注意力逐渐转向社会问题,这是一种带有规律性的趋势。

(二)提升人居环境必须重视的几个问题

在明确改善城乡居住环境的必要性和有利条件之后,绍兴都市区要有序提升人居环境,从战略高度上说,党和政府有必要重视以下几个问题:

1. 顺应城市化潮流,推进聚落体系重构和居住环境建设

人口城市化是与工业化孪生的历史现象。由于工业和从工业化派生出来的第三产业追求优势区位、规模效益和集聚效益,因而在具有不同优势的

交通枢纽和交通节点形成规模不等的区域中心——城市和集镇。在这一过程中,乡村人口受比较利益的驱动不断地向城镇迁移,部分位于城市边缘的地方、处于交通节点的重要村落以及某些处于规划的开发区之内的乡村,陆续转化为城镇区域,导致在自然经济条件下长期形成的大分散小集中的聚落体系逐步解体,代之而起的是在较短时期内形成以大集中小分散为特征的聚落体系。这就是说,在城市化进程中聚落体系重构是必然的,由此而引起的聚落重建也是必然的。

在整个城市化过程中,大中城市经历向心集聚、郊区化、逆城市化、中心复兴几个阶段,城市规模的扩大和功能重构总体上是同步的;小城镇的规模和结构一般相对稳定,内部功能则相应完善;至于村镇,除了一部分起城乡纽带作用的小集镇和中心村之外,其余都将成为只具有农业生产功能的、人口稀少的、散点状的农居点。

这种受城市化潮流激荡而逐步解体的聚落体系,在土地私有制和市场经济条件下,会在城市化过程空间自组织作用的催化下,自发适应时代的需要,形成新的城市化性质的人口分布和聚落体系,政府只通过必要的规划手段使聚落尤其是城镇适应功能重构的需要。但是,我国是实行土地公有制的国家,而且市场经济发育还不充分,经济和社会运行还在某种程度上存在计划经济的烙印,城市化进程中原有聚落体系解体和新聚落体系形成还需要同时依靠市场的力量和政府的作为,在充分利用市场配置资源的基础作用,使大部分农村劳力和资本逐步实现产业转移和空间转移的同时,政府要具有超前意识,顺应城市化进程中人口大转移、大迁移的历史潮流,运用政策、法规、经济杠杆以及规划手段,有序地实现聚落体系的结构转换和聚落内部的功能重构,使之既有利于经济和社会发展,又有利于改善人民生活,促进社会和谐,维护生态系统的良性循环。

2. 认识改造乡村人居环境的复杂性,做好深入调研,全面规划

尽管新的聚落体系取代旧的聚落体系是城市化过程中人们聚居方式转变的必然归宿,但在我国的具体条件下,要做到以人为本,合理构建乡村人

居环境，问题相当复杂。

（1）演变过程的长期性。绍兴都市区全面实现城市化大约还需要20年的时间，20年以后，新的城乡聚落体系结构才会基本稳定。在这段时间里，乡村人口陆续进行产业转移和地域转移，村落将日渐空虚，多数建筑物将趋向颓废，村落内部维护和改造生活环境的能力将随着人口的减少而逐渐弱化。然而，绝大多数村落又因为种种原因而不会完全废弃，诸如：少数从事农业规模经营的农户将在原地留守；由差别迁移和安土重迁观念造成的部分空巢家庭老人也将继续存在；部分已举家迁离的富户可能不愿放弃建在村里的豪宅；政府对已定居外地居民遗留下来的不动产处置尚无完备的法律依据等等。这就需要有一个相当长时间的观察、调研、政策法规制定和完善的过程。

（2）通勤半径的不确定性。乡村居民在陆续转变为非农产业人口和在绍兴都市区范围内改变就业地点的过程中，未必人人需要离开原居住地。这是因为绍兴都市区是一个人口高密度的区域，相应的城镇密度也较大，一部分在附近城镇工作的农村居民，通勤距离不远，加上交通工具的进步和交通方式的改善，城镇通勤半径还将扩大；而且，乡村居住环境与城市各有千秋，在通勤许可的前提下，一部分人不准备离开乡村移居外地，也是情理之中的事情。因此，大量乡村聚落是存是废，何者存何者废，是个需要从长计议的问题。

（3）基础设施投资与效益的矛盾性。乡村聚落的分布和层次结构，一方面要从以人为本的要求出发，符合居民生产、居住、学习、社交等物质生活和精神生活的需要；另一方面也要顾及基础设施和社会设施投资是否合理。基础设施包括道路、给排水、防洪、供电、通讯、环保等，社会设施包括教育、文化、卫生以及一些便民服务等。这些设施绝大部分都是公共物品，而公共物品是需要政府投资的。如果聚落的层次和布局不合理，不仅对居民的生产和生活带来不便，而且会增加政府的财政负担和物质资源、人力资源、文化资源的浪费，不符合可持续发展的原则。

鉴于这些问题的存在，政府在迎接城市化高潮到来的时候，面临对城市和乡村聚落同时进行结构性改造的双重压力。不可否认,政府和有关部门对面广量大的农村进行全面的结构性改造,大力改善其人居环境,还没有积累多少经验,也没有足够的资金,因此,现阶段政府和有关部门首要的任务是对乡村居民点的变动进行跟踪调查,对乡村改造中必然遇到的政策法规问题进行充分研究,对城乡聚落体系的规模结构和空间布局要运用地理信息系统(GIS)进行动态监测,在此基础上做好全面规划,然后试点引路,逐步开展乡村聚落体系重构和聚落重整。

3. 把握人口发展态势,构建城市经济、适用、人性化的人居环境

改善城市人居环境,基础在经济,关键在理念,手段在规划,效果在管理。绍兴都市区的经济在迅速增长,今后尽管发展速度会有变化,甚至会有波折,但总的趋势不会改变,这对改善人居环境十分有利。但是,改善人居环境为的是人,而人口是变动的,在 21 世纪头二三十年里,经济总量发展态势与人口总量发展态势的曲线走向将发生显著分异,到那个时候,即使把迁移增长估计在内,绍兴都市区人口总量也将发生从增加到减少的转折,城市化率和城市人口规模也将达到顶级水平。因此,改善人居环境必须从战略上把握人口发展态势,考虑总人口和城市人口的上升阶段、高位阶段和下降阶段,预见高位阶段的生活居住用地需要,避免被动应付,捉襟见肘;同时,要预见高位阶段后人口的下降趋势,掌握高位阶段生活居住用地紧凑原则,避免日后土地资源的浪费。在此基础上,根据上升阶段的人口、城市化水平和城市经济能力,规划和构建经济、适用、人性化的生活环境。

4. 稳定城市组团结构,改善各组团的人居环境

近 20 年来,绍兴通过市场牵引和政府规划,已经从原来一个中心城区(越城)发展成为由越城、柯桥、袍江三个城市区域构成的组团式城市,还有可能借助于浙江省环杭州湾产业带规划的推动,在曹娥江河口两岸建立遥相呼应的滨海工业区,从而形成新的城市组团。现在,包括绍兴在内的长三角地区已经处在工业化和城市化中期,城市空间形态结构逐渐明朗,城市规划部门也已经把组团式城市布局定格在规划图上,这是符合绍兴区位特点、

发展态势和现代城市规划理念、有一定创意的规划成果,可以作为讨论绍兴改善未来城市人居环境的基础。

改善绍兴城市人居环境要处理好以下几个问题。

(1)保持组团结构的稳定性,保证居民有接近自然的良好生活空间。绍兴介于杭州和宁波两大交通枢纽城市之间,在杭州湾绍兴通道形成之前,绍兴的交通地位基本上是一条东西向的走廊,城市直接腹地也不足以覆盖整个绍兴市域,加上市域内各县市经济比较发达,绍兴对它们的向心力并不很强,都市区产业集聚和人口集聚在较大程度上带有外部性,形成单一中心大城市的可能性不大。因此,因势利导稳定多核(组团)城市结构,不失为绍兴都市区可取的空间发展模式。根据前面对都市区人口数量、城市化水平和人口分布的预测,我们认为,到城市化率峰值期为止,各组团的人口规模大致保持在 20~40 万人的区间是比较理想的结果。这样的集聚度,使各组团的城市建设和经营既具有一定的经济性,又可以给居民提供接近自然空间的生活环境。

(2)强化各组团的基础职能和服务功能,增加居民就业和享有服务的机会。从绍兴已经基本成型的三个组团来看,作为城市形成因素的基础职能,越城发挥着行政中心、交通中心、文化中心和旅游中心的作用;柯桥主要扮演特色鲜明的批发商业中心和物流中心的角色;袍江则是职能相对单一的现代工业中心。由于基础职能是城市形成和发展的依据,强化基础职能乃是进一步增强城市实力的前提;同时,城市的存在和发展还需要有与基础职能相对应的满足本地居民需要的服务功能,二者结合起来,才能保障劳动力的充分就业,提高居民的生活水平。必须指出,现代人居环境的概念不仅仅是住宅、居室或聚居地生活环境,改善聚居地的就业条件、服务条件、基础设施条件、居住条件、人文环境、自然环境才是改善人居环境的完整理念,其中为居民提供良好的就业机会是最基本的要求。对城市来说,强化基础职能,充实服务功能,增加就业机会,并使居民享有全方位服务,才是改善人居环境的第一要务。

(3)稳定主城的基础职能,防止因职能空洞化而造成主城衰退。越城是绍兴都市区的主城,历来拥有整个城市的全部基础职能。近 20 年来,随着柯桥组团的崛起,越城基本上退出了城市批发商业中心的地位,与此相适应,物流中心也让位给了柯桥,主城商业职能和交通运输职能已大大减弱。20 世纪 90 年代中后期以来由政府规划导向的袍江工业区迅速显露头角,成了都市区工业项目的主要吸引中心,使越城的工业中心职能明显淡化。近年来,市委、市政府又决定将一部分市级党政机关搬迁到介于越城、柯桥、袍江之间的"绿心"。市级机关搬迁和相关机构和配套设施的随迁,使越城继绍兴县级机关迁离之后又一次丧失了一项基础职能。这样一来,越城的职能日益空洞化,主城的相对衰退就成为难以避免的前景。所有这些,不仅使主城经济活力下降,影响当地经济实力和居民的经济收入,而且由于主城经济力量的削弱,可能导致旧城改造的经济能力不足,进而影响人居环境的改善。

　　这里,特别需要提一提的是市级机关搬迁是否必要的问题。众所周知,绍兴市级机关行使行政职能的范围是五个市县、一个区、两个管理区,机关向"绿心"搬迁无助于提高面向整个市域的办事效率,反而增加了一部分人员的通勤距离和办事距离,无谓增加了社会资源(物质和时间)的耗费。另外,还应当看到,随着改革的深化,机关向小政府大社会方向发展是必然的趋势,带有省委省政府派出机构性质的地市级机关是一种过渡性机构,继续设在具有悠久历史传统的原有行政中心应该没有什么不妥。至于把机关搬到"绿心"这一空间,也是一个值得商榷的问题。绍兴城市规划作组团式处理,三点之间留着"绿心",本来是一种富有时代精神的理念,也符合都市区空间发展的新格局,因而得到了专家的肯定。现在机关填充"绿心",使"绿心不绿",不仅否定了原来的规划思路,而且这一决策是否科学,本身值得反思。

九、结论与对策建议

(一)基本结论

本课题通过对绍兴都市区人口现状的分析和对未来人口发展趋势的预

测,主要得出以下基本结论。

1. 绍兴都市区人口现代化已进入中后期

经过对人口现状分析和人口现代化程度的测评,表明绍兴都市区人口现代化实现程度已达到 80.35%,正处于现代化的中后期。然而内部的发展不平衡。人口再生产类型已基本实现现代化。人口年龄结构的现代转型虽然在程度上与当今世界上的发达国家还有一些差距,但内在机制早已形成,少儿人口比重与发达国家相差无几,老年人口比重的提高只是时间问题。人口性别比基本正常。人口出生预期寿命已接近发达国家的平均水平。人口素质方面的差距突出地表现于成年人受教育水平:在消除成人文盲方面的现代化实现率只达到 11.03%;成人平均受教育年限这一指标的现代化实现率也只达到 47.74%。人口城市化方面还有一定差距,城市人口比重的现代化实现率只达到 70.76%。提高人口文化素质和加快城市化进程是今后继续推进人口现代化的主攻方向。

2. 绍兴都市区未来人口发展将面临"三个高峰"

根据人口自然增长的预测(未考虑机械增长因素),绍兴都市区未来人口发展将面临"三个高峰"。

其一,劳动适龄人口高峰将于 2010 年来临。绍兴都市区劳动适龄人口目前仍处于增长期,2001 年为 154.15 万,到 2005 年将增至 160.62 万,到 2010 年达到高峰,总数为 164.34 万。10 年内增加近 10 万。此后缓慢下降。由于人口机械增长依然强劲,21 世纪头 20 年内劳动力资源非常丰富。

其二,人口总量高峰将于 20 年代到来。据"五普"资料,2000 年绍兴都市区总人口为 214.74 万。在不考虑迁移因素的情况下,按低方案预测,人口增长到 2021 年达到高峰,总量为 216.27 万。按中方案预测,人口增长于 2023 年达到高峰,总量为 221.71 万。按高方案预测,人口增长于 2027 年达到高峰,总量为 228.04 万。

按中方案预测,2020 年绍兴都市区常住人口将达到 253 万,绍兴大城市建成区内的人口将达到 120 万人左右。由此可见,《绍兴大城市发展战略纲要》中提出的到 2020 年绍兴中心城市"拥有百万人口"的目标完全有可能实现。

其三,人口老龄化将在 40 年代达到高峰。绍兴都市区 65 岁及以上老年人口 2001 年为 20.78 万。此后一直呈上升趋势,到 2040 年达到高峰,为 68.56 万,是 2001 年的 3.3 倍。

老年人口比重的高峰因预测方案不同而有所不同。按高方案预测,65 岁及以上老年人口比重到 2042 年达到高峰,为 31.30%。按中方案预测,峰值年移至 2044 年,老年人口比重为 33.27%。按低方案预测,峰值年又移至 2048 年,老年人口比重为 35.68%。

3. 未来 20 年左右有可能出现"两次人口零增长"

这里所说的"零增长"指的是人口零增长与人口负增长的临界状态。

按低方案预测,第一次人口零增长将于 2005 年出现,届时人口自然增长率为 0.23‰,2006 年即出现负增长。第二次人口零增长处于 2015 年至 2020 年,人口自增率在 0.03‰～0.44‰之间,2021 年出现负增长。

按中方案预测,第一次人口零增长出现于 2010 年,人口自增率为 0.04‰。此后又有所回升,到 2022 年再次出现零增长,人口自增率为 0.46‰,2003 年即出现负增长。

按高方案预测,第一次接近零增长的状态也是出现于 2010 年,人口自增率为 0.98‰,此后略有回升。16 年后即 2026 年出现真正的零增长,人口自增率为 0.14‰,2027 年即出现人口负增长。

4. 人口增长方式与管理方式面临"两个转变"

其一,人口增长方式的转变。2000 年绍兴都市区户籍人口的出生数为 2.1 万,自然增长 0.69 万。据普查资料和公安部门资料,常住人口在 20 世纪 90 年代平均每年机械增长 1.45 万人。人口机械增长数已明显超过人口自然增长数,意味着人口增长方式已由自然增长为主转变为机械增长为主。

其二,人口计生工作重点的转变。鉴于人口增长方式已由自然增长为主转变为机械增长为主,与此相适应,人口计生工作的难点和重点也自然由户籍人口转向流动人口。

针对绍兴都市区人口现状和未来人口发展趋势,本研究认为,今后绍兴都市区人口计生工作的战略目标应当是:坚持科学的人口发展观、大人口观和人口安全观,紧紧围绕人的全面发展,继续稳定低生育水平,大力提高人口文化科学素质,优化人口结构和人口分布,实现人口与经济、社会、资源、环境协调发展,为打造经济发达、社会和谐、环境优美的绍兴大城市创造良好的人口环境。

(二)几项建议

针对绍兴都市区现实的和潜在的人口问题,提出以下建议。

1. 继续稳定低生育水平,合理引导人口迁移流动

绍兴都市区人口再生产类型已基本实现现代转变,然而这种转变是强有力的人口与计划生育工作促成的,需要有一定时间的巩固。因此,当前仍然应当坚定不移地执行党中央国务院关于稳定低生育水平的决策。鉴于绍兴都市区的人口增长方式已由过去的以自然增长为主转为以机械增长为主,今后应当十分重视流动人口的引导和管理。

绍兴都市区作为长三角15个城市之一,过去由于特定的地理位置,城市规模在一定程度上受到杭州、宁波两大城市的挤压,对外来人口的引纳能力相对较弱。随着市场经济的发展和交通条件的改善,特别是将来绍兴跨杭州湾大桥的兴建和"杭州湾绍兴工业新城区"的崛起,这一状况将会得到改变。各级政府必须继续清除限制人口流动的体制性障碍,迎接人口流动新浪潮的到来。

1990年"四普"时,绍兴都市区人口出生性别比很正常。2000年"五普"时,越城区和上虞市人口出生性别比依然正常,但绍兴县出现偏高现象。这可能与绍兴县外来人口比例较高有关。在流动人口日益增多的情况下,人口计生工作的重点应逐步转向流动人口,不仅要关注流动人口的"超生"问题,而且要突出以人为本,对外来人口与本地人口一视同仁,共同开展思想教育和新型生育文化建设。

2. 狠抓成人文化技术教育与培训,全面提升人口文化科学素质

绍兴都市区成人受教育程度低于全省和全国平均水平,这与绍兴都市区在全省和全国所处的经济地位很不相称,与绍兴都市区未来的发展目标不相适应。成人平均受教育水平低的问题是历史形成的,解决这一问题的基本办法就是加强对成年人的文化技术教育与培训。这项工作必须引起各级政府的高度重视,把它作为一项提升经济实力和城市竞争力的基础工程来抓。已有的一些成功经验应认真总结,及时推广。

改善绍兴都市区人口文化素质的另一项措施是加大引进人才的力度。在人才竞争十分激烈的情况下,各级政府应当适时地出台一些优惠政策,根据当地经济社会发展的目标,大力引进各种急需的技术人才和管理人才。

3. 及时调整产业结构,创造更多的就业机会

绍兴都市区目前正处于劳动适龄人口迅速增长期。劳动力资源丰富有利于发展经济,但同时也加大了就业压力。要解决劳动人口的充分就业问题,一是要加强劳动技能培训,增强劳动人口就业适应能力;二是要拓宽就业渠道,增加就业岗位。当前要特别重视安排好农村剩余劳动力和被征地农民的就业问题,以减轻社会的压力。

4. 在适当年份灵活调节生育间隔,"削峰填谷",优化人口年龄结构

据预测,绍兴都市区未来一二十年内育龄妇女人数依然有很大的起伏波动。这将引起未来出生人口数和学龄人口数的相应波动,给教育设施建设的规划带来困难。为此,建议人口计生部门在育龄妇女人数的低谷期放宽生育间隔限制,多安排一些生育指标;在育龄妇女人数高峰期,从严掌握生育间隔的有关规定,甚至在自愿的前提下,鼓励一些人适当推迟生育,以达到"削峰填谷"、优化人口年龄结构的目的。

5. 加强老年社会保障体系建设,迎接白发浪潮

绍兴都市区目前已经进入老龄社会。据预测,在未来一二十年内,人口老龄化程度虽然在逐年提高,但总体水平还不是很高,劳动年龄人口的负担系数也比较低。但是,进入二三十年代,人口老龄化呈快速发展态势,到40

年代达到高峰。届时老年抚养比将单边上扬,劳动年龄人口的负担系数与世纪初相比将成倍增长。为此,在 21 世纪头一二十年必须做好迎接人口老龄化高峰的充分准备。一是要抓住当前总抚养比较低的"人口红利"时机大力发展经济,为迎接人口老龄化高峰奠定坚实的物质基础。二是要建立和完善老年社会保障体系,为人口老龄化高峰的到来做好制度安排和物质准备。当前要特别重视解决农村人口的养老保险和医疗保险问题。根据当前的经济实力和农村社会保障制度改革方面的已有基础,绍兴都市区应该也有可能为我国农村社会养老保险和医疗保险制度改革做出一定贡献。

鉴于绍兴都市区人口老龄化的发展态势,必须十分重视社区老年服务体系的建设,以满足"空巢家庭"老人特别是高龄老人在日常生活照料以及医疗护理等方面的特殊需求。

6. 因势利导,提升绍兴都市区人居环境

本研究认为,绍兴都市区提升人居环境必须重视以下几个问题:一是要顺应城市化潮流,推进聚落体系重构和居住环境建设。二是要认识改造乡村人居环境的复杂性,做好深入调研,全面规划。三是要把握人口发展态势,构建城市经济、适用、人性化的人居环境。四是要稳定城市组团结构,改善各组团的人居环境。多核(组团)城市结构不失为绍兴都市区可取的空间发展模式,但值得注意的是,越城是绍兴都市区的主城,历来拥有整个城市的全部基础职能,市级机关搬迁是否必要,仍值得进一步探讨。

◇ 人口老龄化与社会保障

中国农村养老方式变革的
实际考察及理论思考

一、中国农村传统养老方式正面临新的挑战

中国是一个古老的农业国。目前,中国农村养老制度很不健全,养老的社会化程度很低。

1987年夏天,我们研究中心根据典型整群调查的方法,对浙江省60岁以上老年人口进行了调查。被调查的1498位农村老人,供养情况如表1所示。

表1　浙江农村60岁以上老年人口供养情况　　　单位:%

年龄	合计	靠本人	靠配偶	靠子女	靠亲友	靠政府	靠集体
合计	100.00	28.70	3.47	64.49	0.13	1.74	1.47
60—64 岁	100.00	44.49	5.70	47.53	0.00	1.17	0.57
65—69 岁	100.00	33.25	3.05	61.17	0.00	1.52	1.02
70—74 岁	100.00	18.12	2.90	76.08	0.00	0.36	2.54
75—79 岁	100.00	6.82	1.14	83.92	1.14	4.55	2.34
80—84 岁	100.00	3.61	0.00	91.57	0.00	2.41	2.41
85—89 岁	100.00	0.00	0.00	96.97	0.00	0.00	3.03
90 岁以上	100.00	0.00	0.00	100.00	0.00	0.00	0.00

　　从表1中可以看出,在依靠本人劳动收入、配偶供养、子女供养、亲友供养、政府和集体供养这六类中,子女供养居于首位,占64.4%;其次是靠本人劳动收入,占28.7%;而政府救济及集体供养的比例均不到2%。表1还清楚地表明,随着农村老人年龄的增长,依靠本人的比例逐渐下降,子女供养的比例则不断上升,年龄越高,对子女的依赖性越大。

　　浙江农村老人的供养情况与全国农村老人供养情况相类似。中国社会科学院人口所的抽样调查表明,全国农村老年人口,子女供养居首位,占67.45%;其次是本人劳动所得供养,占26.2%;政府供养和集体供养的比例均不到1%。[①]

　　农村老人的供养情况,从他们的经济收入状况中反映出来。全国性调查及我们在浙江省调查的农村老年人口主要经济来源状况如表2所示。

表2　全国和浙江省老年人口主要经济来源状况　　　　单位:%

类别	合计	劳动收入	退休金	亲友赠送	子女供养	出售财物	储蓄贷款	其他
全国	100	50.07	5.71	1.43	38.07	0.80	0.28	3.64
浙江	100	38.59	4.36	0.00	51.30	0.46	0.00	5.29

全国资料来源:中国社会科学院人口研究所.中国1987年60岁以上老年人口抽样调查资料[Z].《中国人口科学》专刊(1),1988.

　　从表2可以看出,在农村有收入的老人中,以本人劳动收入和子女供养为主要经济来源者占绝大多数,这两者相加接近90%,而以离退休金为主要经济来源者不到5%。

　　上述情况表明,当前中国农村的养老方式仍属传统的家庭养老。在这种养老模式中,依靠本人劳动所得供养与依靠子女供养只有相对意义。随着时间的推移,前者的比重必然下降,后者的比重必然上升。当老人完全丧失劳动能力时,就一切都得依赖子女。

　　这种养老方式与中国农村可以预料的发展趋势至少有四个不相适应。

────────────

　　① 　中国社会科学院人口研究所.中国1987年60岁以上老年人口抽样调查资料[Z].《中国人口科学》专刊(1),1988:328.

（一）与生育率降低、承担赡养义务的子女数减少的状况不相适应

现今 60 岁上下的老人，他们的生育期正处于新中国成立后两次生育高峰期，都是多子女的。据国家计生委 1982 年全国千分之一人口生育率抽样调查，当时 50 岁组、55 岁组、60 岁组农村妇女平均生育子女数分别为 5.95 人、5.86 人和 5.58 人。[①] 自从 70 年代初提倡"晚、稀、少"和 80 年代普遍提倡"一对夫妇生育一个孩子"以来，生育率迅速降低。当前农村一对年轻夫妇一般只有 1 至 2 个孩子。如果说，目前子女供养父母的担子还不算过重的话，那么再过一二十年，这副担子将成倍地加重。另外，根据目前农村普遍提倡生一胎、有计划安排二胎、杜绝三胎的政策，有女无儿户的比例大大提高。按理论推算，这种户将占农村户的 1/4 左右。在农村女子"从夫居"的习俗一时难以改变的情况下，有女无儿户晚年处境实际上与无子女户没有多少差别。按照传统的养老模式，他们的养老问题将会成为一个突出问题。

（二）与老年人口数迅猛增加的趋势不相适应

未来 60 年内的老年人口是由现存人口决定的。由于人口发展的惯性作用，一个生育高峰在 60 年以后将会出现相应的老年人高峰。我国 20 世纪 50 年代 60 年代出生的大量人口，到下一世纪都将陆续成为老年人口。据中外人口研究机构和学者预测，20 世纪内及 21 世纪三四十年代，我国老年人口将以每年平均 3％甚至更高的速度增长。20 世纪末我国人口将进入老年型的人口趋势已成定论。我国现有 60 岁以上老年人口在 9000 万以上，预计到 20 世纪末将达到 1.3 亿左右，2025 年达到 2.8 亿左右，21 世纪 40 年代到达顶峰时，可能超过 4 亿。这就是说，今后半个世纪上下，我国一方面要保持较低的出生率，另一方面老年人口将成倍地增长。无论是城市还是农村，现行的养老方式都难以应对这种局面。

---

① 　国家统计局.中国人口年鉴(1985)[Z].北京:中国统计出版社,1985:99.

（三）与逐步提高老年人生活质量的要求不相适应

中国农村目前的养老方式,只能给老年人维持较低的生活水平。1987年夏天我们所调查的浙江农村老人,年收入在 300 元以下的占 45.69%。该年全国性的调查资料表明,农村老年人年收入在 300 元以下(即月收入在 25 元以下)的占 36.07%。[①] 1986 年,中国农村人均纯收入为 423.76 元,人均生活费支出为 356.95 元。这就是说,有 1/3 以上的农村老人生活水平在平均线以下。老年人的生活质量与他们的经济支配权有关。经济上依靠子女,这种支配权就有丧失的可能。

（四）与移风易俗、改变生育观的客观要求不相适应

传统的家庭养老意味着代际交换在家庭中进行。农民往往把养儿育女当作养老的准备形式,因而倾向于多生,特别是希望多生男孩。这是农村推行计划生育比城市难度大的根本原因。只要依赖子女供养的家庭养老方式不变,"养儿防老""多子多福"的观念就会有深厚的土壤而难以根除。

可见,中国农村现行的养老方式已经到了非改不可的时候了。

二、中国农村正在探索养老保障新路子

中国农民是讲求实际的,他们对待日益突出的老有所养问题也同对待其他难题一样,敢于正视它,积极寻求出路。不少地方已经采取了实际步骤。目前各地试行的养老新方法五花八门、多种多样,就其形式而言,主要有以下四种。

（一）实行农民退休金制

这是参照企事业单位对老年职工实行退休的办法,当农民到达一定年龄(50 岁至 65 岁)、由集体按月或按季发给一定的养老金。这种办法一般

---

① 中国社会科学院人口研究所.中国 1987 年 60 岁以上老年人口抽样调查资料[Z].《中国人口科学》专刊(1),1988:248.

在农村经济比较发达的地方试行。据统计,1986 年上海郊区享受养老金的农村老人有 362452 人,平均每人 143 元。[1]

(二)参加养老保险

农民个人或集体预先向保险公司投保。到达一定年龄(50 岁至 65 岁)后,根据投保金额及投保年数领取相应的养老金。这种办法目前主要在乡镇企业职工中试行。养老保险金一般按企业的实际职工工资总额 15％提取,在税前列支,专款专用。个别地方一般村民也有参加养老保险的情况。据 1988 年 8 月 1 日的《中国人口报》报道,湖南省桃源县菖蒲乡明月村从1987 年 5 月起实行合作养老保险制度。从事各项生产劳动的该村村民,从20 岁至 60 岁,每人每月缴纳养老保险费 3 元,集体补助 6 元。丧失劳动能力的残疾人和五保对象,保险费全部由集体交纳。年满 60 岁的老人,根据交纳保险费的年限,按八个档次领取养老金,最少的每人每月 18 元,多的可达 40 元。该村农民人均年收入已超 1000 元。据统计,1987 年 8 个月内,全村共收养老保险费 9 万多元,支付养老金 23000 余元。

(三)建立养老基金会

这个办法目前在浙江省温州市农村已普遍推行。其对象主要是农村中的有女无儿户,所以当地称之为"女儿户养老基金会"。为了使有女无儿的农民夫妇年老时有可靠的经济收入,当地政府根据公助与自筹相结合的原则,给参加基金会的每个会员筹集一笔养老基金(眼下一般是 500 元左右),一次性存入信用社,最高浮动利率逐年转息为本,存放 20 至 30 年后,可得较大的一笔基金。会员到达一定年龄(50 至 65 岁)即可存本取息养老。

(四)参加养老储蓄

养老储蓄(又称劳保储蓄)是浙江省嵊县农业银行临城营业所首先创办的。其办法是农民尚有劳动能力时,在不影响正常生活的前提下,每年去银行(信用社)存储一笔现金,50 元起存,多存不限(眼下一般为 120 元),存期

---

① 　田森.中国老龄问题研究[M].杭州,浙江人民出版社出版,1988:21.

10年或20年，到约定时间后一次性支取。各笔存款按实存时间，对照定期储蓄利率档次，选择最佳存期，分段计息，转息为本。若遇收入情况变化，允许停存和补存；若临时急需用钱，可优先贷款（在存款额度内无需担保），以免打破最佳存期而影响利息。嵊县临城区于1985年开始试办养老储蓄。笔者于1988年10月前去调查时，该区已有3177个农户参加养老储蓄，共存储养老基金502710元。笔者还了解到，目前已有广东、江苏、辽宁、湖北、内蒙古等省、区的有关单位发函或派人前去"取经"。

三、中国农村养老方式变革的几点思考

（一）中国农村养老方式的演变趋势

中国是一个有着良好的家庭养老传统的国家。然而现在已经到了转折关头，养老问题由家庭走向社会，已成必然趋势。

养老社会化，是一种历史的进步。这是因为：（一）社会化养老具有更大的保险性。家庭，哪怕是规模相当大的家庭，共同承担风险的成员毕竟有限。何况随着工业化的进展和计划生育政策的实施，传统的大家庭正在为现代的核心家庭所取代。可是，由社会出面统筹解决老有所养问题时，情况就不同了。统筹面越大，共同分担风险的群体就越大，老年人的生活就越有保障。当今发达国家一般都推行强制性的养老保险，使"安全保险网"尽可能地扩大。不管其出于什么动机，这对于保障社会安定、使更多的老年人安度晚年，是起了作用的。社会化养老符合社会主义的原则。社会主义国家是人民的国家。国家对每一个成员，包括年老丧失劳动能力的人们，都应关心和帮助。《中华人民共和国宪法》规定："中华人民共和国公民在年老、疾病或者丧失劳动能力的情况下，有从国家和社会获得物质帮助的权利。国家发展为公民享受这些权利所需要的社会保险、社会救济和医疗卫生事业。"新中国成立后，虽然限于国家的财力，老年农民未能像国家机关和企事业单位的老年职工那样享受退休待遇，但农村的"五保"制度已有效地解决了鳏寡无靠者的养老问题，体现了社会主义国家的人道主义精神。目前少数富裕地区实行农民退休制度，虽然尚无法全面推广，但它体现了农村养老

社会化的方向。随着国家的日益强盛和农村经济的不断发展,国家和社会对农村老人的帮助会越来越大,农村养老社会化程度会越来越高。

(二)当前中国农村应采取的步骤

我国目前尚处于社会主义初级阶段。我国农村人口众多,生产力落后,自然经济和半自然经济占相当比重,地区间发展不平衡。在这种历史条件下,我们不仅不能忽视家庭的养老功能,甚至有必要加强这种功能。很显然,根据目前的国家财力及农村经济状况,农民的养老问题国家不可能全包下来,只能给予政策上指导和一定限度内的物质支持和帮助。农村实行联产承包责任制后,农户已成为农业生产的经营主体,自然也是积累的主体,农民的养老保障主要应由家庭支撑。就全国范围而言,农村以家庭养老为主的状况不可能在短期内改变。

本文前面提到,中国农村传统的家庭养老方式已不适应形势发展的需要,问题正在这里,中国农村养老问题的特殊性也表现在这里。中国在经济尚不发达的情况下遇到了人口老龄化的挑战,是"穷人患了富人病",这在世界上是独一无二的。就中国农村而言,一方面,经济状况决定了仍需实行家庭养老,另一方面,未来的发展趋势则要求迅速突破现行的养老模式。这种困境出路何在?这正是今天我们所需要探求的问题。笔者认为,在这种特殊的严峻的形势下,我们只能在夹缝中求生存,根本出路就是要在大力发展农村经济的前提下,进行一场家庭养老方式的大变革——由传统的"子女供养型"转变为"自保型"。这就是说,在家庭养老形式不变的情形下,将养老金的主要承担者予以改变,由子女分担变为由本人承担。这是我国农村必须采取的步骤。当前农村一些地方所采取的也正是这样的步骤。

(三)关于"自保型"家庭养老的一些设想和建议

一是"自保型"家庭养老的基本特点是养老金主要靠本人筹措。这就决定了养老金必须预先积累,即一个人在青壮年时期就要开始积聚养老基金,以备年老之需。

二是我国农村地域辽阔,各地情况不一,积累养老金的方式应允许多样化。但是不管采取哪种方式,有两点必须考虑:一是要适合农村经济特点;二是要适应农民的心理,否则就难以推广。前些年学术界一再提倡在农村推行养老保险。但据了解,除乡镇企业职工外,普通农民自愿投保者极少。究其原因,首先是普通农民没有固定工资收入,收支状况又不稳定,因而他们往往不能或不愿逐月向保险公司投保。笔者从浙江省嵊县保险公司了解到,该公司农民自愿前来投保的仅有两户(均为个体专业户),而且都不愿按规定逐月投保,每年1月,就将全年应交的保险费送来,声称宁可在利息上吃亏,也要图个方便。相比之下,温州农村的养老基金会和嵊县农村开办的养老储蓄,就照顾了农民的这种特点,允许一次性存储或一年一次存储,还允许漏存和补存,手续简便。其次,我国农民比较缺乏保险意识,而习惯于银行储蓄,认为储蓄更实惠。嵊县仙岩乡舜皇山村的一位农民听了养老储蓄的宣传后说:"现在农民每年节省120元钱是件容易的事,到老来每月有百把元利息可拿,这样就是把孩子培养到大学毕业,也不可能有这么多钱寄回来供养父母。有了这种储蓄,是不必多生孩子了。养个把子女是生活上的依靠,存一份劳保储蓄是经济上的依靠。老话讲:床头有石谷,死了有人哭。有了一万多元银行存款,子女哪会不孝顺?即便瘫痪在床,雇人照料也不难。"他的话反映了农民的心理,体现了农民对养老储蓄独特的理解。

三是养老基金的筹措一般需要二三十年,而我国离进入老年型国家行列只有十二三年,时间不允许犹豫和等待。农民预先筹集养老基金不能全凭自愿,一个地区选定最恰当的养老基金积存方式后,必须在进行思想发动的基础上果断地采取强制性措施全面推广,覆盖面要尽可能达到100%。预先积存的养老基金数额应划定一个下限,以确保年老时的基本生活需要。对确有困难的农户,当地政府应予以补助,或代为积累。

四是随着我国工业化和城镇化步伐的加快,今后农村人口职业转移和区域性转移必将会显得更为频繁。因此,必须考虑农村养老金制度与城镇企事业单位养老金制度的衔接问题。浙江省嵊县的一些乡镇企业,每年给参加养老储蓄的职工一定的补贴,将补贴金额记在职工个人名下。若职工正常离开企业(如退休、退职、调动、婚嫁外地等)补贴部分归职工所有;若非正常离开企业(如擅自离职、开除、判刑等),补贴部分企业可酌情收回。这种做法有利于稳定职工队伍,也利于人员的正常流动,并便于与其他单位的老金制度衔接。

五是筹措养老基金是一件牵动千家万户的事,地方政府应予以高度重视,但不宜成立专门机构以节省开支。养老保险可由保险公司承办。养老储蓄可由银行、信用社组织和管理。由于开办养老储蓄可吸收大量长期存款,银行、信用社也有此积极性。

六是实行"自保型"家庭养老,只是减轻而不是解脱子女们的负担。子女仍有赡养扶助父母的义务。整个社会都要继续发扬尊老、爱老、养老的优良传统。

原载《人口与发展》1989 年第 1 期,第 61-66 页。

农村养老保障的一种新形式

——温州"女儿户基金会"调查

温州农村"女儿户基金会"的出现,已引起人们的兴趣。有关消息曾多次见报。"女儿户基金会"是怎样产生的? 它有哪些特点? 发展趋势如何? 这是人们需要进一步了解的。1988 年 1 月,我在温州市计生委和瑞安县(今瑞安市)、永嘉县、乐清县(今乐清市)、龙湾区(县级区)计生委以及有关乡镇的协助下,对"女儿户基金会"进行了专题调查。现将有关情况介绍如下。

一、创建及发展概况

温州农村"女儿户基金会"的出现并非偶然。正如温州市的计划生育工作是"逼上梁山"一样,"女儿户基金会"从某种意义上说也是"逼"出来的。

1949 年后,温州人口发展失控情况十分严重。1949 年温州人口 276.2 万,到 1986 年增至 636.2 万,年平均增长率为 22.81‰,37 年增长了 1.3 倍。1949 年初,温州市人口比嘉兴市少 13 万人,到 1982 年人口普查时,却比嘉兴多 95 万。这就是说,温州比嘉兴净增 108 万人! 这是一个触目惊心的数字。温州各级领导从这 100 多万中警醒,自 1982 年以来狠抓计划生育。然而,庞大的人口基数和群众中根深蒂固的"多子多福"的传统观念,使温州的计划生育工作步履艰难。直到 1986 年,他们才首次摘掉了计划生育各项指标全省倒数第一的帽子。

　　温州计划生育率提不高的一个重要原因,是多胎率控制不住,而多胎多半出在"女儿户"(即有女孩无男孩户)。乐清县虹桥区 1987 年 1 至 11 月共出现 86 例多胎,其中有女无男户 66 例,占 76.7%。有些"女儿户"一心想生男孩,生了两胎、三胎还不罢休,有的甚至生了四胎、五胎。泰顺、文成两个县,到 1987 年年底,还有 70% 左右的二胎或多胎"女儿户"不肯采取长效避孕措施。这是产生多胎的"隐患"。

　　"女儿户"主要是存在"三怕"。一是怕"老来无靠";二是怕被人骂"绝后";三是怕门庭力量单薄,受人欺负。这当中既有旧意识问题,又有实际问题。

　　1984 年春,市委、市政府就"女儿户"结扎问题作了十项原则规定。总的精神是要对结扎后的"女儿户"在补给营养费以及招工、承包口粮田、划分自留地(山)、审批宅基地等方面予以优先照顾。市委、市政府将这十项原则规定印发给各县、区、乡、村,要求各级领导结合当地实际,研究和制订出有利于"女儿户"结扎工作深入开展的具体的政策规定,并予以认真落实。建立"女儿户基金会"的念头,就是在这种形势下萌发出来的。

　　1984 年 12 月,在温州市第三次计划生育宣传月活动中,乐清县虹桥区东联乡的领导意识到,要稳住已结扎"女儿户"的思想,就应该给他们办养老保险,使"女儿户"夫妇年老时生活费用有保障。

　　东联乡的想法,给了区、县领导以启示。他们想到,眼下"女儿户"结扎,各地或多或少都给一笔补助费,多的有三四百元。这些钱并不都是"女儿户"目前所必需的。如果将这笔钱存进信用社,经济条件好的家庭再动员他们自己也存进一点,通过利息增值,二三十年后连本带息可达几千元、上万元。这样,他们今后的生活比目前的"五保户"总要好一些。

　　乐清县淡溪乡是最早被县计生委选中的"女儿户基金会"试点单位。第一份"女儿户基金会"章程就是在这儿产生的。1985 年 11 月温州市在乐清县柳市镇召开计划生育宣传技术指导站经验交流会时,乐清县县长在会上宣布,县里打算拿出 10 万元钱支持各地建立"女儿户基金会"。这 10 万元钱于 1985 年年底分到各区,由区里掌握,分配原则是哪里条件成熟就先支持哪里。

乐清县建立"女儿户基金会"的做法,在本市各县(区)引起了反响。瑞安、永嘉、苍南、瓯海、洞头等县都先后出现了"女儿户基金会"。龙湾区则首次建立起县级"女儿户基金会"。到 1988 年 4 月,全市已成立"女儿户基金会"60 多个,有会员 1723 人,筹集基金 86 万余元。

二、基本做法

温州现有的 60 多个"女儿户基金会",我调查了其中的 30 个。这 30 个"女儿户基金会"宗旨都是维护"女儿户"的合法权益,为已结扎的"女儿户"夫妇排忧解难,使他们进入老年时有一定的可靠的收入。但由于各地情况不同,在具体做法上又不尽一样。现分五个方面予以介绍。

(一)组织机构

"女儿户基金会"是筹集、管理、使用养老福利基金的群众性组织,它受同级人民政府领导,并受上级计划生育部门指导、监督。它的常设机构是理事会。理事会的职责一是负责召开会员大会;二是审查会员资格,颁发会员证;三是筹集、管理本会基金;四是处理基金会日常事务。

(二)入会条件

基本条件是:必须是已领取独生子女证或已实行绝育手术的"女儿户"。有些地方还规定:夫妇双方必须是农业户口(有的地方也包括居住在本乡镇无固定职业的非农业户口),若夫妻双方有一方进入有劳保待遇的企事业单位工作,即取消会员资格。对于是否要对"女儿户"的胎次加以区别,各地的做法不一样。例如,永嘉县只允许二胎结扎的"女儿户"入会,多胎不予入会。乐清县入会时对胎次不加限制,在提供优待基金时,多胎酌减,以示区别。瑞安县和龙湾区除个别地方外,一般对胎次不加区别和限制。

(三)基金来源

筹集基金有两种方式:一种是全部公助,一种是公助与自筹相结合,以公助为主,采用前一种方式的占我所调查的"女儿基金会"的半数以上。后一种方式,公助与自筹的比例一般是 9∶1,即公助 90％,自筹 10％。个别地方公助与自筹的比例是 5∶1。

公助部分的资金来源,一般以乡镇资助为主。这笔费用主要从超生子女费和乡镇企业提成上交的经费中开支。有些地方县与村也予以支助。

基金数额因各地经济条件不同而显示出较大的差别。我所调查的 30 个"女儿户基金会",平均每户拥有基金 300 元的 2 个,占 6.7％;400～450 元的 3 个,占 10％;500 元的 21 个,占 70％;600 元的 3 个,占 10％;1000 元的 1 个,占 3.3％。

(四)基金储存办法

在信用社设立总账户和分账户,所筹基金一次性存入信用社,以浮动月息计算,以年为单位,逐年累计入账。

由于利率较高(一般月息为一分二厘,即 1.2％),而且以利滚利的办法逐年累计,基金增殖较快。据计算,300 元基金存放 30 年,可得本息近 1.7 万元,此时每月可得利息 200 余元;500 元基金存放 30 年,可得本息 2.8 万余元,此时每月可得利息 300 余元;1000 元基金存放 30 年,可得本息 5.6 万元,此时每月可得利息 600 余元。农村男女结扎年龄一般在 25 岁至 30 岁,到达退休年龄尚有 30 年左右。

三、基金使用办法

基金使用的对象是"女儿户"夫妇,主要是为他们在丧失劳动能力时提供生活来源。

目前各地的做法很不一致,表现在:一是领取养老金的年龄。有的规定男 60 岁、女 55 岁;有的规定男 55 岁、女 53 岁;有的男女年龄不加限制,都定为 55 岁或 56 岁;有的地方领取养老金起点时间不以年龄为准,而以基金存放的年限为准。例如永嘉县清水埠镇"女儿户基金会"规定,基金存放

25年后开始使用,给每户每月发生活费。二是发放养老金的数额,有的在章程中明确规定,有的则没有规定。规定的数额,一般是参照目前的生活标准,定在每人每月30元至50元的范围内,只有个别地方略高一点。规定养老金数额时,有的男女有别、男多女少,有的则男女不加区别。安葬费的数额,有的定为300元或400元,有的未定数额,只提享受全民所有制职工待遇。三是有的明确规定,"女儿户"夫妇双方亡故后,属于该户的基金连本带利一次性支付给其家属;有的则无此项规定。

至于"女儿户"夫妇未到领取养老金的年龄亡故,或因病因意外事故丧失劳动能力,各地都规定经本人或家属申请,基金会同意,同级人民政府批准,可提前享用有关款项。

需要说明的是,"女儿户基金会"从创立的时候起,就不单纯是经济性组织。它不仅维护"女儿户"的经济利益,而且维护"女儿户"一切合法权益。几乎所有"女儿户基金会"章程都明确规定,当会员的合法权益受到侵害时,基金会将出面交涉,维护会员的合法权益,做会员的"靠山"。

四、问题与建议

"女儿户基金会"是一个新生事物,尽管创建的时间不长,在组织制度方面或在筹集、使用基金的制度方面,都还不够完善,有不少值得研究商讨之处,然而它是扎根于群众之中的,它一出现,就引起人们关注,受到人们欢迎。目前建立"女儿户基金会"的地方还不多,已入会的"女儿户"户数占"女儿户"总数的比例还很小。以永嘉县为例,该县据1986年10％人口抽样调查的数据推算,有"女儿户"13573户,现已加入"女儿户基金会"的仅151户,占1.1％。可是,目前正在筹建和打算筹建的地方很多,发展趋势已十分明显。"女儿户基金会"的直接起因是为了解除"女儿户"的后顾之忧,减少阻力,以利目前计划生育工作的开展,然而它所触及的问题即农村养老问题,则是一个目前尚未引起人们足够重视而其严重性将越来越突出的大问题。"女儿户基金会"所涉及的虽是农村老人中的一小部分,可是它那有预见的做法,将会提醒人们,打开人们的思路。总之,不管是从推动计划生育工作的角度看,还是从农村老年社会保障制度改革的角度看,"女儿户基金会"的意义与作用都不可低估。

毋庸讳言,不管是已经成立了"女儿户基金会"的地方,还是正在筹备成立的地方,群众对"女儿户基金会"都还有一些保留看法,有一些疑虑。说穿了,无非是两个"怕",一是怕钞票贬值,将来每月拿五六十元钱,说不定只够买一株菜;二是怕人事变动,政策变动,现在制定的章程将来不管用。

为了解除群众的顾虑,提高"女儿户基金会"的威信,笔者认为至少有两个问题必须进一步解决。

(一)信用社利率问题

今后,随着经济体制改革的深入和市场机制作用的充分发挥,物价波动是必然的。存放在信用社的基金应与其他存款分开,其利率应随着物价指数的波动而波动,以提高利率来抵消因物价上涨而造成的损失。只有这样,才能增强"女儿户基金会"会员的安全感。与此相关的,每户每月的养老金数额,应以不定死为宜。

(二)法律保障问题

目前成立的"女儿户基金会"都有一个经过乡(镇)人民政府批准(有的还经乡或镇人民代表大会通过)的章程。但它毕竟是基层的地方性文件,何况这些章程都还不够成熟,它的统一性和权威性是有限的。因此,打算建立"女儿户基金会"的县,最好能由县有关部门统一搞一个章程,使其具有更大的权威性和约束力。将来我国若能像有些国家那样制订一个"老人法",将农村"女儿户"老年保障问题在更具权威性的法律文件上写上几句,那自然会更好。在目前情况下,"女儿户基金会"将有关条文拿到县公证处公证还是必要的。由于时间跨度大,有些事目前看似乎不成问题,到将来也许会成为问题。当然,拿去公证的应是深思熟虑的条文。

在宣传上,有一个问题需要注意。"女儿户"养老保障问题之所以首先被提到议事日程上来,是尊重现实的结果。因为目前农村还存在"重男轻女"的旧观念,男子娶妻养家,女子出嫁离家的旧习俗也一时难以改变。在目前情况下,除了无儿无女需要实行"五保"的人之外,有女无儿的人老年生活相对来讲最无保障。政府与社会首先对他们予以关怀是对的,必要的。然而,承认现实、照顾现实,目的是更好地改变现实。我们在宣传"女儿户"需要优先照顾的同时,必须大力宣传男女平等,宣传不论男女都有财产继承权和赡养父母的义务。不能使"女儿户"的女儿们产生这样的错觉,似乎她们的父母有基金会做靠山,她们可以不管了。事实上,"女儿户基金会"所能解决的不过是养老金的来源问题(这当然至关重要)。而对老年人来说,除了生活来源问题外,还有医疗服务、生活服务等一系列问题,这些问题不可能全由社会包下来。"女儿户基金会"的建立,只是减轻而不是解脱女儿们的负担。

原载《人口与经济》1989 年第 1 期,第 29-32 页。

试论我国农村家庭养老方式的新类型

传统的家庭养老,承担老人经济供养和生活照料任务的主要是子女,可称之为"子女供养"型。目前我国农村正在试行另一种家庭养老形式,即由本人预先积累养老金,以保证年老时的经济供给,减轻子女的负担,可称之为"自我保障"型。农村家庭养老由"子女供养"型向"自我保障"型转变,是具有深刻意义的历史性转变。本文试就这种转变谈一些粗浅的看法。

一、农村家庭养老类型转变的背景

千百年来,我国一直实行家庭养老。老人丧失劳动能力后,衣、食、住、行、病、死全由家庭负责,也就是主要由子女负责。目前,我国农村仍基本上是传统的家庭养老。中国社会科学院人口研究所 1987 年全国 60 岁以上老年人口抽样调查的资料表明,农村老人依靠子女供养的占 67.45%,依靠本人劳动收入的占 26.2%,依靠配偶供给的占 4.96%,三项合计占 98.67%,依靠亲友、依靠政府、依靠集体三项相加不到 2%。① 前三项,均属家庭供养。由于这一代农村老人很少有积蓄,因此依靠本人和依靠配偶只有相对意义。随着年龄的增长,对子女的依赖性必然越来越大。到夫妇二人完全丧失劳动能力时,就一切都得依靠子女。这种养老方式目前面临着三个不

---

① 中国社会科学院人口研究所.中国 1987 年 60 岁以上老年人口抽样调查资料[Z].《中国人口科学》专刊(1),1988:328.

适应。

(一)与人口老龄化的趋势不相适应

目前我国 60 岁以上老年人口已有 9000 万[1],约占总人口的 8.4%。据预测,到 2000 年,全国 60 岁以上老年人口将达 1.3 亿,占总人口的 11%左右,开始进入"老年型"国家行列。人口老龄化将会给农村家庭养老带来一系列问题,家庭中子女的负担将大大加重,若一对独生子女结为夫妇,将面临供养四位老人的沉重负担。

(二)与现行控制人口的生育政策不相适应

农民出于"养儿防老"的考虑,一般都倾向于多生,特别是希望生男孩。因此,如果农村现行的养老方式不改变,"养儿防老""多子多福"的观念就难以根除,将始终是农村计划生育工作的一个障碍。

(三)与逐步提高老年人生活质量的要求不相适应

老年人的生活质量,既包括物质生活水平,也包括健康状况、精神满足状况,如受人尊敬的程度,等等。依靠子女供养,不仅物质生活水平受限制,而且在家庭中的地位也必然受影响。目前我国农村老人生活水平很低。1987 年全国 60 岁以上老年人口抽样调查资料表明,农村老年人年收入 300元以下的占36.07%[2],而 1986 年我国农村人均纯收入为 423.76 元,人均生活费支出为 356.95 元[3]。这就是说,有 1/3 以上农村老人生活水平在平均线以下。全国老年人口抽样调查资料还表明,农村中依靠子女供养的老人,在家庭中具有经济支配权的只占 7.52%,有部分支配权(包括支配本人)的占27.52%,完全失去支配权的占 64.95%。[4]

对于我国农村传统的家庭养老,目前有两种似乎对立的观点,一种认为

---

① 　未包括我国台湾地区的老年人口数。

② 　中国社会科学院人口研究所.中国 1987 年 60 岁以上老年人口抽样调查资料[Z].中国人口科学,1988(1):248.

③ 　国家统计局.中国统计年鉴(1987)[Z].北京:中国统计出版社出版,1988.

④ 　中国社会科学院人口研究所.中国 1987 年 60 岁以上老年人口抽样调查资料[Z].中国人口科学,1988(1):346.

家庭养老已不适应农村目前形势,应走社会化养老的道路;一种认为,目前我国农村必须实行家庭养老,家庭养老功能不仅不能弱化,而且应有所加强。其实,这两种看法从不同角度反映了我国农村的现实。前者强调的是农村家庭养老所面临的问题及客观需要,后者则注重于养老方式的现实可能性。由此也反映了当前我国农村老龄问题的复杂性和严峻性。

我国目前尚处于社会主义初级阶段,国家财力物力有限,农民的养老问题由国家包下来显然办不到。我国农民除部分乡镇企业职工外,没有固定的工资收入,而且地区间差异甚大,实行统筹养老保险,普遍向农民征收养老保险税,目前也不现实。农村实行联产承包责任制后,农民家庭既是消费单位,又是生产单位,当然也是生产基金和后备基金的积累单位,农民的养老问题主要由家庭解决是理所当然的。因此,除少数富裕地区试行集体养老外,我国农村大部分地区目前和今后在相当一个时期内都只能实行家庭养老,国家和集体的救济只起辅助作用。但家庭养老方式如何适应人口老龄化的趋势,这就迫使我们不得不对传统的家庭养老模式进行必要的变革。家庭养老类型转变的设想就是在这样的背景下产生的。

二、实行家庭养老类型转变的尝试

由"子女供养"型家庭养老转变为"自我保障"型家庭养老,最显著的标志是养老金由本人预先积累,而不是由子女现收现付。为了实行这种转变,农民们都在寻求预先积累养老金的方式方法。就浙江省而言,农民预先积累养老金大致采取了以下三种方法。

(一)向保险公司投保

这种办法目前主要在乡镇企业职工中试行。养老保险基金一般按企业的实际职工工资总额15％提取,在税前列支。

(二)建立养老基金会

这个办法在温州农村已广泛推行,其对象主要是农村中的有女无儿户,所以当地称之为"女儿户养老基金会"。办法是入会会员根据公助与自筹相结合的原则筹集一笔养老基金(眼下一般是 500 元左右),一次性存入信用社,按当地信用社最高利率逐年转息为本,存放 20 至 30 年后,可得到较大的一笔基金,会员到达退休年龄即可存本取息养老。按温州农村信用社目前最高浮动月息 1 分 2 厘①计算,500 元基金存放 30 年,可得本息 2.8 万余元。此时若按不变利率存本取息,每月可得利息 300 余元。

(三)参加养老储蓄

养老储蓄(又称劳保储蓄),是绍兴市嵊县农业银行临城营业所于 1985 年首先创办的。目前已得到中国农业银行浙江分行的认可,正在全省范围内推广。这种储蓄大致有这样几个特点:存期长,可存 10 年或 20 年逐年存储,积少成多;在实存期间内,可对照定期储蓄利率档次,选择最佳存期,分段计息,转息为本,若遇收入情况变化,允许停存和补存。据银行计算,一个农民若从 30 岁起每年存储 120 元,连存 20 年,共存入 2400 元,按现行银行定期储蓄各档利率②,择优分段计息,转息为本,可得本息 6685.20 元。此时该农民 50 岁,一般还能劳动。若将这笔钱转定期储蓄,到 60 岁时可得本息 15854.40 元(按两个 5 年期计算)。此时若存本取息,每月可得利息 95.12元。若存 8 年定期储蓄,每月可计息 164 元。老人即可以利息为养老金。老人去世后,还可给子女留下一笔可观的遗产。

以上办法都还是试点性的,不少问题有待于进一步摸索。其中一个突出问题就是养老基金如何保值和增值问题,需要深入研究。然而,重要的是农民已经跨出了养老保障改革的步子,传统的家庭养老模式已开始发生历史性转变。

---

① 指 1988 年上半年利率。
② 指 1988 年上半年利率。

三、农村家庭养老类型转变的意义

农民预先积累养老金,实行家庭养老类型转变,是人口老龄化的严峻形势逼出来的。由于"自我保障"型家庭养老刚露端倪,全面评价其意义为时尚早。但从目前来说,有其存在的现实意义。

(一)养老金预先积累,并纳入社会管理,大大加强了家庭养老的保险性

今天,农民的养老问题已不再是单家独户的"家务事",而成了突出的社会问题。社会开始参与家庭养老金的筹集与管理。无论是养老保险、养老基金会还是养老储蓄,都有一定的管理原则,积存的养老金不到一定年龄不能轻易动用。这就使得老年人有可能体面地保住自己的储备养老金。"自我保障"型家庭养老同现代意义的社会化养老是有区别的。后者社会化程度高,并具有在大范围内进行相互调剂的功能,前者则不具备或不完全具备这些特点。但是,社会参与家庭养老基金的管理是向社会化养老方向靠近了一大步。

(二)养老金预先积累,减轻了子女的负担,有助于老年人与子女和睦相处

在传统社会里,富有生产经验的老人在家中或在社会上一般都能受到尊敬。随着农村自然经济的逐步解体、商品经济的日益发展和科学技术的日新月异,农村老人所具有的经验大大贬值,维系家庭的传统伦理道德观念也随之逐渐淡化,人们越来越看重经济实力。因此,老年人取得经济上的独立愈来愈显得重要。如果老年人有所积累,不仅不会成为子女经济上的包袱,甚至还能给子女某些帮助,代际间的关系可望得到改善是不言而喻的。

(三)养老金预先积累,由"养儿防老"转为"储蓄养老",有利于生育观的转变

传统的家庭养老是人们把劳动所得全部用于生儿育女。到年老不能劳动时,再由子女来"偿还"。"养儿防老""多子多福",便是基于这种养老方式

而产生的根深蒂固的观念。如今人们发现,将本来要用于抚育子女的费用存入银行,让其不断增值,也能防老。于是,"养儿防老"的观念开始动摇了。有了这种储蓄,是不必多生孩子了。养个把子女是生活上的依靠,存一份养老储蓄是经济上的依靠。由此可见,农民的生育观与养老问题关系是何等密切。家庭养老类型的转变,无疑会对农民生育观的转变起重要的促进作用。

四、农村家庭养老类型转变的条件及进程

从目前少数地区的试点情况看,要实行家庭养老类型转变,必须具备以下两个条件:

(一)必须以发展生产、增加收入为前提

养老基金会、养老储蓄等办法要在农村全面推广,某些地区或某些农户目前还有困难。但从总体看,这个要求并不太难达到。1986 年国家统计局对农村家庭进行抽样调查的资料表明,调查的 66836 户中,平均每户纯收入为 2148.46 元,户均生活费支出为 1809.74 元,结余 338.72 元①,从这至少说明,预先积累养老金的可能性是存在的。我国农户储蓄年底余额自 1978 年以来呈直线上升的趋势也说明了这种可能性。农户储蓄余额 1978 年年底为 78.4 亿元,到 1986 年年底增至 766.1 亿元②,8 年增长了近 10 倍。再从微观角度看,据有关专家估算,目前农村养育一个年满 16 岁具有中等文化程度的劳动者,除国家支出部分外,农民自身纯支出约为 1800 元。若加上父母为生养一个孩子所损失的工时费用,总共不下 5000 元。这就是说,农民若少生一个孩子,把本来要花在孩子身上的费用逐年转化为养老基金,不管是向保险公司投保还是存入银行,都可保证进入老年后有相当的收入。

(二)需要有热心者带头和具有远见卓识的领导者支持

温州农村建立"女儿户基金会"的乡镇,有的比较富裕,有的也只是温饱

---

① 根据中国统计出版社出版的 1987 年《中国统计摘要》资料计算。
② 国家统计局.中国统计摘要(1987)[Z].北京:中国统计出版社,1987.

水平。最先搞养老储蓄的绍兴市嵊县,是经济发展属中等水平的山区县。在同等经济条件下,有的开始实行养老保障改革,有的没有实行,这主要取决于人们的认识水平,尤其是取决于领导的认识水平。1985 年,温州市乐清县领导发现"女儿户"有后顾之忧,不少人躲避结扎,认识到农民没有劳保不行,总得起步。这年年底,这个县一次就拿出 10 万元支持各地建立"女儿户养老基金会"。于是,"女儿户养老基金会"这一形式首先在这个县出现。嵊县农业银行试办养老储蓄,也是在各级领导支持下由积极分子逐村去宣传发动才搞起来的。目前农村生产发展了,孩子多生了,农民普遍富裕起来,但不少人有了钱不知如何花,不知道进行养老基金、后备基金等必要的投入,而把应当积累的钱盲目地消费,造成消费水平的虚假提高。因此,在养老问题上对农民进行及时的宣传和引导十分必要。

从长远看,要使农民普遍预先积累养老金,实行家庭养老类型转变,还必须有国家的支持和良好的社会经济环境。首先,物价要相对稳定。在物价不稳定的情况下,存于银行的养老基金应予以保值。养老基金除存于银行或信用社外,应允许用于信贷,购买股票、债券,或直接经营企业。国家在利率、税收方面应予以优惠。对于筹集养老基金确有困难的农户,国家和集体应予以帮助。

由于我国人口老龄化来势迅猛,而我国 80% 以上的老年人口又居住在农村,农村的养老保障问题是无法回避的。要应对人口老龄化的挑战,农民除预先积累养老金以外别无他法。尽管各地情况不同,条件不一,实行家庭养老类型转变会有先有后,但最终都得转。从时间上看,这个转变应争取在本世纪内完成。因为养老负担最沉重的时期,是 20 世纪 60 年代和 70 年代初生育高峰期出生的大批人进入老年之时。到 20 世纪末,这批人已先后进入中年。此时着手筹集养老基金,为时尚不太晚。若等到这批人接近老年才开始筹集养老基金,就无异于"临渴掘井"了。

原载《南方人口》1989 年第 4 期,第 35-38 页。

浙江农村储蓄养老趋势及其意义[①]

一、中国老一辈农民储蓄养老意识异常薄弱

中国农民向来主张"养儿防老",储蓄养老的意识十分薄弱,这一点从一些调查数据中能清楚地反映出来。1987年夏天,我们在浙江农村所调查的1498位60岁以上老人,以储蓄存款为主要收入者一个也没有。以储蓄存款为次要收入者3人,占被调查者的0.2%,99.8%的人无此项收入。1987年全国60岁以上老年人口抽样调查的资料也表明,在被调查的18936位农村老人中,以储蓄存款为主要收入者31人,占0.16%;以储蓄存款为次要收入者685人,占3.62%;无此项收入者18220人,占96.22%。[②]

以上数据表明,农村老人在他们的青壮年时期,除个别人外,基本上没有储蓄养老的意识和行为,这一情况与中国农村老人多子女和生活水平低下有关。据国家计生委1982年全国千分之一人口生育率抽样调查,1982年55岁组、60岁组、67岁组的农村妇女,平均生育子女数分别为5.86个、5.58个和5.28个。[③] 子女多,青壮年时期劳动所得的剩余部分都得用来养

---

① 邢积夫同志为本文提供了一些调查数据,在此致谢。
② 中国社会科学院人口研究所.中国1987年60岁以上老年人口抽样调查资料[Z].中国人口科学,1988(1):263.
③ 国家统计局.中国人口年鉴(1985)[Z].北京:中国统计出版社,1986:990.

育子女,到了晚年,也只得依靠子女。由于没有什么积蓄,他们在经济供养上对子女的依赖性随着劳动能力的日益衰退而逐渐增强,显示出年岁越高依赖性越大的特点(见表1)。

表1　中国农村老年人口按年龄依靠子女供养状况　　　单位:%

年龄	地区		年龄	地区		年龄	地区	
	浙江	全国		浙江	全国		浙江	全国
60—64 岁	47.53	45.20	65—69 岁	61.17	66.23	70—74 岁	76.08	83.49
75—79 岁	83.52	90.70	80—84 岁	91.57	95.11	85—89 岁	96.97	94.62
90 岁以上	100.00	95.79						

资料来源:中国社会科学院人口研究所.中国 1987 年 60 岁以上老年人口抽样调查资料[Z],中国人口科学,1988(1).

二、浙江农村中青年农民中出现储蓄养老意向及行为

浙江省地处中国东南沿海,是全国社会经济发展较快的省份之一,也是人口最稠密的地区之一。全省总面积 10.18 万平方公里,1988 年末总人口为 4170 万人,平均每平方公里 410 人。人均耕地面积 0.62 亩,为全国倒数第一。鉴于人口的压力,浙江省自 20 世纪 70 年代以来就开始认真贯彻控制人口增长的生育政策,生育率迅速下降。80 年代以来,全省总和生育率除 1982 年略高于更替水平外[①],其余年份均在更替水平以下(1980—1986年全省总和生育率依次为 1.76,1.97,2.22,1.83,1.54,1.40,1.52)。生育率的下降,使得如今的中青年农民已不像老一辈农民那样有较多的子女。他们是否仍然将老有所养问题寄托于子女呢? 这是一个引人注目的问题。

1988 年,杭州大学人口研究中心的研究人员曾以定点配额抽样的方式,在宁波市鄞县、温州市乐清县、绍兴市嵊县的 6 个乡镇对 20—59 岁的农

---

①　生育率更替水平是指足以维持人口世代更替、人数不增不减的水平,我国当前约为 2.2,即平均每个妇女生育 2.2 个子女。

村居民进行养老意向调查,取得有效问卷 640 份。调查结果表明,虽然仍有 74.6％的人打算依靠子女养老,可是有 22.3％的人却主张晚年经济自立,即依靠自己的积蓄、养老保险金和退休金解决生活经费来源问题。从年龄上看,50—59 岁的农村居民主张自立者占 13.7％,打算依靠子女者占 82.2％;20—49 岁的农村居民,主张自立者占 26.9％,打算依靠子女者占 70.5％。表明不满 50 岁的人同 50 岁以上的人相比,对子女的依赖性减弱,自立性大大增强。这与年长者子女较多而年轻者子女较少的事实是相一致的。它预示着在人口出生率迅速下降的情况下,农村居民在养老观念上正由依靠子女向依靠自己的方向转变。

该调查还表明,调查对象中 70.16％的人家中有储蓄。其中以养老为储蓄主要目的者占 15.1％,以养老为储蓄次要目的者占 29.2％。这就是说,有 44.3％的人储蓄与养老有关。这个比例与前面提到的 60 岁以上农村老人的状况是一个明显的对照。

在浙江农村,近几年农民积蓄养老金的新办法、新形式不断出现,较有代表性的有以下三种。

(1)养老基金会。这一形式于 1986 年首先在温州市乐清县淡溪乡出现,目前已在浙南农村推行。参加基金会的会员主要是有女无儿户,所以当地称之为"女儿户养老基金会"。办法是入会会员根据公助与自筹相结合的原则筹集一笔养老基金(眼下一般为 500 元),一次性存入信用社,按当地信用社最高利率逐年计息,并转息为本。经过 20～30 年的利息增值,可得到较大的一笔基金(按温州市农村信用社 1988 年上半年最高月息 1 分 2 厘计算,500 元基金存放 30 年,可得本息 28297.67 元),会员到达退休年龄即可将这笔钱存本取息养老。

(2)养老储蓄。浙江省目前在绍兴市以及全省范围内推广的养老储蓄(又称劳保储蓄),是绍兴市嵊县农业银行临城营业所于 1985 年创办的。这种储蓄与零存整取储蓄相似,逐年存储,10 年或 20 年后再一次性支取。与一般银行储蓄不同的是,它可以在存期内选择最佳存期分段计息,并且允许复计利息(即利滚利)。按照 1989 年初的银行利率,一个农民若从 30 岁起每年存入 120 元,连存 20 年,到 50 岁时可得本息 9405.72 元。若将这笔钱继续在银行存两个五年期,到 60 岁时可得本息 28704.92 元。此时若存本取息,仍按 1989 年的银行利率计算,每月可得利息 357.36 元,这种收入与那时农民人均生活费支出相当。浙江省农民 1986—1987 年人均每月生活费支出为 46.16 元,假设今后 30 年内平均物价指数为 7‰,30 年后维持同样的生活水平,人均月生活费支出需 351.38 元。

(3)养老保险。农民向营业性的保险公司投保,到达退休年龄后按月向保险公司领取一定数量的养老金。这种办法目前主要在有相对固定工资收入的乡镇企业职工中推行。近年来有些保险公司为了适应一般农民无固定工资收入的特点,采取了较为灵活的投保方式,即既可按月投保,也可按季、按年以至一次性投保。笔者最近了解到,绍兴市诸暨县(今诸暨市)保险公司正在试行独生子女父母养老保险,其办法是动员独生子女父母将奖励性的独生子女保健费(一般是 1—14 岁每年 50 元)作为养老基金,一次性或分几次向保险公司投保。

浙江农村农民积蓄养老金的新形式的陆续出现,以及这些形式的逐步推广,意味着农民储蓄养老意识的觉醒。

三、在我国农村实行储蓄养老的意义与作用

农民的储蓄养老意向及行为是值得肯定的,其意义与作用可以从以下几个方面去认识。

(一)从农民家庭角度看,在人口日趋老化的情况下,以储蓄防老代替传统的"养儿防老"是明智的选择

"养儿防老"是中国农民的传统意识,在多子女的情形下,"养儿防老"的做法是行之有效的。如前面所说,当前这一代农村老人基本上没有积蓄,主要靠子女供养,但由于他们多子女,家庭规模也较大(1987 年全国 60 岁以上老年人口抽样调查汇总数字表明,该年全国农村 60 岁以上老年人口家庭平均每户 6.5 人),因而他们的生活来源基本上有着落,处境困难的老人比

例不大。在被调查的 18936 位农村老人中,吃、穿、用方面"不成问题"的占 72.24%,"有些问题"的占 24%,"很成问题"的仅占 2.84%。在构成农村老年人口最大困难的诸因素中,"吃穿用"方面只占 2.74%。[①] 在基本上没有社会保障的情形下,中国农村数千万老年人口得以安度晚年,应当说是传统的子女供养方式起了决定性作用。

然而,随着严格控制人口增长的生育政策的普遍推行和人口老龄化的加速,"养儿防老"的传统办法受到了挑战。如今的农村育龄夫妇正面临这样的抉择:要么多生育子女,要么改变传统的养老方式。中国的人口现已突破 11 亿,严峻的人口形势不容作第一种选择。所以,改变传统的对老人的供养方式势在必行。

一般说来,一定社会的养老方式是以一定的生产力发展水平为基础的。在同样的生产力水平下,改变对老年人的经济供养方式是否可能呢?回答是肯定的。从劳动力再生产的角度来看,抚养费和赡养费都是劳动力再生产所必需的,都应在必要劳动中扣除。前者是必要劳动的"预支",后者是必要劳动的"延期支付"。子女供养父母,对子女来说,是对父母过去为自己垫支的抚育费用的一种偿还;对父母来说,是自己一部分必要劳动的延期享用,归根到底,是自己供养自己。因此,劳动者解决老有所养问题,并非一定要通过养育子女这个中间环节。若将自己的一部分必要劳动直接以货币形式储存起来,同样能起防老作用。当然,这并不是说可以否认生育子女的作用,从种族的繁衍和晚年需要生活照料、精神慰藉的角度看,生育一定数量的子女是必要的。但在需要严格控制人口增长的今天,农民若能选择少生子女的道路,设法以储蓄养老代替"养儿防老",实为明智之举。

① 中国社会科学院人口研究所.中国 1987 年 60 岁以上老年人口抽样调查资料[Z].《中国人口科学》专刊(1),1988:395.

（二）从国家角度看，支持、鼓励农民通过各种形式积蓄养老基金，增强自我保障能力，是现阶段解决农村养老保障问题的正确途径

农民的"老有所养"问题，不单纯是农民家庭内的问题，也是一个重大的社会问题。中国农村人口众多，农民"老有所养"问题解决得如何，直接关系社会的安定和经济的发展。就世界范围来说，人口老龄化是工业化社会的产物，由人口老龄化带来的"老有所养"问题，一般是通过养老社会化的方式解决的。然而中国的情况具有特殊性，中国是在经济较落后、城市化水平较低的情形下遇到人口老龄化的挑战，因而"老有所养"问题比一般工业化国家更突出、更复杂，特别是至今尚未建立社会保障制度的广大农村的养老保障，更是引人注目的大问题。

显而易见的是，在中国目前经济条件下，农民的养老问题由国家包下来实不可能。鉴于各地经济发展不平衡，以征收保险税的形式实行全国统一的强制性养老保险也不现实。目前少数较富裕的地区参照全民所有制单位的办法对农民实行退休制，虽有试验和示范作用，但要全面推广尚有困难。对于广大农民的"老有所养"问题，国内专家学者已作过多次探讨，比较一致的看法是，就全国农村而言，目前走社会化养老道路的条件尚不成熟，仍然需要发挥家庭养老的作用，社会化养老只起辅助作用。

然而，当我们深入分析家庭保障功能时就可发现，从家庭养老金来源看，可以有两种类型的家庭养老：一种是以子女供养为主的子女供养型，一种是以本人积蓄为主的自我保障型。显然，子女供养型家庭养老易导致多生子女。为了控制人口增长，不宜提倡这种类型的家庭养老。需要大力提倡的应是由本人预先积蓄养老金的自我保障型家庭养老。现阶段解决中国农村养老保障问题的途径，只能是建立以自我保障为主、子女供养和社会供养为辅的养老保障体系。这种养老保障体系对于现代社会保障体系来说，是初步的、低层次的，但对于今天的中国农村则是必要的，是一种历史的进步。为此，国家必须在各方面，包括在税收、利率方面，给预先积累养老基金

的农民以支持。经济条件较好的乡镇,应果断地实行强制储蓄,个别困难户予以适当补助,以便尽快建立起初级的然而是必不可少的养老保险网。

（三）从社会角度看,鼓励农民储蓄养老,有利于移风易俗、优化社会环境和经济环境

中国农村早婚多育的习俗,与传统的养老方式有关,农民若能以储蓄养老代替传统的"养儿防老",自然就不必追求早生和多生子女。有了这种储蓄,是不必多生孩子了。养个把孩子是生活上的依靠,存一份养老储蓄是经济上的依靠。俗话讲:"床头有箩谷,勿怕无人哭。"有一两万元存款,子女哪能不孝顺？即便瘫痪在床,雇人照料也不难。这话讲得很朴素、很实在,也令人深思。

其次,农民实行储蓄养老,能减轻子女的经济负担,有助于改善代际关系,使老人易于与子女和睦相处,共享天伦之乐,于个人、于社会都有利。

此外,鼓励农民储蓄养老,实际上也就是引导农民正确处理消费与积累、眼前利益与长远利益的关系。这样做的结果,势必有助于控制农民的盲目消费、超前消费,既可减轻市场压力,又能将闲散的资金集中起来,促进社会主义经济建设。

原载《浙江学刊》1990 年第 2 期,第 94-96 页。

浙江家庭小型化趋势及对策

家庭,作为社会生活的基本单位,是社会系统的一个有机组成部分。在我国当前改革开放的时期,家庭也必然随着社会的发展变化而变化。本文拟根据第四次人口普查(以下简称"四普")资料,对浙江省家庭规模和结构的变化趋势以及由此而产生的问题作些分析,并提出一些建议,供有关部门参考。

一、家庭小型化的趋势

(一)家庭平均规模逐渐缩小

我国家庭规模的统计来自户口。严格地讲,"家庭"与"户"是两个既有联系又有区别的概念。家庭是以婚姻和血缘关系为标志的人口群体,家庭成员之间必须是姻亲关系、血亲关系或收养关系,而户则是以居住地为标志的人口群体。一户的成员之间可以没有婚姻和血缘关系。有婚姻和血缘关系的家庭,其成员若散居异地,就可能归于不同的户。同居一地的家庭成员,也有分户而不分灶或分灶而不分户的情况。然而就总体而言,我国基本上还是以一家为一户。所以通过对户的观察,大体上能了解家庭的状况。

根据"四普"资料,1990 年 7 月 1 日浙江省家庭户为 11684715 户,家庭户常住人口共 40386689 人,平均每户 3.46 人。这表明,浙江省家庭规模是比较小的。根据全国"四普"手工汇总资料,除京、津、沪三个直辖市外,浙江省户均人口水平是 27 个省和自治区中最低的。1970 年全世界户均人口为

4.47 人,其中发达国家为 3.40 人,发展中国家为 5.16 人。可见浙江省 1990 年户均人口接近于 1970 年发达国家的水平。

纵观半个多世纪以来浙江省家庭发展的历史,在 20 世纪 70 年代以前家庭规模有过由大到小、由小到大的波动。自 70 年代初以来,家庭规模开始呈现逐渐缩小的趋势(见表 1)。

表 1　浙江省家庭规模变化情况　　　　　单位:人

年份	户均人口	年份	户均人口	年份	户均人口	年份	户均人口
1938	4.370	1952	3.884	1965	4.430	1978	4.180
1939	4.320	1953	3.890	1966	4.510	1979	4.190
1940	4.310	1954	3.930	1967	4.500	1980	4.140
1941	4.370	1955	3.950	1968	4.490	1981	4.010
1942	4.330	1956	4.000	1969	4.500	1982	3.960
1943	4.370	1957	4.050	1970	4.470	1983	3.910
1944	4.350	1958	4.160	1971	4.490	1984	3.840
1945	4.420	1959	4.210	1972	4.500	1985	3.730
1946	4.340	1960	4.220	1973	4.490	1986	3.570
1947	4.330	1961	4.100	1974	4.440	1987	3.530
1949	3.770	1962	4.140	1975	4.370	1988	3.440
1950	3.770	1963	4.270	1976	4.290	1989	3.390
1951	3.790	1964	4.360	1977	4.220	1990	3.360

资料来源:1982 年以前数据引自《浙江省第三次人口普查科学讨论会论文选编》第 98 页;1983—1990 年数据根据《浙江统计年鉴》提供的年末总人口数和总户数求得。

表 1 给出的家庭规模变化状况不甚精确。其一,如前所说,户与家庭有所区别;其二,因资料所限和为求统一,未将家庭户与集户分开("三普"和"四普"时,浙江省集体户占总户数的比重分别为 0.47% 和 0.68%),然而从表 1 中我们还是可以审查家庭规模发展变化的轨迹。表 1 数据显示,新中国成立前的 10 多年,户均人口在 4 人以上,大体保持在 4.3 至 4.4 的水平;20 世纪 50 年代前期,户均人口降至 4 人以下,最低时为 3.77 人;50 年代中

期户均人口又开始上升到 4 人以上,而后继续呈上升趋势,1966 年达 4.51
人;70 年代初户均人口水平还相当高,但已开始呈现逐渐下降的趋势,到
1982 年户均人口又降至 4 人以下;整个 80 年代,户均人口逐渐缩小的趋势
十分明显。

(二)小家庭比重明显上升

从家庭规模结构来看,浙江省家庭平均规模逐渐缩小,主要是大家庭比
重逐渐下降、小家庭比重逐渐上升的结果。

现将"三普"与"四普"时浙江省家庭户规模构成作一比较(见表 2)。

表 2　浙江"三普""四普"家庭户规模构成比较　　单位:％

普查期次	1 人户	2 人户	3 人户	4 人户	5 人户	6 人户	7 人户	8 人及以上户
"三普"	11.86	11.71	16.45	21.90	18.62	10.85	5.25	3.36
"四普"	10.09	14.04	28.67	25.92	13.76	4.93	1.74	0.85
8 年间增减	−1.77	+2.33	+12.22	+4.02	−4.86	−5.92	−3.51	−2.51

资料来源:中国社会科学院人口研究所.中国 1987 年 60 岁以上老年人口抽样调查资料[Z].中
国人口科学,1988(1).

从表 2 可以看出,"三普"时,浙江省家庭户的分布主要集中在 3 人户、
4 人户和 5 人户。到"四普"时,重心前移,家庭户向 2 人户、3 人户与 4 人户
集中。2 人户、3 人户和 4 人户占总户数的比重,"三普"时为 50.06％,"四
普"时为 68.63％,8 年间上升了 18.57 个百分点。"三普"时,比重最高的是
4 人户,占 21.9％。到"四普"时,3 人户已成为最大的户类,占 28.67％。

这里所讲的"大家庭"和"小家庭"是相对而言的。我国封建时代的"大
家庭"可以大到一百多人甚至几百人。例如据《魏书·李几传》记载,博陵安
平人李几"七世共居同财,家有二十二房,一百九十八口。长幼济济"。在宋
代,还有十三世同居、长幼七百余口的大家庭。不过这毕竟是少数达官显贵
之家,普通百姓家庭不可能有那么大。纵观两千多年的历史,在封建社会较
有代表性的还是"五口之家"。我国现阶段家庭以核心家庭为主,在实行计
划生育的情况下,核心家庭一般是 3 至 4 人,如果从我国家庭规模的现状出

发,将5人及以上家庭户称为大家庭、4人及以下家庭户称为小家庭的话,则从表2中可以看到如下变化状况:自1982年至1990年,大家庭所占比重由38.08%减少到21.28%,小家庭所占比重由61.92%上升到78.72%,升降幅度为16.8个百分点。

(三)家庭结构趋于简单化

"三普"至"四普",浙江省家庭户类型结构变化情况如表3所示。

表3　浙江"三普""四普"家庭户类型结构比较　　　　　　单位:%

普查期次	单身户	一对夫妇户	二代户	三代及以上户	一代户与其他亲属和非亲属共居	二代户与其他亲属和非亲属共居	三代及以上户与其他亲属和非亲属共居
"三普"	11.86	5.36	64.64	14.77	0.80	1.74	0.83
"四普"	10.08	8.82	64.00	14.36	0.74	1.42	0.58
8年间增减	−1.78	+3.46	−0.64	−0.41	−0.06	−0.32	−0.25

资料来源:根据"三普""四普"资料整理。

表3显示,1982年至1990年这8年间,浙江省家庭户类型结构变化的显著特点是一对夫妇户比重上升,其他类型户比重或多或少都有所下降,这与这段时间进入婚龄人口较多导致无子女新婚夫妇增多有关。如果将一对夫妇户与二代户都称为核心家庭(即包括有缺损的核心家庭),则核心家庭比重呈上升趋势是很明显的。1982年一对夫妇户和二代户比重为70%,到1990年上升到72.82%,上升2.82个百分点。核心家庭的特点是只有一对配偶,世代短,结构简单,人数少,规模小。家庭类型结构中核心家庭比重上升并明显地占主导地位,扩大家庭(包括主干家庭和联合家庭)的比重下降,意味着家庭结构趋于简单化。

二、家庭小型化的原因

家庭结构与家庭规模从质和量两个侧面反映着家庭的组成。所谓家庭小型化,也体现在家庭结构简单化和家庭规模小型化两个方面,即一方面,数代同堂的主干家庭与同一代有两对或两对以上夫妻的联合家庭所占比例逐渐降低,核心家庭及其他小家庭的比例日益增长;另一方面在每种家庭结构中,其家庭人口容量都向组成这种家庭结构所需要的最低限度的人口逼近。

家庭小型化的原因是复杂的、分层次的。从量的角度来看,有两种情况会影响家庭平均规模:其一,在户数不变的情况下,总人口数减少,会导致户均人口减少,反之则会导致户均人口增加;其二,在总人口数不变的情况下,户数增加会导致户均人口减少,反之,会导致户均人口增加。不过在现实生活中,这两种因素往往是同时起作用的。相互作用的动态结果是:当家庭户数量的增长速度低于人口增长速度时,每户平均人口呈增加趋势;当家庭户数量的增长速度高于人口增长速度时,则每户平均人口呈减少趋势。

从浙江省户均人口的变化情况看,20 世纪 50 年代和 60 年代户均人口曾呈上升趋势,主要是由于户数增长速度比较平稳,而人口增长速度则因两次生育高峰而显得十分迅猛,人口增长速度超过了户数增长速度。1949 年至 1969 年的 20 年间,年末总户数由 552.6 万户增加到 722.2 万户,增长 30.69%,每年递增 1.35%;年末总人口由 2083.1 万增加到 3253 万,增长 56.16%,每年递增 2.25%。70 年代以来户均人口开始呈下降趋势,主要是户数增长加速,而人口增长速度则由于开始实行计划生育而得到有效控制,从而使户数增长速度明显超过人口增长速度。以第三、第四次人口普查为例,1982 年到 1990 年这 8 年间,家庭户由 9558560 户增加到 11684715 户,增长22.24%,每年递增 2.54%;家庭户总人口数由 37843555 人增加到 40386689 人,只增长 6.72%,每年递增 0.82%。可见,近年来家庭户规模日趋缩小,是户数增加与控制人口增长两个因素同时作用的结果。

那么,为什么近年来家庭户数会迅速增加呢?有人说,这主要是受人口年龄结构的影响,因为第二次生育高峰期间出生的人口现在都已陆续进入法定婚龄,新结婚的人比较多。这当然是一个原因,但如进一步分析,则可看出这并不是根本性原因。因为如果新婚夫妇都与父母同住,那么新婚人口增多只会影响家庭结构而不会影响家庭的数量。只有新婚夫妇独立成家,才会导致家庭数量的增加。浙江目前的情况正是属于后面这种状况。

为什么新婚夫妇纷纷建立小家庭而不是加入大家庭中去呢？这就涉及社会经济发展状况、生活方式、思想观念、风俗习惯等深层次的原因。

恩格斯指出:"家庭——摩尔根说——是一个能动的要素;它从来不是静止不动的,而是随着社会从较低阶段向较高阶段的发展,从较低的形式进到较高的形式。"正是我国社会经济的迅速发展,推动着家庭规模小型化和家庭结构核心化的进程。

（一）男女青年自主性增强,传统家庭观念逐步被核心家庭观念取代

中国传统的以男性家长为中心的父系父权家庭制度,是与传统农业社会的生产方式和生活方式相适应的,最终体现这种家庭制度的家庭结构是主干家庭。新中国成立以后,特别是实行改革开放政策以来,社会经济发展日新月异:一是妇女就业机会增多,经济自主性增强;二是工农业生产知识化程度提高,年轻一代在生产中的地位和作用越来越突出;三是代际间生活方式和思想观念的差距因社会巨变而逐步拉大,因此青年人婚后自立的欲望在不断增加。据北京市有关部门对 1071 名青年男女进行的调查,其中有89.32％的人希望建立一个与老人分居的家庭。在天津、上海进行的调查也表明,有这种想法的青年占 80％以上。

（二）社会保障事业和社会服务业的发展,为核心家庭提供了越来越多的生活保障

核心家庭的功能不如传统家庭齐全,需要社会化服务加以弥补。我国职工早已建立退休制度。如今经济较发达的农村也已开始实行退休制度或养老保险制度。社会主义商品经济的发展特别是第三产业的兴起,为核心家庭的存在创造了越来越便利的条件。

（三）城乡住房条件的改善，使众多青年婚后独立居住的愿望变为现实

住房是家庭赖以存在的物质外壳，没有住房就无法独立地组织家庭。据统计部门抽样调查，浙江省城镇居民 1990 年末人均居住面积达到 10.21 平方米，比 1981 年的 6.4 平方米增长 59.53％。如果说，城镇居民住房条件的改善目前还受多种因素制约的话，那么相对来说农村居民住房条件的改善则基本上只与农民的经济实力相关，只要农民有钱，一般都可以按规定获得宅基地并盖起新房。据统计，浙江省自 1980 年以来每年都有 10％左右的农户建造新房。到 1990 年末，农民人均住房面积已达 29.26 平方米，比 1981 年人均住房面积增长了一倍多。城乡住房情况得到较大改善，为近年来大批适婚青年结婚及独立成家创造了物质条件。

（四）家庭代际间因就业而产生的区域性流动率提高，导致家庭分化现象增多

实行改革开放政策以来，城乡人口流动的停滞局面被打破，外出外来人口增多。据"四普"资料，1990 年 7 月 1 日浙江省外出人口（指户籍人口中离开本县、市一年以上者）达 142.23 万人，是"三普"时 25.14 万人的 5.66 倍，而且外出人口以青年人为多，15—34 岁人口占外出人口总量的 61.89％。青年人长期离家外出，使得原来的家庭或暂时减少人口，或最终分为两家甚至三家。这是近年来家庭小型化的重要原因之一。

三、家庭小型化的社会效应

（一）家庭小型化符合现代家庭结构变化的总趋势

美国著名社会学家塔尔科特·帕森斯认为，核心家庭是适合于工业社会的家庭形式。从世界范围看，自工业革命以来，现代家庭结构正是由联合家庭、直系家庭向着核心家庭的方向发展的。浙江近一二十年来家庭结构趋于小型化、核心化，是符合现代家庭发展变化总趋势的。

核心家庭比例之所以迅速上升并占据主导地位，是由于它与传统大家

庭相比具有较多的适合于现代工业社会的优点。核心家庭的基本特征是规模小,结构简单,只有一对夫妻,从而也只有一个权力和活动中心。首先,核心家庭具有自主性强、机动灵活等特点,因此它适合于流动。城镇中的许多核心小家庭就是因就业等原因由农村迁居而来的。其次,核心家庭在婚姻、生育、家庭经营、家庭消费等方面具有较强的自主性,不像传统大家庭那样受到众多亲属的牵制。在我国现今由年轻夫妇组成的核心小家庭一般文化水平较高,现代意识较强,受传统观念束缚较少。因而他们在婚姻上比较注重爱情,在生育上一般倾向于少生优生;在家庭消费上往往不满足于传统的生存型消费,而比较注重发展需要和享受需要;在家庭经营上一般能根据市场的需求状况做出较灵活的应变措施。有关调查表明,由青年人当家的农户,容易打开局面,能较快地致富。

(二)家庭小型化带来了一些社会问题

我国的社会发展现正处在一个"转型"时期,各方面的发展不可能完全同步,往往是有的超前,有的严重滞后。家庭小型化作为社会发展的一个方面,有一个与其他有关方面相互协调的问题。由于我国目前社会保障制度不健全,生活社会化的程度还很低,因而家庭小型化加速后首先带来了两个问题。

第一,老年人的供养及生活照料问题。大家庭分化以后,一部分是由年轻夫妇组成的充满活力的核心小家庭,还有一部分是由老年人组成的"空巢"家庭。据"四普"资料,1990年7月1日浙江省60岁以上单身老人户有528144户,由一对60岁以上老年夫妇或两个老人组成的家庭户有446048户,由三个及三个以上60岁以上老人组成的家庭户有17490户,以上三类老人家庭户占全省家庭户总数的8.49%。他们的衣、食、住、行以及护理、生活照料等需要,不可能全在家庭中得到满足,因而对社会的依赖性比普通家庭要大得多。

第二,家务劳动社会化问题。在城镇,核心家庭多为双职工家庭,白天夫妻双双上班,下班后一大堆家务事等着他们,往往影响他们的休息、娱乐、交往、学习以及业务上的提高。在农村,核心家庭的夫妻一般都要参加劳动,同样存在着家务及孩子的照管等问题。核心家庭的赡养功能和抚养功能都显得不足,需要社会予以弥补,而社会上的相应设施却往往跟不上。

此外,核心家庭的内部关系主要靠夫妻间的感情来维系,夫妻间的感情有亲密的一面,又有脆弱的一面,一旦产生隔阂,容易造成家庭的破裂。西方发达国家离婚率之高已经成为一种严重的社会病。我国的离婚率虽然远远低于西方国家,但据有关方面统计,20世纪80年代以来已有上升的趋势。离婚对于当事者来说也许是一种解脱,然而离婚导致家庭解体,给孩子带来的身心影响是难以估量的。

(三)家庭小型化对社会消费产生一定影响

在我国人口持续增长的情况下,家庭小型化意味着家庭数量的增多。事实也正是如此。"四普"资料表明,浙江省"四普"时的家庭户比"三普"时增加212.6万户。这对社会消费所产生的影响是显而易见的。首先是增加了住房的需求量。同时,以家庭为消费主体的耐用消费品如电视机、洗衣机、电冰箱、大衣柜、沙发等的需求量也大大增加。这一点在进行生产结构调整和商业网点规划时都是应当考虑的。此外,由于家庭规模变小,有关家庭日用品和包装食品的规格也应作相应的调整。

四、妥善解决家庭小型化带来的问题

虽然鉴于我国的具体国情,今后主干家庭将会继续存在并占据相当的比例,但家庭小型化、核心化的总趋势是不会改变的。随着城乡住房条件的进一步改善,有些规模稍大的家庭将会进一步分化。单身家庭、有老人无子女的"空巢"家庭也会继续增加。面对这一形势,有关部门必须及早采取措施,以便妥善解决因家庭小型化而带来的各种问题。

(一)大力发展第三产业,增加社区服务设施

我国第三产业比例较低,最近党中央、国务院不失时机地提出了加快发

展第三产业的战略任务。城市社区和农村社区都要抓住时机，放开手脚，广兴第三产业，增添生活服务设施，扩展服务范围。加速兴建托儿、托老、维修、理发、看病、取奶、换煤气罐等满足居民日常生活服务的各种设施，以解决单身家庭、老人家庭、双职工家庭的实际困难，以社会化服务来弥补此类家庭某些功能的不足。

（二）尽快建立和健全养老保障制度，大力发展养老事业

城镇职工的退休制度需要进一步改革、调整和完善。我国广大农村的老人目前尚缺乏社会保障，还得依靠家庭和儿女。由于现今的农村老人一般都是多子女的。他们即使与儿女分居，还能从儿女那儿得到接济。而现在的中青年农民由于实行计划生育，都是少子女的。他们进入老年后不可能像上代老人那样过多地寄希望于子女，必须从现在起就通过适当形式筹集养老基金，政府部门和社会团体要积极扶持农民养老保险事业。

（三）发扬敬老爱老的民族传统，积极发挥家庭网络的作用

由于家庭结构趋于核心化，今后"空巢"家庭增多是不可避免的。因此更要发扬中华民族敬老爱老的传统，重视"子家庭"与"母家庭"的联系。社会和个人除了对老年人要有经济上的援助、生活上的照顾以外，还要与老年人保持感情上的交流，使老年人感到分而未离，仍然处在子女、亲属的关怀之中，继续享受着天伦之乐，以避免老年人产生像西方国家的老人那样的孤独感和失落感。

（四）发挥社区在家庭建设中的作用

古话说："家和外顺"。家庭关系处理得好坏，不仅关系到个人，还会波及社会。核心家庭中的关系主要是夫妻关系。由于妇女地位的提高，传统的"夫唱妇随"、妻子依附于丈夫以至失去自己人格的夫妻关系不存在了。男女在婚姻上有着充分的自由，与此同时，离婚率也在提高。小家庭所面临的诸如由谁操持家务问题、生育问题、赡养老人问题等，常会引起夫妻反目，以至分道扬镳。处理好家庭关系，要靠夫妻间的协调，也要靠社区环境的影响，应当发挥社区在家庭建设中的积极作用。例如，开办"新婚夫妇学习班"

"好妈妈学习班",开展"五好家庭"活动等,都能取得良好的效果。

（五）加速城乡的住宅建设

住房消费的主体是家庭,家庭分化的加速是引起住房需求量的首要和直接的因素。

由于人口持续增长和家庭小型化趋势的发展,城乡住房需求量还将继续增大。同时,农村的旧房一般是适合传统复合式家庭模式的,具有大、杂、全的特点。随着复合式家庭的逐步解体和核心家庭的兴起,大部分旧式住宅必须改建。为了适应这个形势,除了认真规划外,有关部门还要为加速城乡住宅建设创造更多的条件。目前农村的住宅建设基本上还停留在自然经济阶段,一般都是自行烧制、开采或收集建筑材料,自行设计,邻里间换工或自行承担建筑劳务,单户建筑,自行维修保养住宅等。为了改变这种传统的自然经济式的建房方式,同时也为了提高农村的住房质量、节省建房用地,必须把农村的住宅建设做出规划,把住宅建设的工业化和商品化提到议事日程上来。

原载《前进中的浙江人口》（第四次人口普查第二次科学讨论会论文选编）,杭州大学出版社,1993年,第144-155页。

城市纯老户老人的生活照料与社区服务

1990年至1991年,中国老龄科学研究中心与日本高龄化综合研究中心合作,在日本东京都板桥区及中国的天津市、浙江省杭州市、江苏省无锡市进行了老年人日常生活状况抽样调查。

本文主要根据中国三个城市所调查的数据,对城市纯老人家庭(以下简称纯老户)中老人们的日常生活状况作一些分析,并就如何解决城市纯老户老人的生活照料问题提出一些建议。

一、城市纯老户老人的基本情况与特点

天津、杭州、无锡三个城市被调查的2996位老人,其家庭类型构成是:单身老人家庭占10.8%,老夫妇二人家庭占29.1%,与有配偶子女同居家庭占36.7%,与无配偶子女同居家庭占10.5%,其他类型家庭占12.5%,未回答者占0.4%。

上述五类家庭中,单身老人家庭和老夫妇二人家庭的成员纯属老年人。属于这两类家庭的老人占被调查老人总数的39.9%。下面分别考察这两类家庭老人的情况。

(一)单身户老人的基本情况

单身户老人包括这样两部分人:一是无儿无女的,其中有些人从未结过婚,他们属于社会上的孤老;二是结过婚并有子女,然而子女都已分居。本

次调查的 325 位单身户老人,前者占 12.9％,后者占 85.8％,未回答者占 1.2％。

与其他类型家庭的老人比较,单身户老人具有以下特征。

一是年龄偏高。325 位单身户老人的年龄构成是:60—69 岁占40.3％, 70—79 岁占 45.5％,80 岁及以上占 14.2％,在五类老人家庭中平均年龄最高。

二是性别比偏低。全体被调查老人的性别比为 82.6,单身户老人的性别比为 37.1,比平均水平低 45.5 个百分点。

三是健康状况较差。在 2996 位被调查老人中,身体很好的占 40.5％, 一般的占 43.9％,体弱的占 11.3％,身体不好的占 4.4％。单身户老人的上述指标分别为 32％、47.7％、15.1％和 5.2％。

四是文化水平偏低。单身户老人的文化构成是,来上过学的占48.3％, 小学文化程度占36.9％,初中文化程度占 5.5％,高中文化程度占 5.5％,大学文化程度占 3.7％,在五类老人家庭中,平均受教育年限最低。

五是经济状况较差。家庭经济很困难或较困难者,在全体被调查老人中占 6.4％,而在单身户老人中则占 14.8％;家庭有节余或略有节余者,在全体被调查老人中占 82.2％,而在单身户老人中只占 65.9％。

六是居住条件较差。住房面积不满 10 平方米的,在全体被调查老人中占 1.2％,而单身户老人中则占 8％;住房面积在 10～30 平方米的,全体被调查老人中占38.2％,单身户老人中占 68.9％;住房面积在 30 平方米以上的,全体被调查老人中占 59.9％,而在单身户老人中只占 21.2％。

从总体上看,单身户老人是老年人中年纪较大、女性比重较高、健康状况较差、文化水平较低、经济较困难、住房条件较差的那部分老人,是最需要社会关心和帮助的老人。

(二)一对夫妇户老人的基本情况

调查数据显示,一对夫妇户老人有子女者占 95.3％,无子女者占 3.6％,未回答者占 1.1％。可见,一对夫妇户基本上属于"空巢家庭"。

一对夫妇户老人最显著的特点是夫妻二人健在,可以相互关心,相互帮助。与单身户老人相比,一对夫妇户老人年龄构成较轻,身体状况、受教育状况、经济状况、居住条件等都比单身老人要好。

但是,我们不难看出,一对夫妇户老人与单身户老人之间有着内在的必然的联系。随着时间的推移,夫妇中有一方去世,另一方即沦为单身老人。当然,其中有一些可能转为与子女同居,但必然有相当大的部分加入单身户老人的行列。从总体上看,老夫妇二人户与单身老人户之间的差别,只不过是家庭生命周期中的阶段性差别而已,前者处于家庭生命周期中的空巢期,即家庭收缩完成阶段,后者处于家庭生命周期中的鳏寡期,即家庭解体阶段。从这个意义上说,单身户老人的今天,就是一对夫妇户老人的明天。

二、城市纯老户老人日常生活中存在的问题

据天津、杭州、无锡三个城市的抽样调查,城市中单身或家中只有夫妇二人的老人日常生活中主要存在以下几个方面的问题。

(一)生活自理能力较差,依赖性较强

三个城市老年人日常生活调查数据显示,无论是单身户老人还是一对夫妇户老人,都有相当一部分缺乏生活自理能力。他们中有些人不能自己做饭,不能自己购物,不能存钱取钱,不能独自乘公共汽车,不能单独走访朋友,不能自己打电话,有些人甚至不能独自上下楼梯,不能用水壶烧水,不能自己修剪脚指甲。单身户老人与一对夫妇户老人相比,生活自理能力更差一些。

(二)健康水平较低,抱病从事家务劳动的情况较多

纯老户老人特别是单身户老人由于家中缺少帮手,往往在体弱甚至患病的情况下仍然需要自己料理家务。例如,单身户老人中身体"很好"和"一般"的人占79.7%,而他们中基本上或全部由自己烧饭做菜的人则占83.1%,这表明有3.4%的老人在体弱或身体不好的情况下承担几乎全部烧饭做菜任务。

（三）一部分人社会交往少，寂寞感较强

三个城市的调查数据显示：单身户老人中，有69.2％的人没有相邻居住的子女，有36.3％的人已无兄弟姐妹，有60.3％的人没有配偶的兄弟姐妹；在一对夫妻户老人中，有69.4％的人没有相邻居住的子女，有21.5％的人无兄弟姐妹，有20.9％的人无配偶的兄弟姐妹。这种状况必然对他们的社会交往产生影响。

城市纯老户老人由于身边没有子女，与亲友的交往不多，有一部分人又不善于与近邻打交道，这就容易产生寂寞感、孤独感以及消极悲观情绪。据调查，在单身户老人中，有27.7％的人时常有寂寞感，有47.4％的人感到自己上了年纪不中用了，有16％的人有活得很累的感觉，有20.9％的人感到人生很严峻，有24.3％的人感到随着年龄增长越来越糟。一对夫妇户老人由于有配偶作伴，产生寂寞感的人比重较低，只占10.1％，但也有31.6％的人感到上了年纪不中用了，有12.4％的人感到人生很严峻，有14.2％的人感到随着年龄增长越来越糟。

（四）经济收入水平较低，生活困难者较多

据调查，在城市五类老人家庭中，单身老人家庭生活水平最低，生活困难者的比重最高。老夫妇二人户仅次于单身老人户。

从现代家庭用品的拥有量来看，纯老户老人的生活也显得比其他类型家庭艰苦，详见表1。

表1　城市各类老人家庭拥有日用品情况　　　　单位：％

家庭类型	彩色电视机	黑白电视机	冰箱	收录机	组合音响	摩托车汽车
单身老人家庭	12.9	56.3	16.3	15.1	0.9	1.8
老夫妇二人家庭	41.7	63.1	47.8	30.7	0.9	0.2
与有配偶子女同居家庭	77.5	62.5	79.9	61.6	5.0	1.3

续表

家庭类型	彩色电视机	黑白电视机	冰箱	收录机	组合音响	摩托车汽车
与无配偶子女同居家庭	54.9	64.1	62.5	39.0	3.8	0.3
其他家庭	54.0	63.6	59.6	42.8	2.9	0.3

资料来源:根据天津、杭州、无锡老年人日常生活调查资料整理。

三、解决城市纯老户老人生活照料问题的对策

当前中国正面临着人口老龄化和家庭小型化的趋势,城市纯老户老人将日益增多。对于他们的生活照料问题必须采取相应的对策。下面结合三个城市抽样调查情况,就如何解决城市纯老户老人的生活照料问题提出一些建议。

(一)建立和健全社区养老设施

在城市纯老户老人中,那些无儿无女、无经济来源的单身老人是民政部门的救济对象,他们或者被送进敬老院,或者住在家中领取救济金,生活上由居民区负责照顾。这种老人为数不多,今后将日趋减少。现在逐渐增多的是领退休金的无子女或身边无子女老人。这些老人进民政部门办的敬老院则不够条件,老人以及他们的子女也不愿意,于是托老所或老年公寓便应运而生。然而就杭州市的情况看,街道托老所通常与敬老院合办,目前床位不够,远远不能满足需求。群众反映,最好是每个居民区都办托老所。这样既能缓解供需矛盾,又符合老年人的心愿,因为老人们一般都不愿离开原居住地。目前的主要困难是缺乏场地,以往在规划居住区时,只考虑到幼儿园,而未想到托老所。这个问题城市规划部门应当引起重视。

为了解决老城区的场地问题,杭州市有的街道正在考虑创办"家庭托老所",即将两三位单身老人集中至某一家,派专人负责照料。这种做法可能是一种经济实惠的办法,值得试行。

(二)建立社区老年服务网络

当前以及今后相当长的时期内,家庭仍然是养老的主要场所,大多数纯老户老人将仍然在家庭中生活。我国目前生活社会化水平还不高,解决纯老户老人的生活服务问题是当务之急。

根据老年人的实际需要,社区老年服务至少应包括以下三个方面:

一是日常生活服务。缺乏生活自理能力的患病老人或高龄者,需要提供诸如买菜、拿牛奶、做饭、煎药、搞卫生、洗衣服等多项服务。基本上具备日常生活自理能力的老人,也需要有人帮助买米、买煤饼、换煤气、装修电灯等。以往这些服务主要是街道或居民区的"志愿者协会""老龄服务小组""孤老保护小组""送温暖小组"等志愿组织提供的,基本上是无偿服务,全凭人们的互助精神和无私奉献精神。鉴于今后这些服务的需求量将逐渐增大,因此这些服务项目应逐步纳入第三产业,由现在的以无偿服务为主转向以有偿服务为主。当然,互助精神和无私奉献精神是任何时候都需要提倡的。

二是医疗服务。老年人患病率高,行动不便,看病、打针是老年人日常生活中的一大难题。杭州市清泰街道1988年由14位离退休医生、药剂师、护士长等组成一个"老年医疗保健巡察服务队",经常蹬着三轮车,串街走巷,在19个居民区巡回为老年人义诊,深受老人们欢迎。但这种医疗服务队并不多。在杭州市比较普遍的做法是在街道或居民区设立"红十字会医疗站",给经济困难的老人免费看病、打针,给行动不便或卧床不起的老人上门服务。这种社区医疗机构是必不可少的。据了解,目前尚未建立"红医站"的居委会面临的困难主要是经费和场地。这需要当地领导和全社会的重视和支持。

三是精神服务。年老体衰的人容易产生失落感、自卑感,尤其是无子女或身边无子女的老人,会感到寂寞和孤独。这往往是影响他们生活质量的一个重要因素。实践证明,社区组织在这方面并非无能为力。例如,对于身体较好的老年人,可组织他们开展各种文体活动,组织他们外出旅游,并组织他们适当参加一些公益劳动。对于行动不便或卧床不起的老人,则组织人员定期上门探望,节日送礼物慰问,祝贺他们的生日、金婚纪念日等。杭州市清泰街道还专门为孤寡老人组织"模拟家庭",由派出所的警察和学校里的少先队员充当孤老们的"儿孙",时常前去嘘寒问暖。这些活动既有助于创造尊老爱老的环境气氛,又能增强老人们的自尊心,使他们在精神上得到安慰,增添生活的情趣。

（三）建立和健全老年服务制度

向老年人提供生活服务是一项具体的经常性的工作,因而需要根据不同对象,建立适当的工作制度。杭州市凡是老年服务工作搞得好的社区,一般都坚持了这样两项制度:一是"敬老日"制度,规定每月的某一天为"敬老日",到了这一天,老龄工作者和积极分子便分头出动,为单身老人、身边无子女老人、缺乏照顾的高龄老人买米、买煤、洗衣被、搞卫生等;二是"三定一包"制度,即对于生活不能自理又无人照顾的老人,实行定人、定时、定服务内容的包干制度。在尚未实现老年服务产业化的今天,这些制度是必要的、行之有效的。

杭州市参加街道、居民区老年服务工作的人员,有相当一部分是低龄老人。事实上,不同年龄、不同性别、不同职业的老人之间,具有一定的互补性。在老年服务事业中,老年人本身也是一支不可忽视的力量。社区老龄工作者要积极提倡老年人相互服务,特别要提倡和组织低龄老人为高龄老人服务。

（四）加强对老年人口的管理

掌握社区内老年人口的基本情况是搞好老年服务的前提。社区老龄工作者必须对社区内每一位老人建档立卡。特别是对于单身老人和身边无子女老人,一定要查清他们的原工作单位,查清并抄录他们的子女或亲友的通信地址及电话号码,以便遇到问题时能及时与他们取得联系。

（五）优化尊老养老的文化环境

中华民族具有尊老养老的优良传统。但是不可否认,目前由于家庭规模逐渐缩小,已婚子女与父母分户居住的现象趋多,因而中青年中尊老、养老的观念有所淡化,虐待老人的现象时有发生。因此,继承和发扬中华民族的尊老养老传统,应当作为社区精神文明建设的重要内容。笔者在进行社区调查时,有人建议在小学生中开设尊老课程。笔者认为这是很好的建议,尊老教育应当从小抓起。当然,也不能忽视对中青年人的教育。只有形成尊老爱老的文化氛围,老年人才能得到更多的关心和爱护,才能生活得更幸福。

原载《上海老龄科学》1993 年第 3 期,第 28-31 页。

中国人口老龄化前瞻[①]

中国农村不仅将率先进入老年型社会,而且是中国老年问题的重点和难点所在。因此,制定和实施适合于农村发展变化趋势及其人口老龄化特点的养老制度和措施,对建立有时代特征和中国特色的老年社会保障体系至关重要。

一、主要人口问题的转折点

新中国成立后,由于社会安定团结,经济迅速发展,医疗卫生条件逐渐改善,人口再生产迅速进入高出生率、低死亡率和高自然增长率的快车道。长期以来,以人口过多过快增长为基本内容的主要人口问题再度突出出来。从 20 世纪 70 年代末开始,在城乡广泛推行计划生育,提倡一对夫妇只生一个孩子的生育政策,到了 80 年代中后期,人口快速增长的势头得到了有效的控制。加大控制人口增长的力度,就必然加快人口老龄化的速度,这是不以人们意志为转移的客观规律。90 年代将是我国人口年龄结构由成年型向老年型转变的时期,主要人口问题的转折点很可能在转变时期结束后不久出现。

全国进入老年型社会之后,养老问题将逐渐代替人口过快增长成为主

---

① 与刘长茂合作,发表时署名"刘长茂,叶明德"。

要人口问题,具体表现为如下几个特征。

第一,计划生育的客观条件更加成熟。20世纪控制人口增长成绩卓著,为未来广大育龄夫妇由多生到少生,由政府干预少生到自觉少生奠定了物质基础(如节育设备、药理和技术力量)和创造了有利的社会环境(如少生的社会舆论和风气等)。

第二,少生优生的内外因更加趋同。继续深化改革,将会把数以千万计的在业者优化出来,变成需要重新就业的失业大军;21个世纪前一二十年内每年都将有2000万左右的少年人口进入劳动年龄,成为要求就业的劳动者。社会经济现代化步伐的加快,必将把大批的劳动者从就业岗位上节省下来,使他们由在业者变成失业者,加入重新就业者大军之列;不可避免加速推行的农业规模性经营和农场化管理,将把成亿的农民从土地和农业生产中分离出来,转入非农业劳动力市场。市场机制的作用范围越来越大,程度越来越深,劳动力数量的供应和质量的提供主要由劳动力市场供需规律来调节。这几种情况都会从不同的方面加大加重就业的难度,从而使失业率在相当长的期间内居高不下。就业难、难就业将成为现实生活中一个突出的社会问题。那时,劳动力市场供求规律作为一种无形的巨大力量,诱导和迫使大批育龄夫妇由多生转向少生和优育优教。

第三,传统的生育模式将在大批的育龄夫妇中发生历史性的转变。随着农业人口不断非农业化,农村人口不断城镇化,我国在21世纪前一二十年内还将有数以亿计的农民变成市民。随着生产方式和生活方式的改变,这一部分人的生育方式也要跟着转变,从传统农村多生模式逐渐转变为现代城市少生模式。

第四,有劳动能力的老年人比现在就业更难。长期以来,我国劳动力供求关系一直处在供过于求的超饱和状态,退休老年劳动力再就业本来就很难,进入到下个世纪,劳动力市场上,青壮年就业和老年再就业之间的矛盾将会变得更加尖锐和突出。"无事生非"法则对不同年龄的求业者有着不同的作用、表现和后果,失业的青壮年无事不仅要生非,而且会多生非、生大非,解决起来难度大,一旦处理不当,社会问题有可能变成政治问题。对退休后有劳动能力的老年人来说,大部分人因年龄、健康和有退休金收入等原因,大多表现为息事宁人不生非,小部分人即使要生非,充其量只能少生非、生小非,解决起来也比较容易。国家在处理这一类矛盾时,将会采取有利于青壮年就业的倾斜政策。这样就会加大国家、社会和家庭在老年人问题上的负担。

第五,我国老年人口在下个世纪头 10 年之后将进入过多过快增长时期。1950—1958 年和 1962—1973 年的两个生育高峰时期出生的人口,将分别于 2010 年和 2022 年之后陆续达到 60 岁。到那时,老年人口死亡率随着医药科学技术的进步将会有所下降,老年人平均寿命有所增加。这就是说,每年进入到老年行列的人口显著增加,从老年群体中减少的人口相对或绝对地减少,从而使老年人口进入到过多过快增长时期。不言而喻,庞大的养老费用和养老服务给国家、社会和家庭形成的压力也将进入前所未有的重负时期。

综上所述,从下个世纪一开始,少年人口增长对国家的压力逐渐减轻;相反,老年人口对社会的冲击逐渐加大,从而使国家面临的主要人口问题发生转变。

二、人口老龄化过程中的特点

我国人口老龄化的特点,归纳起来主要有以下几个方面。第一,农村先于城镇成为老年型社会。按行政区划分,我国先后已有 5 个省、市达到人口老龄化标准值。按城乡分,这 5 个省、市分为两种不同的情况,一种是市镇老年人口(指 60 岁及以上人口,下同)比重大于乡村,率先进入老年型社会。1990 年上海市老年人口比重为:市 15.50%、镇 10.07%、市镇 15.12%、乡 12.33%(第二口径,下同)。形成的主要原因是:大城市实行计划生育早,力度大,严格控制迁入人口进入市区,人口城镇化主要集中在建制镇。于是进入老年型社会的次序,先市区,后乡村,最后才是镇。另一种情况是乡村老年人口比重大于市镇,首先实现人口老龄化。1990 年浙江省和江苏省老年人口比重为:浙江省中,市 10.86%、镇 9.30%、市镇 10.10%、乡 10.51%;江苏省中,市 9.71%、8.99%、市镇 9.51%、乡 10.34%。这种现象主要渊源于人口城镇化。由农村迁入城镇的人口主要是青壮年,这样就会在提高城镇青壮年人口比重的同时,提高乡村老年人口比重。从全国来看,这种趋向也很明显。1990 年,全国老年人口比重为:市 8.58%、镇 7.07%、市镇 8.51%、乡 8.73%。随着国家现代化和人口城镇化步伐的加快,我国农村先于城镇进入老年型社会成为不可逆转的趋势。

第二,中国人口老龄化的速度时快时慢,以快为主。我国人口年龄结构转型的速度是世界公认的。1964—1982 年的 18 年由年轻型转变为成年型,1982—2000 年的 18 年将由成年型转变为老年型。80 年代中后期因受周期性生育高峰和人口控制强度的影响,人口老龄化的速度并不是加速进行的,而是有些年份快,有些年份慢。例如,1982—1987 年的 4 年间老年人口比重上升 0.85 个百分点,1987—1990 年的 4 年间老年人口比重仅上升 0.1 个百分点。90 年代中期周期性的生育高峰期过后,再加上严格控制人口增长,老年人口比重必将进入快速上升状态。只有认识和掌握时快时慢的特点,才能在老龄工作中避免时而出现放任自流,时而出现不知所措的不正常现象。

第三,我国老年型省区和非老年型省区将长期并存。70 年代以前,在我国省区市中只有年轻型和成年型两种类型年龄结构。1990 年三种类型并存。年轻型省区有青海和宁夏两个,老年型的有 5 个,其余 23 个省区为成年型。青海和宁夏两省区因资源丰富,地域辽阔,人口密度较小,少数民族人口多,到 20 世末即使转变为成年型,人口实现老龄化的时间较长。因此,在我国老年型省市和成年型省区并存的现象将持续一个相当的历史时期。在全国各省区市中,因人口年龄结构类型和人口老龄化程度不同,主要的人口问题及其对策,在不同的时期也就有所不同。

第四,我国自东往西人口老龄化进程呈现梯度态势。我国根据历史、地理和社会经济多种因素,把全国划分为东、中、西 3 个地带。在地形方面,东部平均海拔最低,中部次之,西部最高,从低到高,排列有序。与这种地形梯度相对应，老年人口比重，从高到低，作反方向排列也十分有序。1990 年分别为 9.41％、8.10％和 7.82％。从地形方面观察，3 个地带目前没有一个进入老年型社会，但从年龄结构变化趋势来看，东部最早，西部最晚进入到老年型社会的这种梯度态势不会改变。

第五，中国各民族人口进入老年型社会的时差悬殊。中国有 56 个民族，各族人民因历史、地理、社会、经济、文化和宗教信仰不同，现在的年龄结构和将来达到老龄化标准值的时间也就不同。1990 年人口年龄结构为年轻型的有鄂伦春族、鄂温克族、赫哲族、塔塔尔族、达斡尔族、哈萨克族、俄罗斯族、土族、蒙古族、裕固族、景颇族、撒拉族、傈僳族、锡伯族、东乡族、乌孜别克族、保安族和拉祜族等 18 个，其余 38 个民族均为成年型。其中老年人口比重最低的是鄂伦春族，仅占 2.36％；最高的是高山族，达到 9.38％。年轻型的民族人口在 20 世纪末到来之前，面临年龄结构变化的态势不是老龄化，而是成年化。在成年型的民族人口中，老年人口比重在 8％以下的 34 个民族，首先需要经历的是自己的老年人口比重达到成年型中等水平，而不是超越这个阶段直接进入老龄化过程。只有老年人口比重已达 8％以上的纳西族、畲族、汉族和高山族等 4 个民族，从 20 世纪 80 年代中后期开始到 20 世纪末，有可能逐渐实现人口老龄化。老年人口比重高低是未来实现人口老龄化的基础和起点。起点高，实现人口老龄化需要的时间就短，否则相反。根据有关参数预测，第一个和最后一个进入老年型社会相隔的时间，不是二三十年，而是四五十年，甚至更长的时间。

在这些特点中，有些在人口老龄化过程中相互促进，有些则相互制约。其结果是，一方面将决定中国人口老龄化问题的重点和难点，另一方面只有建立适合这些特点的、具有中国特色的养老机制，中国人口老龄化问题才能得到妥善解决。

三、中国老龄化工作中的重点

长期以来，中国一直是个农业大国，众多的人口分散在广大农村。城乡人口比重,1949 年分别为 10.60％和 89.40％,1990 年分别为 26.20％和 73.80％。不言而喻,农村既是我国计划生育工作的重点,又是我国未来老龄工作的重点。其具体原因是:

第一,农村老年人口多。1990 年全国老年人口为 9696.96 万人(第二口径),其中市为 1812.78 万人,镇为 600.42 万人,乡为 7283.76 万人。农村为市的 4.02 倍,为镇的 12.13 倍,为市镇的 3.02 倍。

第二,农村老年人口比重高。表现在两个方面,在全国总人口中的比重,1990 年农村占 6.44％,市镇仅占 2.14％,市镇合计不及农村的 1/3;在全国老年人口中的比重,农村占 75.11％,超过 3/4。

第三,农村老龄工作量特大。这不仅由于农村老年人口特多,更重要的是农村经济比较落后,社会保障条件差,交通不便,因而使各种老年人口问题解决起来费时费力,难度大,不易克服。

随着农村计划生育工作的不断加强和人口需要城镇化速度的加快,农村老年人口比重上升的速度不仅快于农村少年和青壮年人口,而且快于城镇老年人口,这对于还不能在比较短的时期内从根本上改变经济和社会面貌的农村来说,无疑使问题的解决难上加难。

四、老年人口问题的难点

中国老年人口问题的重点在农村,难点也在农村。难点在这里包含两层意思,一是难在何处,二是难题为何难解决。

(一)难在何处

在广大农村,处在不同经济水平中的老年人,既有不同的困难,又有相同的困难。

首先是贫困户家庭中老年人的基础生活供给难以得到保障。他们的生活位于贫困线之下,衣食住行用统统困难,各级政府和乡镇经济组织虽然给他们提供不少帮助,因需求太大,外部的帮助难以解决他们全部和经常发生的种种困难,因而他们一直处在离不开困难而生活的状态。

其次是温饱家庭中老年人生活难以迅速改善。这部分老年人家庭在农村中占的比例比较大,因他们所在的地方,农业资源和其他生产条件比较差,交通不便,人才缺乏,乡镇企业落后,在短时期内难以过上小康生活。

最后是看病难。在我国,先进和种类齐全的医疗设备、水平比较高的医护人员,几乎全部集中在大、中、小城市,缺医少药在广大农村比比皆是。农村老年人生了重病,要到城市去医治,因路程远、交通不便、吃住困难,花费很大,不仅贫困户和温饱户感到很难,就是富裕户也感到力不从心。

(二)难题为何难解决

解决农村养老所遇到的种种困难是必要的,但在短时期内是难以办到的。因为国家贫穷、资金短缺,建设头绪很多,不可能把所有的资金集中到解决农村养老问题上来;农村经济力量薄弱(缺资金),农民科学文化水平低(缺人才),要想使农村经济达到足以解决全部老年人问题的程度,短期不易实现;农村老年人口群体庞大,居住分散,国家和农村集体经济组织难以把需要分散使用的财力和物力集中起来使用,不然就会出现顾此失彼现象。因此,农村养老问题的根本解决只能寄希望于国家的强盛和农村经济的壮大。

五、养老对策思路的要点

当我国进入老年型社会,年复一年猛增的银发大军对社会经济发展的冲击和压力日渐突出。如何缓解那时在全国尤其是农村的养老问题呢？我们的思路主要有三点。

第一,两种保险制度并行。对老年人,特别是完全失去劳动能力的老年人来说,能否欢度晚年主要取决于生活与医疗费用是否有着落。在我国农村,长期以来这两种费用均由家庭和子女承担。随着农业生产不断规模化经营和农场化管理,大部分农民将从土地上分离出来,其中一部分随着人口城镇化的进行,由农民变成市民;另一部分就是转移到日益发展壮大的乡镇企业中去就业。剩下来与土地打交道的大部分农民,也要进行身份转变,由个体劳动者转为农场雇佣劳动者,当农民成为农村"工薪阶层"之后,不仅有必要,而且有条件在他们中间推行类似在城镇职工中实行的养老保险和别具特色的医疗保险。根据调查,我国许多富裕和比较富裕的农村,要求政府救济或补助的困难户,其中有 2/3 左右为治疗大病花费过多、负债过重所致。因此,农民只有养老保险,而无医疗保险,还是会感到不保险,只有双保险,才能解决农民,特别是老年农民的后顾之忧。农村双保险制度的具体内容和实施办法,要从各地实际情况出发,因时因地因事制宜。

第二,两种服务措施互补。过去的养老服务全部由家庭和子女提供,这种千百年来行之有效的养老服务习俗和办法,随着下列种种情况的变化,必将受到很大的冲击:"四二一"世代关系人数的大量涌现;"丁克夫妇"(英文缩写译音,特指双收入,无子女的夫妇)家庭由城市向农村扩散;因性别比例失调而终身找不到配偶的独身户老年人不断增加;因人口城镇化身边无子女老年人大量产生;由于传统的赡养观念的改变,父母不愿意子女服侍或子女不愿意服侍父母现象的增多。这就是说,在未来的农村,当没有子女无法依靠的老年人和有子女难以依靠的老年人形成一支庞大的群体时,各种各样的社区服务应运而生,服务队伍随着客观需要也要不断壮大。对于有晚辈的老年人来说,家庭服务多优越于社区服务,对于无子女或子女不在身边的老年人来说,只能依靠社区服务,两种养老服务各具千秋,只能相互补充,而不能互相替代。

第三,两种养老形式任选。纵观古今,横看中外,养老的具体形式很多,但归纳起来不外乎分散养老和集中养老两种:分散养老,亦称家庭养老,也分两种情况,一种是只有老年人的家庭,另一种是和晚辈生活在一起的老人户。共同的特点是,老年人被分散在各自的家庭中养老。集中养老,亦分两种情况,一种是纯粹的生活养老,如养老院等。另一种是具有医疗功能的养老,如老人护理医院等。这一类养老形式的共同特点是,按照各自接纳对象把不同职业、文化水平和经济能力的老年人集聚到一起,进行集体养老。在集体养老的形式中,有的是慈善性的,住院养老不收费;有的是非福利性的,住院养老少收费;有的是营利性,住院养老多收费;有的则是复合性的,根据不同的对象,决定是否收费或收多少费。

家庭养老的优点是自由度大、限制性小,并能享受天伦之乐,绝大多数老年人乐意接受。但是也有局限性,在无晚辈的家庭里,老年人容易产生孤独感、失落感和被遗弃感;在极少数有晚辈的家庭里还会出现歧视、冷落和虐待老年人的现象。分散养老的这些不足正是集中养老的优势,在那里,老年人集中在一起,海阔天空、说古道今,处处事事都有共同的语言和感受,有利于身心健康。两种养老形式对老年人及其子女来说,只根据意愿和自身的经济条件,可以任意选择,又不受外部力量的干预、限制和强迫。传统的养老观念和养老习惯在我国农村根深蒂固,加上农村经济实力有限,不可能在短时期内建造大量的足以满足客观需要的养老设施,因此,家庭养老将在很长的历史时期内,在我国农村始终处于主导地位。

总之,人口老龄化既有负效应,也有正效应。随着科学技术的迅速发展,特别是未来学的问世和发达国家解决人口老龄化的经验,启示着人们应对人口老龄化及其共同问题,与其临渴掘井,不如未雨绸缪。为此,在中国农村要继续利用传统的养老办法解决现有的实际问题,同时要针对不断出现的新情况、新问题,试行和完善新的养老对策,逐步建立和健全上述有中国特色的养老机制,就能够在我国最大限度地巩固和发展人口老龄化的正效应,缓解和减少它的负效应。

原载《南方人口》1994 年第 4 期,第 1-5 页。

农村社会养老保险工作的新探索

——以浙江省绍兴市的经验为例[①]

长期以来,由于城乡的二元结构,农村社会保障一直处于中国社会保障体系的边缘,许多社会保障项目都将农村人口排挤在外。随着农村人口出生率的下降以及人口城镇化进程的加快,农村人口老龄化速度和程度都高于城市。日益庞大的农村老年人口群体对传统的农村家庭养老方式提出了严峻的挑战,日益小型化的家庭结构使得养老资源的供应与需求之间的矛盾更加突出,加上经济体制改革和经济全球化带来的市场和生活风险的增加,国内发展农村社会养老保障事业的呼声日高。建立和完善农村社会养老保险事业,不仅是农村居民们的迫切愿望,也是市场经济发展本身的客观要求。

一、我国农村社会养老保险的发展历程及制度缺陷

我国宪法明确规定:"中华人民共和国公民在年老、疾病或者丧失劳动能力的情况下,有从国家和社会获得物质帮助的权利。国家发展为公民享受这些权利所需要的社会保险、社会救济和医疗卫生事业。"由于历史原因,我国农村社会养老保险工作起步较晚。1986 年,民政部号召各地探索建立

---

① 本文与孙胜梅合作,发表时署名"孙胜梅,叶明德"。

农村社会养老保障制度,至今已有 10 多年历史。这期间大致可分为三个阶段:

1986 年至 1992 年为试点阶段。1986 年,原民政部和国务院有关部委在江苏沙洲县(今张家港市)召开了"全国农村基层社会保障工作座谈会"。会议决定在我国农村因地制宜地开展农村社会保障工作,在农村经济发达和比较发达地区,发展以社区(乡、镇、村)为单位的农村养老保险。国务院指定民政部开展农村养老保险试点工作。1991 年 1 月,国务院决定选择一批有条件的地区开展建立县级农村社会养老保险制度的试点。1991 年 6 月,国务院在有关文件中进一步明确农村(含乡镇企业)养老保险制度改革由民政部负责。原民政部农村养老办公室制定了《县级农村社会养老基本方案》,确定了以县级为单位开展社会养老保险的原则。1992 年 7 月,原民政部在武汉召开了"全国农村社会养老保险工作经验交流会",重点推广武汉市建立农村社会养老保险制度的经验。1992 年 12 月,原民政部在江苏省张家港市召开了"全国农村社会养老保险工作会议",重点推广江苏省在全省全面推进农村社会养老保险的经验。这次会议标志着试点工作告一段落,转入在全国范围内全面推广农村社会养老保险工作阶段。[①]

1992 年至 1998 年为逐步推广阶段。1992 年民政部关于《县级农村社会养老保险基本方案(试行)》颁布实施,到这一年的年底,全国有 100 多个县制定并颁布了开展农村社会养老保险实施办法,建立了农村社会养老保险管理机构。其中 170 个县基本建立起面向全体农民的农村社会养老保障制度。全国有 3500 多万农民参加了社会养老保险,共积累保险费 10 亿多元。[②] 1995 年 10 月,国务院办公厅转发了民政部《关于进一步做好农村社会养老保险工作的意见》。全国 26 个省(自治区、直辖市)政府相继颁发了开展农村社会养老保险工作的地方性法规和文件。截至 1997 年底,全国已有 31 个省(自治区、直辖市)的 2000 多个县(市、区、旗)开展农村社会养老

---

① 刘贵平.养老保险的人口学研究[M].北京:中国人口出版社,1999:131.
② 刘贵平.养老保险的人口学研究[M].北京:中国人口出版社,1999:131.

保险工作,8000 多万农村人口参加保险。1998 年九届人大一次会议通过国务院机构改革方案,将农村社会保险管理职能划入新成立的劳动和社会保障部,实行社会保险的统一管理。[①]

1998 年以后进入整顿和衰退阶段。1998 年由于政府机构改革,农村养老保险由民政部门移交给劳动和社会保障部。受管理体制改革、利息持续下调和中央关于农村社会养老保险政策变动的影响,全国大部分地区农村养老保险工作出现了参保人数下降、基金运行难度加大等方面的困难,一些地区农村社会养老保险工作甚至陷入停顿状态。[②]

农村社会养老保险从无到有,这本身是一个进步,但为什么困难重重,甚至难以为继呢?这就引起了政府部门及学界的反思。现在回过头来看,20 世纪 90 年代初由原民政部制定的《县级农村社会养老保险基本方案》有它的优点,例如强调"个人缴纳为主,集体补助为辅,国家给予政策扶持"的原则,政府负担较轻;实行个人账户储备积累模式,透明度大,便于农民接受,有助于应对人口老龄化的挑战,有助于淡化"养儿防老"的传统观念等。但是,也存在着明显的制度设计方面的缺陷。

首先,从筹资方式来看,"社会保险"的色彩很淡,过于强调个人自助性,缺乏社会保险应有的社会性和福利性,实际上是一种诱导性或鼓励性储蓄。由于大多数农村集体无力或不愿提供补助,诱导或鼓励的作用也十分有限。因此这种制度实在难以强制执行,结果常常是"保富不保贫""保幼不保老",其保障功能大打折扣,达不到预期的目的。

其次,运行机制不健全。首先是缺乏相对独立的法制系统。各地出台的关于农村社会养老保险实施办法都是在民政部颁布的《县级农村社会养老保险基本方案》基础上修改而成,规范性差,缺乏应有的法律效力。养老保险金的筹集、运营及发放等,往往由地方政府部门执行甚至按某些长官意

---

① 赵殿国.农村养老保险工作的回顾与探索[J].人口与计划生育,2002(5):23-27.

② 中国社会科学院"农村社会保障制度研究"课题组.积极稳妥地推进农村社会养老保险[J].人民论坛,2000(6):8-10.

志行事,同时缺乏相对独立的管理系统和监督系统。1998 年以前各地农村社会养老保险的筹资、保管、运营及发放等全由民政部门一家负责。各地养老保险基金被挤占、挪用及非法占用等情况时有发生,资金安全得不到保障。

再次,基金难以保值增值。《县级农村社会养老保险基本方案》规定:"基金以县为单位统一管理,主要以购买国家财政发行的高利率债券和存入银行实现保值增值。"在实际运行中,由于缺乏合适的投资渠道,缺乏投资人才,一般都将保险基金存入银行。银行利率不稳定,在通货膨胀因素的影响下,不要说增值,就是保值也十分困难。美国芝加哥大学教授盖尔·约翰逊曾撰文指出,中国农村养老金项目 1993—1997 年的投资收益率是负的,对于从 1993—1997 年每年投入了同等数量的保金的个人来说,他们积累的基金实际价值低于他们支付出的保费。①

最后,保障水平过低。依照《县级农村社会养老保险基金方案》规定,农民交纳保险费时,可以根据自己的实际情况分 2 元、4 元、6 元、8 元……20 元等 10 档次缴费。由于多数农民经济收入水平不高,又缺乏保险意识,并且对这种保险制度缺乏信心,一般都选择 2 元或 4 元的低档次。据统计,到 1999 年底,我国有 8000 多万人参加农村社会养老保险,累计收取保险基金 184 亿元。1998 年向 59.8 万参保人发放养老金 2.5 亿元,人均约 42 元。② 如此低的养老金对参保者的基本生活起不了多大保障作用。

二、绍兴市农村社会养老保险工作的做法和启示

前不久,我们应绍兴市人口与计划生育委员会之邀,到绍兴县和诸暨市等地考察农村计划生育养老保险试点工作,并对那里的一些新思路、新做法产生了兴趣。正当人们感叹中国农村社会养老保险路在何方时,"绍兴的经

① 盖尔·约翰逊. 中国农村老年人的社会保障[J]. 中国人口科学,1999(5):1-10.

② 中国社会科学院"农村社会保障制度研究"课题组. 积极稳妥地推进农村社会养老保险[J]. 人民论坛,2000(6):8-10.

验"似乎给了我们一线新的希望。

绍兴市位居经济较发达的长三角南翼,是我国开展人口与计划生育工作综合改革的 16 个试点地市之一。2001 年以来,该市各级领导以此为契机,根据群众的迫切需要,解放思想,大胆实践,在农村养老保险制度改革方面取得了实质性进展。经反复酝酿,多方协调,绍兴市人民政府于 2002 年 6 月 5 日发布了《绍兴市人民政府关于在农村计划生育工作中实行社会养老保险试点的指导意见》,明确提出要以《中共中央、国务院关于加强人口与计划生育工作稳定低生育水平的决定》和绍兴市委、市政府有关文件精神为指导,建立多层次农村计划生育社会养老保险制度,并逐步创造条件将其纳入城镇职工养老保险体系,真正解决实行计划生育家庭的老有所养问题。

在具体做法上,绍兴市抓住浙江省全面实施职工基本养老保险"扩面"的机会,决定参照城镇职工养老保险"扩面"的方法,并根据"低门槛准入,低标准享受"的原则和自愿原则,将"双农独女户"和独生子女意外伤残、死亡的农户纳入城镇职工社会养老保险体系。参保对象按照上一年度全省社会平均工资的 30％～40％作为缴费基数,每年按照缴费基数的 19％～21％的比例缴纳保险费,连续缴满 15 年,到法定退休年龄即可享受养老金。按 2001 年度全省 15770 元的社会平均工资测算,若不考虑工资增长因素,每年缴纳 1198 元,到退休年龄即可享受每月 534 元的养老金。养老保险金的筹措主要靠两个渠道:一是个人缴纳;二是政府补贴。各县(市、区)经济发展水平不同,个人缴纳的部分与政府补贴的部分的比例也有所不同。有的以个人缴纳为主,有的则以政府补助为主。政府补助部分有的由县(市、区)、乡镇两级财政分担,有的则由县(市、区)、乡镇和建制村三级分担。政府财政补助的金额和年数视各地的经济发展水平和实际情况而定。到目前为止,全市已有 88 个乡镇开展了这项工作,参保并享受了政府补贴的"双农独女户"及独生子女意外伤残、死亡农户已有近 40000 户。这项工作正在全市逐步推开。

笔者认为,绍兴市在解决农村推行社会养老保险问题上有几点很值得人们思考和借鉴。

　　首先，他们跳出了就农村抓农村推行社会养老保险的局限，将农村社会养老保险直接与城镇职工养老保险体系衔接。城乡养老保险体系的衔接问题早已引起学术界的重视，因为城乡一体化是今后社会保险事业发展的必然趋势。我国有的学者已经提出从"二元到三维"的城乡社会保障制度衔接模式，引起了学术界的注意。① 但操作层面的不少问题，如开征社会保障税等，尚有待深入研究，特别是有待高层决策者下决心。绍兴市委、市政府利用城镇职工养老保险"扩面"的机会，提出了逐步将农村计划生育家庭的养老保险纳入城镇职工养老保险体系的大胆设想，并选择"双农独女户"和独生子女意外伤残、死亡农户作为切入点率先接轨，这无论在思路上还是具体做法上都是一种突破。

　　其次，这种做法体现了社会保险应有的社会性和福利性。绍兴市参加城镇职工养老保险的"双农独女户"和独生子女意外伤残、死亡的农户，在筹资上实行政府补贴与个人缴纳相结合，即对于参保人员地方政府在财政上给予一定的补贴。政府这种财政补贴的必要性与合理性是显而易见的。中国城乡居民收入差距巨大，这种差距中隐含着农民利益的某种牺牲。据有关学者对中国工农业产品剪刀差的研究，1952 年因工农业产品剪刀差而导致农业部门向工业部门转移的总额为 74 亿元，1957 年为 127 亿元，1978 年进一步上升到 364 亿元。1978 年以后，随着农产品收购价格的提高，工农业剪刀差有一定程度的缩小，1982 年降到 228 亿元。此后又略有回升，1983 年为 307 亿元，1983—1986 年在 276 亿元至 307 亿元之间波动。② 可见在我国工业化进程中，农民作了奉献，政府对国家养老保险的支持并不是一种恩赐，而是对国家隐性负债的清偿。此外，农民响应国家号召实行计划生育，也牺牲了一部分现实利益，国家也有责任通过适当方式予以补偿。但是我国农村居民数量巨大，国家要一下子拿出钱来给所有农民补贴是不现实的。就目前的情况来看，有条件的地区应当由地方政府出面将这项工作

---

① 王国军.中国城乡社会保障制度衔接初探[J].战略与管理，2000(2):33-44.
② 梁鸿.试论中国农村社会保障及其特殊性[J].复旦学报(社科版)，1999(5):26-34.

先做起来。当然地方政府财力也有限,只能从最需要帮助的一小部分农民做起,能做到什么程度就做到什么程度。从绍兴市的情况看,由于不同县(市、区)经济发展状况也不平衡,因而政府财政补助的方式及资金额度也不做统一规定,有的是由县(市、区)、乡镇两级分担,有的是由县(市、区)、乡镇和建制村三级分担;补贴的金额从3000元到7500元不等。在实际操作中,最少的地方是每年补500元,连续补6年;高的地方则是在15年缴费期限内每年补500元。有了这种补助,加上农民的自助,基本上能切实解决老年经济保障问题。政府补贴一方面是对实行计划生育家庭的一种补偿,同时也是对农民参加社会养老保险的一种鼓励。在绍兴,对于符合补助条件而不参加社会养老保险的农户只是一次性给予1000元现金奖励,与参加社会养老保险农户的差别相当明显。

再次,体现了稳定低生育水平的政策导向作用。中共中央、国务院《关于加强人口与计划生育工作稳定低生育水平的决定》指出,人口过多仍是我国首要的问题。由于社会保障制度不健全,传统生育观念的影响还存在,实行计划生育仍有相当难度。率先对带头实行计划生育并做出了牺牲的农户给予养老保险财政补贴有利于取信于民,有利于改变政府在人民群众心目中的形象。

绍兴市在推行农村计划生育家庭养老保障制度改革方面步子是大的,但又是谨慎的。他们的基本做法是:调研在先,决策在后;先易后难,分步实施;积极引导,参保自愿。他们将创造条件把农村计划生育家庭的养老保险纳入城镇职工养老保险体系的设想分几步实施:目前侧重抓"双农独女户"和独生子女伤残、死亡农户养老保险问题。这样既照顾到现实需求的迫切性,又充分考虑到实施的可行性。他们打算随着经济的发展、经验的积累和有关制度的逐步完善,再逐步将社会养老保险的覆盖面扩展到所有独生子女户、双女户以及村级计划生育管理员、县以上计划生育协会优秀会员。但考虑到不同家庭的实际情况和承受能力,对于允许参加城镇职工基本养老保险的"双农独女户"和独生子女伤残、死亡农户是否参保也不作硬性规定,而是实行自愿原则。在积极宣传和引导的前提下,允许他们根据各自的情况选择适当的养老保障形式，只要有利于实际问题的解决政府都予以支持。这种做法给政府和个人都留下了较大的回旋空间。

三、有待深入研究的问题及有关建议

绍兴市在农村社会养老保险制度改革方面已取得实质性进展，但这种探索和改革还刚刚开始，还有很多问题需要深入研究。

例如，绍兴市政府提出"建立多层次农村计划生育社会养老保险制度，并逐步创造条件将其纳入城镇职工养老保险体系，真正解决实行计划生育家庭的老有所养的问题"。这是一个宏伟的长期的目标。目前将"双农独女户"和独生子女意外伤残、死亡农户的养老保险纳入城镇职工养老保险的体系，只是实现这个目标的第一步。这一人口群体在农村总人口中所占的比重比较小，对他们实行财政补贴政府是可以承受的。但是如何分阶段有步骤地"扩面"，逐步将农村双女户、独生子女户等纳入城镇职工养老保险体系，则需要很好地进行规划，并进行必要的预测和论证。

又如，按照绍兴市的模式，农民加入城镇职工养老保险体系后，只要按一定的标准缴纳养老保险费满15年，到了退休年龄就可以同城镇职工一样领取养老金，还能随着经济社会的发展而分享社会发展成果，直至生命终止。今后随着生活质量的不断提高，人们的预期寿命也会不断延长，相应地领取养老金的年数也会增加，也就是说，养老金后期支付的压力会变得越来越大。这也是一个有待进一步研究的问题。

绍兴市的经验有一定的地域性。因为地方政府对农民的社会养老保险实行财政补贴必须以坚实的经济基础为后盾。有的学者对丹麦、瑞典、葡萄牙等13个欧洲国家社会保障发展历程进行研究时发现，他们建立农村社会养老保险制度时，农业GDP比重在3.1%～41%之间，平均为16.2%，农业劳动力的比例一般在5.1%～55.3%，平均为29.5%，以国际美元计价人均

GDP 在 1445～9580 之间,平均 5226 美元。[①] 2000 年绍兴市农业 GDP 比重为 10.13％,人均国内生产总值为 18042 元。可见,绍兴市建立农村社会养老保险制度的经济条件基本成熟。然而我国各地经济发展水平参差不齐,差别很大。绍兴市的经验可供经济较发达的地区借鉴,但在经济欠发达地区目前尚难以推行。

在绍兴调查时我们发现,目前农民的参保积极性并不是很高。这一方面说明农民的保险意识还比较薄弱,另一方面可能也与以往商业保险留下的某些负面影响有关。因此我们认为应加强对农民的宣传与培训,以加深人们对社会保险知识及其运行特征的了解。同时在推行农村社会养老保险的过程中,党员、干部应当起模范带头作用。

另外,鉴于养老保险基金相对短缺,应该积极探寻多渠道、多层次的筹资方式,尽可能扩大筹资渠道。浙江省个体私营经济发达。据我们了解,个体私营企业家们还是很愿意拿出钱来为民办实事的。在推行农村社会养老保险的过程中,既要提倡个人自助和政府补助,也要提倡社会捐助。我们认为在利用社会资源方面还是有潜力可挖的。在养老保险金的收缴问题上,则要根据农民收入不稳定的特点,设立更加灵活的缴费方式,例如可以预交或补交等。这些问题有待进一步研究。

此外,针对后续养老金支付压力大的问题,要研究能否适当推迟领取养老金的年龄问题。我国目前的男 60 岁、女 55 岁的退休年龄是 20 世纪 50 年代制定的。随着人们预期寿命的延长,对退休年龄适当加以调整是必要的。国外也有不少国家以推迟退休年龄的方式缓解养老金支付压力。他们还有一种具有弹性的做法是:如果参保者能够推迟养老金领取年龄,则可以适当地提高养老金的领取标准。这其实是一个双赢的做法,值得借鉴。

---

① 卢海元.中国农村建立社会养老保险制度的条件基本成熟[J].经济要参,2003(17).

参考文献

[1] 刘贵平. 养老保险的人口学研究 [M]. 北京:中国人口出版社, 1999:131.

[2] 赵殿国. 农村养老保险工作的回顾与探索 [J]. 人口与计划生育, 2002(5):23-27.

[3] 中国社会科学院"农村社会保障制度研究"课题组. 积极稳妥地推进农村社会养老保险 [J]. 人民论坛,2000(6):8-10.

[4] 盖尔·约翰逊. 中国农村老年人的社会保障 [J]. 中国人口科学, 1999(5):1-10.

[5] 王国军. 中国城乡社会保障制度衔接初探 [J]. 战略与管理,2000 (2):33-44.

[6] 梁鸿. 试论中国农村社会保障及其特殊性 [J]. 复旦学报(社科版), 1999(5):26-34.

原载《人口与计划生育》2004 年第 3 期,第 17-19 页。

长三角地区人口老龄化与
养老保障体系研究[①]

一、长三角地区人口老龄化态势

长三角地区是我国经济较发达地区,也是我国人口老龄化速度最快、程度最高的地区。2000 年"五普"资料显示,上海市、浙江省和江苏省 65 岁及以上老年人口比例分别为 11.42％、8.92％、8.84％,在全国各省(市)区中居第一、第二、第三位。

(一)长三角地区人口年龄构成状况

2000 年"五普"资料显示,长三角地区共有常住人口 8743.12 万人,其中 0—14 岁人口 1395.16 万人,占总人口的 15.96％;15—64 岁人口 6484.54万人,占总人口的 74.17％;65 岁及以上人口 863.42 万人,占总人口的 9.88％(见表 1)。

①　本课题是 2004 年国家计生委组织的长三角人口发展战略研究的一个分课题,课题负责人为叶明德,课题组主要成员为浙江大学劳动和社会保障研究所何文炯,浙江省人口计生委陈艳华,浙江省老龄科学研究中心王先益以及浙江大学人口与发展研究所硕士生王怡嘉,浙江大学人口与发展研究所王嗣均教授和华东师范大学人口研究所桂世勋教授担任课题组顾问,研究报告由叶明德执笔。

表 1   长三角地区人口年龄结构

地区	总人口	0—14 岁		15—64 岁		65 岁及以上	
		人数/万	比例/%	人数/万	比例/%	人数/万	比例/%
上海	1640.77	201.09	12.30	1251.65	76.28	188.03	11.42
南京	612.62	94.55	15.43	466.07	76.08	52.00	8.49
苏州	679.22	97.88	14.41	516.25	76.01	65.09	9.58
无锡	508.66	82.42	16.20	381.62	75.03	44.62	8.77
常州	377.63	62.61	16.58	281.96	74.67	33.06	8.75
镇江	284.49	47.45	16.68	212.17	74.58	24.87	8.74
南通	751.29	130.03	17.31	527.79	70.25	93.47	12.44
扬州	458.86	79.18	17.26	337.74	73.60	41.94	9.14
泰州	478.58	90.33	18.87	338.98	70.83	49.27	10.30
杭州	687.87	113.13	16.45	514.00	74.72	60.74	8.83
宁波	596.34	96.45	16.17	447.73	75.08	52.16	8.75
嘉兴	358.30	63.79	17.80	260.16	72.61	34.35	9.59
湖州	262.56	48.58	18.50	187.87	71.56	26.11	9.94
绍兴	430.42	79.29	18.42	309.42	71.89	41.71	9.69
舟山	100.15	15.30	15.28	75.51	75.40	9.34	9.32
台州	515.37	93.09	18.06	375.62	72.88	46.66	9.05
合计	8743.12	1395.16	15.96	6484.54	74.17	863.42	9.88

长三角地区的人口老龄化具有底部老化的特征,从人口金字塔的形状来看,底部收缩十分明显(见图1)。

这是 20 世纪 60—70 年代以来实行计划生育尤其是 80 年代以来严格控制人口增长的结果,中间突出部分是新中国成立后两个人口生育高峰期出生的大批人口群,金字塔上方的收缩属于自然收缩,下方的收缩既包含由经济社会发展导致的自然收缩,又包含由执行计划生育政策而导致的控制性收缩。金字塔下方的收缩意味着未来人口负增长的内在机制已形成。从收缩的趋势来看,将来人口负增长的势头会比较迅猛。到时候人口金字塔

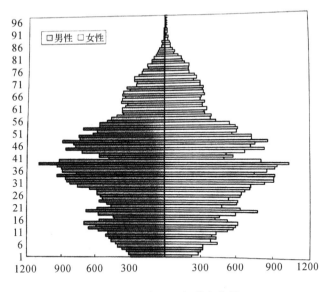

图1　长三角地区年龄金字塔

的塔形将逐步变成上大下小的草垛形,人口老龄化将会达到相当严重的程度。

　　长三角地区人口老龄化与其他一些国家或地区比较,有其自身的特点。0—14岁少年儿童人口比重明显低于发达地区的平均水平,与超低水平的日本、德国、意大利相似;从65岁及以上老年人口比重角度看,虽高于世界平均水平,也略高于新加坡、韩国和我国台湾地区,但低于发达国家平均水平(见表2)。

表2　2000年长三角地区人口老龄化程度与其他一些国家和地区比较　单位:%

国家和地区	0—14岁人口比重	65岁及以上人口比重	国家和地区	0—14岁人口比重	65岁及以上人口比重
长三角地区	15.96	9.88	不发达地区	34	5
全世界	31	7	新加坡	22	7
较发达地区	19	14	中国香港	17	11

续表

国家和地区	0—14岁人口比重	65岁及以上人口比重	国家和地区	0—14岁人口比重	65岁及以上人口比重
中国台湾	21	8	英国	19	16
韩国	22	7	法国	19	16
日本	15	17	德国	16	16
澳大利亚	21	12	瑞典	19	17
美国	21	13	意大利	15	17
加拿大	19	12	俄罗斯	19	13

资料来源:长三角地区以外的国家与地区的数据来自美国人口咨询局编,《2000年世界人口数据表》。

由于少年儿童人口比例很低,而老年人口的比例又不太高,因而劳动适龄人口的比例很高,总抚养比较低(见表3)。从表3中可以看出,如果以60岁为老年人口的起点年龄,2000年长三角地区总抚养比为42.01%,其中少儿抚养比为22.66%,老年抚养比为19.55%。

表3 2000年长三角地区抚养比状况　　　　　单位:%

地区	以60岁为老年人口起点			以65岁为老年人口起点		
	总抚养比	少儿抚养比	老年抚养比	总抚养比	少儿抚养比	老年抚养比
长三角地区	42.01	22.66	19.35	34.83	21.52	13.32
上海	37.43	16.84	20.58	31.09	16.07	15.02
南京	38.17	21.32	16.84	31.44	20.29	11.16
苏州	38.57	19.97	18.60	31.57	18.96	12.61
无锡	39.95	22.68	17.28	33.29	21.60	11.69
常州	40.60	23.31	17.29	33.93	22.21	11.73
镇江	40.73	23.47	17.25	34.09	22.36	11.72
南通	53.21	26.52	26.69	42.35	24.64	17.71
扬州	44.08	24.86	19.22	35.86	23.44	12.42
泰州	50.72	28.45	22.28	41.18	26.65	14.53

地区	以 60 岁为老年人口起点			以 65 岁为老年人口起点		
	总抚养比	少儿抚养比	老年抚养比	总抚养比	少儿抚养比	老年抚养比
杭州	40.26	23.07	17.19	33.83	22.01	11.82
宁波	38.87	22.46	16.41	33.19	21.54	11.65
嘉兴	45.25	25.86	19.39	37.72	24.52	13.20
湖州	47.46	27.28	20.17	39.76	25.86	13.90
绍兴	45.73	26.85	18.89	39.11	25.63	13.48
舟山	39.16	21.26	17.90	32.63	20.26	12.37
台州	44.45	26.09	18.36	37.21	24.78	12.42
江苏 8 市	43.44	23.65	19.79	35.55	22.35	13.20
浙江 7 市	42.65	24.64	18.02	35.97	23.48	12.49

资料来源:根据第五次全国人口普查公布资料计算

(二)长三角地区人口老龄化特征

1. 地区之间存在一定差异

长江三角洲地区 16 市虽在同一经济区,但人口老龄化状况仍有较大差异。从江浙沪所在的三块区域看,上海市人口老龄化程度最高,65 岁及以上老年人口系数高达 11.42%,江苏省为 9.74%,比浙江省高 0.55 个百分点。在 16 个市中,老年人口系数居前三位的是南通、上海、泰州,南京、宁波、镇江分别居倒数一二三位。最高的南通比最低的南京老年人口系数高 3.95 个百分点。南通、上海、泰州、湖州 4 市老年人口系数高于长江三角洲总体水平,其余 12 市均低于总体水平(见表 4)。

表 4　2000 年长三角 16 市人口老龄化程度比较　　单位:%

地区	65 岁及以上人口比重	与平均水平之差	地区	65 岁及以上人口比重	与平均水平之差
南通	12.44	+2.56	扬州	9.14	−0.74
上海	11.42	+1.54	台州	9.05	−0.83

续表

地区	65 岁及以上人口比重	与平均水平之差	地区	65 岁及以上人口比重	与平均水平之差
泰州	10.30	+0.42	杭州	8.83	−1.05
湖州	9.94	+0.06	无锡	8.77	−1.11
绍兴	9.69	−0.19	常州	8.75	−1.13
嘉兴	9.59	−0.29	宁波	8.75	−1.13
苏州	9.58	−0.30	镇江	8.74	−1.14
舟山	9.32	−0.56	南京	8.49	−1.39

资料来源:根据人口普查资料计算。

2. 市镇老年人口数超过乡村,但乡村人口老化程度高于市镇

长三角地区是城市化水平较高的地区,城镇老年人口已超过乡村老年人口,城乡人口老龄化状况存在较大差异。2000 年长三角地区乡村 60 岁及以上老年人口为 513.98 万人[①],占老年人口总数的 45.55%;市镇老年人口为 614.47 万人,占老年人口总数的 54.45%;65 岁及以上乡村老年人口为 371.04 万人,占老年人口数的 45.32%,市镇老年人口为 447.76 万人,占老年人口总数的 54.68%。

受农村中青年外出务工经商等人口流动因素的影响,乡村老年人口比例明显高于市镇,60 岁及以上老年人口比例乡村为 15.59%,市镇为12.44%;65 岁及以上老年人口比例乡村为 11.26%,市镇为 9.07%(见表5)。乡村人口老龄化的快速发展,对农村养老保障乃至对农村经济和社会稳定都将产生重大影响,应该引起高度重视。

---

① 江苏无锡市第五次全国人口普查资料缺乏分市镇、乡村数据,故本报告在分析人口老龄化城乡差异时不包含该市数据。

表5　2000 年长三角地区城乡人口年龄结构比较　　　　单位:%

地区	0—14 岁人口比重	15—64 岁人口比重	65 岁及以上人口比重	60 岁及以上人口比重	80 岁以上人口占 60 岁以上老年人口比重
合计	15.96	74.17	9.87	13.62	10.94
市镇	14.32	74.61	9.07	12.44	10.98
乡村	18.37	73.37	11.26	15.59	10.79

资料来源:根据全国第五次人口普查公布资料计算(不含无锡市)。

3. 高龄化程度高于全国平均水平

长三角地区老年人口目前以低龄老人为主,但其高龄化程度高于全国平均水平。2000 年该地区 60—69 岁组有 646.66 万人,70—79 岁组有 414.27 万人,80 岁及以上组有 130.31 万人,分别占老年人口的 54.28%、34.78%、10.94%。2000 年,全国 80 岁以上老年人口占 60 岁以上老年人口的比重为 9.6%,而长三角地区 2000 年 80 岁以上人口占 60 岁以上老年人口比重达 10.94%,明显高于全国平均水平。此外,长三角地区 90 岁及以上老年人口已达 10.44 万人(见表6),百岁老人达 1025 人。长三角地区老年人口城乡高龄化状况基本一致。

表6　长江三角洲地区老年人口年龄结构

地区	60—69 岁		70—79 岁		80 岁及以上		90 岁及以上	
	人数/万人	比例/%	人数/万人	比例/%	人数/万人	比例/%	人数/万人	占 80 岁以上比例/%
长三角地区	646.66	54.28	414.27	34.78	130.31	10.94	10.44	8.01
市镇	334.69	54.47	212.28	34.55	67.5	10.98	5.62	8.33
乡村	278.43	54.17	180.09	35.04	55.46	10.79	4.24	7.65
上海	126.03	51.28	89.85	36.56	29.88	12.16	2.59	8.67
南京	42.96	57.52	25.02	33.51	6.70	8.97	0.44	6.63
苏州	49.58	54.38	31.64	34.70	9.96	10.92	0.75	7.57
无锡	33.54	53.41	21.90	34.88	7.35	11.71	0.58	7.87

续表

地区	60—69 岁		70—79 岁		80 岁及以上		90 岁及以上	
	人数/万人	比例/%	人数/万人	比例/%	人数/万人	比例/%	人数/万人	占80岁以上比例/%
常州	24.64	53.07	15.60	35.74	5.20	11.19	0.40	7.69
镇江	19.23	55.12	12.35	35.41	3.30	9.47	0.21	6.38
南通	69.44	53.05	44.38	33.90	17.07	13.04	1.71	10.02
扬州	35.87	58.61	20.14	32.90	5.20	8.49	0.30	5.73
泰州	39.65	56.05	23.69	33.49	7.40	10.45	0.59	7.92
杭州	47.48	56.31	28.89	34.26	7.95	9.43	0.59	7.48
宁波	38.17	54.18	25.01	35.50	7.27	10.32	0.59	8.05
嘉兴	26.50	55.40	16.70	34.91	4.64	9.69	0.32	6.91
湖州	19.76	55.02	12.70	35.36	3.46	9.62	0.21	6.15
绍兴	29.63	53.13	20.099	36.02	6.05	10.85	0.44	7.31
舟山	7.16	55.55	4.41	34.20	1.32	10.25	0.10	7.59
台州	37.02	56.53	20.90	31.91	7.57	11.56	0.62	8.13
江苏8市	314.91	54.98	195.72	34.17	62.17	10.85	4.98	8.01
浙江7市	205.73	55.20	128.70	34.53	38.26	10.27	2.87	7.51

资料来源:根据第五次全国人口普查公布资料计算,市镇和乡村不含无锡数据。

高龄化是老年人生活质量提高、寿命延长的必然结果,这与经济发展水平较高直接相关。高龄化数据一致性说明该地区城乡老年人生活质量得到了同步提高。

(三)长三角地区老年人的家庭户状况

长三角地区 65 岁及以上老年人家庭户共有 6504468 户,占全部家庭户的 25.05%。其中,有 1 个老年人的家庭户为 4514355 户,占全部家庭户的 17.39%;有 2 个老年人的家庭户为 1962897 户,占全部家庭户的 7.56%;有 3 个及以上老年人的家庭户为 27216 户,占全部家庭户的 0.10%。值得注意的是,单身和纯老人家庭户已占较高比例,两者分别占老年人家庭户的

15.91％和14.87％。浙江7市纯老人家庭户比例最高,接近40％(见表7)。

表7 2000年长三角地区有65岁及以上老年人的家庭户状况

地区	家庭总户数/户	老年人家庭户占总家庭户比重/％	单身老人户占老年人家庭户比重/％	只有一对老年夫妇户占家庭老人户比重/％	老年人家庭户内部结构/％		
					有一个65岁以上老年人家庭户	有两个65岁以上老年人家庭户	其他
长三角地区	25965089	25.05	15.91	14.87	69.40	30.18	0.42
上海	5299068	25.54	13.70	15.60	63.61	35.85	0.54
常州	503127	49.60	14.44	15.43	69.59	30.05	0.35
南京	1885221	20.97	14.79	14.25	70.47	29.23	0.30
南通	2513094	27.29	18.69	19.46	66.18	33.10	0.72
苏州	1949249	24.85	11.89	12.41	67.66	31.85	0.49
泰州	1495752	25.30	13.38	12.36	71.16	28.40	0.44
无锡	1534611	21.69	13.76	14.87	67.73	31.89	0.38
扬州	1342103	23.89	11.22	10.23	72.84	26.82	0.34
镇江	874022	21.92	14.71	13.41	71.98	27.72	0.31
杭州	2082829	22.83	13.22	12.09	74.01	25.70	0.30
宁波	2010181	19.72	26.37	20.41	71.00	28.72	0.28
绍兴	740752	44.33	24.15	16.26	74.52	25.24	0.24
湖州	751428	28.07	10.95	8.00	77.77	21.91	0.32
嘉兴	1015166	27.10	9.61	7.66	76.81	22.89	0.30
舟山	351086	20.31	25.23	18.87	70.89	28.78	0.33
台州	1617400	21.93	26.57	19.53	70.29	29.44	0.27
江苏8市	12097179	25.12	14.51	21.11	69.11	30.43	0.46
浙江7市	8568842	24.65	19.34	20.12	73.53	26.18	0.28

资料来源:根据全国第五次人口普查公布资料计算。

长三角地区与其他地区一样,与人口老龄化相伴随的是家庭规模小型化。家庭规模的缩小,特别是纯老人家庭比例的提高,给传统家庭养老模式带来巨大冲击,养老模式的变革被提到议事日程上来。

二、应对"超前"人口老龄化的战略选择

(一)中国的人口老龄化具有特殊性

"人口老龄化是个普遍规律,不论是发达国家还是发展中国家,或迟或早都要发生,概莫能外。"然而不同国家或地区人口老龄化的过程并不完全一样。中国的人口老龄化具有中国特色。发达国家人口老龄化现象是自然发生的。随着经济社会的不断发展和人们生活水平的不断提高,人们的生活方式和价值观念的改变促使人口生育率不断降低,从而使少年儿童比例下降,老年人口比例上升。这些变化是缓慢的、渐进的,不知不觉地进行的。在中国,人口老龄化则有着明显的"催生"痕迹。20 世纪 70 年代以来中国人口生育率迅速下降,与推行计划生育基本国策有关。中国的国情不允许等待经济社会发展缓慢地推动人口生育率下降,而必须选用更快捷、更有效的措施。生育率的迅速下降导致人口年龄结构发生历史性的变化,于是人口老龄化便超越经济社会发展水平而提前到来。

(二)应对老龄问题的准备严重不足

与人口老龄化相伴随的老龄问题可分为人道主义方面的问题和发展方面的问题。前者很大程度上是老年人问题,即日益增多的老年人的各种需求,包括基本需求和特殊需求;后者指的是人口老龄化所带来的宏观方面的影响,包括对整个社会的生产、消费、储蓄、分配、投资以及政治、文化等各方面深刻而广泛的影响。发达国家的人口老龄化是经济社会发展的自然结果,通常是经济起飞在先,富裕之后才迎来老龄化。而我国的情形正好相反,是"未富先老"。通过强有力的措施降低人口生育率,减轻人口过快增长的压力,同时也导致人口老龄化提前到来。在中国,人口老龄化与经济发展几乎是同步进行,应对老龄问题的物质准备与精神准备都严重不足。以长

三角地区经济发展水平相对较高的上海市为例,日本 1970 年进入老龄社会时,人均国内生产总值为 3144 美元;上海市 1979 年进入老龄社会时,人均国内生产总值仅 2568 元人民币。当 65 岁及以上人口比重达到 11% 时,相应的人均国内生产总值在澳大利亚已达到 12390 美元,在加拿大已达到 16760 美元,在日本已达到 21040 美元。上海市 2000 年 65 岁及以上人口比重达到 11.4% 时,人均国内生产总值仅 34547 元人民币,只相当于 4177 美元。其他地区经济发展水平滞后于人口老龄化的情况更为严重。

(三)当前我们面临人口规模与人口结构方面的双重压力

降低人口出生率,减轻人口过快增长的压力,目的是为经济社会发展创造较好的人口环境。从这个意义上说,人口老龄化的提前到来也是自我选择的结果,更确切地说是控制人口过快增长所必须付出的一种代价。随着时间的推移,老龄问题的严重性日益显露,代价的存在令人们不能不予以正视。长三角地区是我国控制人口生育率起步较早、力度较大的地区,因而是最早出现人口老龄化现象的地区,应对人口老龄化的物质准备与精神准备不足的问题也率先在这个地区暴露出来。既然是自我选择,可否有别的选择呢?这样的问题自 20 世纪 80 年代以来我国学术界一直在讨论。有两种针锋相对的意见:一种意见是进一步显著地降低生育率,减少人口,是"真正头等优先大事",人口结构问题是次要的;另一种意见则表示反对,他们认为今天我国生育水平已降到更替水平以下,人口仅仅呈现的是低惯性增长,在这种态势之下,如果继续坚持以牺牲结构为代价的"数量第一"的观点,则很可能会导致难以预料的后果。但是,根据我国的基本国情,联系我们的历史经验,对于我们所面临的人口"规模压力"与"结构压力"问题还是能够做出一些最基本的判断。

判断之一:我国的人口数量相对于国土资源和生态环境而言早已过剩,今天这种"过剩"状态仍在加剧。对我国来说,人口发展战略既不能采取"人口低增长"战略,也不能采取"人口零增长"战略。"人口零增长"战略是人口增长达到峰值之后就保持静止的状态,不增不减,这实际上是维持严重"过剩"状态。我们所采取的战略应当是"人口适度缩减"战略。

判断之二:严格控制人口增长政策的实施确实带来了人口结构方面的问题。人口出生性别比失调与计划生育有没有关系或有多大关系,尚需进一步论证,但计划生育加速了人口年龄结构老化则是明摆着的事,人口老龄化的提前到来给城乡传统养老模式带来巨大冲击也有大量事实为证。

（四）调整人口年龄结构尚有余地,但余地十分有限

因为我国人口"规模压力"依然存在,并且在一定时间内还会加剧,因此,就全国而言,现行的稳定低生育水平的政策在一定时期内不宜改变。在一些超低生育水平的区域内,生育政策可以而且已经开始进行微调,但其对人口老龄化的缓冲作用也十分有限。20 世纪 80 年代以来出生的独生子女,进入 21 世纪后将陆续进入婚育期。从理论上讲,这会引起人口出生率的回升,有助于缓解人口老龄化。实际情形是,21 世纪新的一代,其生活方式及价值取向也自然与他们的父母辈有所不同。[1] 2003 年 11 月 7 日《新民晚报》报道,上海市人口计生委组织的"2003 年上海市 18—30 岁年轻人生育意愿调查"显示,平均期望生育子女数为 1.10。这与北京市 2002 年进行的一次生育意愿调查的情形十分相似。可以看出,21 世纪的育龄人群与 20 世纪 80 年代的育龄人群不太一样,少生优生已成为他们的主流取向。

虽然长三角地区是外来流动人口的重要吸纳区,大量青年民工的涌入对常住人口的老龄化有一定缓冲作用。但是,青年民工的流入在解决劳动力短缺、缓冲劳动年龄人口老龄化方面能起到很好的作用,但是在解决微观家庭代际关系方面则起不了什么作用。但对于一个特定区域来说,区域内部人口迁移流动对流入地与流出地所起的作用是相反的,人口迁移流动对人口老龄化的影响是一柄"双刃剑",对流入地老龄化起缓冲作用的同时,对流出地则起加剧作用。

（五）根本出路:加强老年社会保障体系建设

由于特殊的国情,我们不能像西方发达国家那样从容应对人口老龄化,

---

[1]　叶明德等.浙江未婚青年生育意愿调查[R].浙江大学人口研究所,1999.

但是由于我们成功地控制了人口的过快增长,为经济持续快速发展创造了良好的人口条件(劳动力资源充裕而被抚养人口比例较低),因而我们有必要也有可能建立起与人口老龄化相适应的养老保障体系。

发达国家为了应对人口老龄化,做了一系列准备,其中最重要的就是建立了相当完备的社会保障体系。发达国家在解决养老问题上有许多宝贵的经验,也不乏深刻的教训。这些都是人类的共同遗产。我们必须从中国国情和长三角地区的具体情况出发,认真吸取发达国家的经验和教训,走一条具有中国特色的应对老龄问题的路子。

三、长三角地区老年社会保障现状

与全国各地一样,长三角地区的老年社会保障事业开始于新中国成立之初。那时,依照《劳动保险条例》,在城镇建立起退休保障制度、公费和劳保医疗制度以及职工亲属的半劳保制度;国家的社会救助制度中有对老年人的救助项目;国家在《宪法》中明确规定子女有赡养老人的义务,从而确立了家庭养老保障的地位。五十多年来,这个养老保障体系对于促进经济发展、维持社会稳定和提高人民生活质量发挥了重要的作用。

20世纪80年代中期以来,随着经济体制改革的逐步深入和人口老龄化现象的显现,传统的养老保障模式受到挑战。为了适应新的形势,长三角地区16个城市在养老保障制度改革方面都进行了一系列探索,从经济保障、健康保障、服务保障三个方面来考察,该地区现行养老保障体系的情况大体有以下几方面:

(一)现行养老保障体系中政府直接经办的制度

1. 基本养老保险制度

自1984年起,首先从企业开始探索社会养老保险制度的改革,对养老保险基金筹资模式进行了重大改革,把原先的现收现付制改为部分积累制,设计了社会统筹与个人账户相结合的基本养老保险制度。

2. 退休保障制度

自 1978 年起,机关事业单位与企业开始实行不同的退休制度。1993 年对机关事业单位退休金计发办法等做了一些调整。目前这项制度主要覆盖国家机关、人民团体、事业单位及其职工。

3. "五保"供养制度

这项制度始于 20 世纪 50 年代初,保障对象在农村为"五保"户,在城镇为"三无"(无生活来源,无劳动能力,无法定赡养人、扶养人或抚养人)人员。近几年,长三角地区各市积极推行"五保"对象集中供养,已取得一定进展。

4. 最低生活保障制度

最低生活保障制度是对人均收入低于最低生活保障标准的家庭给予差额补助的一项社会救助制度。"低保"对象中约有三分之一是老年人,因此这项制度也是养老保障体系的重要组成部分。

5. 农村社会养老保险制度

20 世纪 90 年代以来,长三角地区的农村也积极推行民政部《县级农村社会养老保险基本方案(试行)》,按照"个人缴费为主、集体补助为辅、政府给予政策扶持"的原则建立起个人账户积累式的养老保险。到了 90 年代末,由于管理体制的改变,加上制度本身的某些缺陷,农村社会养老保险制度逐渐处于停顿或半停顿状态。

除政府举办的养老保障项目外,老年人的经济保障资源还有子女供养、个人资产(储蓄、住房等)、企业年金、原工作单位的离退休补助、农村集体老年补贴和商业保险等。这些资源对于政府的各项制度起了很好的补充作用。目前农村绝大多数农民的养老仍主要依靠家庭保障和自我保障。

(二)健康保障体系中政府直接经办的制度

1. 基本医疗保险制度和重大疾病医疗补助制度

20 世纪 90 年代各地进行城镇社会医疗保险制度改革的探索,从 1999 年起,公费医疗制度和劳保医疗制度逐步废止,建立起社会统筹与个人账户相结合的基本医疗保险制度。

2. 公务员医疗补助制度

国家机关、人民团体、事业单位的职工除了享有基本医疗保险外,还享有公务员医疗补助。

3. 农村合作医疗制度

到 20 世纪 70 年代末,长三角地区 95％以上的建制村实行农村合作医疗。到 20 世纪 80 年代,由于经济体制转换等原因这个比率下降到 5％以下。进入 20 世纪 90 年代,农村合作医疗逐渐有所恢复,但步履维艰。

4. 医疗救助制度

医疗救助是社会救助体系的重要组成部分。在政府举办的医疗保障项目外,老年人的健康保障资源还有家庭(子女)、个人资产(储)、补充性医疗保险(含商业保险)等。这些资源对于政府的各项制度具有补充作用。目前农村大多数老人的健康保障主要依赖于家庭的支撑,包括子女、配偶的资助及个人的资产等。

(三)现行老年服务保障体系

老年人中不同年龄、性别以及不同的收入状况、受教育状况、婚姻状况有不同的服务需求。对高龄老人和不健康老人来说,最迫切的服务需求是生活照料和医疗护理。近年来,长三角地区各级政府一方面通过整合各种社会资源,兴办多种形式的老年社会福利机构,积极推进社会福利社会化;另一方面,通过开展社区服务,维护家庭养老功能,初步形成以居家养老为基础的老年人社会服务体系。

1. 政府兴办养老机构

主要是县、市、区民政部门兴办的敬老院、福利院等,由政府投入资金并组织运营管理。

2. 社会兴办养老机构

主要是企事业单位、社会团体以及民间组织或个人兴办的养老院、托老所、老年公寓、老年护理院等,也包括境外组织或个人与境内组织合资、合作设置的养老机构。

3. 社区养老服务

20世纪80年代以来,长三角地区大中城市的老年社区服务事业有了较大发展,服务内容涵盖生活照料、医疗护理、健康咨询、健身娱乐等方面,为老年人"居家养老"提供了帮助。社区对有老人家庭的服务主要有以下形式:提供活动场所,提供上门服务,提供咨询、培训服务。

4. 家庭照料

无论是农村老人还是城市老人,居家养老仍占绝大多数。由于老年人经济能力所限,不可能拿出很多的钱购买服务,除了社区提供的免费或低廉费用的服务外,主要靠家庭成员的照料。

四、长三角地区养老保障方面存在的问题

长三角地区的养老保障目前正处于由传统向现代的转型期,虽然做了许多探索,取得了一定进展,但从适应人口老龄化形势和长三角地区经济一体化的趋势来看,从全面建设小康社会和提前基本实现现代化的目标来看,长三角地区现行养老保障体系仍存在许多缺陷。

(一)地区之间养老保障制度难以衔接

目前长三角地区的社会保险基金基本上实行县(市、区)级统筹。这虽然有利于明确各级政府的职责,降低社会保险基金的风险,但却制约了社会保险关系的跨地区转移。

(二)群体之间养老保障待遇差别甚大

这种差别主要表现在城乡之间、机关事业单位与企业之间以及正规就业者与一般市民之间。

1. 城乡之间的差别

与全国其他地区一样,长三角地区的社会保障制度主要覆盖城镇居民,

农村居民所能享受的保障项目少且保障水平很低。目前农村已有的政府举办的养老保障项目主要有：最低生活保障制度、"五保"供养制度、农村社会养老保险制度、农村合作医疗制度等。按照制度设计要求受益面较宽的是农村社会养老保险和合作医疗保险，但由于这两项制度本身的缺陷，其所能发挥的作用还很有限。

2. 机关事业单位与企业单位的差别

机关事业单位与企业单位在养老保险待遇方面差别明显。如果将国家机关和全额拨款事业单位退休人员的退休金与企业退休职工的养老金相比，差距更大。医疗保险的待遇也有差距。

3. 正规就业者与一般市民的差别

城镇正规就业者，特别是在国有部门或依法办理社会保险的单位就业，他们一般都有基本养老保险。但一般市民虽然按制度规定他们可以个体劳动者或灵活就业者的身份参加基本养老保险和基本医疗保险，但实际上很少有人参加。

（三）老年社会保险覆盖面小，未能做到应保尽保

1. 基本养老保险制度的覆盖面问题

城镇职工社会养老保险制度的改革是在传统劳动保险制度基础上进行的，主要着眼于国有企业和集体企业，对非公有制经济和灵活就业者考虑较少，因而基本养老保险制度的替代率偏高，加上制度转轨的成本即历史债务问题尚未妥善解决，用人单位和职工个人的缴费率居高不下，相当数量的用人单位感到劳动力成本过高。有相当数量的用人单位、大量的农民工和灵活就业者还没有参加基本养老保险。此外，由于机关事业单位养老保险制度改革滞后，目前在机关事业单位就业的相当一部分编外人员未能享受养老保险。

2. 基本医疗保险制度的覆盖面问题

与基本养老保险制度一样，现行基本医疗保险制度主要是为国有企业和集体企业设计的，对非公有制经济和灵活就业者的适应性不强。基本医疗保险制度的保障待遇不低，因而用人单位和职工个人的缴费率较高，用人单位的劳动力成本过高，不少企业尤其是中小企业和经济状况不佳的企业未能为其职工办理医疗保险，这就将庞大的人群置于医疗保险网之外。

3. 农村社会养老保险制度的覆盖面问题

农村社会养老保险试行十多年，虽然花了大量精力，但依然是覆盖面窄，参保人数少，保障程度低。

4. 农村合作医疗保险制度的覆盖面问题

在推行农村新型合作医疗的过程中也存在不少困难和问题。主要表现在：缺乏有效的筹资方法，挨家挨户上门收费，工作量大，困难多；医疗费用控制难度大，常常面临超支的压力；政府财力和农民个人缴费能力有限，等等。

（四）应对人口老龄化的能力不强

为了应对人口老龄化的形势，我国社会养老保险制度的筹资模式由现收现付制改为部分积累制，基本养老保险实行社会统筹与个人账户相结合的制度。但是，在实施的过程中存在许多问题，按照目前的状况仍然难以应对人口老龄化的冲击。

首先，养老保险基金的社会统筹部分面临许多风险。随着人口平均寿命的延长，必然会增加社会统筹基金的支付压力。这条政策不仅会造成在职人员与退休人员的不公平，影响在职人员的缴费积极性，而且会增加统筹基金的支付压力。不少地方提前退休的情况依然存在。另一个比较突出的问题是，近几年由政府统计部门所提供的"职工平均工资"指标值，难以准确反映全社会职工的工资水平。这些因素无疑都增加了养老基金的风险。此外，还存在着养老保险基金的巨大"历史债务"问题。个人账户部分在实际运行中，由于社会统筹部分出现赤字，不得不动用个人账户部分去抵补，于是造成个人账户"空账"运行，制度设计的目标并未达到。

五、长三角地区养老保障体系建设的思路与对策建议

根据长三角地区养老保障工作基础、经济社会发展水平和国际国内养老保障体系建设经验,从应对人口老龄化、促进长三角经济一体化的要求出发,长三角地区现阶段养老保障体系建设的总体思路是:养老保障事业由城市向农村发展,由国有部门向非国有部门拓展,通过改革和制度创新,破除城乡壁垒和地域壁垒,实现社会保障的城乡统筹和区域统筹,逐步形成与长三角地区人口老龄化形势和经济一体化趋势相适应的养老保障体系。

(一)建立城乡老年社会保障体系的国际经验

1. 城乡建立社会养老保险制度和医疗保险制度的时间差

现代社会保障是工业化、城市化的产物,从社会保障各项目的覆盖情况看,一般是先城镇后农村。从社会保险制度发展的情况看,世界各国有着一致的经历,即先城市后农村,农村普遍滞后于城市。在社会保险项目上,也存在着后建立的项目比早建立的项目城乡时差缩短的现象,如医疗保险推广的城乡时间差就比养老保险要短。

2. 各国建立农村社会养老保险制度时的社会经济条件

从各国农村社会保险制度建立的时间来看,基本上处于工业化的发展阶段,即已经完成工业化的初级阶段。由于农业经济的萧条使得农村社会矛盾丛生。建立农村社会养老保险被看成是工业反哺农业、解决农村和农业问题的一项重要措施。同时,在这一阶段多数国家已经进入老龄社会,人口老龄化也是促使这些国家将社会养老保险项目覆盖到农村人口的一个重要因素。

3. 养老保障多层次、基本保障低水平是共同的经验

从各国推行养老保险的经验与教训特别是从各国养老保障制度改革的情况来看,基本养老保险的水平必须适度,不宜过高。20 世纪 80 年代以来各国社会养老保障制度改革的目标之一是降低原有社会养老保险的保障水

平即替代率。此外,为适应社会保障需求的多样性,必须建立多层次养老保险,包括各种补充养老保险及商业性养老保险,以便实现"基本保障水平降低,而总的保障水平不降低"的目标。

(二)长三角地区统筹城乡、地区间养老保障体系的必要性

长三角地区率先进入老龄社会,"银色浪潮"悄然而至,然而历史留给我们的认识、消化和准备的时间不会很多。必须站在战略高度,把握时代发展的总趋向,提出经过努力能够达到的战略目标,构建以现有城乡经济社会发展水平为基础的、符合经济社会发展需要和人口老龄化形势的、城乡统筹的、整个长三角地区一体化的养老保障体系。

1. 统筹城乡、地区间的养老保障体系是落实科学发展观的需要

由于二元化的社会结构,农村社会保障制度建设和社区建设才刚刚开始,留守在农村的老年人无论是经济供养、医疗服务还是生活照料、精神慰藉方面都难以得到保障,城乡老年人的生活质量差距呈扩大趋势。因此,统筹城乡、地区间的养老保障体系是落实科学发展的题中应有之义。

2. 统筹城乡、地区间的养老保障体系是稳定低生育水平的需要

稳定低生育水平的重点和难点在农村,这就需要从战略的高度统筹城乡社会保障体系,使农村老年人也能像城市老人一样受到社会保障网的庇护。

3. 统筹城乡、地区间的养老保障体系是实现长三角经济一体化的需要

经济一体化主要体现在贸易的自由化、要素的自由流动、公共产品的一体化配置、政策的相互协调等方面。而要实现生产要素特别是劳动力和人才的无障碍流动,就必须打破"诸侯经济"和各自为政的格局,加强行政协调,建立起统一的户籍制度、就业制度和社会保障制度,提供一体化的公共产品和公共服务。因此,统筹城乡、地区间的养老保障体系是实现长三角经济一体化的前提条件之一。

(三)现阶段统筹城乡、地区间养老保障体系的工作重点

1. 养老保障体系的基本框架

在现代社会中,应对社会成员的老龄风险,需要有经济保障、健康保障和服务保障。从实现这些保障的途径看,有社会保险、社会救助、社会福利等。共同性的问题需要通过制定统一的制度加以解决,特殊问题则需要针对特定人群逐一解决。养老保障体系的大体框架如下:

(1)老年经济保障体系。正规就业者由基本养老保险、补充养老保险(含职业年金、商业保险等)、个人储蓄、家庭供养等组成。其他社会成员由家庭供养、"五保""三无"对象供养制度、最低生活保障制度、农村社会养老保险制度、个人储蓄、商业保险等组成。

(2)老年健康保障体系。正规就业者由基本医疗保险、补充医疗保险(含商业保险)、医疗救助制度、家庭保障等组成。其他社会成员由家庭保障、农村合作医疗制度、医疗救助制度、商业保险等组成。

(3)老年服务保障体系。由家庭保障,邻里互助,社区老年系列服务(包括医疗保健服务、文化娱乐服务、心理咨询和法律咨询服务、临时托老、上门照料和护理等),"五保""三无"对象集中供养,政府和社会兴办的养老机构等组成。

上述体系中,大部分制度已经建立并正在有效运行,有些制度需要改进和完善,有些制度需要新建。

2. 现阶段养老保障制度创新的重点及相应的政策措施

(1)规范和完善基本养老保险制度。要进一步规范和完善基本养老保险制度,通过降低目标替代率,妥善解决历史债务,逐步降低缴费率,增强包容性,扩大覆盖面。在此基础上,不分城乡、不分区域、不分企业性质及职工身份,将所有企业的全部从业人员、城镇灵活就业人员、城镇个体劳动者纳入基本养老保险的保障范围,具体措施有:

①统一费基和费率,适当提高养老保险金的统筹层次。实行省级统筹是今后发展的必然趋势。目前长三角地区应采取有效措施,逐步把社会养

老保险基金的统筹层次提高到市(地)级,并积极创造条件实行省级统筹和长三角地区两省一市统筹。②逐步做实个人账户。长三角地区应制定逐步做实个人账户的计划。建议从实际出发,分步实施,先把个人账户中的个人缴费部分转为实账,再创造条件把单位划拨部分由空账转为实账。③适当降低目标替代率,妥善解决历史债务,逐步降低费率,实现基本养老保险制度"双低"办法与普通办法的并轨。按照基本保障"广覆盖、低水平"的原则,基本养老保险制度50%~60%的目标替代率还有一定的下降空间;与此同时,规范"双低"(即低门槛进入、低标准享受)的参保办法,对按照"双低"办法参保的范围、对象、缴费标准、个人账户做进一步明确规定,实现与基本养老保险制度普通参保办法的衔接并轨。

(2)改革机关事业单位社会养老保险制度。在现有社会保险的五个险种中,机关事业单位的基本医疗保险和事业单位的失业保险已经与企业基本一致,工伤保险可参照企业,但养老保险和生育保险制度与企业不同。目前机关事业单位的社会养老保险制度是一种退休保障制度。实行全社会统一的基本养老保险制度是今后努力的方向,因此,机关事业单位应当实行与企业大体相同的基本养老保险制度。在推进机关事业单位养老保险制度改革的过程中需要把握以下几点:一是坚持机关事业单位与企业基本养老保险制度的统一性;二是体现机关事业单位及其人员的特点;三是注意与机关事业单位其他改革措施配套;四是确保新旧制度平稳过渡。考虑到历史的因素,对于改革前在机关事业单位工作的贡献,通过设置权益性养老金,用合理的办法加以计量,列入个人账户;鼓励机关事业单位在一定的限额内办理职业年金,财政按照经费渠道给予一定的支持;鼓励个人购买商业保险和从事各种有利于养老的储蓄及投资。

(3)农村社会养老保险制度重新定位与制度创新。根据国际经验,长三角地区已经接近或达到建立农村社会养老保险制度的经济条件。因此,长三角地区解决农村居民的社会养老保险问题既有必要性,也有可行性。无论从统筹城乡发展的思路出发,还是从应对人口老龄化形势的需要出发,都应当积极推行农村社会养老保险。

从技术层面分析,原先的农村社会养老保险制度设计有许多合理之处。但是,原制度关于政府对农村社会养老保险的财政支持不够明确,对于养老保险基金的投资缺乏政策支持。因此,当前的制度改革与创新,宜着重解决以下问题:一是明确政府的责任,既要强调筹资以个人缴费为主,又要落实政府补贴,鼓励集体补助;二是明确其保障对象是农村居民或尚未被城镇职工基本养老保险覆盖的劳动者,坚持自愿原则;三是制定新的待遇享受标准,确定合理的缴费基数、缴费比率;四是建立政府财政补助机制,合理确定政府财政投入的比例,充分体现政策扶持,调动农民参保的积极性;五是要逐步拓宽养老保险基金运营渠道,实现基金的保值增值;六是要整合农村社会养老保险资源(例如计划生育养老保险、义务兵养老保险等);七是要保持政策和业务的稳定性、连续性,妥善处理历史遗留问题(如承诺的高利率问题等),维护农村社会稳定。

(4)建立和完善多层次医疗保障体系。首先是扩大基本医疗保险的覆盖面,将城镇所有用人单位和职工,包括所有机关、事业单位、各种类型企业、社会团体和民办非企业单位的职工和退休人员以及城镇灵活就业人员纳入医疗保障体系。

为减轻参保人员的负担,在建立基本医疗保险制度的同时,可根据实际情况建立大额医疗费用补助制度,以解决超过基本医疗保险最高支付限额以上的医疗费用。鼓励企业为职工建立补充医疗保险,用于解决职工基本医疗保险待遇以外的医疗费用负担。逐步建立主要由政府投入支持的社会医疗救助制度,为特殊困难群体特别是经济困难的老人提供基本医疗保障。各级财政应当安排医疗救助专款,并根据财政收入的增长情况逐步增加对医疗救助资金的投入,提高医疗救助的力度。同时,完善有关政策包括税收优惠政策,鼓励有慈善意向的企业捐资参与民间慈善团体的慈善活动,支持民间医疗救助事业的发展。

(5)建立和完善老年人社会服务体系。各级政府要将老年事业纳入国民经济和社会发展计划,逐步增加对老年事业的投入,并鼓励社会各方面投入,使老年事业与经济、社会协调发展。近期的目标是:通过推进社会福利社会化,逐步形成以政府、集体举办的老年社会福利机构为骨干,以社会力量举办的老年社会福利机构为新的增长点,以社区老年人福利服务为依托,以居家养老为基础的老年人社会服务体系。

以居家养老为基础。居家养老是我国绝大多数老人的习惯。这不单是受经济发展水平和传统文化的制约,也与家庭所具有的特殊养老功能有关。家庭在情感寄托、生活照料等方面的养老功能是其他机构难以取代的。

构筑"居家养老"的社会支持系统。随着独生子女政策的实施以及经济社会的发展,家庭日益小型化、核心化,"空巢家庭"越来越多,家庭养老资源正在萎缩。因此,有必要通过相关的福利政策,构筑"居家养老"的社会支持系统,支持、维护甚至放大家庭养老的功能。

"星光计划"的主要任务是:从中央到地方,民政部门把发行福利彩票筹集的福利金的绝大部分用于资助城市社区老年人福利服务设施、活动场所和农村乡镇敬老院的建设。长三角地区在实施"星光计划"方面已经取得了较好的成绩。今后,长三角地区应利用较好的经济条件,投入更多的配套资金,认真实施"星光计划",使老年人不出社区就能享受到需要的服务。

随着经济的发展、人们生活方式和价值观念的改变以及高龄老人的增多,机构养老的需求也日益增大。以往的机构养老基本上是救济性的,对象主要是"五保"老人和"三无"老人。为了适应新的形势和满足多元化的养老需求,必须构建新型的多层次的养老机构体系:

第一层次为救济型。具有特殊困难的老人仍然必须由政府举办的养老机构收养,除"五保"老人和"三无"老人外,经济上有困难的老人,入住费用也可参照最低生活保障线予以减免。此类养老机构的经费应列入政府财政预算,同时鼓励慈善机构、社会团体和个人捐助。

第二层次为福利型。为了满足日益增长的养老需求,政府应整合各种社会资源,通过合作兴办或委托经营等方式发展养老机构,以满足普通百姓的需要。此类养老机构具有一定福利性,老人入住需办理一定手续,并缴纳基本费用。养老机构的基本设施、人员配置、日常管理等应设立一定标准,定期评估,并向社会公开。

第三层次为市场型。此类养老机构主要是为了满足一部分高收入者的养老需求,可以按市场原则运作,以高标准收费维持高质量的服务。为了鼓励企业界参与兴办养老事业,政府应给予经营者一定的优惠政策,包括减免税收、低价提供土地、降低公用事业性收费标准等。

◇ 人口素质

关于促进妇女接受高等科技教育
项目研讨情况的报告①

一、项目研讨活动过程简述

新中国成立以来,中国妇女地位发生了巨大的变化,在接受教育和就业等方面的情况得到改善。但由于残余封建思想并没有完全消失,妇女在谋求职业、接受教育等方面仍遇到障碍和困难。因此,很有必要为妇女接受高等教育,特别是科技教育提供更多的技术和经济资助,以便使更多的妇女能参加这些领域的活动。

鉴于以上情况,中国联合国教科文组织全国委员会委托国家教委高教三司组织这个项目活动。

国家教委高教三司按照这个项目的协议书所列要求,选定了参加这个项目的省、自治区、直辖市以及承担调研任务的单位,就妇女接受高等科技教育这一主题进行调查研究和分析。根据中国特点,被调查的省、自治区、直辖市大致按照以下三个标准划分。

一是经济较发达的:例如浙江、上海、辽宁、广东、北京;

二是经济中等发达的:例如湖南、四川、吉林;

————————

① 本文是送交联合国教科文组织的项目研究总报告,由韩常先、叶明德执笔。

三是经济欠发达的:例如江西、新疆。

在中国按此标准确定 8～9 个省、自治区、直辖市,并从中选定部分省(市、区)教育行政部门、妇联领导机关、普通高校、成人高校以及部分有代表性的企事业单位参加这次调查研究活动。

进行这一项目时,初步确定分两个步骤,即先召开预备会,再根据预备会精神组织研讨会。为了使这一项目顺利开展,浙江省教委受委托负责具体筹备与实施。预备会于 1986 年 10 月 13 至 15 日在杭州举行。

参加预备会的代表有:中国联合国教科文组织全国委员会,国家教委高教三司,新疆、浙江、江西、辽宁、湖南、四川等省(区)教委,全国妇联,浙江省妇联,中山大学、东北师范大学、同济大学、杭州大学、浙江医科大学、上海石化总厂、首都钢铁公司和《中国日报》等单位共 22 人。

预备会主要完成了以下任务:一是交流情况,统一认识。会议讨论和交流了有关地区和单位的妇女接受高等科技教育的情况,探讨了我国妇女在经济建设和社会发展中的作用和地位,并就促进我国妇女接受高等科技教育与培训以及改善妇女地位等问题统一了认识。

二是拟定了调研课题,落实了选题任务。经过充分酝酿和讨论,拟定了本项目的研究课题。内容包括:女高中毕业生报考理工农医专业意愿,普通高校和成人高校的理工科招收女生情况以及女生在校学习和毕业后使用情况等。与会单位分别承担了调研任务,使课题落到实处,从而形成了一支研究队伍。

三是确定了研讨会的工作计划。预备会后,承担课题的单位进行了将近三个月的调查研究,研讨会于 1987 年 1 月 6 至 10 日如期举行。参加会议的有:中国联合国教科文组织全国委员会,国家教委高教三司,新疆、浙江、辽宁、四川等省(区)教委、全国妇联、浙江省妇联、中山大学、清华大学、同济大学、东北师范大学、杭州大学、浙江医科大学、华南农业大学、江西农业大学、湖南农业学院、华西医科大学、辽宁广播电视大学、杭州业余科技大学、南昌业余大学、湖南女子职业大学、首都钢铁公司、《中国教育报》、《中国妇女报》等单位代表共 35 人。

会议共收到论文和调查报告 36 篇。

与会代表交流了研究成果。对妇女接受高等科技教育的历史与现状进行了回顾、评价,分析了中国妇女接受高等科技教育的困难与障碍,并探索了促进妇女接受高等科技教育、改善和提高妇女在科技领域中地位的途径和措施。代表们认为,促进妇女接受高等科技教育和改善妇女地位问题的研讨,在我国还是第一次,对我国的妇女运动具有一定的现实意义和长远的战略意义。

研讨会结束以后,国家教委高教三司整理并颁发了研讨会的会议纪要,浙江、四川、辽宁、新疆等地准备进一步对我国妇女接受高等科技教育和改善妇女地位等问题做些调查、研究和探索。应会议代表要求,国家教委高教三司同意编印研讨会论文选集。这项工作由浙江省教委经办。

二、中国妇女接受高等科技教育的历史

(一)新中国成立前妇女接受高等科技教育的简况

中国近代意义的高等教育,发轫于晚清。清光绪二十六年(1900 年)开办京师大学堂。但清末所办学堂,均为男子独占,五四运动以前,中国没有自己办的女子高等学校。

清光绪三十一年(1905 年),教会办的岭南大学最早实行男女同学。从此开启了中国女子接受高等教育之先河。稍后,除岭南大学仍招女生外,又有两所教会办的女子大学相继设立。它们是:1909 年创办的北京协和女子大学,1915 年创办的南京金陵女子大学。此外,还有北京协和女子医校和广州夏噶医科大学,也是专为女子设立的高等教育场所。至此,女子高等教育从人文科学扩大到了科技领域。

五四运动以后,北京大学率先开放女禁。此后,女子接受高等教育的人数逐年增加。1920 年全国仅有女子高师一所,女生 236 人。据中华教育改进社调查,1922 学年全国有 125 所高校,其中有两所女子高校。除女子高校外,其他多数学校亦相继兼招女生。当时学生总数为 34880 人,其中女生为 887 人,占学生总数的 2.54%。攻读理工科专业的女大学生亦有增加。

当时工科大学有女生 8 人,医科大学有女生 17 人。随着时间的推移,女生在高等学校学生中所占比例逐渐上升。(见表1、表2)。

表 1　1928—1931 学年全国专科以上学生数

年份	总计			大学教育			专科教育		
	学生总数/人	女生数/人	女生占比/%	学生总数/人	女生数/人	女生占比/%	学生总数/人	女生数/人	女生占比/%
1928	25198	2005	7.96	22786	1835	8.05	3412	170	4.98
1929	29123	2709	9.30	25499	2520	9.88	3624	189	5.22
1930	37566	3712	9.88	33847	3526	10.42	3719	186	5.00
1931	43570	5093	11.69	38977	4535	11.64	4765	588	11.71

资料来源:根据国民党政府教育部:《第一次中国教育年鉴》(开明书店 1934 年版)第 20 页和 155 页数字计算。

表 2　1934—1947 学年度全国专科以上学校分性别、分文理科的学生致

学年度	学生总数			理科学生数			文科学生数		
	合计/人	其中:女生数/人	女生占比/%	小计/人	其中:女生数/人	女生占比/%	小计/人	其中:女生数/人	女生占比/%
1934	41768	6272	15.02	15698	1634	10.41	26042	4632	17.79
1935	41128	6378	15.51	19990	1849	9.25	24082	4516	18.75
1936	41922	6375	15.21	17459	2014	11.54	23152	4241	18.32
1937	31188	5352	17.16	15414	2065	13.40	15562	3237	20.80
1938	36180	6648	18.37	18003	2746	15.25	16716	3652	21.85
1939	44422	7834	17.64	22645	3046	13.45	19809	4360	22.01
1940	52376	10200	19.47	25262	3572	14.14	24897	6072	24.39
1941	59457	11774	19.80	28066	4265	15.20	28096	6547	20.97
1942	64097	12273	19.15	29127	4434	15.22	29601	6208	23.30
1943	73669	13701	18.60	31994	4740	14.82	35299	7176	20.97
1944	79909	14843	18.81	33609	5097	15.17	37442	7556	20.18

续表

学年度	学生总数			理科学生数			文科学生数		
	合计/人	其中：女生数/人	女生占比/%	小计/人	其中：女生数/人	女生占比/%	小计/人	其中：女生数/人	女生占比/%
1945	83498	15861	19.00	34351	5594	16.28	40085	7778	19.40
1946	129336	23645	18.28	54296	7472	13.76	60542	12375	20.44
1947	155036	27604	17.08	59673	7920	13.27	79472	15415	19.40

资料来源：根据国民党政府教育部《教育年鉴》编纂委员会编纂，《第二次中国教育年鉴》（商务印书馆1948年版），第1403页、1413等页数字计算。

注：学生总数中包括文科、理科、师范及其他专业。

由表2可知，新中国成立前，全国专科以上学校的学生数以1947年为最多，有156036人，其中女生数为27604人，女生占学生总数的比例，以1941年为最高，19.80%；理科专业中女生所占比例，1945年为最高；16.28%，文科专业中女生所占比例，以1940年为最高，24.39%。总的看来，1949年新中国成立前，男女受教育的机会是极不平等的，大多数妇女被排斥于校门之外，能够受到高等教育的只是极少数，而其中修习理工专业的更是寥寥无几。

（二）新中国成立以来妇女接受高等科技教育的状况及妇女在科技领域的地位与作用

新中国成立以来中国妇女在接受高等科技教育方面的进展情况，代表们所在的地区或单位具有一定的代表性，因而所提供的调查报告及统计资料基本上能反映出中国现阶段妇女接受高等科技教育以及妇女在科技领域所处地位的概貌。

1. 妇女接受普通高等科技教育的情况

（1）普通高等学校招收女生情况。从全国专科以上学校招生情况来看，80年代与新中国成立前以及新中国成立初期相比较，录取女生数和女生占录取学生总数的比例均有增长。1941年我国专科以上学校录取学生9142

人,其中女生 1685 人,占录取学生总数的 18.43%;1951 年高等院校录取女
生人数为 3.51 万人,占录取学生总数的 22.5%;1979 年高校录取女生
22.51 万人;1985 年高校录取女生占录取学生总数的 30%。

各省、自治区、直辖市之间由于存在社会、经济、文化、民俗、宗教信仰等
方面的差别,普通高校招收女生的情况也存在地区差异,但总的说来,每年
所招的新生中,女生所占比重呈上升趋势。

以四川省为例,1979—1986 年这八年中,高等学校在四川省共招收学
生 186955 人,其中招收女生 52480 人,占 28.06%。女生比重逐渐增长的
情况见表 3。

表3　1979—1986 年四川省高等学校两大类专业招生人数统计

年份	招生总人数/人	理工农医类				人文科学类			
		招生数/人	其中:女生数/人	女生占该类比重/%	女生占总数/%	招生数/人	其中:女生数/人	女生占该类比重/%	女生占总数/%
1979	17935	13824	3193	23.10	17.80	4111	1316	32.01	7.34
1980	17474	13899	2918	20.99	16.70	3575	1456	40.73	8.33
1981	18036	13382	2993	22.37	16.59	4654	1800	38.68	9.98
1982	19315	14361	3133	21.82	16.22	4954	2128	42.96	11.02
1983	21933	16982	3576	21.01	16.30	4951	2230	45.04	10.17
1984	27135	20172	4585	22.73	16.90	6963	2968	42.62	10.94
1985	29303	21686	5576	26.61	19.03	7617	2776	36.44	9.47
1986	35824	25205	6660	26.42	18.59	10619	5152	48.52	14.38
八年总计	186955	139511	32634	23.39	17.45	47444	19826	41.79	10.60

资料来源:四川省招生办公室提供。

从文理分科的角度来看,普通高校招收女生情况,一般说来,理科专业
的女生绝对数高于文科专业,但比重却低于文科专业。从增长幅度来看,理
科专业女生的增长幅度也小于文科专业。仍以四川省为例,这个省从 1979
年到 1986 年的八年中,理科专业所招的女生由 3193 人增加到 6660 人,增

长 109％；而文科专业所招女生，由 1316 人增加到 5152 人，增长 291.5％。详见表 3。

理科专业与文科专业女生比重有所不同，这与女高中毕业生的报考意愿有关。从四川省招生办公室对 267 位女高中生和 472 位女大学生进行调查的情况来看，女高中毕业生比较喜欢选报文科专业。对理科专业，她们的兴趣也有所不同。

（2）普通高校女生比重增长情况。1952 年全国高校学生总数为 193910 人，女生有 45356 人，女生占学生总数的比例为 23.39％。学生总数、女生数和女生比例均超过新中国成立前的最高数。1985 年全国高校学生总数为 1703115 人，女生有 510586 人，是 1952 年高校女生数的 11 倍，是新中国成立前女生数最高年（1947 年）的 18.5 倍。女生比重 1985 年提高到 29.98％。新中国成立以来，普通高校女生比重增长情况如表 4 所示。

表 4　1949—1985 年普通高等学校女学生数统计

年份	学生总数/人	女生总数/人	女生占比/％
1949	117133	23157	19.77
1952	193910	45356	23.39
1957	444359	103324	23.25
1962	829699	210283	25.34
1965	674436	181281	26.88
1977	625319	181623	29.04
1978	856322	206472	24.11
1979	1019950	245704	24.09
1980	1143712	268137	23.44
1981	1279472	312390	24.42
1982	1153954	305374	26.46
1983	1206823	324926	26.92
1984	1395656	399821	28.65
1985	1703115	510586	29.98

资料来源：教育部.中国教育成就统计资料(1949—1983)［Z］.北京：人民教育出版社，1984 年；教育部.中国教育成就统计资料(1980—1985)［Z］.北京：人民教育出版社，1986 年版。

由于受女青年报考意愿等因素的影响,普通高校理科专业的女生比重也普遍低于文科专业的女生比重。

以综合性的杭州大学为例,从 1978 年到 1986 年的九年中,理科专业女生比重始终低于文科专业女生比重(见表 5)。

表 5　1978—1986 年杭州大学女学生总占比及文理占比状况

年份	学生总数中女生占比/%	理科学生总数中女生占比/%	文科学生总数中女生占比/%
1978	27.44	23.80	30.43
1979	25.35	19.32	30.89
1980	26.58	19.21	33.97
1981	27.70	19.38	36.37
1982	29.53	17.75	41.14
1983	30.11	17.88	39.50
1984	30.82	19.28	38.59
1985	30.59	20.54	37.28
1986	31.51	23.28	37.57

资料来源:根据杭州大学教务处提供的数据计算得出。

随着我国社会经济的发展和改革浪潮的高涨,广大妇女特别是女青年正在摆脱传统思想的束缚,踊跃向科学技术领域进军。目前女青年在高校中接受高等科技教育的人数逐年增加,高校理科专业中女生比例亦在上升。

(1)医学类女生比例:华西医科大学 1981—1986 年招收女生比例分别为 50.3%、47.4%、42.5%、50%、46.8%、48.4%。

(2)理科类女生比例:四川四所高等师范院校理科 1981—1986 年招收女生比例分别为 30.5%、22%、28.2%、26.9%、28.1%、27.9%。东北师范大学 1982 年入学的理科学生中,女生占 44.5%;1986 年入学的理科学生中,女生占 48.6%。杭州大学 1981—1986 年在校的理科学生中,女生比例波动于 17.8%~23.8% 之间(见表 5)。重庆大学 1981—1986 年理科招收的女生比例波动于 19.8%~22.1% 之间。全国农业院校 1981—1985 年在校生中女生比例分别为17.7％、18.6％、19.3％、19％、21.6％。（3）工科类女生比例。以清华大学为例,新中国成立初女生比例为3.6％,1981—1985年在校生中女生比例分别为16.3％、16.8％、18％、18.4％、19.6％。

新中国成立以后,由于实行了正确的民族政策,少数民族高教事业发展较快,少数民族妇女在接受高等教育方面的进展尤为显著。以汉族为主体的东南沿海地区浙江和多民族聚居的西北边陲新疆为例,两者自20世纪初叶以来,妇女接受高等教育的变化情况对比,也可窥其一斑。

根据1909年各省专门学堂学生统计,当时浙江有4所学堂,男学生666人;新疆只有1所学堂,男学生43人,均无女学生。1932年每百万人口中,全国大学生平均为90人;浙江有173人,居全国各省、区中第5位;新疆为20人,居全国第22位。1934年全国专科以上学校在校生中,浙江籍大学生占全国大学生总数的7.78％,新疆籍大学生占全国大学生总数的0.14％。1941—1943学年,三年累计专科以上学校招生中报考生和录取生人数,浙江籍学生报考的有4444人,其中女生620人,占13.95％;录取的有2099人,其中女生287人,占13.67％。新疆籍学生报考的仅男生4人,录取男生1人,无女生报考。可见在新中国成立前的半个世纪中,新疆的高等教育事业是远远落后于浙江。其原因主要是由于新疆当时经济较浙江落后,交通又不及浙江方便,民情闭塞。1949年新疆和平解放时,高校只有新疆学院一所,在校学生379人,其中女生仅48人,占12.7％。

新中国实行了民族团结、民族平等和各民族共同繁荣的政策,新疆教育事业迅速发展,为妇女接受科技教育提供了有力保证。到80年代,新疆普通高等学校在校学生中的女生人数已与浙江相差不大,其女生占学生总数的比例还高于浙江。新疆与浙江普通高等学校在校学生总数之比,1981年为1∶2.49,1986年为1∶1.93;其中女生之比,1981年为1∶1.48,1986年为1∶1.30。1949年至1986年,新疆高等院校已由1所增加到17所,在校学生人数由379人增加到29643人,其中女生人数已由43人增加到13007人,高校在校生中女生所占比例已由12.7％增加到43.9％,女生在高校理、工、农、医专业中所占比重分别为33.1％、38.5％、32.4％、55.4％,其中少数民族女生在高校理、工、农、医专业中所占比重分别为 37.3%、42.9%、34.2%、49.9%。

表6　1981—1986年全国、浙江、新疆普通高等学校在校学生数比较

年份	全国			浙江			新疆		
	在校学生数/人	其中女生		在校学生数/人	其中女生		在校学生数/人	其中女生	
		人数/人	占比/%		人数/人	占比/%		人数/人	占比/%
1981	1279472	312390	24.4	41020	8694	21.2	16495	5889	35.7
1982	1153954	305374	26.5	36088	7925	22.0	16191	5813	35.9
1983	1206823	324926	26.9	39008	9016	23.1	16438	6048	36.8
1984	1395656	399821	28.7	44883	11223	25.0	19609	7526	38.4
1985	1703115	510586	30.0	52688	14389	27.3	26321	11014	41.7
1986	—	—	—	57352	16927	29.5	29643	13007	43.9

资料来源：根据国家教委、浙江省教委和新疆维吾尔自治区教委的教育事业统计字。

（3）普通高校理工农医类专业女生学习情况。大量资料表明，有志于攻读理工农医类专业的女青年，绝大多数在校期间学习刻苦、上进心强，学习成绩与男生不相上下（见表7）。

表7　1986年清华大学化工等5个系80级5个班学生学习成绩比较

学生成绩	数学分析/分	物理/分	外语/分	专业3/分	专业4/分
女生成绩	81.55	81.01	81.54	86.81	86.95
男生成绩	82.02	78.37	73.55	80.84	79.95

资料来源：陈秉中，浅谈女青年接受工科高等教育情况与问题[J]，清华大学教育研究，1987(1)：48-51.

从清华大学五个班男女学生学习成绩比较中可以看出，在普通高校理工农医类专业中，女生与男生的学习成绩并无显著差异。这说明妇女在取得接受高等科技教育的机会后，具备与男性同等的发展条件。

2. 妇女接受成人高等科技教育情况

新中国成立以来,特别是近几年来,中国成人高等教育的发展也比较快。1949年我国成人高等学校只有一所,学生仅124人。1986年开办成人教育的高校已有1420所,在校学生人数170余万人。与全日制普通高校的在校生相比,人数几乎是1∶1。由于国家和各级政府挖掘办学潜力,成人高等教育办学形式趋向多样化。由过去单一的函授教育发展到广播电视大学、职工大学、管理干部学院、教育学院、农民高等学校、夜大学以及高等教育自学考试等多种形式,进行国家承认的学历教育和岗位培训,为广大职工、干部提供了高中后继续教育的机会。

由于历史原因和传统影响,男女在受教育等方面还存在着事实上的不平等。虽然在新中国成立以来,政府的基本方针是保证妇女与男子有同等接受教育的权利,从而使女大学毕业生人数增长较快,但妇女文化程度偏低,专门人才过少的状况仍然存在。成人高等教育的蓬勃开展,为妇女成才提供了良好的学习条件。成人教育的多层次、多种类发展,又为妇女造就各种类型的人才提供了可能性。

下面是几个省(自治区)近几年来成人高等教育中妇女接受科技教育的情况:

1985年浙江省成人高校有毕业生7928人,女生1096人,占13.82%;招生9726人,女生2949人,占30.32%;在校生29571人,女生8636人,占29.2%。同年浙江省普通高校毕业生中女生比例为22.77%,招生数中女生比例为29.92%,在校生中女生比例为27.31%。成人高校招生和在校生中的女生比例高于普通高校。1984年底浙江省科技人员中,毕业于成人高校的有8300人左右,其中女性1700余人,约占20.91%。女性在各专业中比例:理科占20.11%,工科占20.02%,农林科占15%,医科占38.5%。

1985年末,辽宁省成人高校在校生有135340人,其中女生35341人,占在校生总数的26.2%。在校生中攻读自然科学的学生有66448人,其中女生25417人,占38.3%。女生在各类专业中的比例:理科占29,07%,工科占 38.02%,农科占 23.34%,医科占 52.39%。女生在各类成人高校中所占比重:函授大学占 32.1%,夜大学占 36%,电视大学占 39,8%,职工大学占 38.4%。

新疆 1984 年成人高校在校生有 20939 人,其中女生 6591 人,占 31.5%。1986 年成人高校在校生有 25167 人,某中女生 8536 人,占 33.9%。成人高校女生在各类专业中的比例为:理科占 31.2%,工科占 34.5%,农科占 32.2%,医科占 70.3%。女生在各类成人高校中的比例为:电视大学占 29.4%,职工大学占 43.4%,函授大学占 32.8%,业余大学占 39.3%,管理学院占 14.5%,教育学院占 36.6%,广播师大占 37.2%,自学考试占 36.5%。

目前江西省 18 所成人高校的在校生中,女生占 19.45%,其中,文科在校生中,女生占 23.62%;理科在校生中,女生占 16.33%。

从上述几个省、自治区成人高校女生人数及比例情况来看,成人高校在校生中女生比例分别为:新疆占 33.9%,浙江占 29.2%,辽宁占 26.2%,江西占 19.5%。女生在理、工、农、医科中所占比例为:新疆分别为 31.2%、34.5%、32.2%、70.3%,辽宁分别为 29.1%、38%、23.3%、52.4%。在校生中新疆女生比例较高,是因为对少数民族实行照顾政策。例如,为保证女生一定的比例,适当降低少数民族录取分数线等。女生在各类专业中的比例,在工科中辽宁女生比例较高,这是因为该省工业比较发达,工业总产值在工农业总产值中占 80% 以上。

广播电视大学是远距离高等教育的形式之一,采用现代化手段对学生进行教育。1979—1986 年底,共开设理工科、文科等 80 多个专业,设置 400 多门课程,在校学生近 100 万人,其中女生约占三分之一。目前有广播电视大学 29 所,市(地)级电大分校 540 所,县级电大工作站 1168 所。仅辽宁省 1979—1986 年就有 11852 名理工科女毕业生。又如鞍山钢铁公司电视大学中女生占学生总数的比例,电子专业占 30.8%,机械专业占 17.5%,建筑专业占 38.8%。

函授教育在我国成人高等教育中起步较早,但真正有较大的发展,还是近几年的事。如同济大学 1978 年恢复函授教育时，女函授生仅 10 多名，目前在 4000 名函授生中，女生有 453 名。自 1983 年以来已有 164 名函授生获得了大学本科毕业证书。据《中国教育报》1986 年 11 月 11 日报道，1986年我国已有 371 所普通高校开办了函授教育，有本科、专科及单科等多种办学层次，在学函授生达 41.47 万人，已初步形成基本覆盖全国的函授教育网。据国家教委统计，自 1953 年以来，高校通过函授教育培养了 20 多万各类专门人才，其中大多数已成为各条战线的骨干力量。

夜大学也是成人高校的重要组成部分。我国有成千上万的在职或待业人员参加夜大学习。如广东省自 1983 年以来夜大学生数为 11415 人，女生为 3928 人，占 34.4%。其中理工科夜大学生 3281 人，女生 776 人，占理工科学生的 23.6%。中山大学自 1983 年以来夜大学生数为 1579 人，理科167 人，其中女生数为 41 人，占理科总人数的 24.6%。

成人高校的女学员主要来自工人、技术人员和其他各类干部。辽宁省高教局对职大、夜大、函大理科专业女学员入学成分抽样调查的材料表明，职工大学、夜大学的女学员中女工成分多，函授大学则女技术人员、女干部多。主要原因是职工大学脱产学习多，又都是面授，有利于文化基础较薄弱的女子学习；函授大学主要靠自学，技术人员、干部文化基础较好，自学能力较强，参加函授适应性强。

成人高校中的女学员一般学习努力，学习成绩与男学员无明显差异。例如，鞍山钢铁公司办的职工工学院机械制造专业 84 级统考各科平均成绩，女学员为 78 分，男学员为 76.6 分；电气化专业 83 级统考各种平均成绩，女学员为 73.9 分，男学员为 71.9 分。

广大妇女通过成人高等科技教育，使自身的文化科技素质有了较大的提高，从而改善了她们在社会上的地位。据对辽宁省职工大学 2792 名女毕业生的调查，有 58.2% 的人担任了技术员、助理工程师，有 28% 的人担任管理干部，有的还当了女厂长，女经理。同济大学 1965 年以前毕业的女函授生，基本上都已成为工程师，有的还是高级工程师；1983 年以来毕业的女函授生，对她们毕业后的情况普遍表示满意。有的由工人转为干部编制，增加了工资,许多人重新调整了工作,被调到技术性较强的岗位上。据江西省南昌市业余大学对部分成人高校女学员的调查,调整到更适合的岗位上的占45.2%,更热爱本专业的占71.43%,职业能力得到提高的占76.2%,职务或职称得到提升的占42.8%,提高业务熟练度和工效的占66.7%。

3. 中国妇女在科技领域的地位与作用

新中国成立以来,中国妇女接受高等科技教育的人数逐年增加,女科技人才的队伍也日益壮大。1978年全国有女科技人员167.2万人,占科技人员总数的31.6%。1985年全国有女科技人员246.3万人,占科技人员总数的31.5%。1978年全国有女高级专业技术人员1412人,占高级专业人员总数的7%,1983年增至9237人,占高级专业技术人员总数的11.4%。

1982年至1985年,我国全民所有制单位科技人员由626.44万人增至781.67万人,其中,女科技人员由197.32万人增至246.29万人,女科技人员所占比例波动于31.5%~32.1%之间。1985年女科技人员中各种女专业人员的比例:卫生技术人员占56.47%,工程技术人员占25.30%,教学人员占16.16%,科研人员占4%,农业技术人员占2.59%。1985年各类专业人员中,女科技人员的比例:女卫生技术人员占59.2%,女科研人员占29.3%,女教学人员占27.2%,女工程技术人员占18.3%,女农业技术人员占14.2%。可见女科技人员的部门构成与职业分布不太平衡,农业技术部门女科技人员偏少。

中国女科技人才,在接受高等科技的学历教育与继续教育后,正在社会主义建设中发挥着积极的作用。1986年辽宁科技进步奖获得者共747人,女性144人,占19.3%。又据华西医科大学统计,1978—1985年该校获得科技成果奖者365人,其中女性145人,占39.7%。

四化建设需要大批人才,女性群体中蕴藏着极大的成才潜力。如果我们一方面从量上注重妇女教育,减少女性的文盲比例,提高高校中女生的比例;另一方面又从质上注重妇女教育,发挥女性在创造性活动中的积极作用,使女性高级人才在全体高级人才中所占比例有所提高,那么通过教育释放出来的女性智力潜能是不可估量的,这样,妇女将在四化建设中发挥越来越重要的作用,同时中国人口素质也会大大改善。

表 8　1982—1985 年全国全民所有制单位科学技术人员构成

科学技术人员类型		1982 年	1983 年	1984 年	1985 年
总计	总人数/万人	626.44	685.19	746.62	781.67
	其中女性人数/万人	198.28	216.85	239.62	246.29
	女性占比/%	31.70	31.60	32.10	31.50
工程技术人员	合计人数/万人	235.46	280.23	316.25	340.41
	其中女性人数/万人	39.79	49.23	57.98	62.30
	女性占比/%	16.90	17.60	18.30	18.30
农业技术人员	合计人数/万人	36.18	40.47	43.46	45.07
	其中女性人数/万人	5.04	5.85	6.46	6.39
	女性占比/%	13.90	14.50	14.90	14.20
卫生技术人员	合计人数/万人	180.71	193.41	207.85	216.10
	其中女性人数/万人	104.63	113.91	124.64	127.95
	女性占比/%	57.90	58.90	60.00	59.20
科学研究人员	合计人数/万人	37.18	32.81	33.48	33.64
	其中女性人数/万人	10.29	9.22	9.61	9.85
	女性占比/%	27.70	28.10	28.70	29.30
教学人员	合计人数/万人	136.91	138.27	145.58	146.45
	其中女性人数/万人	38.53	38.64	40.93	39.80
	女性占比/%	28.10	27.90	28.10	27.20

资料来源:国家统计局.中国统计年鉴(1983—1986)[Z],北京:中国统计出版社出版,1986.

三、中国妇女接受高等科技教育与培训的困难与障碍

30 多年来,中国妇女接受高等科技教育还存在一些值得重视的问题。在杭州研讨会上,与会同志认真分析了中国妇女接受高等科技教育与培训的困难与障碍,提出了如下看法。

（一）影响妇女接受高等科技教育的基本原因

1. 经济不够发达

中国是发展中国家。高等教育（包括普通高等教育与成人高等教育）事业发展的规模与速度受到经济发展水平的制约。具有中等文化程度的妇女接受高等教育的机会较少。

根据 1982 年中国第三次人口普查，全国农业人口占全部在业人口的71.93％。农村经济发展缓慢，对农村妇女接受高等科技教育的影响更为显著。湖南省 1217 万在业妇女，从事农业的有 1024 万，占总数的 84.1％。据统计，每一万名从事农业的妇女中，只有 2.46 人受过中等以上教育。华南农业大学 1977 年至 1982 年所招的 366 名女生，69％来自城镇，只有31％来自农村。东北师范大学对理科 6 个系 86 级 248 位女生的来源进行调查，发现她们中 79％来自城镇，21％来自农村，其中父亲或母亲是农民的只占 8.1％。农村生产力发展水平较低，从两个方面限制妇女接受高等教育：一方面，农民终年为温饱而劳碌，没有更多的资金和时间供女子上学；另一方面，自给半自给的自然经济，使农民目光短浅，缺乏学习科学文化知识的紧迫感，满足于传统的"男耕女织"的生活。近年实行生产责任制后，让女孩子中途辍学留在家中承担家务或充当劳动力的情况相当普遍。

个人家庭经济困难，对部分女大学生的学习有直接影响。全国妇联对北京五所工科院校的女学生进行抽样调查，在被调查的 622 位女生中，38.08％的女生反映，她们的上学费用家庭只有部分支付能力或基本上没有支付能力，要靠政府奖学金和助学金；60％的女生呼吁"削减书价""增加助学金、奖学金数额"和"提供广阔的勤工俭学机会"。家庭经济状况对妇女参加成人高等教育的影响尤为明显。江西省南昌市业余大学高等职业教育研究室对三所成人高校女学员学习费用负担情况进行了调查，发现平均每个学员每年需支出学习费用（包括学费、书籍费、交通费和额外生活费等）368.72 元，因脱产、半脱产或业余学习而减少工资、奖金及生活福利费413.66 元，合计为 782.38 元，超过她们的年平均工资。该研究室的调查材料表明,在具备接受成人高等教育文化条件而未能入学的女职工中,有25.6%的人是因为无力负担学习费用或担心入学后减少收入影响生活。

2. 社会与家庭没有彻底消除歧视女性的观念

新中国成立后,中国妇女的地位发生了巨大变化,男女平等得到政治上和法律上的保障。但是"男尊女卑"的旧的封建思想意识并不能轻易消除,社会与家庭对女性的偏见和歧视仍然是影响女性成才的重要社会原因。

一些家庭,特别是农村的一些家庭,由于受传统观念影响,不重视培养女孩子。1985年全国儿童入学率是95.95%,而女儿童入学率只有93.5%,低于平均值。小学与中学的女生同男生相比,失学率高而升学率低。据湖南省岳阳地区教育局统计,1977年该地区小学女生比重为46%,初中女生比重为41.2%,高中女生比重只有33.8%。1978年中专、大学在该地区招生3412名,其中女生只占13%。

在大学招生过程中,虽然国家并没有做出限制女性的特殊规定,可是一些地方却有擅自提高女生录取分数线的做法,造成"同优不同取"的现象。在同等条件下,各校都抢着要男考生而不要女考生,即使像医学、师范等比较适合女性特点的院校也是如此。东北师范大学1986年录取的新生,最高分数段没有男生,最低分数段没有女生。这说明,在低分数段受排挤的首先是女生。

在毕业分配问题上,一直存在女大学生"分配难"的问题。许多用人单位只看到女性生理上的特点,认为女大学毕业生要怀孕、生孩子,麻烦事多,因而不愿接收。1985年,东北师范大学还遇到用人单位向学校退回女毕业生、另要男毕业生的情况。用人单位不愿接收女毕业生,有人事制度、管理制度等方面的原因,但性别歧视的因素是存在的。女大学毕业生"分配难",直接影响到大学招收女生的积极性。一些大学在招生过程中想方设法卡女生,根源就在这里。

女科技人员的使用方面也存在许多不合理现象。女科技人员往往处于做副手、当配角的地位,被安排做基础和辅助性工作。女科技人员进修和晋升的机会一般比男科技人员少。社会舆论对于那些不求上进、得过且过的女性相当宽容,而对那些有才华的"女强人"却非常苛求。一些"事业型"的妇女既要承受事业与家务的双重负担,还要顶住社会上的一些流言蜚语和世俗偏见。

(二)妇女接受普通高等科技教育的困难与障碍

1. 普通高等院校理工专业女生比重偏低

中国普通高等院校中的女生比重总的说来都不高,自 1949 年以来,大多数年份都在 25% 上下波动。近几年这一比重数据略有提高,也只在 30% 左右。在理、工、农、医各科中,女生比重除医科院校略高外,其余科类均低于普通高校的平均值。

造成普通高等院校理工专业中女生比重偏低的原因主要有:

(1)普通中学的女生比重偏低。从全国范围来看,1976 年至 1983 年这八年中,女生比重最低为 39%,最高为 41.7%。中学女生比重低,必然影响大学招收女生的生源。据四川省招生办公室统计,从 1979 年到 1986 年这八年中,四川省参加高考的考生总数为 1003656 人,其中女考生 346598 人,仅占考生总数的 34.53%。这说明,在报考大学的过程中,女考生在数量上就处于劣势。

(2)一部分家长和教师的偏见,影响女高中毕业生报考理工专业。家长的影响有两种情形:一种是对理工专业的情况并不真正了解,只是片面地认为理工科难读,女孩子只要能考上大学将来有个固定工作就行,因而避难就易,鼓励自己的女孩子报考文科;再一种是家长本身是工程技术人员,从事比较艰苦的工作,过于劳累,因而不想让女孩子走自己的老路。

目前中学里从高中二年级起就开始文理分班。中学教师经常有意无意地宣扬女生读理科的"劣势",再加上受家长的影响,使不少女生不敢选读理科班,造成一些中学理科班男生多于女生、文科班女生多于男生的现象。

(3)大学招生的过程中,女考生的录取率普遍低于男考生。例如,1979 年至 1986 年,四川省女考生的录取率始终低于男考生(见表 9)。

2. 普通高等院校理工专业女生在学习过程中，既受社会偏见的影响，又存在自卑心理和生理障碍

社会上对女性成才的种种偏见，会通过各种渠道影响女大学生。同时，大学是社会的缩影，对女性的偏见还会直接来自大学教师。有些教师往往自觉不自觉地流露出"女生不如男生反应快"、"女生毕业后能胜任一般性工作就不错了"等思想，给女生带来不良影响。一部分女生存在自卑、胆小、爱面子等弱点，使她们在动手能力、创造能力方面落后于男生。全国妇联所调查的 622 名工科女生，有 45.89％的人认为影响自己学习的主要因素是"毅力差，信心不足"。52.98％的人承认自己属于软弱型女性。清华大学的调查材料表明，该校女生学习勤奋，学习成绩并不低于男生，但知识面不够广，动手能力不如男生。据调查结果反映，一些女生由于害怕分数低在同学面前不好看，便集中时间和精力死啃教科书，很少看课外书，致使知识面狭窄。做实验时，一些女生怕弄坏仪器会被老师责怪，便尽量让男同学操作，自己主动承担记录数据等辅助性工作。

表 9　1979—1986 年四川省男女考生录取情况　　单位：％

年份	录取率		年份	录取率	
	男考生录取率	女考生录取率		男考生录取率	女考生录取率
1979	10.0	5.2	1983	24.8	17.2
1980	13.0	9.3	1984	30.4	23.9
1981	14.9	10.6	1985	32.4	26.4
1982	19.2	14.2	1986	35.6	34.8

大学生处于青春发育期，男女学生都会遇到婚恋问题。一般说来，婚恋问题对女生的影响比男生大。据全国妇联调查，在 622 名工科女生中，52.18％的人表示重视或比较重视周围男同学对自己的评价，特别是对自己外表形象（包括发型、服饰、体态、走路姿势等）的评价。为此，她们不得不花费一定的时间和精力去修饰自己。当前多数男大学生和男研究生所持的

择偶标准是"生活型"女性,即既有女性魅力,又能在事业上为丈夫做出牺牲。而女大学生,尤其是女研究生多数是"事业型"女性,她们会读书胜过会干家务。她们在男性的心目中往往不是理想的配偶。清华大学的女研究生有40%目前尚未恋爱,有些已成为社会上高层次的未婚大龄女性。这种现象给女大学生带来新的精神压力,使一些低年级女生急于谈恋爱。

女性的生理特点对学习有一定影响。在北京622位被调查的工科女生中,有73.4%的人认为月经期间对自己的学习有影响,其中16.83%的人认为"影响较大",7.37%的人认为"影响很大"。此外,有16.88%的人反映"进入大学后,每天都有身心疲惫、精神紧张的感觉"。这表明她们的体质状况与大学紧张的学习生活不相适应。

(三)妇女接受成人高等科技教育与培训的困难与障碍

在中国成人高等教育中,女子所占的比重同样低于男子。新疆维吾尔自治区成人高校在校生,女生只占33.9%。辽宁省1986年各类成人高校所招收的新生,女生占36.4%。江西省1986年报考各类成人高校的考生,女考生只占25%。江西省18所独立设置的成人高校,1986年理工专业在校生中女生占16.33%。上海同济大学的函授生,多年来女生比重一直在15%左右。另一方面,成人高校理工专业女生失学率较高。以新疆电大为例,82级理工专业女生入学时共281人,到毕业时只剩下119人,失学率高达57.7%。

成人高校理工专业女生比重低、失学率高,是由于在职妇女接受成人高等科技教育受到多方面限制,存在着较大的困难与障碍。除了前面提到的经济原因与社会原因以外,比较突出的还有以下三点:

1.家务负担重,学习时间少

虽然由于社会提倡,男子分担家务的情况日益增多,但总的说来,妇女仍然是家务劳动的主要承担者。据江西省南昌市业余大学高等职业教育研究室调查,江西三所成人高校的已婚女学员入学前平均每天用于家务的时间约为5小时。入学后大部分女学员由于家庭成员的支持,家务负担有所减轻,每天用于家务劳动的时间少的只有 2.5 小时,但最多的仍达 6 小时。杭州大学人口研究中心抽样调查材料表明,浙江省正在接受成人高等科技教育的已婚女学员,78.57％的人每天在抚养子女和家庭琐事上花费 3～4 小时。16.13％的已婚女学员反映因家务重影响了学习。90％的未婚女学员每天在家务上花费 1～2 小时。相比之下,未婚男学员则很少受家务拖累。在职妇女由于家务负担重,可用于学习的时间少,使一部分本来有条件入学的人不得不在成人高等科技教育面前望而却步,一部分虽已入学,终因家务拖累,不得不中途辍学。还有一部分在职妇女鉴于家务繁重,为了保证丈夫在事业上有所成就,甘愿自己做出牺牲。

2. 领导或丈夫不支持

一些部门或企事业单位的领导由于存在对女性成才的偏见,选派职工培训往往喜欢选派男职工,而认为选派女职工培训不合算。各行各业的女职工普遍感到缺少学习提高的机会。

不少丈夫为支持妻子学习主动承担家务劳动,给妻子以巨大的鼓励。但也有一些丈夫不赞成妻子继续深造。特别是一些文化水平较低的丈夫,甚至把妻子接受高等教育视为"婚姻破裂的危险信号"。这种情况在未婚的恋爱对象中也存在。

3. 学路不宽

首先是成人高校的布局不够合理。例如,辽宁省乡村在业人口占全省在业人口的 45.7％(1983 年),但现有的 163 所成人高校都集中在城市,并且没有一所专为农村农、林、牧、副、渔各业培养科技人才的成人高校。女职工大部分集中在中小企业单位和城镇集体企业单位,而直接面向这些单位办学的成人高校则很少。新疆有一半在业人口在乡村,而成人高校都集中在城市。全区各类成人高校在校学员中,农、牧区的女学员仅占 1.1％。

其次,现有成人高校的专业面比较窄。例如,浙江省高等教育自学考试共开设 10 个专业,属理工专业的只有 1 个。广东省夜大学目前招生的 11 个专业,理工专业只有 3 个。辽宁省现有成人高校开设的 170 多个专业，属第二产业的占 70％，属第三产业的占 28,82％，属第一产业的只占 1.18％。而第一、第三产业正是妇女比较集中的行业。

再次，办学层次和办学方式比较单调。目前成人高校也和普通高校一样，设专科、本科，学习期限少则二三年，长则四五年。教学安排和管理均是学年制，学员考试两门不及格就将被淘汰。已婚女职工及大龄未婚女职工对长学制望而生畏。据调查，辽宁省 54 所职工大学，入学年龄在 25 岁以上的女学员，只占女学员总数的 23.7％。据杭州大学人口研究中心抽样调查，浙江省成人高校的女学员，24 岁以下的占 74.11％，25 至 29 岁的占 16.83％，30 岁以上的只占 9,06％。已婚女学员，占学员总数的 12.94％。这说明现有的学制及办学形式对大龄妇女特别是已婚妇女限制较大。

四、改进意见及措施

1987 年 1 月在杭州召开的"促进妇女接受高等科技教育与培训以及改善她们在这些专业中的地位"研讨会，针对中国妇女高等科技教育与培训所存在的困难与问题，初步提出了以下改进意见及措施。

（一）为促进妇女接受高等科技教育与培训所应采取的基本措施

1. 必须提高对妇女高等科技教育与培训的意义与作用的认识，使全社会都来关心这一问题

与会代表认为，联合国教科文组织提出来的"促进妇女接受高等科技教育与培训"这一课题符合中国国情，其意义不可低估。

当今世界正面临着新的技术革命。为了使妇女在新的竞争面前不至于处于劣势，必须有更多的妇女接受科技教育特别是高等科技教育。

实现中国的四个现代化，教育是基础，科技是关键。只有使更多的妇女接受高等科技教育，才能使她们在国家的建设中更好地发挥作用。

促进妇女接受高等科技教育，也是当今中国精神文明建设的一项重要内容。

从妇女解放的意义上说,妇女接受高等科技教育问题是一个较高层次的问题,也是难度较大的问题。如果有更多的妇女能接受高等科技教育,使她们在科技领域的地位得到实际的改善,就能在更加完整的意义上实现男女平等。

在高等科技教育中存在着男女之间的不平等,是国际上普遍存在的问题。中国是发展中国家,又是有十亿人口的大国。中国如能在这方面取得进展,就能为世界上情况类似的国家提供有益的经验和借鉴。

与会者认为,妇女接受高等科技教育与培训问题,虽然是教育工作一个层次中的一个侧面,然而它涉及的面相当广泛。妇女接受高等科技教育的状况,首先受到国家经济发展状况和科技进步水平的制约,同时还涉及国家经济体制和政治体制的改革、社会主义民主建设和精神文明建设、人口政策与计划生育、人们的传统观念以及人生价值观念的改变、家务劳动社会化等许多方面,甚至还与宗教信仰、地理环境等因素有关。因此,应当利用宣传舆论工具,广泛宣传促进妇女接受高等科技教育与培训,改善妇女在科技领域中的地位的意义与作用,使全社会都关心这一问题,各有关部门予以密切配合。

杭州研讨会结束之后,国家教委高教三司已向全国各省、自治区、直辖市教育行政部门发了文件和研讨会纪要,以便使教育系统首先引起重视。

为了扩大研讨的影响,国家教委高教三司和中国教科文组织全委会秘书处还委托浙江省教委编印研讨会论文选集。

2. 继续开展"促进妇女接受高等科技教育与培训"专题研究

与会者认为,把促进妇女接受高等科技教育与培训问题提到议事日程上来,在中国还是第一次。由于时间短促,目前针对这一问题所进行的调查还不够广泛,所搜集的数据还不全面、不系统,局限性较大。对这一问题进行理论探讨更是初步的,远未达到深入的程度。应当说,中国对这一问题的研究还刚刚开始。为了把研究工作深入下去,目前应当做好以下几项工作。

(1)扩大研究队伍。目前参加这项研究工作的,除主持单位外,还有

6个省(区)的教育委员会和高教局，13所普通高等院校及6所成人高等学校，7个研究所、室。此外还有全国妇联、首都钢铁公司等单位。研究人员近百人。其中有多年从事教学与研究工作的老教授，有经验丰富的教育管理人员、教育科学研究人员和妇女问题研究人员，同时也不乏年富力强的科技界新秀。今后，应根据自愿原则，吸收更多的科研单位及研究人员参加这项工作，逐步形成一支素质好、工作热情高的研究队伍。同时，应通过发表论文和召开研讨会的形式相互交流研究成果。必要时，还可进行国际的学术交流。

(2)建立研究基地。根据地区特点和现有的研究基础，初步确定在辽宁、浙江、四川三省和新疆维吾尔自治区设立调查研究点。辽宁地处东北沿海，浙江地处东南沿海，经济比较发达。四川地处西南内地，拥有一亿人口，是全国人口最多的一个省。新疆维吾尔自治区地处西北边疆，经济比较落后，但面积有160多万平方公里，约占全国总面积的六分之一，是全国最大的一个省区，又是多民族地区。这四个省区都具有一定的代表性，而且都已着手进行这方面的调查研究工作。今后则要建立相应的研究机构，扩大研究队伍，比较系统地搜集有关妇女高等科技教育与培训的信息、资料。目前，浙江省已经成立"妇女高等科技教育与培训研究室"，设立了专项研究经费，着手建立妇女统计指标系统和设立相应的数据库，决定于1988年春天召开浙江省首次妇女高等科技教育与培训专题研讨会。

(3)确立领导机构。本专题属于多学科综合性研究课题。今后该项研究仍由中国教科文组织全委会秘书处和国家教委高教三司负责组织、指导、沟通、协调工作。

(4)通过多种渠道解决经费问题。有关研究课题要尽量争取列入国家或地方的科研计划，以取得必要的经费。有条件的地方可到社会上筹集基金，同时争取得到联合国教科文组织的资助。所得经费主要用于科研以及对妇女的科技教育与培训提供必要的资助。

3. 打破高中后教育单一化的局面,发展多形式、多层次的成人高等教育

促进妇女接受高等科技教育,从根本上说来,就是要为妇女提供更多的就学机会。当前除稳步发展普通高等教育外,发展投资少、见效快的成人高等教育,是发展教育事业的一条重要途径,也是解决广大未能进入普通高校学习的女青年继续深造问题的根本出路之一。在杭州研讨会上,与会者针对中国成人高等教育目前所存在的问题,提出了以下改进意见和建议。

(1)调整成人高校布局,增加面向中小企事业、城乡集体企业以及广大农村的学校。可采取企事业单位及其主管部门集资办新校、老学校增设分校、电大及函大等远距离教育学校增设教学点等措施。

(2)现有成人高校以及承担成人高等教育任务的普通高等院校都要进一步挖掘潜力,增加新专业,扩大招生面。特别是适宜于女性攻读的理工专业,应予以充分重视。

(3)增加成人高等教育的层次。譬如,除本科、专科以外,还可增加专业证书教育和单科合格证书教育。

(4)重视短期技术培训。这种培训,时间可长可短,或一年,或半年,或数月;学习方式灵活,或脱产,或业余。今后应在人事制度和工资制度方面采取相应措施,扭转目前普遍存在的"为文凭而学习"的现象,使更多的妇女乐于接受可行性强而富有成效的短期技术培训。

在杭州研讨会上,有人提议建立"中国妇女高等科技培训中心",各地设立教学点,形成培训网。与会代表认为,专门为妇女设立这种培训中心,一方面可以为妇女提供较多的学习机会,另一方面又便于解决妇女学习中的特殊困难。这种设想是可取的,应积极向有关部门建议,力争实行。

4. 认真抓好基础教育,提高中、小学生中的女生比重,扩大高校理工专业女生生源

中国已经开始实行九年制义务教育。根据国家安排,在"七五"计划期间,在约占全国人口四分之一的城市、沿海发达地区和内地少数发达地区,抓

紧完成对少数尚未普及小学教育的县、乡的普及工作,同时保质保量地普及初中教育。在约占全国人口一半的中等发展程度的镇和农村,首先保质保量地普及小学教育,同时为在"八五"期间普及初中阶段的教育做好准备。在约占全国人口四分之一的经济落后地区,不同程度地普及基础教育。若能照此计划实行,今后五年到十年内,小学与中学的女生比重将会大幅度提高。

5. 继续破除束缚、歧视妇女的传统意识,创造利于女性成才的良好社会环境

1949 年新中国成立后,中国妇女已从根本上改变了受歧视、受奴役的地位。她们能够在各行各业,包括最先进的尖端科学技术领域与男子并驾齐驱。但是,传统的封建思想与旧的习惯势力还没有完全消失。"女子无才便是德""男尊女卑"等旧观念在人们的思想意识中还会以不同的形式表现出来。长期的社会心理影响,也使一部分女性产生自卑心理和依附思想。为此,提倡男女平等的宣传舆论工作必须不断进行。要继续破除束缚、歧视妇女的旧观念,改变对妇女的种种偏见,创造有利于女性成才和冒尖的社会环境。同时也要引导妇女克服自卑、依赖等心理因素,增强事业心和进取心,鼓励她们自尊、自爱、自强、自立,勇于攀登科学文化高峰。

(二)促进妇女接受普通高等科技教育的意见及措施

1. 消除在招生和毕业分配上男女不平等现象

有关部门应明确规定,在招生过程中,除个别专业经上级批准限招女生外,其余专业均须男女平等,择优录取。招生部门和接收单位不得擅自提高女考生的录取分数线。鉴于目前大学特别是理工科大学女生比重偏低,对于一些适合女性攻读的理工专业,应适当照顾女考生。

在毕业分配问题上,劳动人事部门应做出规定:用人单位若无特殊理由(如确实不适宜女性工作),不得拒绝接收女大学毕业生。在工作安排上,应唯才是举,不得歧视女性。

企事业单位不喜欢雇佣女性,除了性别偏见外,确有制度方面的原因。以往的人员编制以及工作、生产定额的分配都不分性别,而妇女免不了要怀

孕、生育、抚养子女，在一定时间内会影响工作或生产，因此，企事业单位总感到雇佣女性越多越吃亏。今后在定编、定岗时，应把妇女怀孕、生育、哺乳、照料幼儿等因素考虑在内，以便从根本上解决女大学毕业生"分配难"的问题。

2. 加强对女高中毕业生填报升学志愿的指导和咨询工作，提高她们的升学率

女高中毕业生年龄小，对社会需求及各类大学的专业设置不甚了解，同时又缺乏对自身的评价能力，对自己的升学前景往往不能做出切合实际的分析，或过于自卑，或失之浪漫，因而很需要有人指导。这个工作主要应由中学教师承担。有条件的地方，应设立相应的咨询机构。咨询人员要实事求是地分析女性的生理、心理特征，引导女生审时度势，选报适当的专业。而对于来自家长、教师或社会上的对女性成才的偏见，例如认为女性不适宜报考理工专业等，则应予以解释和纠正。

3. 加强对理工专业女大学生学习、生活和思想指导，减少女大学生的淘汰率，促进女大学生成才和冒尖

男女大学生因性别差异，在学习、生活和思想情感方面都有各自的特点。大学教育要重视学生的性别差异，因材施教。例如，针对女生的思维习惯和性格特点，要鼓励她们大胆提问和发表意见，勇于实践。要通过各种途径激发女生的进取心，培养她们的创造精神。

女大学生正处于青春发育期。她们的身心健康应予以重视和关心。

女性的身高、体重、胸围、血压等项的指标值一般低于男性。对于攻读需要一定体力的工科女学生，应引导她们通过体育锻炼来弥补生理素质方面的某些局限。

过去有的大学（如清华大学）曾设立过女生工作委员会，起过积极的作用。参加研讨会的代表们认为，有条件的学校设立这样的机构是有益的。

（三）促进妇女接受成人高等科技教育与培训的意见及措施

1. 减轻妇女的家务负担，使她们有更多的时间和精力从事学习

中国第三产业不够发达。1985年第三产业在国内生产总值中所占的

比重仅为 21.3％。要减轻妇女的家务负担,从根本上说来,就是要大力发展为生产和生活服务的第三产业,加速实现家务劳动社会化。

在当前家务劳动社会化程度不高的情况下,企事业单位及城乡基层单位要认真改善福利设施,办好食堂、幼托、妇幼保健等事业。

在家庭生活中,要继续提倡男女共同分担家务。

各成人高等学校要想方设法为女学员排忧解难。有的函授学校在学籍管理制度中明确规定:女函授生休产假,可以增加一次补考;寒暑假在校内集中面授时,学校设临时托儿所;在校外集中面授,学校出钱为带幼儿的女函授生雇保姆,或为自带保姆的女函授生解决住房问题。与会代表们认为,这些深受女生欢迎的做法值得提倡。

2. 加速实现教学手段现代化,为成人特别是成年妇女学习提供方便

中国广播电视大学的创建,为数以万计的妇女接受高等教育创造了十分有利的条件。随着电视机、录音机的逐步普及,越来越多的妇女,尤其是边远地区的妇女不出家门就能接受高等科技教育。今后,其他类型的成人高校也要加速实现教育手段现代化。

以上意见及建议是参加研讨会的人员根据中国实际情况而提出的。除了一部分正在做的以外,其余还仅仅是一些设想。然而,与会代表认为,促进妇女接受高等科技教育与培训,提高妇女在科技领域的地位,与中国当前的社会经济建设、精神文明建设的目标相一致。因此,只要有关部门相互配合,扎扎实实地工作,实现上述种种设想的前景是乐观的。

原载《促进妇女接受高等科技教育与培训以及改善妇女地位研讨会论文选集》,国家教育委员会高教三司、浙江省教育委员会、中国教科文全委会秘书处,杭州,1987 年,第 8-25 页。

浙江省女高中毕业生报考理工科大学
情况调查分析[①]

1986 年 10 月至 11 月,我在杭州、金华、丽水三个地区对女高中毕业生的报考意愿进行了调查。我之所以要选择这三个地区,是因为它们分别是大城市、小城市和山区,有一定的代表性。我走访了这三个地区的教育委员会,了解了今年和以往几年女高中毕业生报考大学的情况。与此同时,在有关同志的协助下,对这三个地区的高中三年级女生进行了报考意愿抽样调查,共收回有效问卷 603 份。此外,我们还对浙江大学、杭州大学、浙江农业大学、浙江医科大学、浙江工学院、浙江丝绸工学院新入学的一年级女生进行了报考情况抽样调查,收回有效问卷 420 份,调查结果如下:

一是从报考类别选择上看,多数女生选报理科。

我国报考大学的类别一般分理科、文科、外语、体育、艺术五类。今年我所调查的三个地区六个县(区)女考生在各个类别中的分布情况如表 1 所示。从表中可以看出,无论是大城市、小城市还是山区,女考生选报理科的为最多,均超过女考生总数的一半。

从现在的高中三年级文理分班的情况来看,女生参加理科班的人数明显多于文科班。例如,杭州市学军中学,高三年级共有女生 127 人,参加理

---

① 本文写作之前,曾与韩常先副教授及赵宇同志共同商讨,陈晓平同志协助对 603 份调查问卷做电子计算机数据处理。

科班的就有 101 人,占女生总数的 79.5%。金华市第四中学高三年级共有女生 107 人,参加理科班的有 65 人,占女生总数的 60.7%。丽水第二中学高三的女生人数为 135 人,选择理科的是 99 人,占比为 73.3%。

上面所讲的理科是指大理科,它包括理、工、农、林、医各科。女高中生们对以上各科的意向是不尽相同的。从这次在高中三年级女生中抽样调查的情况来看,愿意报考理、工、农、医这四科的比重分别是 40.4%、24.71%、1.6%、18.1%。可见,意向最集中的是理科,其次是工科,而愿意报考农科的人数最少。

表 1   1986 年城乡女青年报考各类大学的情况   单位:%

地区类别	地区	理科	文科	外语	体育	艺术
大城市	杭州市上城区	65.71	21.26	12.34	0.69	—
	杭州市西湖区	60.13	20.89	18.10	0.84	—
小城市	金华市婺城区	56.27	28.50	12.39	1.64	1.20
	金华市金华县(今金东区)	60.77	28.94	3.86	6.11	0.32
山区	丽水地区丽水市	59.34	24.40	9.34	5.72	1.20
	丽水地区龙泉县(今龙泉市)	51.41	32.39	14.08	1.41	0.70

资料来源:根据杭州市、金华市、丽水地区教委 1986 年考生名册统计。

女高中毕业生的报考意愿,与她们所指望的将来的工作有关。而她们对将来的工作的选择,又往往受各种因素的影响。调查结果表明,由于存在城乡、学习成绩、父母文化程度等方面的差别,女高中毕业生们的努力方向显示出明显的差异:城市的女生,以及学习成绩优良、父母文化程度较高的女生,意向集中于科研人员和工程技术人员;县镇和农村的女生,以及学习成绩中等、父母具有中等文化程度的女生,倾向于当医务工作者或干别的;农村的女生以及父母文化程度在小学以下的女生,比较愿意当教师。

二是从报考原因上看,选报理科的女生多数出于本人的兴趣爱好。

考生选报升学志愿的过程是一个复杂的过程,既会受到社会思想倾向、习惯势力、学校教育等因素的影响,也会受到父母、亲友的暗示甚至控制。就考生本人的思想状况而言,她们在确定志愿的过程中,既会想到社会的需要,也十分重视个人的兴趣爱好;既注意招生学校的名望,又会考虑将来的分配去向。而且,有相当一部分人往往只着眼于录取的可能性,不管什么学校、什么专业,只要录取的可能性大就填报。因此,调查考生的报考意愿,不能停留在了解各科类考生的人数上,而应进一步考察考生们的报考原因。这次我们在高三理科班的女生中进行了报考原因调查,结果表明,无论在大城市、小城市还是山区,女高中毕业生在确定报考理科时,出于"本人爱好"这一因素的占绝大多数。我们在大学理工科一年级女生中调查,情况也是如此。这就是说,在选报理科的女生中,虽然有一部分人出于其他考虑,如为录取着想,为将来的分配去向着想等,有一部分人缺乏主见,听从家长、亲友的安排,但大部分女生是真正出于自己的主观意愿。调查结果还表明,女生在选择升学志愿的过程中,受父母影响的程度与父母的文化程度有关。父母的文化程度高,对子女的影响就大,父母的文化程度在小学以下,对子女几乎没有什么影响。

三是从发展趋势看,报考理科的女生比重在逐渐增加。

这次我先后走访了杭州市、金华市和丽水地区招生办公室,查阅了自1977年恢复高考制度以来历年女高中毕业生报考理科的情况。我发现,无论是大城市、小城市还是山区,理科考生中的女考生比重都呈逐步增加的趋势,详细情况如表2所示。

表2 1980年以来城乡女考生在理科考生中的比重　　　单位:%

年份	大城市		小城市	山区	
	杭州上城区	杭州西湖区	金华市	丽水县	龙泉县
1980	—	—	26.2	33.9	29.0
1981	34.5	34.6	23.9	31.0	34.1
1982	43.7	37.8	29.4	33.5	41.8
1983	42.8	39.8	26.2	26.4	37.7
1984	44.6	41.2	32.1	28.0	35.2
1985	46.8	41.8	34.1	36.9	37.0
1986	50.5	48.6	40.9	42.5	42.3

资料来源:根据杭州市、金华市和丽水地区招生办公室历年考生名册统计。

表2所反映的情况告诉我们,在大城市、小城市和山区,尽管女考生在理科考生中的比例高低有所不同,但逐年增高这一趋势是一致的。在大城市,理科考生中的女考生百分比目前已经非常接近男考生,有的地区已略微超过男考生。

报考理科的女考生比重逐渐增加的趋势在近几年大学生的男女构成上也有所反映,数据如表3所示。

表3 1980年以来浙江省部分大学女大学生占比状况　　　单位:%

年份	浙江省在校大学生中的女生比重	杭大理科本科在校生中的女生比重	浙农大新生中的女生比重
1980	20.8	18.7	13.6
1981	21.2	19.0	16.0
1982	22.0	17.2	12.1
1983	23.1	18.1	11.9
1984	25.0	19.9	15.5
1985	27.3	21.5	20.1

资料来源:根据《浙江省教育事业统计资料》和杭大、浙农大教务处提供的学生统计资料计算。

这些年来,理科考生中的女考生比重之所以逐渐有所增加,首先是因为普通中学中的女生比例有所提高。据调查,1950—1965 年,我国中学生中的女生比例最高为 34.1%。可是,1976—1979 年,女生比例一直在 40% 以上,依次是 40.4%、41.7%、41.5%、40.8%。1980—1983 年,也保持在 39% 以上。其次,根据我国高等院校的科类结构和专业结构,每年招收新生都是理科多于文科。有人计算,1979—1983 年五年间,理、工、农、林、医药、体育等学科新生平均每年占全体新生的 57.04%,文科、财经、政法和艺术等学科新生占 11.92%,如果把师范院校文理科新生计算在内,文科类(即文科、财经、政法和艺术等)理科类(即理、工、农、林、医药、体育等)比例大约为 3 比 7(文 3 弱,理 7 强)。由于理科的招生名额多,女高中毕业生们为了取得接受高等教育的机会,选报理科的人数增多是十分自然的。前些年社会上出现的重理轻文思想以及传统的"学好数、理、化,走遍天下都不怕"的思想影响,都会促使更多的女高中毕业生加入理科考生的行列。

四是报考理科的女生虽多,有幸能进入大学的并不多。

我国自新中国成立以来,特别是党的十一届三中全会以来,高等教育事业的发展速度应该说是不慢的。就大学招生数而言,1984 年的全国招生数是 1949 年全国招生数的 15.8 倍,是 1952 年招生数的 6 倍,是"文革"前 1965 年的 2.9 倍。然而,由于我国人口增长过快,以及中等教育事业的迅速发展,高中毕业生的增长速度大大超过大学扩招新生的速度。1979 年全国高中毕业生数高达 726.5 万人,是 1949 年全国高中毕业生数的 119 倍,是 1952 年的 201.8 倍,是 1965 年的 20.2 倍。这种状况决定了高中毕业生进大学的机会并不多。表 4 详细比较了全国每年的高中毕业生数与大学招生数的增长速度。

从我这次调查中所得到的情况来看,在全体考生的录取率并不高的情况下,女考生的录取率一般又比男考生还要低,城乡理科考生录取情况如表 5 所示。

从表 5 中可以看出,除个别地区(如杭州市上城区)女考生录取率高于男考生外,一般女考生的录取率都低于男考生。

表4 全国高校招生数与全国高中毕业生数比较

年份	全国高等院校招生数/万人	全国高中毕业生数/万人	高校招生数占高中毕业生数/%
1978	40.2	682.7	5.9
1979	27.5	726.5	3.8
1980	28.1	616.2	4.6
1981	27.9	486.1	5.7
1982	21.5	310.6	10.1
1984	47.5	189.8	25.0

资料来源:《中国教育年鉴》和《中国百科年鉴》。

表5 1986年城乡理科考生录取情况 单位:%

录取率	大城市		小城市		山区	
	杭州市上城区	杭州市西湖区	金华市婺城区	金华市金华县	丽水市	龙泉县
总录取率	29.6	54.2	36.4	21.1	22.6	24.4
男考生录取率	25.8	60.0	39.8	28.0	28.8	26.7
女考生录取率	34.3	46.0	30.0	6.9	14.2	20.6

注:金华市婺城区和丽水市的录取率,是根据达到录取分数线的人数计算,比实际录取率略高。

影响女考生录取率的一个原因是社会上存在"重男轻女"的思想。由于"男尊女卑""女子无才便是德"等旧的习惯势力的影响,家长们往往偏重于培养男孩子,致使从小学开始,女生比例就低于男生,愈到高的层次,女生比例愈低;也由于女生在生理上的一些特点,用人单位往往不欢迎女大学毕业生,从而造成某些高校在招生时宁可招收较低分数的男生,而不肯招收分数较高的女生。我们在大学一年级女生们填写的问卷中,多次发现有诸如"要求真正的男女平等""要求在招生和毕业分配中男女一视同仁"这样的字句,说明女生们在这个问题上有着切身的感受。

影响女考生录取率的另一个原因是不少女生存在自卑心理。她们总觉得自己各方面都不如男生,从而影响了她们能力的发挥。值得注意的是,自卑心理在女青年的佼佼者——女大学生中依然存在。我们这次所调查的420名理工科女大学生，就有68名承认自己有自卑感，占调查对象总数的16.2%；有152人承认自己学习艰苦性不够，占调查对象总数的36.2%。

原载《促进妇女接受高等科技教育与培训以及改善妇女地位研讨会论文选集》，国家教育委员会高教三司、浙江省教育委员会、中国教科文全委秘书处，杭州，1987年，第41-45页。

浅谈人口文化素质逆淘汰现象

　　人口的文化素质是人口素质的重要内容,而教育又是提高人口文化素质的根本途径。近年来,我国为发展教育事业、提高人口文化素质作了很多努力,并取得了一定的成绩。从 1987 年 1‰人口抽样调查的情况看,每万人中不同文化程度人口所占比例较 1982 年普遍有所提高。大学水平(包括毕业、肄业和在校)由 1982 年的 60.1 人上升到 86.3 人,高中程度由 662.7 人上升到 687.8 人,初中程度由 1775 人上升到 2115 人,小学程度由3537.7 人上升到 3612.4 人。同时,文盲率也有所下降。1982 年,文盲、半文盲人口占 12 岁以上人口的 31.87％,1987 年降至 26.77％。

　　然而,必须看到,我国人口文化素质偏低的状况并未根本改变。我国文盲、半文盲人口的绝对数尚有 2.22 亿。国民平均受教育年限不足 5 年。各国每万人受过高等教育的人口如下:美国(1970 年)1492 人,日本(1970 年)637 人,苏联(1970 年)450 人,而我国 1987 年还只有 86 人。各国每万人具有高中程度的人口如下:美国(1970 年)3921 人,日本(1970 年)2277 人,苏联(1970 年)3376 人,而我国 1987 年才 688 人。[①] 日本 1976 年就普及了高中教育,现在年轻人中有 43％是大学生。[②] 而我国,目前基本普及初等教育的县只有 1326 个,占全国县总数的 66.8％。实现九年制义务教育,任务则

---

　　① 　沈益民.近三十年世界人口普查和人口概况[M].北京:群众出版社,1983:72.
　　② 　鲍宗豪.关于知识价值的思考[N].光明日报,1988-09-29(4)

更为艰巨。

令人担忧的是,在我国人口文化素质亟待提高的情况下,近两年却出现了人口文化素质逆淘汰现象。本文着重谈谈这个问题。

一、当前人口文化素质逆淘汰现象的种种表现

当今世界,文化科学知识显得越来越重要,追求文化素质的提高已成为一种历史潮流。所谓"人口文化素质逆淘汰"现象,指的是与这种潮流相"逆"的现象,即不是寻求学习文化知识的机会,而是主动放弃这种机会;不是努力提高文化素质,而是弃高就低。对于这种现象,我们暂且从达尔文"生存竞争""优胜劣汰"的学说中套用一个名词,称之为"逆淘汰"现象。

当前我国人口文化素质逆淘汰现象主要有以下几种表现:

中小学生辍学。近两年,我国中小学生流失人数明显增加。据 1988 年统计,全国小学生流失 428 万名,流失率为 3.3%;初中学生流失 287 万名,流失率为 6.9%。① 这是就全国而言,个别地方流失率高得令人吃惊。笔者最近从温州了解到,乐清县 1988 年初中学生共流失 7748 名(其中 2500 名为人为淘汰),占在校生的 22%。该县 1985 年入学的 14230 名初中学生,到 1988 年参加毕业考试时只剩下 7579 人,巩固率仅为 53.2%。高中学生流失现象也已出现。该市瓯海县(今瓯海区)一个中学 1988 年秋招高中学生 120 名,入学通知发出后,竟有 20 名不来报到,流失率近 17%。

大学生厌学。江苏省青少年研究所和南京大学的同志向南大、南工、华工、河海、中医学院、南农、建院、粮经院等 8 所在宁高校的 872 名毕业生进行问卷调查,结果表明,把上大学看成是"最大遗憾"的竟有 75 人,占被调查者的 8.6%。1987 年上半年,杭州大学查处了 33 名学生聚众赌博、进行流氓活动案。其中有几个受退学处分的学生说:"我早就不想读书了,感谢你

---

① 徐洁.从教育内部探析"流失生""差生"增多原因[J].淮北煤炭师范学院学报(社会科学版),1989(2):27.

们让我下决心走万元户的道路。"据调查,杭大学生中逃课、旷课的现象很普遍。不少人早上睡到九点多,午觉睡到三点多,自称"九三学社"。班干部要是如实点名,不仅下次要落选,还会使他的书包被抛得无影无踪。

研究生退学。据 1988 年 3 月 15 日《报刊文摘》报道,一向热门的北京大学物理系,至少有 10 名身强力壮的研究生以"身体欠佳"为由要求结束学业,另谋出路。在上海某大学,1987 年自动退学的研究生达 20 人。与此相关的是报考研究生的人数锐减。以杭州大学研究生报考点为例,1987 年报名者 260 人;1988 年降至 157 人;1989 年只有 76 人,不足 1987 年的 1/3,有 10 个专业竟无人报考。

中小学师资倒流。《上海教育》1988 年第 6 期载文披露:据上海四个区的抽样调查,在过去 2 年 2 个月中流动到其他系统的中小学教师有 420 人,其中中学教师 363 人,而同期补充到这四个区的中学教师仅 181 人,不到外流教师的一半。浙江省温州市 1987 年至 1988 年这两年中流动到外系统的中小学教师有 150 余名(经多方做工作,现大部分已归队)。同时,师资队伍不稳定。据瓯海县教育局的同志反映,1988 年 5 月他们曾对本县中小学教师作过一次意向调查。在 258 名调查对象中,表示忠诚于教育事业的只有 54 人,占 20.9%;对终身从事教育事业的决心有所动摇的有 169 人,占 65.5%;对从事教育事业完全失去信心的有 20 人,占 7.8%;对留职停薪外出经商有要求且想行动的有 31 人,占 12%;有时想去试试(指弃教经商)的有 93 人,占 30%。教师队伍不稳,离心力增大,虽然对教师本人不存在文化素质降低的问题,但对全民族人口文化素质提高影响极大,因而在此也归为"逆淘汰"现象。

二、人口文化素质逆淘汰现象原因探析

当前,我国人口文化素质逆淘汰现象的出现,原因是多方面的。作为一种社会现象,我们必须透过种种细枝末节,在较广阔的视野中探求其发生的背景和原因。

回顾几年来的生活变化,最大的变化莫过于商品经济的迅速发展。人口文化素质逆淘汰现象的产生,显然与此有一定的联系。

首先,商品经济的发展,广开了就业门路,使弃学者(包括学龄儿童在内)能轻易找到务工或经商机会。1989 年 2 月 12 日《钱江晚报》报道,上海市已出现 1000 多名"童商",这些小商人的年龄大多在 10 至 14 岁左右,他们主要从事水果、饮食方面的工作。尽管政府部门三令五申禁止使用童工,但一些集体、私营企业和个体户为赚大钱仍大量雇用童工;而一些家长为了眼前利益,也鼓励子女弃学做工、经商或从事家务劳动。例如,家庭工业发达的温州,初中学生的流失率也高,全市平均流失率在 10% 以上,有的县高达 15% 以上。流失生中大部分是女生,因为女孩子干编织之类的活比大人还灵巧。据说,一个女孩子在家干一天,至少能赚 7~8 元钱。

其次,随着商品经济的发展,人们对物质利益的需求更加突出,更讲求"实惠"。那些曾把读书看作是谋生唯一出路的人,今天发现,读书不仅不是谋生的唯一出路,而且不是最佳出路。1989 年 2 月 13 日《钱江晚报》报道,宁波市郊一个专业户父子的话颇有代表性。这位姓钱的"冒富大叔"有两个不到 15 岁的儿子跟他一起做珍珠生意,赚足了钞票。当有人问他为何不让两个儿子念书时,他说:"过去读书是为了不当农民,现在农民不比城里人生活差。就是今后上了大学每月这点工资不如我到外面跑一趟。我们现在吃利息都够了,读不读书无所谓。"他的两个儿子则说:"读书太苦了,再说读书也不一定有出息。我爸爸一字不识照样发财。我家有钱,读书干啥?"这种急功近利的实用观点,在文化素养层次较高的大学生中也存在。不少人认为读书吃亏,不如趁早回家找门路,发财去。

如果说,就业机会多是学生弃学风得以蔓延的客观条件,那么"读书吃亏"自然就是学生弃学从工经商的原因。然而问题并未到此为止。当我们进一步追究读书人为何会感到"吃亏"时,我们不能不联系到今天社会上的一个事实,那就是"脑体倒挂"。

"脑体倒挂"现象对学校教育的冲击非同小可,其消极影响突出地表现在以下两个方面:

其一，严重挫伤了教师的积极性。温州市瓯海县教育局的同志曾对教师和学生的家庭财产作过对比调查。他们随机抽取教师和学生各 20 人，调查结果如表 1 所示。

表 1　某中学教师与学生家庭财产对比

财产名称	20 位教师家庭拥有	20 位学生家庭拥有	财产名称	20 位教师家庭拥有	20 位学生家庭拥有
电冰箱	0 台	4 台	照相机	0 台	1 架
彩色电视机	1 台	18 台	收录机	2 台	10 台
黑白电视机	10 台	3 台	录像机	0 台	1 台
电风扇	25 台	43 台	自行车	39 辆	50 辆
洗衣机	2 台	4 台	金银首饰	14 件	53 件

该县教育局对 258 名教师作书面调查表明：认为自己家庭生活水平高于一般村民的有 2 位，认为与一般村民差不多的有 50 位，这两者相加占 20%；其余 80% 的教师认为自己的生活水平不如一般村民。而前两类教师，家庭有其他经济来源。

教师们为了改变自己收入低微、令人难堪的现状，或弃教经商，或寻找第二职业。瓯海县一所一向办得较好的中学，67 位教师现有 18 位从事第二职业。这种现象在温州并不是个别的。教师从事第二职业，势必分散精力，致使教学质量严重下降。于是，叫学生代批作业、不备课、上一堂课讲到什么地方都记不清等现象出现了。其必然的结果，是导致学生厌学情绪的产生。

其二，"读书无用"的思潮在学生中重新抬头。学校与社会是难以隔绝的。既然社会上"造原子弹的不如卖茶蛋的""拿手术刀的不如拿剃头刀的"的观念广泛流传，学生自然觉得"十年寒窗"实属多此一举。

人们都记得，"文化大革命"期间，我国曾出现过"读书无用论"思潮。那时由于知识分子被贬为"臭老九"，"学而优则仕"被"闹而优则仕"所取代。"文化大革命"给我国人口文化素质结构造成了"断裂层"，其恶果正在日益显露出来。我国中年知识分子的超负荷工作及短寿（国内已有调查数据表明，我国中高级知识分子的寿命比全国人均寿命短 10 年），不能说与此无关。若今天继续让"读书无用"思潮蔓延，将危及下一世纪我国人口的素质，后果不堪设想。

在因果关系的链条上，"脑体倒挂"仍是一种结果、一种现象。顺着因果链追寻下去，就不难发现，人口文化素质逆淘汰现象的产生，归根到底在于知识分子的地位没有摆正。关于知识和知识分子地位问题，党和政府以及学术界和舆论界已议论多年了，但议论归议论，现实中的问题并未能得到解决。

例如，教育投资比例问题，按理说，我国在教育方面要缩短与发达国家的距离，只有略高于发达国家的投资比例才能做到，若低于他们的比例，差距只会越来越大。可是据有关专家估算，我国的教育投资比例不仅远低于发达国家，而且也低于发展中国家的平均水平。我国的教育经费虽然逐年有所增加，但与实际需要的距离太大。笔者最近从温州了解到，该市提出的"一无两有"（无危房，有教室，有课桌椅）问题还未解决。1987 年全市中小学校危房占校舍总面积的 6.7%。1988 年虽有所下降，但仍在 2% 以上。该市庙校合一的学校 1986 年统计有 797 所，至 1988 年年底还有 200 余所。全市尚缺课桌椅 800 余套（主要在山区学校），那里的学生只好站着上课。苍南县有近 20 个乡中心小学一个学生班摊不到一个教室，只好轮流上课。瑞安市有 5 所小学不仅没有图书室和报纸杂志，连一本字典也没有。有 7 所小学连上珠算课的毛算盘也买不起。众所周知，我们的国家财政和地方财政并未困难到如此地步，而是经费分配不合理。

又如，知识分子的工资，不仅横向比较显得偏低，纵向比较也呈下降趋势。我国 50 年代的一级教授工资为 345 元，80 年代晋升的一级教授只有250 元。若将物价因素考虑在内，差别就更为显著。

三、解决人口文化素质逆淘汰问题的途径

人口文化素质逆淘汰现象是一种反常现象,必须解决,也完全可以解决,问题在于认识、决心和实干。

根据以上对人口文化素质逆淘汰现象产生原因的剖析,笔者认为要解决人口文化素质逆淘汰问题,必须从以下几个方面着手。

一是提高知识和知识分子的地位。这是治本之法。这一点要落到实处,就是要提高教育投资比例和提高知识分子的工资待遇。

提到钱的问题,有人或许要说,国家没有钱怎么办?其实,这不是要国家额外拿出多少钱,而是一个比例调整的问题。蛋糕有大有小,但都可以按不同的比例分割。当今世界,科学技术迅速发展,科学、知识、信息直接应用于生产过程而成为生产力中最积极、最有革命意义的内容。我们从经济发达国家可以看到这样的事实:经济的发展越来越取决于教育的发展,经济的开发越来越依赖于智力开发,智力投资越来越成为非常重要的生产投资,智力竞争成了经济竞争的焦点。因此,在分割国家财政这块"蛋糕"时,使"教育投资"这一块切出应有的比例,是无可非议的。同样,使培育人才的职业教师,不至于沦为"最不令人羡慕的职业",也是理所应当的。

二是认真贯彻义务教育法,严禁使用童工。义务教育法既然是"法",就有强制性。对违反义务教育法的家长要予以教育,甚至给予必要的处罚。对违反国家规定擅自招用学龄少年儿童务工经商的,要严肃查处。只有政府、社会各界、家庭和学校都严格履行法律规定的义务和职责,才能制止中小学生的流失。

三是端正办学思想。应当把提高全民族人口文化素质作为各级各类学校办学的根本指导思想。从这点出发,才能使中小学校从单纯追求升学率的圈子中跳出来,着眼于学龄少年儿童的全面提高,既重视对"尖子"的培养,也不忽视对"差生"的辅导;既重视"智育",也不忽视"德、体、美"的培育。从这点出发,才能使学校层次结构趋于合理,使各级、各类学校的教材更新

和教学方法的改进有明确的方向,使学生的学习内容与今后的就业密切相关,从而增强学习动力,提高学习兴趣,克服厌学情绪。

四是加强人口文化素质的科学研究。未来的人口文化素质结构在很大程度上取决于今日的学校教育。"周期长,见效慢"是智力投资的特点。在这个问题上,任何短期化行为和"头痛医头,脚痛医脚"的"摸着石子过河"的做法都是要误事的。唯一的办法是要加强科学的长期预测和短期检测。

我国人口科学研究恢复以来,在控制人口数量的研究方面做了大量工作,这方面的工作自然要继续做。但同时,应当加强人口素质特别是人口文化素质方面的研究,以便为宏观决策部门提供更多的科学依据。

原载《人口学刊》1989 年第 3 期,第 19-23 页。

龙胜各族自治县人口素质简析

　　广西壮族自治区龙胜各族自治县是国家重点扶持的贫困县。1990年夏天,联合国人口基金资助的1004项目的课题组委托杭州大学人口研究所与北京大学人口研究所联合在这个县进行了千户人口抽样调查。这次调查采用等比多级分层随机抽样的方法,在该县11个乡镇119个建制村中的7个乡50个村抽取样本。现根据千户调查的数据和第四次人口普查的有关数据,对龙胜各族自治县人口素质的现状、问题作些分析,并提出一些建议。

一、龙胜各族自治县人口素质的一般状况

(一)身体素质状况

　　目前国际上常用人口死亡率、婴儿死亡率和平均预期寿命等指标衡量人口身体素质状况。根据第四次人口普查,龙胜各族自治县1989年人口死亡率为6.73‰,婴儿死亡率为40.16‰。按1989年分年龄死亡率推算,1989年龙胜各族自治县人口出生时的平均预期寿命男性为66.05岁,女性为70.63岁。

　　据美国人口咨询局提供的数据,1989年世界人口死亡率为10‰,婴儿死亡率为75‰,出生预期寿命为63岁。显然,龙胜各族自治县人口死亡率、婴儿死亡率均低于世界平均水平,其中死亡率甚至低于发达地区9‰的平均水平,而出生预期寿命则高于世界平均水平。

　　新中国成立前,我国人口死亡率、婴儿死亡率很高,我国西南地区更是

高得惊人。据国民党政府 1938 年公布的材料,当时我国人口死亡率为 28.2‰,婴儿死亡率为 163.8‰;而西南地区的死亡率和婴儿死亡率分别高达 36.5‰和 184.8‰。新中国成立后党和政府致力于改善人民生活和普及医疗卫生事业,那些严重危害人民健康的流行病得到控制以至被消灭,人口死亡率大幅度下降,婴幼儿一般都能健康成长,人们的寿命得以逐渐延长。

（二）文化素质状况

根据第四次人口普查,1990 年在龙胜各族自治县总人口中具有小学及小学以上文化程度的人口占 74.94%。其中小学程度的占总人口的 48.51%;初中程度的占总人口的 6.77%;大学程度的占总人口的 0.52%。

与 1982 年相比,具有各种文化程度的人口数均有大幅度增长。八年中,大学程度的由 355 人增加到 858 人,高中程度的由 8858 人增加到 11187 人,初中程度的由 22518 人增加到 31653 人,小学程度的由 63365 人增加到 80210 人。

为了消除人口总数及人口年龄结构等因素变动的影响,我们可将各种文化程度人口占 6 岁及 6 岁以上人口的比重作一动态比较(见表 1)。

表 1　龙胜各族自治县各种文化程度人口及比重

年份	6 岁及以上人口		大学		高中		初中		小学	
	人数/人	占比/%	人数/人	占比/%	人数/人	占比/%	人数/人	占比/%	人数/人	占比/%
1990	147401	100	858	0.58	11187	7.59	31653	21.47	80210	54.42
1982	133167	100	355	0.27	8858	6.65	22518	16.91	63365	47.58

从表 1 中可以看出,在 6 岁及 6 岁以上人口中,具有大学、高中、初中、小学文化程度人口所占的比重八年来都有所上升,其中大学文化程度人口比重上升幅度最大。

1949 年新中国成立时,龙胜各族自治县文化教育非常落后。全县只有县立初中一所,在校学生 100 人;小学 130 所,在校学生 2720 人,教职工 276 人。新中国成立后 40 多年来,全县教育事业有了很大发展。1990 年小学在校生 18467 人,是 1949 年的 6.79 倍;普通中学在校生 5419 人,是 1949 年 54.19 倍。目前全县有普通中学 16 所,农业中学 1 所,小学 111 所。党的十一届三中全会以来,从 1979 年到 1989 年这 11 年间,全县共培养普通中学毕业生 15012 名,中级师范毕业生 26 名,农业职业中学毕业生 249 名,小学毕业生 28654 名。

国际上常用人口质量指数 PQLI 来反映人口的健康状况和受教育状况。PQLI 值由婴儿死亡率、平均预期寿命和识字率三个指标的指数值平均而得,其数值在 0~100 之间。一般认为,该数值 0~60 为低水平;60~80 为中等水平;80~100 为高水平。根据第四次人口普查有关数据计算,1990 年龙胜各族自治县人口质量指数 PQLI 值为 81.88,处于高水平档次。

不过,即使如此,我们也不能说龙胜各族自治县人口素质水平已经够高。这是因为人口素质所包含的内容是多方面的,其度量的标准十分复杂。到目前为止,世界上还没有一个能够全面地准确地反映人口素质的综合指标。PQLI 所反映的仅仅是人口的健康状况和受教育状况,而且仅仅以识字率反映受教育状况也有很大的局限性。当然,新中国成立后由于党和政府十分重视医疗卫生事业和教育事业的发展,特别是根据我国的民族政策,国家对少数民族地区的文教卫生事业给予较多的关心和支持,使文教卫生基础比较薄弱的少数民族地区人口健康状况和受教育状况得到明显改善。这是无可否认的事实,是社会主义制度优越的体现。可是,当我们从更多的方面考察龙胜各族自治县人口素质状况,特别是联系社会经济发展的现实进行考察时就不难发现,龙胜各族自治县人口素质还存在不少缺陷,整体人口质量有待进一步提高。

二、龙胜各族自治县人口素质方面存在的一些问题

根据第四次人口普查资料和千户调查资料,龙胜各族自治县人口素质存在以下几个方面的问题。

（一）近亲结婚情况比较严重，至今未能得到有效控制

1990年夏天的千户抽样调查，共调查了已婚者2078人，其中属近亲结婚的77人，占被调查总数的3.7％，在这77人中，20—29岁13人，30—39岁29人，40—49岁20人，50岁以上17人。几乎各个年龄段都有，说明近亲结婚的状况并未得到有效控制。

众所周知，近亲结婚对后代体质和发育危害很大。据世界卫生组织统计，先天性和遗传性疾病的患病率，近亲结婚的子女比非近亲结婚的子女高150倍；近亲结婚所生的后代，死亡率也远比非近亲结婚的后代高。在我们抽查的1139位0—14岁少年儿童中，患各种疾病的有25人，患病率为2.19％。这25位患病者中，属于听障、视障、肢体残疾、痴呆症及精神病等与遗传有关疾病的就有16位，占64％。在被抽查的2067位成年人中，患各种疾病的有224人，患病率为10.84％，其中听障、视障、肢体残疾、痴呆症及精神病等与遗传有关疾病的有126人，占56.3％。患先天性或与遗传有关疾病的人较多，这与近亲结婚的习俗不无关系。

（二）人口文化结构层次偏低，受过中等以上教育的人口较少

从第四次人口普查的资料看，龙胜各族自治县总人口中具有小学及以上文化程度人口比重为74.94％，高于全国69.86％的平均水平，也高于广西壮族自治区71.78％的平均水平。然而，如果将人口文化结构的各个层次逐一加以比较，就可发现，龙胜各族自治县人口文化结构层次明显偏低，主要包括：每10万人中拥有大学、高中、初中文化程度的人数，龙胜各族自治县分别为519人、6766人、19143人，均低于全国相应平均水平1422人、8039人、23344人，其中拥有大学文化程度的人数差距最大，仅仅是全国平均拥有量的36.5％。与广西壮族自治区相应平均拥有量791人、6804人、19141人相比，大学、高中程度的拥有量也偏低。

龙胜各族自治县人口中受过中等以上教育的人比重偏低，与该县工业基础薄弱、产业结构不合理有关。1990年全县生产总值第一、第二、第三产业结构为43％、28％、29％。第二、第三产业比重小，难以吸引更多专业技术人才。反过来,具有较高文化水平的各类专业技术人才的不足,又是影响第二、第三产业发展的一个重要因素。

(三)女性人口的文化素质明显偏低

第四次人口普查的资料表明,龙胜各族自治县女性人口的文化素质明显低于男性,而且层次越高,差距越大,在大学、高中、初中、小学四个层次中,男性与女性的人数比分别为 4、1.627、1.5、1.036。

又据第四次人口普查,龙胜各族自治县 15 岁及以上人口中文盲半文盲的人数,男性占 29.89%,而女性则占 70.11%。

1990 年千户抽样调查的资料也反映了这方面的问题。在被调查的 2046 位成年人中,男性文盲率为 12.8%,而女性文盲率则高达 33.5%。

人口文化素质男高女低的现象总的说是历史造成的。女性人口受教育状况不仅受生产力发展水平的制约,而且直接受重男轻女的旧传统习惯势力的影响。值得注意的是,在教育问题上重男轻女的现象在现实中依然存在,而且相当严重。这可以从第四次人口普查分性别分年龄受教育状况的资料中反映出来,数据如表 2 所示。

表 2　1990 年龙胜各族自治县男女分年龄文盲率比较　　单位:%

年龄	性别		年龄	性别		年龄	性别	
	男性	女性		男性	女性		男性	女性
15—19 岁	1.18	3.23	25—29 岁	1.15	5.76	35—39 岁	4.52	18.93
20—24 岁	1.33	4.29	30—34 岁	2.87	13.94	40—44 岁	4.92	17.69

从表 2 中可以看出,就是在青壮年人口中,文化素质男高女低的现象也是很明显的。

从龙胜各族自治县男女学龄儿童入学的情况看,两者几乎没有什么差别,然而女生的巩固率不及男生。在千户调查中,我们抽查了 666 位 7—14 岁儿童,其中有 88 位辍学,男性 37 位,女性 51 位。被调查的男学龄儿童辍学率为 10.95%,女学龄儿童辍学则高达 15.55%。

三、关于提高人口素质的几点建议

长期以来,人们总是把贫困地区的落后归结为物质资本的贫乏,然而20世纪60年代以来人们开始逐步认识到人力资本或人口素质才是制约或影响贫困地区发展的主要因素。现在,几乎所有的发展经济学家都认为,决定一国社会经济发展的规模和速度的不只是资本,不只是物质资源,而更重要的是人力资源。龙胜各族自治县位于广西东北部,地处越城岭山脉西南麓。全县境内层峦叠嶂,是一个"九山半水半分田"的典型山区县。该县除耕地面积较少外,森林资源、矿产资源、水力资源、牧业资源以及旅游资源都相当丰富。然而,资源只有与已经掌握的技术相结合,才具有经济意义。龙胜各族自治县要启动内部的经济活力,从根本上改变贫困面貌,提高人口素质是关键。

人口素质从总体上讲,指的是人们生存和发展的条件和能力。这种条件和能力是综合性的,一般认为它包括身体素质、文化素质、思想素质等几个方面。要提高人口素质,也必须从多方面着手。针对龙胜各族自治县人口素质的现状及社会经济发展状况,在此提出一些建议。

(一)积极采取预防性措施,减少或防止不良素质人口出生

我国目前有各种残疾人5000多万,其中属先天性残疾的约占60%。因此,采取预防性措施防止先天缺陷婴儿出生,是提高人口素质的重要一环。预防性优生学的措施很多,目前急需实行也易于做到的是禁止近亲结婚和推行婚前检查制度。夫妻双方或一方有医学上认为不宜生育的遗传性疾病和其他疾病的,应当终止妊娠或接受绝育手术。随着医疗卫生条件的改善,应逐步开展遗传咨询、孕期保健、产前诊断、围产期保健等。我国古代医学就很重视优生。早在先秦时期,《周礼》就规定"礼不娶同姓",认为"男女同姓,其生不蕃",认识到血缘过于亲近者结婚不利于后代。此外,古中医还很讲究男女结婚和生育的年龄。鉴于目前非法同居、未婚先孕、早婚早育

现象有所增加,必须大力宣传和推行晚婚晚育。这既是控制人口数量的需要,也是提高人口素质的需要。

(二)改善农村医疗条件,降低人口患病率

我们在龙胜各族自治县的抽样调查数据表明,在被调查人口中0—14岁少年儿童的患病率为2.19%,成年人的患病率为10.84%。这一问题应引起重视。有相当一部分贫困户的贫困是由患病或致残引起的,因而降低患病率、提高人口身体素质,与脱贫致富直接有关。龙胜各族自治县的医疗卫生条件虽然比起新中国成立前已有很大改善,但城乡医疗防治网络的建设仍是初步的。1990年,全县医院病床只有225张,平均每千人口才1.36张。全县卫生技术人员371名,其中中西医师112名、护士77名,平均拥有医生0.68名、护士0.47名。这种状况与实际医疗需求是不相适应的。今后应逐步增加卫生设施,特别是要建立和健全乡村医疗防治网络,尽快解决农民"求医难"问题。同时要加强农村的粪便管理,改善农民的饮水条件,通过宣传教育,逐步改变村民不科学不卫生的生活方式,从各方面采取措施降低发病率,提高人口的健康水平。

(三)狠抓基础教育,重视儿童智力的早期开发

据第四次人口普查,龙胜各族自治县7岁儿童在校率为81.41%,8岁为95.66%,说明一部分儿童入学过迟。中外科学家的研究表明,幼儿时期是人脑发育的关键时期,开发幼儿的"脑力资源"比开发物质资源更重要。龙胜各族自治县儿童上学迟,与大部分地区居民居住分散、上学不便有关。在目前的经济状况和办学条件下,在边远山区适当地多设教学点还是需要的。不过,教学点过于分散,有些教学点学生总数不足10名甚至不足5名,显然不利于教学质量的提高。今后随着农村经济的发展和办学条件的改善,教学点宜适当集中,上学不便等问题应通过办寄宿学校等途径解决。

据千户抽样调查,龙胜各族自治县被调查的666位学龄儿童,平均受教育年限为3.27年,辍学者占被调查者的13.21%。在88位辍学者中,有19位从未上过学,占辍学人数的21.6%。为了避免新文盲的产生,应当对农

民实行强制性的义务教育。对经济困难者应通过减免学杂费及给予适当补助等办法解决。教育部门应把工作重点放在农村,采取优惠政策鼓励合格的优秀教师到村校任教,使学龄儿童进得来、留得住、学得好。

（四）在加强正规教育的同时,重视非正规教育

现有人口群体中成年人文化素质低下的问题,不能依靠正规教育来解决,而应求助于非正规教育。

少数民族地区村民居住分散,加上语言障碍,扫盲工作难度很大。然而在1990年国际扫盲年中,龙胜各族自治县决心大,措施得力,扫盲工作取得很大进展,并积累了不少经验。扫盲工作是一项经常性工作,今后应纳入经常性工作轨道,并重视脱盲后的巩固和提高。

除城乡普遍开展扫盲工作外,还应大力发展多层次、多形式的非正规教育。应以在乡知识青年为重点,认真办好农村职业技术教育和成人教育,有计划地开展对农民的专业技术培训。要根据开发项目的需要,采取多种形式,尽快使每一个贫困户有一个劳动力掌握一到两门实用技术。在乡初中、高中毕业生年轻,有文化,而且有改变落后面貌的强烈愿望,是贫困地区发展的希望所在。要把他们当作智力开发的主要对象,使他们迅速成长为经济开发的带头人。

（五）努力提高女性人口的文化素质

提高女性人口的文化素质,不仅仅是提高妇女地位的问题,而且是实行"控制人口数量,提高人口素质"基本国策的一项战略性措施。出生率与育龄妇女文化程度成反比,这似乎已成了人口学的"牛顿定律"。由于妇女在养育婴幼儿方面有着特殊的作用,妇女文化程度的高低与儿童的保健及早期智力开发休戚相关。对儿童的养护与教育是否得法,将直接影响其尔后的体力和智力发展。要提高整个人口的素质,首先必须提高母亲的素质。无论在初等义务教育中,中等和高等学校招生过程中,还是在扫盲和职业技术培训中,都必须十分重视女性人口的就学率。除教育部门外,工会、共青团、妇联以及计划生育部门都要为提高妇女文化素质出谋划策和创造条件。

(六)重视提高农村人口的社会心理素质

由于历史、地理等原因,龙胜各族自治县多数村民长期处于近乎封闭的环境里,从事传统的单一的农业经济活动,这就使他们形成了一种心理定势:安贫乐道,满足现状,不思进取等。他们习惯于日出而作,日落而息的慢节奏的田园生活,想致富而又怕担风险、受劳累。明显的例子是:一方面农村人多地少、劳动力剩余的情况很突出;另一方面,本县一些大工程的民工又大多来自外县。县城内私营旅馆的主人、小商贩等,也大多来自外地。这种求稳保守、怕险怕累的心理状态,是农村改革开放、脱贫致富的一种无形的障碍。

一个人口群体的思想状态是在特定的自然环境和社会、经济、文化环境中形成的,要改变这种状况,也必须从改变自然环境和人文环境入手。首先要大力发展交通、邮电通信事业,改变农村的封闭状态,加强城乡交流。此外应增加文化教育和思想教育的设施,优化人文环境,使人们有更多的机会接触现代科学文化技术以及现代人的生活方式,增强现代思想意识。

原载张纯元:《脱贫致富的人口对策》(第一集),北京大学出版社,1992年,第 235-243 页。

马寅初的人口质量观及其现实意义

——纪念马寅初诞辰 120 周年

马寅初 1882 年 6 月 24 日生于浙江省嵊州市浦口镇。今年是马寅初诞辰 120 周年和他的人口学研究代表作《新人口论》发表 45 周年,也是他逝世 20 周年。我们纪念他,不仅是对他卓越的科研成就表示敬意,而且还因为他的著作至今仍闪烁着时代的光芒,对现实工作有着重要的指导意义。

透过朴实无华的文字,人们不难发现马寅初视野开阔,学识深湛,他的人口思想博大精深。本文打算就马寅初的人口质量观及其现实意义作一点探讨,以求教于学界同仁,并以此作为对这位享誉世界的著名经济学家和人口学家的纪念。

一、注重人口质量是马寅初人口思想对马尔萨斯人口论的实质性超越

新中国成立后不久,马寅初通过实地调查,发现中国人口增长过快,因此他大声疾呼要节制生育,控制人口数量。当时不少人就凭这一点将马寅初的人口思想与马尔萨斯的人口思想相提并论,把他当作"中国的马尔萨斯"严加批判。其实,正如马寅初自己所再三申明的那样,他的人口思想与马尔萨斯的人口思想是不同的。

马尔萨斯只着眼于人口数量;马寅初则不仅着眼于人口数量,而且也着

眼于人口的质量。马尔萨斯发现了人口增殖力超过生活资料增长力的问题,却找不到解决问题的正确方法,将人类的前景看得非常黯淡。马寅初不仅看到人口过快增长的问题,而且找到了解决问题的办法,这就是提高人口的质量,控制人口的数量。马寅初说:"在一穷二白的中国,资金少,人口多,把人民组织起来,利用它作为一种资源,不是没有好处的,但不要忘记亦有人多的坏处。人多固然是一个极大的资源,但也是一个极大的负担。我的《新人口论》主张保留它的好处,去掉它的坏处;保存这个大资源,但去掉这个大负担。方法是提高人口的质量,控制人口的数量,因为提高人口的质量等于增加人口的数量。"①正因为马寅初不仅看到了中国人口增长过快的问题,而且找到了解决的办法,因而对中国的发展前景充满信心。他认为中国面临的不是食物够吃不够吃的问题,而是"物质生活和文化生活能不能保证全国人民早些走进共产主义社会的大门"的问题。②

马尔萨斯作为一个学者,凭借他那深邃敏锐的目光,揭示了人口无限增殖与有限自然资源之间的矛盾,以至于只要这个矛盾未解决,人们就难免要想起马尔萨斯这个名字。然而由于马尔萨斯忽略了人的主观能动性即人不同于一般生物的特质,因而他的理论经不起历史的检验。"马尔萨斯没有想到以后的科学研究能够飞跃地发展,使得粮食也按几何级数增加,并且比人口增加得更快。"同样,马尔萨斯也未曾预见到现代社会的父母们会倾心于孩子质量的提高而不去单纯地追求孩子的数量。西方发达国家并非像马尔萨斯所断言的那样:"只要有生活资料,人口便会增加"③,而是在生活质量提高的同时,陆续出现人口负增长现象。马寅初与马尔萨斯不同,他没有将自己的目光停留在人口数量上,而是从总结历史经验中,从一般事物"量"与"质"的关系中,发现了人口数量与人口质量之间对立统一的辩证关系。于

① 马寅初.为什么强调人口质量[C]//田雪原.马寅初人口文集.杭州:浙江人民出版社,1997:108.

② 马寅初.为什么强调人口质量[C]//田雪原.马寅初人口文集.杭州:浙江人民出版社,1997:110.

③ [英]马尔萨斯.人口原理[M].北京:商务印书馆,1992:16.

是他不单纯地提节制生育、控制人口数量,而是将提高人口质量与控制人口数量并提。过去人们往往以为马寅初的人口思想就是主张节制生育、控制人口数量,其实,注重人口质量及其与人口数量的辩证关系,将人口质量与人口数量并提,这才是马寅初人口思想的本质特征。正因为如此,马寅初的人口思想对马尔萨斯的人口思想实现了实质性的超越。

马寅初关于"提高人口的质量,控制人口的数量"的主张,虽然曾经受到过不公正的待遇,但最终还是被我国政府所采纳。1981 年五届全国人大四次会议通过的《政府工作报告》明确提出:"限制人口的数量、提高人口的素质是我国的人口政策。"如今,"控制人口数量,提高人口素质"已被郑重地写入了《中华人民共和国人口与计划生育法》。我国人口政策、法规的制定是亿万人民群众智慧与党和政府英明决策的结晶,其中包含着人口科学研究工作者的心血,而马寅初正是我国人口科学研究工作者的杰出代表。

二、马寅初关于人口质量的基本观点

马寅初是著名的经济学家,他的许多有关人口的思想都来源于他的经济理论。他的有关人口质量的思想散见于经济学、哲学方面的文章之中,比较集中地谈论人口质量的文章是发表在《新建设》1959 年第 11 期上的《我的哲学思想和经济理论》。然而他的有关人口质量的观点很鲜明、很新颖,是我国当代人口质量研究的重要成果。下面就笔者所见到的资料,将马寅初关于人口质量的基本观点归纳如下。

(一)人口质量与人口数量是对立的统一

为了说明人口质量与人口数量的辩证关系,1959 年马寅初以当时我国的大炼钢铁为例子。他说:"数量和质量往往发生矛盾。有时人们过分强调了质量,忽略了数量。但质量一定要通过相当的数量才能表达出来。过去我们有过一个相当长的时候,连一吨洋钢都没有;倘能把洋钢炼出来,一吨也好,十吨也好,就是莫大的成功……但有时我们过分强调数量,忽略了质量。当我们已炼出了八百万吨洋钢来的时候,我们不能不追求钢的质量,否则量与质太不相称……现在我们所要求的是质和量要配得适当,要统一起来。"①这个例子通俗易懂,针对性强,说服力也很强。紧接着他说:"我国人口的数量与质量之两不相称,几乎无人不知。现在我们已进入了原子能时代,非把人口的质和量快快适当地统一起来,不然,很难完成原子能时代的任务。"②

马寅初还进一步分析了人口质量与人口数量之间相互制约、相互替代的关系。他反复谈到,由于我国人口多,增长快,所以消费大,积累小,拖了工业化的后腿,拖了教育和科学研究的后腿,影响了劳动生产率的提高,也影响人民群众生活质量的改善和人的素质的提高。如果我们既控制人口数量,又提高人口质量,则仍然可以保持我国的人力资源优势,"因为提高人口的质量等于增加人口的数量"。

(二)新时代人不在乎多,而在乎精

马寅初说:"我们已进入了原子能时代,科学的发明一定层出不穷;要利用这些新发明,利用者非有相当的知识和技术不可。这些人不在乎再多,而在乎精。"③

为了说明这个道理,马寅初举了好多例子。例如,他认为一台计算机可以代替两万人的工作,可是两万人则替代不了一台计算机的工作,甚至四万人、六万人也替代不了,因为人工计算的速度无论如何赶不上计算机。④ 马寅初说这些话的时候是在 1959 年,当时正处于计算机发展的第一代向第二代转换,即构成计算机的基本逻辑电路由电子管电路向晶体管电路转换,小

---

① 马寅初.为什么强调人口质量[C]//田雪原.马寅初人口文集.杭州:浙江人民出版社,1997:102-103.

② 马寅初.为什么强调人口质量[C]//田雪原.马寅初人口文集.杭州:浙江人民出版社,1997:103.

③ 马寅初.为什么强调人口质量[C]//田雪原.马寅初人口文集.杭州:浙江人民出版社,1997:102.

④ 马寅初.为什么强调人口质量[C]//田雪原.马寅初人口文集.杭州:浙江人民出版社,1997:106-107.

型机和微型机尚未出现。然而,作为一个学者,马寅初从计算机等现代科学研究成果中敏锐地觉察到,人类社会正面临着一场巨变。而要适应社会的变化,人们的人口观念以及用以指导人口发展事业的人口理论也必须改变。他大声疾呼:"时代不同了,新时代要有新理论来配合。"①他很讨厌那些徒破而不立,甚至专以力压服不以理说服的批判者们。他自己之所以提出新的关于人口质量—数量的理论,就是因为他觉得马尔萨斯的旧理论不适用了,"要创造一个新的学说来对抗马尔萨斯"②。尽管当时报纸杂志上批判他及他的《新人口论》的文章铺天盖地,但他对自己的人口理论充满信心。他说:"我的新学说永远可用,而且时间愈久,科学上的发明更多,适用的范围愈广,学说的说服力愈大,不但在社会主义国家里,即在资本主义国家里,亦不难把马尔萨斯的学说送到坟墓里去。"③值得人们注意的是,马寅初对人口质量问题的关注,与美国诺贝尔经济学奖得主西奥多·W.舒尔茨等西方经济学家开始关注人力资本差不多在同一时期,甚至比他们还早。

在"大跃进"年代,我国曾提出要在12年内在主要工业产品的产量方面赶上英国。马寅初针对我国当时的人口状况指出:"惟在人口问题上,我们要赶的是'质',不是'量'。"④实践证明,这是十分正确的人口质量观和人口发展观。如今我国不仅已将计划生育定为基本国策,而且提出了"科教兴国"的战略。40多年前马寅初就能将人口质量问题提升到国际和平竞赛的战略地位,使人们不得不佩服他那过人的洞察力和战略眼光。

(三)人口质量的提高是德、智、体全面提高和全民的提高

我国学术界对人口质量或人口素质的内涵与外延一直未取得共识,存

_____

① 马寅初.为什么强调人口质量[C]//田雪原.马寅初人口文集.杭州:浙江人民出版社,1997:109.

② 马寅初.为什么强调人口质量[C]//田雪原.马寅初人口文集.杭州:浙江人民出版社,1997:106.

③ 马寅初.为什么强调人口质量[C]//田雪原.马寅初人口文集.杭州:浙江人民出版社,1997:106.

④ 马寅初.为什么强调人口质量[C]//田雪原.马寅初人口文集.杭州:浙江人民出版社,1997:102.

在二因素、三因素、四因素甚至六因素之争,也有个别学者从狭义角度理解人口素质,认为所谓人口素质指的就是人口身体素质,两者之间没有什么区别。① 马寅初并没有对人口质量或人口素质的内涵与外延进行过专门论述,但从他的有关论著中可以看出,他对人的特质有着全面、深刻的理解,他是主张从广义角度理解人的质量或人的素质的。

马寅初在《我的人生观》一文中,对18世纪以来,物理、化学、生物、心理等学科或将人类视同于机器或将人类视同于一般动物的观点统统加以否定。他说:"人除以上事物之积累外,尚有一整个之人格在焉。矿物仅有形;植物除有形外尚有生命;动物除有形与生命外,尚有感觉与行动;而人则除有形、生命、感觉、行动四者外,尚有创造文化艺术之能力,故创造文化艺术、改善环境,亦可谓人类特有之天职。"②从这段文字中可以看出,在人的自然素质与社会素质之间,马寅初更注重人的社会素质。对于社会素质中的科学素质与人文素质,马寅初并未偏重于科学素质而忽略人文素质,相反,他十分看重人文素质,注重人的创造能力、道德和人格。1958年他在谈论失业问题时指出:"只讲个人主义不讲集体主义,是和社会主义国家的公民品德不相符的。"③可见他对人的素质的理解是相当全面的,他提倡提高人口质量,不限于身体素质的提高,而是德、智、体全面提高。

在教条主义盛行的年代,正如提倡节制生育会被扣上"马尔萨斯主义"的帽子一样,主张提高人口质量,也会招来"种族主义""社会达尔文主义"等脏水。为了明辨是非,马寅初郑重声明:"在我的文章中没有把中国人口分为'高等人'和'低等人'。我只说把中国人口的质量提高,包括所有阶层在内,工农和知识分子都在内……我所主张的,中国人口,包括各阶层在内都要节制生育,都要提高知识水平。文盲固然要教他们读书,高级知识分子亦要努力研究、提高自己。"④可见马寅初所说的提高人口质量指的是全民的

① 姜长阳.试论我国人口素质下降的证据、原因及对策[J].西北人口,1999(4):51-53.
② 马寅初.我的人生观[C]//田雪原.马寅初人口文集.杭州:浙江人民出版社,1997:36.
③ 马寅初.失业问题[C]//田雪原.马寅初人口文集.杭州:浙江人民出版社,1997:92.
④ 马寅初.重申我的请求[C]//田雪原.马寅初人口文集.杭州:浙江人民出版,1997:118.

提高。

（四）提高人口质量不能离开本国国情

马寅初一方面提醒人们，如今科学技术日新月异，若不提高人口质量就不能适应时代的需要，就不能完成时代赋予的任务；另一方面又清醒地告诫人们，要提高中国人口的质量，不能离开人口多、消费多、积累少的具体国情。虽然他希望利用最新科学技术提高劳动生产率，早日实现机械化、自动化，但由于中国人多，他认为不可能很快实现机械化、自动化。道理很简单，以前一千个人做的事，机械化、自动化以后一个人就可以做了，其余九百九十九人怎么办？为此他主张要多搞中小型工厂，因为中小型工厂可以安插更多的人①。他十分讨厌死背洋教条和不切实际的纸上谈兵。有人提出，机械化、自动化以后，人人可以减少劳动时间，每天可以劳动四小时甚至两小时，其余的时间用来学文化，求知识。马寅初说："这种想法是好的，但试问几亿人学文化，纸在哪里？校舍在哪里？教师在哪里？"②

马寅初十分赞同毛泽东同志提出的"技术下乡"的倡议，他认为具备体力劳动条件的机关青年和其他知识分子下乡上山，到工农群众中去，到劳动中去，使他们成为有文化的劳动者，同时也有助于引导农民做有劳动的文化者③。他建议下乡的知识分子要帮助农民总结经验，以农民几千年来创造的经验来教育农民。当时马寅初虽然已是70多岁的老人，但他还是自告奋勇地表示愿意到农村工厂去锻炼。遭到不公正的批判后，马寅初赋闲在家，但他仍不忘自己的诺言，动手写《农书》，总结我国历代农民的宝贵生产经验，想以此帮助我国农民提高技术水平。④

---

① 马寅初.我国人口问题与发展生产力的关系[C]//田雪原.马寅初人口文集.杭州:浙江人民出版,1997:44.

② 马寅初.我国人口问题与发展生产力的关系[C]//田雪原.马寅初人口文集.杭州:浙江人民出版,1997:44-45.

③ 马寅初.有计划地生育和文化技术下乡[C]//田雪原.马寅初人口文集.杭州:浙江人民出版社,1997:86.

④ 1963年至1965年，马寅初在家中写《农书》，初稿约150万字。

　　马寅初认为,发展科学技术也必须有深厚的物质基础。他在《新人口论》中说:"脱离实际来谈科学技术研究,是不能想象的。我们要使中国的科学赶上世界水平,只有在生产发展的条件下才能达到……科学研究,一定要在生产要求的压力下,才能加速推进。如我们的生产部门不能在十二年内赶上世界先进国家的水平,而独要督促研究部门单枪匹马、长驱直入,无异缘木求鱼。"[①]

　　马寅初是一位求真务实的学者,他提出的理论主张都是为了解决中国的实际问题。他并没有花费很多时间和精力去构筑自己的人口理论体系。然而我们从他前前后后的谈话及先后发表的文章中还是能清楚地看出,他的有关人口质量的观点并不是零星的、随便提到或想到的,而是有着相对完整的体系。他提出的有关提高人口质量的一系列主张,既有理论依据,又有现实依据。虽然由于客观原因他晚年不得不中断人口学的研究,但他已经为我国的人口质量研究构建了一个良好的框架,为后继者奠定了坚实的基础。

三、学习马寅初,重视现代化进程中的人口质量问题

　　今天我们已经进入 21 世纪,我们不仅要实现工业化、城市化,而且还要应对信息化、网络化、全球化的挑战。在我们面前还有许多困难和问题,然而不管是宏观方面还是微观方面的困难和问题,似乎都与我国的人口数量与质量有关。马寅初在 40 多年前提出的有关提高人口质量、控制人口数量的一系列观点,至今仍然有着重要的现实意义。

　　联系我国社会经济发展的现状,笔者认为当前我们重温马寅初先生有关提高人口质量的观点和主张,有助于我们处理好以下几种关系:

---

① 马寅初.新人口论[C]//田雪原.马寅初人口文集.杭州:浙江人民出版社,1997:63.

(一)有助于处理好提高人口质量与稳定低生育水平的关系

我国育龄妇女总和生育率已降至更替水平以下①,然而这种低生育水平并不稳定,随时有反弹的可能。原因是育龄群众的生育意愿与国家的生育政策尚有一定距离。因此要完成稳定低生育水平的历史性任务,必须标本兼治。治本之策就是要提高育龄群众的素质,尤其是要提升人们的现代意识和观念。

早在 20 世纪 30 年代,马寅初在分析中国农村经济状况时就指出,中国人家庭观念太厚,喜欢多生子女,这是直接促成农村经济破产的原因之一。当时他提出:"要改造国家复兴农村,必先打倒迷信,减轻家族观念。"②1960年1月,马寅初针对一些人凭洋教条批判他的《新人口论》,在《重申我的请求》一文中明白地指出:"中国人口问题的根源不在于外国的书本子上,乃在于中国人民的心理上,广大群众对人口问题到底怎么想,每一对年轻的夫妇是不是要'儿孙满堂,五世其昌'呢! 是不是还相信'不孝有三,无后为大'呢? 抑情愿少生几个来提高自己和子女的文化和物质生活呢!"③应该说,同40多年前相比,我国广大群众尤其是年轻一代的价值观和婚育观已有很大改变,但是在农村地区尤其是远离城市的边远地区,人们头脑中根深蒂固的传统的价值观念和婚育观念仍然是妨碍稳定低生育水平的深层因素,马寅初先生的上述提示并未过时。

马寅初在《我的人生观》一文中说:"至行为规律之最重要者有二:一曰自由;一曰负责。如仅讲自由而不负责,则社会秩序不堪设想。"④显然,要保证人们自由而负责地行动,只能靠法制。我国首部《人口与计划生育法》

---

①　生育率的更替水平,是指足以维持人口世代更新、人数不增不减的生育率水平。按当前世界上多数国家分年龄死亡率计算,育龄妇女总和生育率的更替水平约为2.1。我国目前育龄妇女总和生育率已降至1.8左右。

②　马寅初.中国家族观念与农村经济救济[C]//田雪原.马寅初人口文集.杭州:浙江人民出版社,1997:23.

③　马寅初.重申我的请求[C]//田雪原.马寅初人口文集.杭州:浙江人民出版,1997:119.

④　马寅初.我的人生观[C]//田雪原.马寅初人口文集.杭州:浙江人民出版社,1997:36.

2001年12月29日经第九届全国人大常委会第二十五次会议通过并颁布,于2002年9月1日起施行。我们只有认真学习和贯彻实施《人口与计划生育法》,才能在我国广大群众中真正建立起自主而负责任的生育的行为规范,稳定低生育水平才会有切实可靠的保证。

抗日战争胜利后不久,马寅初在《我的人生观》一文中指出:"惟求进步谋改良,非徒托空言所克济事,必须有一具体之方式。就余观察,此一方式无他,惟有实行民主,促使全国人民觉醒,采取团体行动,以众人之力量管理众人之事。"①人民群众是计划生育的主人。在今天,只有实行村民自治和居民自治,"以众人之力量管理众人之事",才能使计划生育的基本国策真正落到实处。

(二)有助于处理好提高人口质量与保护资源、环境的关系

合理利用资源,保护生态环境,不仅与人口数量有关,而且与人口素质有着密切的关系。马寅初早在20世纪30年代就曾举例谈过这个问题。他说,中国人一向都极重葬礼,葬坟必看风水。死掉一个人,非费一大块好地不可。这样下去,再过若干年,中国非将可耕之地尽变为坟地不可。②马寅初认为这既是迷信问题,又是家族观念太重的问题,解决的办法是"打倒迷信,减轻家族观念"③。现在我国已明确提出要实施可持续发展的战略。如果人的素质不能适应可持续发展的需要,缺乏节约资源、保护环境的意识,则实现可持续发展仍然不过是一种空谈。

(三)有助于处理好提高农民素质与提高农民收入的关系

农民增收问题是目前举国上下最为关心的热点问题之一。农民为什么难以增收?从根本上说就是因为农民过多而耕地资源太少,因此农民要增收必须减少农民。然而要使农业部门的多余劳动力转向第二、三产业,除了

---

① 马寅初.我的人生观[C]//田雪原.马寅初人口文集.杭州:浙江人民出版社,1997:37.

② 马寅初.中国家族观念与农村经济救济[C]//田雪原.马寅初人口文集.杭州:浙江人民出版社,1997:22.

③ 马寅初.中国家族观念与农村经济救济[C]//田雪原.马寅初人口文集.杭州:浙江人民出版社,1997:23.

需要继续清除制度安排方面的障碍外,还涉及农民本身的素质问题,即农民在技能及观念等方面能否适应向第二、三产业转移的趋势。1928年,正在南京兼任国民政府经济委员会和财政委员会两个委员长的马寅初曾研究过普通民工增加收入的问题。他以城市里的女仆和车夫为例,认为他们由于所从事的工作不需要多大学问,几乎人人能做,劳动力的供给大于需求,因而要提高他们的工资很难。如果下命令给女仆增加一倍的工资,即由每月三元增加到六元,那么一方面四乡贫女必蜂拥而来,供给加多;另一方面,雇主则因工资增加,本用两人者乃辞去其一,本用一人者或因之而不用,本欲添雇一人者因之而不添。于是需求减少,求职者不得不减低工资,五元、四元、三元,甚至欲求二元亦不可得。① 要提高工资,马寅初提了四条根本性办法:一是节制生育,二是移民,三是教育,四是增加就业需求。除第四条属社会因素外,其余三条均属人口因素。第一、第二条是通过自然变动和机械变动减少人口数量,第三条是提高人口质量。对于第三条他解释说:"所生之子女,宜施以相当之教育,提高其程度,则人人均得营高等工作。具有专门技艺,则如女佣车夫一类下等工作人数,必可减少。"② 在这里马寅初说的是城市普通民工,但与目前仍滞留于农村的剩余劳动力有某些相似之处,其特征是数量过多而素质偏低。他们的素质能否提高,在很大程度上将决定他们的就业状况和收入的高低。

原载《浙江大学学报》(人文社会科学版)2002年第6期,第5-10页。

---

① 马寅初."现代之新经济政策"中的人口问题[C]//田雪原.马寅初人口文集.杭州:浙江人民出版社,1997:16.

② 马寅初."现代之新经济政策"中的人口问题[C]//田雪原.马寅初人口文集.杭州:浙江人民出版社,1997:15-16.

"浙江现象"的人才支撑[①]

　　浙江经济的迅速崛起引人注目,被称为"浙江现象"。然而学者们,从人口普查资料及有关统计资料中发现,浙江省人口文化素质并不高,无论是1982 年、1990 年还是 1995 年,浙江省人口文化素质都处于全国中下水平。如此看来,20 世纪 80 年代以来浙江省似乎是以全国中下水平的人口素质创造了全国一流的经济业绩。怎样解释这一现象呢?难道一流的经济业绩不需要一流的人才支撑吗?

　　这是一个有趣的值得探讨的问题。笔者认为,以下几点颇值得注意。

　　首先,对人口素质(包括劳动者素质)应作全面理解。人口素质是一个比较复杂的概念,其内涵与外延较难把握,学术界至今尚无统一的权威的定义。但十分明显的是,人口素质有显性与隐性之分。显性素质如患病率、死亡率、识字率、文盲率等,便于量化,可以在正式系统的语言中编码、传输;隐性素质则深植于个体的身心,诸如经验、技巧、能力、胆识、志向、毅力、求实作风、吃苦精神、协作精神等,难以量化,不易编码和传输。学者们受制于资料的可得性,往往将后者忽略不计。这对现实人口素质的揭示造成很大的偏颇。由于历史的原因,浙江人口受教育程度不高,但这只是问题的一方面;另一方面,浙江人所拥有的义利并重、工商皆本的文化底蕴以及在改革

---

　　①　本文是 2003 年 1 月作者受《探索与争鸣》编辑部邀请,参与关于"浙江现象"解读的笔谈。

开放环境中迸发出来的"自强不息、坚韧不拔、勇于创新、讲求实效"的"浙江精神",也是浙江人口素质的重要组成部分,在推动浙江经济社会发展中起着不可忽视的作用,忽略这一点是不全面的。

其次,人力资本的效用既取决于存量的大小,又取决于利用的程度。浙江经济的活力主要来自由市场组织起来的块状经济。据统计,全省88个县(市)区中有85个县(市)区形成了各具特色的块状经济。通常一个块状经济集聚了成百上千个小企业,分工极细,一个甚至多个小企业只生产一个零部件,从而大大降低了劳动者创业的资金和技术的门槛,劳动者只要辛勤劳作,善于学习和模仿,就不难就业甚至不难成为小老板。由于这些小企业大多由个人创办和经营,为了避免在激烈的市场竞争中被淘汰,劳动者都尽可能将自己的智能和体能发挥到极限。在浙江,人力资源得到比较充分的利用。可以说,20世纪80年代以来浙江经济的奇迹便是这样被创造出来的。

再次,经济发展的需要极大地增强了浙江人提高自身素质的积极性。在市场经济海洋中冲浪的浙江人深知,危机始终与竞争结伴而行,要在非生即死的搏击中取胜,只能靠提高自身的学习能力和应变能力。据浙江省自学考试办公室统计,今年全省参加自学考试的在籍考生有70余万人,即每67人中就有1人参加自考,比例占全国各省之首。近年来,浙江省高等教育发展滞后的"瓶颈"也有所突破,高等教育毛入学率已由1998年的8.96%提高到2002年的16.3%。这是社会需求综合作用的必然结果。

最后,毋庸讳言,浙江要提升产业结构档次,关键在人才。目前浙江企业的比较优势仍是低成本竞争优势。有人将浙江的块状经济称为"小狗经济"。"小狗"虽然厉害,但毕竟块头小,档次低。浙江人模仿能力极强,但原创力很有限。喜临门集团公司董事长陈阿裕先生坦言:如果按照同一张图纸,他们公司的家具可以做得与意大利家具一样好,差距就在"设计"二字。据国家统计局统计,2000年在全国532种主要工业产品中,浙江省产量居前10位的就有336种,占63%。然而这些产量雄居全国甚至世界前列的产品,几乎没有一样是原创品。由低成本竞争优势转向差异型竞争优势是发达国家和新兴工业化国家走过的路子。浙江省要实现这种转变还有很长的路要走,其"瓶颈"不是别的,而是人才,特别是高层次人才。

原载《探索与争鸣》2003 年第 1 期,第 9 页。

"浙江现象"与人口素质[①]

一、浙江人口受教育程度偏低

改革开放以来,浙江省的经济发展速度一直处于全国前列,可是浙江人口受教育程度并不高。全国第三、第四及第五次人口普查的数据资料均显示,浙江省人口中接受高中以上教育的人口比例不仅低于全国平均水平,甚至比西部经济欠发达的一些省份还要低(见表1)。

表1　浙江每 10 万人中拥有各种文化程度的人数及居全国位次

文化程度	1982 年		1990 年		2000 年	
	人数/人	在全国位次	人数/人	在全国位次	人数/人	在全国位次
大专以上	468	19	1171	18	3196	18
高中(含中专)	5200	24	7021	23	10785	18

资料来源:根据全国第三、第四及第五次人口普查资料计算。

1990 年第四次人口普查后,国家统计局主持编写《跨世纪的中国人口》(综合卷)时,为了对各省人口文化程度进行综合评价,于是对各种文化程度的人口按各自的受教育年限加权(假定大学文化程度为 20,高中程度为 15,初中程度为 10,小学程度为 5,文盲为 0),计算出人口文化程度综合指数。

---

① 　与孙胜梅合作完成,发表时署名"叶明德,孙胜梅"。

结果浙江省的人口文化程度综合指数为 6.21,在全国各省、市、区中排第 18 位。[①]

冯立天、戴星翼主编的《中国人口生活质量再研究》以平均预期受教育年限来综合反映人口的受教育状况(平均预期受教育年限根据生命表的方法求得)。依据这种方法计算,浙江省 1990 年人口预期受教育年限为 7.098,在全国各省、市、区中居第 25 位。[②]

1995 年全国 1‰ 人口抽样调查之后,有的学者根据 1‰ 人口抽样调查数据计算了各省、市、区 6 岁及 6 岁以上人口平均受教育年限并进行排序,浙江省为 6.41 年,居第 19 位。[③]

2000 年第五次人口普查后,为准确起见,我们根据长表中全国各个学级的学业完成状况,估算出各种文化程度人口实际受教育的年数(根据 2000 年人口普查长表中全国各种文化程度人口的学业完成情况估算,研究生为 19 年、大学本科 15.5 年、大学专科 13.9 年、高中与中专 11.7 年、初中 8.7 年、小学 4.8 年)。然后以此为标尺计算出各省、自治区、直辖市人口平均受教育年限并进行排序。结果表明,2000 年浙江省人口平均受教育年限为 6.80 年,居第 22 位(见表 2)。

表 2　2000 年全国各地区按不同学业完成情况的平均受教育年限及位次

地区	受教育年限	位次	地区	受教育年限	位次
全国	6.961		吉林	7.581	6
北京	9.428	1	广东	7.422	7
上海	8.745	2	山西	7.381	8
天津	8.370	3	江苏	7.220	9
辽宁	7.766	4	内蒙古	7.138	10
黑龙江	7.608	5	湖南	7.109	11

① 孙兢新等.跨世纪的中国人口(综合卷)[M].北京:中国统计出版社,1994.
② 冯立天等.中国人口生活质量再研究[M].北京:高等教育出版社,1996.
③ 张西飞.西部大开发的人口因素分析[J].人口学刊,2000(4):13-18.

续表

地区	受教育年限	位次	地区	受教育年限	位次
河北	7.108	12	浙江	6.803	22
湖北	7.107	13	重庆	6.545	23
河南	7.083	14	宁夏	6.413	24
陕西	7.060	15	四川	6.347	25
海南	7.021	16	安徽	6.332	26
新疆	7.003	17	甘肃	5.899	27
山东	6.958	18	云南	5.612	28
江西	6.858	19	青海	5.544	29
广西	6.845	20	贵州	5.436	30
福建	6.819	21	西藏	2.959	31

资料来源:根据 2000 年第五次人口普查资料计算。

　　浙江省人口受教育程度低有历史的原因,特别是高等教育的基础相当薄弱,普通高等学校数量少、规模小,未能满足社会的需求。20 世纪 90 年代在"科教兴省"战略思想的指导下,浙江省教育事业有了重要的实质性的进展。首先是狠抓普及九年制义务教育和扫除青壮年文盲,到 1997 年就通过国家的"两基"验收。同时加大投入,推进高等教育事业的发展。正因为如此,浙江省粗文盲率由 1990 年的 17.61％下降到 2000 年的 7.01％,在全国的位次由 1990 年的第 22 位上升至 2000 年的第 17 位;文盲率由 1990 年的 22.95％降至 2000 年的 8.55％,在全国的位次由 1990 年的第 18 位上升到 2000 年的第 15 位。考察人口受教育程度,粗文盲率和文盲率是负值,大学文化程度人口比重是正值。我们以大学文盲比[①]这一指标来考察浙江人口受教育程度的变化状况,发现浙江人口的大学文盲比已由 1990 年的 6.65％上升到 2000 年的 45.61％,增长了近 6 倍,在全国的位次也由 1990 年的第 19 位上升到 2000 年的第 17 位。然而,同各兄弟省、区、市相比,处

----

　　① 大学文盲比的计算公式是:具有大学文化程度的人口除以 15 岁及以上文盲人口乘 100％。

于中下水平的格局基本上没有改变。

浙江省专业技术人员占在业人口的比重在全国也处于中下水平(见表 3)。

表 3 2000 年各省、市、区专业技术人员占在业人口比重及位次

地区	专业技术人员比重/%	位次	地区	专业技术人员比重/%	位次	地区	专业技术人员比重/%	位次
全国	5.70		浙江	5.83	17	重庆	4.54	26
北京	17.29	1	安徽	4.27	29	四川	4.28	28
天津	12.05	3	福建	6.33	13	贵州	3.76	31
河北	4.81	22	江西	5.53	19	云南	4.23	30
山西	7.44	8	山东	5.18	20	西藏	5.12	21
内蒙古	7.00	9	河南	4.32	27	陕西	6.18	15
辽宁	8.07	5	湖北	6.41	12	甘肃	4.80	23
吉林	7.78	7	湖南	4.71	25	青海	6.70	10
黑龙江	7.86	6	广东	5.86	16	宁夏	6.61	11
上海	12.81	2	广西	4.73	24	新疆	8.16	4
江苏	5.81	18	海南	6.28	14			

资料来源:根据《中国 2000 年人口普查资料》(中册)第 1097—1100 页数据计算。

浙江省社会主义市场经济起步早、发展快,中小企业发达,经济增长迅速,充满生机与活力。然而,浙江人口的平均受教育年限至今仍低于全国平均水平,这是一个明显的、根本性的劣势,是影响浙江经济社会发展后劲的一个"瓶颈"。

二、解读"浙江现象"的人口素质支撑

浙江省本是一个无资源优势、无国家扶持、无政策优惠的"三无"小省,可是改革开放 20 多年来,奇迹般地一跃而成为"经济大省",创造了令世人瞩目的"浙江现象"。如上所述,浙江省的人口文化素质并不高,一直处于全

国中下水平,难道在资源禀赋并不丰裕的浙江大地上创造一流的经济业绩不需要一流的人口素质支撑吗?

这是一个有趣的问题,是众多学者试图破解的"浙江之谜"。

"浙江现象"可从多个角度解读。制度创新早已引起人们的关注,区位特点也引人注目,地域文化传统经常被提及。然而,人世间一切奇迹都是靠人来创造的,人的素质对创业所起的决定性作用是无可怀疑的。问题在于如何看待人的素质以及人的素质与创业的相互关系。

笔者认为,在分析浙江经济业绩与人口素质的关系时,为了避免简单化和草率下结论,以下几个问题必须予以应有的重视。

第一,对人口素质应作全面理解。

人口素质是一个比较复杂的概念,其内涵与外延都较难把握。人口学界关于人口素质的两要素、三要素、四要素甚至更多要素之争由来已久,至今尚未止歇。有些学者主张人口素质主要包括健康素质和文化教育素质两方面,认为"人口的伦理道德素质是客观存在的,而实际上这已经进入了伦理学、社会学的研究视野,人口学也在事实上放弃了对它的深入研究"①。笔者认为,人口具有生物属性和社会属性,从根本上说,人口素质可分为自然素质和社会素质两大类。然而人口素质应是一个完整的体系,既有系统性,又有层次性,甚至还具有时代性,因而它的外延边界是模糊的、开放的。人口的社会素质比自然素质更为复杂,它在人的社会化过程中形成。学校正规教育在人的社会化过程中有着独特的作用,但人的社会化途径并不限于学校正规教育。

第二,应充分重视创业者精神素质的作用。

不同的社会角色或同一社会角色处于不同的历史背景,有不同的素质要求。作为人口群体中的一部分,创业者尤其是由计划经济向市场经济转轨的特定时期的创业者,既需要具备一些基本的素质,如较好的身体素质、起码的知识素质和技能素质等,而且还需要具备某些特定的精神素质,如不

---

① 邬沧萍等.转变中的中国人口与发展总报告[M].北京:高等教育出版社,1996:40.

墨守成规、勇于开拓创新等。

1999 年完成的"全球创业监测"项目首期研究报告指出："大学教育与创业活动关系较弱,没有大学学位的人创立了 3/4 的企业","广义的文化在创业活动上起着关键的作用"。① 20 世纪 80 年代以来浙江人创业的实践也说明了这一点。这里所说的广义文化,既包括知识、技能等智力素质,也包括人的意识、观念、思维方式、志向、毅力、事业心、吃苦精神、协作精神、诚实守信等非智力素质。从某种意义上说,在经济体制的转换期,创业成功与否,并不仅仅取决于受教育程度的高低,而是很大程度上取决于创业者有无开拓创新精神和坚韧不拔的意志。

浙江的创业者包括他们之中的佼佼者,多数是没有受过良好正规教育的普普通通的工人和农民。《福布斯》2001 年度内地 100 位首富排行榜中,浙江籍企业家占了 15 位。他们是鲁冠球(万向集团)、吴良定(浙江中宝实业集团)、黄巧灵(宋城集团)、周庆治(南都集团)、李书福(浙江吉利集团)、楼忠福(广厦集团)、徐万茂(宁波华茂集团)、陈金义(浙江金义集团)、南存辉(正泰集团)、陈士良(浙江桐昆集团)、李勤夫(莱织华集团)、胡成中(德力西集团)、沈爱琴(万事利集团)、陆汉振(浙江金轮集团)、王建沂(杭州富通集团)。笔者在网上查询后发现,在这 15 位上了首富排行榜的企业家中,受教育程度在高中及以下的竟有 10 位,占 2/3。其中有 1 位是小学学历,有 6 位未完成初中或高中学业,辍学后曾当过铁匠、裁缝、修鞋工、木匠、泥瓦匠等,有的也干过农活。2002 年杭州市政府曾出资 900 万元重奖三位企业家,他们是青春宝集团董事长冯根生、娃哈哈集团总经理宗庆后、万向集团董事局主席鲁冠球。这三位曾为杭州经济社会发展做出过巨大贡献,成为享誉国内外的创业者,他们创业前所接受的正规教育都只有初中及以下程度,其中冯根生为小学毕业,自称"小学本科"。最令人称奇的是湖州市的农民企业家潘阿祥,他一手创办了年销售量超过 10 亿元人民币的振兴阿祥集团,下辖 12 个工业企业和两家科研机构,可他本人却是个文盲。在他的电

① 宋克勤.创业成功学[M].北京:经济管理出版社,2002:13.

话号码本里,布满了只有他本人才能辨认的"象形文字"。可是他能够通过听广播看电视及时捕捉商机,甚至还能适时地与人大谈"大鼻子流涕"(WTO)。[①]

在 20 世纪 80 年代,浙江人凭什么率先在浙江大地上掀起创业的浪潮?这只要看看浙江人是怎么创业就知道了。他们是抱着改变贫穷落后面貌的强烈愿望,不等不靠,白手起家。只要能赚钱,他们什么苦都肯吃,什么重活累活都愿干。他们走南闯北,从事各种别人瞧不起的"下等活":理发、补鞋、弹棉花、配钥匙……"既能做老板,又能睡地板",是对浙江创业者的生动写照。他们机动灵活,讲求实效,赚十万元不嫌多,赚一分钱不嫌少,一种办法行不通就换一种思路,一个地方缺少发展空间就拉家带口寻找新的希望之地。正如人们所说:"哪里有商机,哪里就有浙江人;哪里有浙江人,哪里就有红火的专业市场!"可见浙江人创业,凭的是强烈的忧患意识和改变现实的愿望,凭的是自主改革、自担风险、自求发展、自强不息的自主精神,凭的是敢闯敢拼、敢为人先的开拓精神和埋头苦干、百折不挠的一股韧劲,凭的是机动灵活、不图虚名、讲求实效的务实精神,凭的是"不找市长、找市场"的市场经济意识。一句话,浙江人创业首先凭借的是"自强不息、坚韧不拔、勇于创新、讲求实效"的浙江精神。

浙江精神是在较为宽松的改革开放社会环境下培育出来的,但它有着深厚的文化底蕴。浙江人多地少,资源匮乏。浙江人为了求生存求发展,早就有凭借自己技艺外出谋生的习惯。"义利并重"和"工商皆本"的传统文化价值观念孕育了浙江人的商业头脑和务实品质。"春江水暖鸭先知",当改革开放的春风吹拂中华大地时,浙江人便率先在商海中畅游起来,浙江精神由此而熠熠生辉。

第三,不能忽视"干中学"的作用。

人的素质提高过程是一个逐步积累的过程。对一个创业者来说,他的知识、技能和基本素养的获得,学校教育固然是一个重要途径,但并非唯一

---

① 新华社.乡下奇人和他的象形文字[N].青年时报,2002-09-11(8).

途径。现代人力资本理论认为,技术和知识资本是人力资本的核心,而技术和知识资本的取得,主要通过专业学习(大学教育)、在职培训(in-service training)以及"干中学"(learning by doing)等途径。[①] 浙江省创业者文化素质较低,主要是他们接受学校正规教育不够充分,起点较低。然而改革开放以来,他们奋发进取,艰苦创业,这种创业过程实际上就是一个不断学习和创造的过程。他们通过创业,无论在获取信息的能力、资源配置能力方面还是在生产活动中的技能技巧方面都有很大提高。浙江人不仅走遍全国,而且把触角伸向世界各地。在国外务工经商的浙江人,不仅自己获得大量信息,学到了各种技能技巧,而且对其他浙江人起到了传播知识、信息和技能技巧的作用。

在创业过程中,尤其是在非生即死的市场博击中,浙江人深感自身的不足,极大地激发了他们学习深造的积极性。例如,温州正泰集团董事长南存辉,起初只是一个仅有初中学历的修鞋匠,可是当他把一家小打小闹的家庭作坊办成全国民营企业综合实力500强中的第5位大型企业集团时,他也由一个初中生变为一位博士生(他已获得首都经贸大学专科文凭和中国人民大学MBA硕士文凭,现正在南京的一所大学攻读经济管理博士学位)。曾经是南存辉同学的胡成中,读到初中一年级时就失学了。如今他已是拥有17亿元人民币资产的德力西集团董事长,在2001年《福布斯》中国富豪排行榜中居第83位。作为企业的创始人,他不断充电,先后在上海交大、美国加州大学等著名大学求学。2000年11月他出版了《企业集团创新论》专著,探索民营企业的创新思路,总结出"新温州模式",引起社会的广泛关注。如今他又在复旦大学攻读博士学位。像南存辉、胡成中这样在创业中不断成长的创业者何止一两个,他们只不过是成千上万创业者中较为突出的代表而已。

第四,不能忽视人力资源的充分利用。

人力资源的效用既取决于存量的大小,又取决于开发利用的程度。浙

---

① 李建民.人力资本通论[M].上海:上海三联书店,1999:41-43.

江的经济是"老百姓经济"。它的活力来自植根于浙江本土、由许多企业集聚而成的专业化产业群,又叫块状经济。通常一个块状经济集聚了成百上千小企业,分工极细,一个甚至多个小企业只生产一个零部件,从而大大降低了劳动者就业或创业的门槛,只要辛勤劳作,善于学习和模仿,就不难就业甚至不难成为小老板。在这种专业化产业区,创业者或就业者可以借助邻里效应,选择最适合自己能力的产品或工种,实现了最佳的社会分工。专业化产业区内的众多小企业基本上都是由个人创办和经营的,为了避免在激烈的竞争中被淘汰,创业者或就业者都尽可能将自己的智能和体能发挥到极限。因此,浙江人虽然受教育程度不高,但由于人力资源得到了充分的开发和利用,因而在经济建设热潮中还是取得了特别显著的业绩。

从创业的动机或基础来看,创业可分为生存型创业和机会型创业。20世纪80年代以来浙江人的创业活动,多数属于白手起家的生存型创业。创业需要一定的人口素质支撑。然而如前文所述,人口素质是一个复杂的体系,一两个单项指标很难确切地反映人口全面的综合性的素质。人口素质的高低也是相对的,只要人口素质基本与当时当地的经济状况相适应,就能取得较好的经济业绩。从总体上看,浙江人口的身体素质略高于全国平均水平(据计算,浙江人口的平均预期寿命1990年达到72.03岁,比全国平均水平高2.48岁;2000年达到74.97岁,比全国平均水平高3.57岁),受教育程度低于全国平均水平,精神素质具有一定优势。这样的人口素质状况对于经济体制转型期以生存型创业为主导模式的创业活动来说是基本相适应的。浙江人的创业活动掀起之时,我国的经济尚属短缺经济,市场缺什么就可生产什么,生产什么就能卖什么,创业者的成败往往取决于能否冲破旧体制的束缚走向市场,能否自立自强、苦干实干。在这一阶段浙江人虽然受教育程度较低,但他们扬其所长,避其所短,于是取得了奇迹般的经济业绩。

三、"二次创业"呼唤人口素质的提升

20世纪的后20年,对浙江人来说变化是巨大的、史无前例的,因为人

们终于从整体上告别了贫困、告别了短缺。普通百姓的钱袋日益鼓起来，不再为一日三餐而发愁，开始讲求生活质量。进入21世纪后，浙江省经济领域依然是捷报频传。然而，如果以历史的眼光审视浙江创业者们所走过的足迹，就不难发现眼下所取得的业绩是初步的、基础性的，20多年来的创业活动对于追求现代化的跋涉者来说，只不过是个热身运动。

从后发展国家追赶发达国家的历程来看，通常要经历这样三个阶段：第一阶段是模仿性追赶，即对于发达国家比较成熟的生产技术、经营经验和管理经验等采取"拿来主义"，依葫芦画瓢。韩国教授金林素认为："在工业化的早期阶段，发展中国家的公司通过反求工程（reverse engineering）对现有外国成熟产品进行复制性模仿。大多数第二和第三层级的发展中国家正处于此一阶段。"[①]第二阶段是创造性追赶，即在模仿的基础上逐步使发达国家的技术、经验本土化，关注点由复制性模仿转向创造性模仿，逐步生产具有新型功能的仿制品和具有区域特色的新产品，产品在国际市场上的竞争力逐渐增强。第三阶段是创新与竞争，也就是说当追赶发达国家的先进技术到达前沿时，着眼点即从模仿转向原创，竞争对手也从发展中国家转向发达国家。浙江省作为发展中国家的一个省份，过去20多年的创业活动基本上还是处于追赶西方先进技术的第一阶段。由于仿制成熟的产品可以省去试错过程，因而入门快、成本低，加上浙江人模仿能力极强，所以在这一阶段浙江人如鱼得水，成绩辉煌。然而随着时间的推移，复制性模仿的局限性已逐渐暴露出来。

2003年初，浙江省科技厅就如何建设科技强省、再造浙江经济新优势问题组织调研组赴各地作专题调研。在调研过程中，许多企业家反映："企业越活越累，利润越来越低。"企业家们发问："一流设备、二流产品、三流效益。我们的企业怎么了？"据国家统计局2000年统计，在全国532种主要工业产品中，浙江产量居全国前10位的有336种，占63%，但几乎没有一样

---

① 金林素.工业化进程中技术学习的动力[J].国际社会科学杂志（中文版），2002（2）：121-131.

是原创品。^① 这表明浙江的制造业模仿力极强,创新力极弱。

种种迹象显露,浙江的企业和产业目前正面临升级换代的问题,也就是在追赶发达国家先进技术的进程中,应当由初始阶段的模仿性追赶转变为创造性追赶。这种转换的关键在于提高自主研发能力。对于广大创业者而言,则面临严峻的二次创业问题:或者实现从复制性模仿向创造性模仿的历史性跨越,甚至直奔先进技术前沿,抢占高新技术的制高点;或者被严酷的市场淘汰出局。

如前面所述,由于历史的原因,浙江省人口受教育程度相对偏低。在模仿性追赶阶段,浙江人扬体制和机制优势之长,扬肯吃苦、敢为天下先的精神素质之长,有效地避开了受教育程度偏低之短。在这一阶段浙江省的创业者们交了一份满意的答卷。然而在创造性追赶阶段,人口的综合素质尤其是科学文化素质将是一道不可逾越的"坎"。

企业研发能力的培养和扩展是由模仿性追赶阶段进入创造性追赶阶段的主要标志。在这一阶段,企业不仅要会依葫芦画瓢,而且要善于根据当地的资源禀赋、产业基础及市场需求来修改这只"瓢"。这一过程就是世界先进技术本土化过程和创新过程,需要一定的试错程序,因而在这一阶段企业需要有一大批受过专门训练、具有专业知识、能够独立开展研究工作的科学技术人才。

此外,要提高产品的质量和市场竞争能力,还必须有高素质的职工队伍。浙江省第十届人民代表大会已明确提出,要把发展第二产业的重点放在培育和建设先进制造业基地上。如何培养"蓝领"阶层,提高他们的素质,将是关系到浙江制造业发展前景的关键性问题之一。

现代农业需要高素质的劳动者。农村剩余劳动力又是二、三产业职工的后备军。因此,农村劳动者的素质如何也直接关系到全省工业化、城市化及农业现代化的进程。

总之,在新的起点上,先进技术的吸收、消化靠人,自主技术创新靠人,

---

① 张国云.提高我省工业国际竞争力[N].浙江日报,2002-08-19(5).

提高产品质量靠人,对企业实行现代化管理靠人,国际资源优化配置还得靠人。要实现由模仿性追赶到创造性追赶的历史性跨越,必须有与之相适应的较高素质的人力资源结构。如何快速地全面地提升人口素质尤其是科学文化素质,这是浙江省在全面建设小康社会、提前基本实现现代化进程中所面临的一个战略性问题。

参考文献

[1] 孙兢新等.跨世纪的中国人口(综合卷)[M].北京:中国统计出版社,1994.

[2] 冯立天等.中国人口生活质量再研究[M].北京:高等教育出版社,1996:26-30.

[3] 张西飞.西部大开发的人口因素分析[J].人口学刊,2000,(4):13-18.

[4] 邬沧萍等.转变中的中国人口与发展总报告[M].北京:高等教育出版社,1996:40.

[5] 宋克勤.创业成功学[M].北京:经济管理出版社,2002:13.

[6] 李建民.人力资本通论[M].上海:上海三联书店,1999:41-43.

[7] 金林素.工业化进程中技术学习的动力[J].国际社会科学杂志(中文版),2002(2):121-131.

原载《人口与经济》2004 年第 2 期,第 32-38 页。

社会转型与农村劳动者的社会适应^①

——关于农村劳动者素质的调查分析

  我国正处于由传统社会向现代社会转变的过渡期。在现代化进程中，变化最大、变革最激烈的莫过于我国农村，而真正的革命性变革方兴未艾。我国农村劳动者能适应这样的变革吗，社会转型期农村劳动者应具备怎样的素质，这是本文所要探讨的问题。

一、社会转型期农村劳动者需要全面提升社会适应素质

  首先要说明的是，在当今中国，"农村劳动者"与"农民"不是一回事。报刊上宣传我国当前有 9 亿农民，这是不确切的。第一，农村人口不等于农民；第二，农村劳动者也不能与农民画等号。农民作为一种职业的称谓，指的是从事农业生产的劳动者。可是今天的农村劳动者并不都是从事农业生产。不过我们也不得不承认我国当前的"农村劳动者"与"农民"这两个概念仍然有着某种微妙的联系。不少农村劳动者长期不从事农业生产，甚至平常也不住在农村，然而他们的户口仍在农村，仍然拥有一份承包地。从这个意义上讲，他们似乎又仍然是"农民"，只不过这里所说的"农民"已不是单纯的职业称谓，而是在我国特定历史条件下所形成的一种身份的指称。

---

  ① 本文是叶明德、原华荣主持的教育部人文社科重点研究基地重大项目"中国农村人口素质与新世纪农业劳动力转移问题研究"的阶段性成果之一，由叶明德执笔。

中华民族素以农业文明著称于世界，中国的农民有丰富的农耕经验。今天人们之所以关注农村劳动者的素质问题，与时代的变革有关。

当今世界，经济发展已跨越农业经济时代，进入辉煌的工业经济时代，并吹响了向知识经济时代进军的号角。在经济全球化的背景下，我国农村也正经历着前所未有的革命性变革。这场变革的最终目标是：终结延续数千年的自给自足的、小生产方式的传统农业，代之以市场化、专业化的现代农业；终结传统的农民阶级，使现有农村劳动者逐步转化为现代农业及二、三产业的生产者或经营者。

我国农村正在进行着的这场革命性变革，对广大农民群众来说既是千载难逢的机遇，又是前所未有的挑战。如果说，新中国成立后的土地改革实现了"耕者有其田"，是我国农民的第一次解放，20世纪80年代实行土地家庭承包经营，使农民获得经营自主权和劳动力自我支配权，是我国农民的第二次解放，那么，目前的农民变工人、村民变市民的变革，则是我国农民的第三次解放，也是最后、最彻底的一次解放。

面对这样一场变革，我国的农村劳动者需要具备怎样的素质才能适应呢？通常人们在提及农民素质时只注意到农民文化水平低、缺少技术，但当前"民工荒"现象所暴露出来的人力资源结构性矛盾，更使农民的科技素质问题引起各方面的关注。然而，要完成从农民到工人、村民到市民的转变，不光是要学技术，还必须从思想观念到行为方式以及生活方式来一个彻底的转变。因此，我国农村劳动者面对这场史无前例的变革，不仅要提高科技素质，而且也要提高包括观念、品德、毅力等在内的人文素质，即必须全面提升社会适应素质。

二、何谓社会适应素质

在解释社会适应素质之前，有必要考察一下人口素质的内涵与外延。

在人口学领域，人口素质又称人口质量（population quality）。刘铮主编的《人口理论教程》解释说："人口质量是人本身具有的认识、改造世界的条件和能力。"这个定义简明扼要,学术界分歧不是很大。考虑到近年来学术界对人与自然的关系中人类过于自负的反思,笔者认为可考虑将这个定义改为:人口素质是人本身具有的认识、适应和改变世界的条件和能力。

学术界分歧大的是关于人口素质的外延,即人口素质到底包括哪些要素。从 20 世纪七八十年代我国人口学复兴到现在,两要素、三要素、四要素、五要素甚至更多要素之争从未间断。

笔者认为,人口素质的外延既是系统的,又是分层次的,甚至是开放的。因为不同的社会角色或同一社会角色在不同的时代有不同的素质要求,彻底搞清人口素质的外延既不可能也无此必要。对于过于复杂多变的问题,最有效的方法莫过于古人早已提出的"以简御繁"。在这个意义上笔者赞同两要素的主张。笔者所理解的人口素质外延体系大体如图 1 所示。

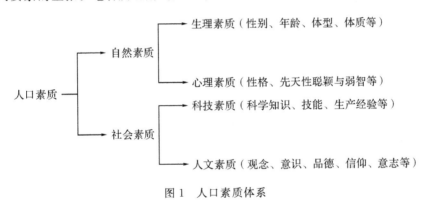

图 1　人口素质体系

人口素质外延体系是一个开放的系统,可以根据需要一层一层地不断分解下去。两分法是人类智慧的结晶,中国古代《易经》中的阴阳以及现代计算机的二进制编码都表明,一分为二之后可以有无穷的变数。

人是源于自然又高于自然的动物。如果说人的自然素质是人本身生存和发展的自然基础的话,那么人的社会素质则是人认识、适应和改变自然界及人类社会的能力的体现。自然界和人类社会总是处于不断变化之中,相比之下,社会的发展变化更为显著。人的社会素质也必须与时俱进地适应这种变化。因此人的社会素质实质上是社会适应素质,是人的社会化的成果。社会素质、社会适应素质以及广义文化素质叫法虽然不同,内涵没有多大差别,可以通用。当前我国正处于剧烈变化的社会转型期,将人的社会素质称为社会适应素质似乎更直接、更贴切一些。"社会适应素质"也有广义、狭义之分,狭义理解仅指协调人际关系的态度与能力,本文是从最广泛的意义上使用这一概念。

三、农村劳动者社会适应素质的调查分析

如上所述,人口社会适应素质既包括科学知识、技能、生产经验等方面的科技素质,也包括观念、意识、品德、信仰、意志等方面的人文素质。因此,如何测量是个很大的问题。不要说人文素质具有鲜明的价值倾向,很难量化;就是科技素质,显性的、能量化的也不过是冰山之一角。正因为如此,以往人口学界研究人口素质时,基本上只停留在人口的健康状况和受教育状况等基础层面。人口的思想、道德等方面的素质虽然早已有人提出,但很少有人涉及。我们认为,寻求理论的目的是寻求解释。描述一个问题时,应将所有重要因素(即使有些因素难以量化)包括在内。找出整个问题的大致答案要强于得出对某一单独部分的准确答案。为此,我们"中国农村人口素质与新世纪农业劳动力转移问题研究"课题组进行农村劳动者素质调查时,在农村劳动者社会适应素质的调研方面也做了一些尝试。

2003 年春节前后,我们在浙江、江苏两省农村选择了四个点,采取整群抽样方法在被选中的村各抽取 300 个样本,共收回有效问卷 1171 份。我们不仅调查农村劳动者的健康状况和受教育状况,还了解他们获取信息、配置资源等方面的能力以及他们的市场意识、公民意识、开拓精神、苦干精神等精神层面的素质。

从经济状况看,四个调查点中江苏省高淳县(今高淳区)的武家嘴村最富裕,2002 年村民人均纯收入达 3.28 万元。该村多数村民搞水上运输,被称为"金陵首富村"。其次是浙江省慈溪市胜山镇前村,被调查的家庭年纯

收入在 3 万元以上的占 45.02%。再次是浙江省江山市长台镇四村和下徐村[①],76.25% 的被调查家庭年纯收入在 1~3 万元之间,3 万元以上的只占 6.69%。浙江省武义县的上少妃村是浙江中部一个比较贫困的山村,近80% 的被调查家庭年纯收入在 1 千元~1 万元之间,3 万元以上的只占0.70%。这四个调查点基本上能代表我国东南地区富裕、较富裕、一般、较贫困四种类型。

在上述四个调查点中,直接接受访谈的劳动者共 1107 人。其中单纯从事农业生产的 207 人,占 18.70%;以农为主的 105 人,占 9.49%;以非农为主的 216 人,占 19.51%;从事非农产业的 565 人,占 51.04%;未就业者14 人,占 1.26%。

健康状况是:从未生过病(小病除外)的占 85.28%,曾患病已治愈的占11.38%,曾患病未根治的占 3.07%,未回答占 0.27%。

受教育状况是:被调查者的平均受教育年限为 7.96 年。他们的受教育状况和接受成人教育及短期技术培训的情况如表 1 所示。

表 1　被调查农村劳动者受教育状况

接受教育情况	人数/人	比例/%
被调查农村劳动者	1107	100.00
未上过学	52	4.70
小学程度	380	34.33
初中程度	535	48.33
高中(中专)程度	127	11.47
大专及以上程度	13	1.17
接受过成人教育	29	2.62
近三年接受过短期技术培训	169	15.27

其他调查数据另有介绍,下面侧重介绍和分析农村劳动者社会适应素

---

① 因四村不足 300 户,又到邻近的下徐村抽取了一部分样本。

质状况。

1. 对现代社会的知识和能力的适应状况

我们就农村劳动者可能接触到的某些现代知识以及生活于现代社会必须具备的一些能力进行了调查,结果如表2所示。

表2 具有某些现代知识和能力的人员比例

事项	人数/人	比例/%
被调查农村劳动者	1107	100.00
对"WTO"的知晓率	—	37.29
对"绿色食品"的知晓率	—	41.45
对"信息高速公路"的知晓率	—	30.59
对"袁隆平"的知晓率	—	44.66
能阅读科普书刊	571	67.84
会写信	711	64.23
能签订合同	535	48.33
会电脑打字	60	5.42
会收发邮件	26	2.35
会上网查阅中文文献	25	2.26
会上网查阅外文文献	12	1.08

注:为了便于比较,我们对不同的回答按照百分制赋予统一的分数,譬如给"没听说过"者打 0 分,给"听说过,但不知道是什么意思"者打 20 分,给大体知道但回答得不确切者打 50—60 分,给回答基本准确者打 80—90 分,给准确回答者打 100 分。逐项酌情打分后计算累计分和平均分,得出知晓率。

从表2中可以看出,我国农村劳动者在知识和能力方面对现代社会的适应程度仍很低。例如,与农村劳动者的生产和生活密切相关的"WTO"和"绿色食品",知晓率仅达到 37.29% 和 41.45%。调查数据显示,从未听说过"WTO"的人占 28.18%,听说过、但不知道是什么意思的人占 31.89%;从未听说过"绿色食品"的人占 24.66%,听说过、但不知道是什么意思的人占 30.26%。又如,当今社会信息化、网络化已成为一种不可阻挡的发展趋势,网络交往已逐步成为人们社会交往的一种基本方式,可是在农村劳动者中能使用网络这一现代通信工具的人仍然是凤毛麟角。

2. 对现代社会思想意识的适应状况

我们选择了一些有关人文素质方面的问题进行问卷调查。这些问题涉及科技意识、能力本位意识、市场意识、民主意识、法治意识、时间观念、开拓精神、拼搏精神、规划人生和实现人生价值等现代人的思想意识和精神状态,结果如表 3 所示。

表 3　具有某些现代思想意识和精神状态的人员比例

意识、观念	人数/人	比例/%
被调查农村劳动者	1107	100.00
会在空余时间学习科技知识	155	14.00
看电视或阅读报刊时会留意科技信息	78	7.05
生产中遇到困难时会去找科技人员	187	16.89
认为发家致富主要靠自身的知识和能力	340	30.71
主要靠分析市场行情而决定经营项目	467	42.19
认为获得赚钱机会主要靠收集市场信息并多动脑筋	308	27.82
赞同"时代不同了,男女都一样"	785	70.91
对选举谁来担任基层领导这件事很重视	319	28.82
合法权益受侵害时主张通过法律来维护	505	45.62
对迟到时间超出 10 分钟会介意	329	29.72
如果科技人员推荐新产品愿意马上试种	332	29.99
愿到更艰苦、但更有发展机会的地方去	419	37.85
对今后几年的工作有具体的设想和打算	378	34.15
觉得自己劳动的最主要目的是实现个人价值	36	3.25
愿过有奋斗、有激情、有风险、有希望的生活	416	37.58

从表 3 中可以看出,除了男女平等的观念由于进行过长期的宣传教育认同率比较高以外,被调查者中具有现代人思想意识特征及精神状态的人

均未超过一半。比较引人注目的是,虽然我国市场取向的经济体制改革已进行多年,但是在农村劳动者中真正摒弃计划经济时代的"等、靠、要"思想,"不找市长找市场"的人尚为数不多。当问及"获得赚钱机会主要靠什么"时,有24.57%的人认为主要靠政府提供信息和项目,有37.04%的人认为主要靠亲戚朋友和熟人帮忙,还有4.97%的人认为只能听天由命,而主张"靠自己收集市场信息并多动脑筋"的人只占27.82%。民主意识是现代公民的主流意识,当问及对选举谁来当基层领导这件事的态度时,表示"很重视"的只占28.82%,而表示"一般"和"很随便"的则占39.84%。对于劳动的目的,被调查者中的绝大多数认为是为了赚钱养家糊口,其中有23.67%的人认为最主要的目的是给子女创造更好的发展条件,而为了实现个人价值获得成就感的人只占3.25%。

3. 社会适应素质与就业状况

调查发现,被调查者中具有较高社会适应素质的人,多数已转向非农产业,或者以非农产业为主,而单纯从事农业或以农为主的兼业者,社会适应素质相对较低。

表4给出的是被调查者中具有某些现代知识和能力的人目前的就业状况。

表4　具有某些现代知识和能力的人在各种业态中的分布　单位:%

知识、技能	纯农	以农为主	以非农为主	非农	未就业
能阅读科普书刊	18.91	6.79	19.44	53.79	1.07
会写信	12.80	8.44	19.83	57.81	1.13
能签订合同	10.84	7.48	21.12	59.63	0.93
会电脑打字	0.00	0.00	16.67	81.67	1.67
会收发邮件	0.00	0.00	15.38	80.77	3.85
会上网查阅中文文献	0.00	0.00	32.00	64.00	4.00
会上网查阅外文文献	0.00	0.00	25.00	66.67	8.33

从表4中可以看出,被调查者中能阅读科普书刊、会写信、能签订合同

的人大部分都从事非农产业或以非农产业为主,只有小部分人单纯从事农业生产或以农为主;会电脑打字、会上网的人除未就业者外,全部从事非农产业或以非农为主。表5给出的是被调查者中具有某些现代意识和创业精神的人目前的就业状况。

表5　具有某些现代意识和创业精神的人在各种就业形式中的分布　单位:%

意识、观念	纯农	以农为主	以非农为主	非农	未就业
会在空余时间学习科技知识	17.42	12.26	20.65	49.03	0.65
看电视或阅读报刊时会留意科技信息	38.46	10.26	14.10	35.90	1.28
生产中遇到困难时会去找科技人员	21.93	8.56	21.39	47.59	0.53
认为发家致富主要靠自身的知识和能力	12.35	8.53	20.29	57.65	1.18
主要靠分析市场行情而决定经营项目	11.13	5.14	18.63	63.60	1.50
认为获得赚钱机会主要靠收集市场信息 并多动脑筋	8.44	11.36	20.45	59.42	0.32
赞同"时代不同了,男女都一样"	14.65	10.45	19.36	54.27	1.27
对选举谁来担任基层领导这件事很重视	10.03	11.91	15.36	61.44	1.25
合法权益受侵害时主张通过法律来维护	14.65	9.11	17.03	57.82	1.39
对迟到时间超出10分钟会介意	19.44	10.42	21.13	48.73	0.28
如果科技人员推荐新产品愿意马上试种	18.37	10.24	15.66	55.42	0.30
愿到更艰苦、但更有发展机会的地方去	18.85	10.26	19.33	51.07	0.48
对今后几年的工作有具体的设想和打算	7.41	9.26	21.96	60.32	1.06
觉得自己劳动的最主要目的是 实现个人价值	0.00	5.56	16.67	75.00	2.78
愿过有奋斗、有激情、有风险、 有希望的生活	10.82	8.17	15.63	64.66	0.72

从表5中可以看出,具有某些现代意识和创业精神的人,目前大部分都在从事非农产业或以非农产业为主,分布于单纯从事农业生产或以农为主的比较少,相比之下,以农为主的兼业者中更少。这是因为单纯从事农业生

产的劳动者中有一部分是种植、养殖专业户,而以农为主的兼业者通常是由于农业收入不足以养家糊口,不得不去找点别的出路,他们的境况并不比纯农劳动者好。

4. 社会适应素质与地区差异

调查数据显示,具有某些现代知识和技能的人多数分布在经济基础较好或教育基础较好的地区。具有某些现代思想意识和创业精神的人的分布则与经济状况或受教育状况并不发生直接的对应关系,经济收入高或人均受教育年数多的地区并不一定具有现代思想意识和创业精神的人就多,反之亦然。

表 6 给出的是具有某些现代知识和能力的人的地区分布状况。

表 6　具有某些现代知识和能力的人的地区分布

指标、事项	高淳	慈溪	江山	武义
经济状况	富裕	较富裕	一般	较贫困
平均受教育年限①/年	7.55	8.40	8.52	7.31
能阅读科普书刊/%	27.43	25.17	29.29	18.11
会写信/%	25.32	25.60	27.43	21.66
能签订合同/%	28.97	28.97	20.93	21.12
会电脑打字/%	25.00	61.67	11.67	1.67
会收发邮件/%	38.46	50.00	7.69	3.85
会上网查阅中文文献/%	44.00	32.00	20.00	4.00
会上网查阅外文文献/%	50.00	41.67	8.33	0.00

从表 6 中可以看出,掌握电脑打字、上网等现代技能的人多数集中在富裕或较富裕地区,这是因为掌握这种技能需要一定的物质基础。而阅读科普书刊、写信等比较传统的技能则主要取决于受教育程度。

表 7 给出的是具有某些现代思想意识和创业精神的人的地区分布状况。

---

① 这里是指该调查点全体被调查者的平均受教育年限。

从表 7 中可以看出,具有某些现代思想和创业精神的人的分布并不受经济状况和受教育状况的限制,那些经济状况及基础教育状况并不好的地区,同样有较多的人具有某些现代思想意识和创业精神。当然这个表是非常粗略的,因为它隐藏了被调查者性别、年龄、受教育程度等个性化特征,仅仅突出了地区特征,有些数据不能从绝对意义上去理解。但是这个表所反映的总体倾向则可以在现实中找到例证,"温州人精神"就是最好的例证。

表 7　具有某些现代意识和创业精神的人的地区分布

类别	高淳	慈溪	江山	武义
经济状况	富裕	较富裕	一般	较贫困
平均受教育年限/年	7.55	8.40	8.52	7.31
会在空余时间学习科技知识/%	13.55	16.77	40.65	29.03
看电视或阅读报刊时会留意科技信息/%	23.08	17.95	47.44	11.54
生产中遇到困难时会去找科技人员/%	27.27	9.09	52.94	10.70
认为发家致富主要靠自身的知识和能力/%	29.41	23.82	31.47	15.29
主要靠分析市场行情而决定经营项目/%	27.62	31.05	28.48	12.85
认为获得赚钱机会主要靠收集市场信息并多动脑筋/%	18.83	29.55	27.60	24.03
赞同"时代不同了,男女都一样"/%	21.27	26.62	24.84	27.26
对选举谁来担任基层领导这件事很重视/%	16.93	26.65	19.44	36.99
合法权益受侵害时主张通过法律来维护/%	14.85	34.65	18.81	31.68
对迟到时间超出 10 分钟会介意/%	22.80	29.18	17.63	30.40
如果科技人员推荐新产品愿意马上试种/%	12.05	19.28	26.81	41.87
愿到更艰苦、但更有发展机会的地方去/%	16.71	20.76	26.97	35.56
对今后几年的工作有具体的设想和打算/%	31.75	18.52	29.10	20.63
觉得自己劳动的最主要目的是实现个人价值/%	22.22	36.11	0.00	41.67
愿过有奋斗、有激情、有风险、有希望的生活/%	22.60	25.96	30.29	21.15

四、基本结论及对策建议

通过问卷调查、典型调查以及对有关数据的分析,我们对目前我国农村劳动者的素质形成了以下几点基本看法:

一是在我国农村传统的农民中已生长出一批具有某些现代科技素质和现代人文素质特征的新型劳动者,尽管目前数量还不多,但他们是农村变革的先行者和"领头羊"。

二是农村劳动者中具有较高社会适应素质的人大多数已经离开或基本离开传统农业,目前正从事二、三产业或以非农产业为主,社会适应素质的高低已成为农民分化和转化的重要因素。

三是农村劳动者科技素质的提高需要一定的物质条件,但是在改革开放的大环境下现代人文素质的形成并不完全受制于经济状况或受教育状况。某些经济条件和基础教育状况并不好的地区,同样有一定数量的具有某些现代思想意识和创业精神的人,这些人身上展现的适应社会变革的人文素质是欠发达地区谋求生存与发展的重要资源。

四是从总体上看,我国农村劳动者的社会素质与当前的社会变革尚不适应,多数人缺乏现代科技素质和现代人文素质。

目前我国农村人口尚有 9 亿多[①],虽然已有 1 亿多农村劳动力进城务工经商,然而他们虽然已从农村分化出来,但并没有真正转化为市民。要完成农民向工人、村民向市民的历史性转变,一是要大力发展二、三产业和现代农业,为陆续转移出来的农村劳动力扩展就业空间;二是要继续清除各种体制性障碍,真正形成城乡一体化的劳动力市场,促进包括劳动力在内的各种要素在城乡之间自由流动;三是必须全面提升农村劳动者素质特别是适应社会变革的人文素质和科技素质。这需要有一个较长的过程,但是当前

---

① 据"五普"资料,2000 年我国乡村人口为 8.09 亿(未包括我国台湾地区的乡村人口数量,下同),占总人口的 63.91%;若按户籍人口计算,2000 年乡村人口仍有 9.28 亿,占总人口的 73.3%。

必须朝这个目标不失时机地做好一切可做的工作。为此提出以下建议：

一是要从战略高度看待农村劳动者素质问题。尽管各地情况有所不同，但都不能把提高农村劳动者素质的工作视为一般性工作，都要有大思路、大政策和大举措。优先并有效地开发农村人力资源，是促进我国由人口大国向人力资本强国转变的关键。

二是我国已进入工业反哺农业、城市支持农村的发展阶段。支援农村的资源应集中用于发展教育、卫生、文化、社会保障等有助于提高农村人口素质和生活质量的事业上。这是解决"三农"问题的治本之策，是变人口压力为财富的基本途径，也是防止出现"拉美陷阱"的根本举措。

三是以信息化带动农业、农村现代化和促进农村人口素质提高，是我国能够充分利用的"后发优势"，前景十分广阔，效益未可限量。在这方面应狠下决心，不遗余力。

四是农村劳动者就业前的引导性培训应因地、因人制宜，但是首要的任务是引导农村劳动者认清经济全球化的形势和我国农村的发展前景，增强他们参与变革和提高自身社会适应素质的积极性和主动性。如果仅仅局限于技能培训而忽视人文素质培训，不仅难以达到应有效果，而且有可能流于形式。

五是干中学（learning by doing）是提高劳动者素质的重要途径。农民进城打工不仅有助于提高他们的科技素质，而且能使他们亲身感受城市文明，有助于提高他们的现代人文素质。应当继续鼓励农村合理有序的劳务输出，包括向国外输出。现代农业的经营者和生产者也需要在经济全球化的大风大浪中成长。

六是加强农村精神文明建设。农村人口的现代思想观念的形成，需要亲身体验，也需要适当的灌输。农村基层领导及社会上的各种媒体要善于利用本土的先进事例启迪人们的新思维，增强人们对社会变革的适应能力。

参考文献

[1] 刘铮.人口理论教程[M].北京:中国人民大学出版社,1985:1-2.

[2] 田雪原.人口学[M].杭州:浙江人民出版社,2004:328.

[3] 阿历克斯·英克尔斯.人的现代化素质探索[M],天津:天津社会科学院出版社,1995:67.

[4] 李建民.人力资本通论[M].上海:上海三联书店,1999:41-57.

[5] 程漱兰.中国农村发展:理论和实践[M].北京:中国人民大学出版社,1999:521-551.

[6] 田方萌.浙江人凭什么[M].北京:台海出版社,2003:267-288.

[7] 顾益康.求索"三农"[M].北京:中国农业科学技术出版社,2002:33.

[8] 叶明德,孙胜梅."浙江现象"与人口素质[J].人口与经济,2004(2):32-38.

[9] 刘吉.也论"三农"问题[J].探索与争鸣,2005(4):8-12.

提交由中国人口学会经济委员会、浙江大学农业现代化与农村发展研究中心、《中国人口科学》杂志社主办的中国农村劳动者素质问题研讨会,2005年6月26-28日,杭州。

◇ 人口文化的探索

略谈我国传统文化对生育的影响

我国控制人口过快增长的工作取得了举世瞩目的成绩,但同预期目标相比却并不尽如人意。正如我国人口出生率下降速度之快、幅度之大被称为人口学之谜一样,我国育龄妇女生育率转变过程中出现的不稳定状况也往往为人们所始料不及。这一切都显示出中国育龄妇女生育率转变的独特性。

我国育龄妇女生育率由高向低的转变,是在经济尚不发达的条件下进行的。这一特点以及由此而带来的诸多问题,人们已经作了许多分析。我们还要看到,我国育龄妇女生育率转变是在具有独特风格、绵延数千年的中华文化的背景下进行的,这一特点也不能忽视。本文打算就此谈一点粗浅的看法。

一、当前生育领域中的问题与传统文化的关系

当前影响我国育龄妇女生育率进一步下降的突出问题,一是早婚早育,一是多胎生育,再一个是对孩子性别选择中的男性偏好。按 1988 年全国生育节育抽样调查数据推算,80 年代以来,全国每年约有 900 万计划外出生的婴儿,其中有 300 万左右属多胎生育,近 200 万属早婚早育。可见早婚早育与多胎生育对我国计划生育工作的冲击是巨大的。许多事实表明,生育行为中的男性偏好,是导致计划外二胎及多胎生育的重要原因。

当前我国生育领域中的早婚早育、多胎生育、重男轻女等现象,从横向看,可以找到许多现实的社会经济原因,若从纵向看,则可发现它们与我国传统文化意识一脉相承。

我国自古有早婚早育的习俗,直至新中国成立前后,早婚早育现象还相当普遍。1987年全国60岁以上老年人口抽样调查表明,全国老年人口(1927年6月30日以前出生)初婚年龄在15—19岁的占47%,其中农村老年人口初婚年龄在15—19岁的占51%,农村女性老年人口初婚年龄在15—19岁的占66%。①

在传统中国,"早生贵子"是人们的一种普遍的追求。它除了经济方面的原因外,还有其复杂而深刻的社会文化及社会心理方面的原因。例如,在封建社会,"四代同堂""五代同堂"是一种荣耀,是家族昌盛的标志。为了缩短代际间的距离,唯一的办法就是早婚。越是有钱的人家,早婚现象就越普遍。帝王出于权位继承的需要,成婚往往比老百姓还早。近几年我国农村早婚早育现象的滋生与蔓延,实际上是传统文化意识在思想教育工作有所放松条件下的"反弹",当然带有改革开放条件下的某些特点,如"性解放"思想的影响等。不少地方的早婚早育现象是与包办婚姻、买卖婚姻以及坐花轿、拜天地等封建择偶方式及婚姻习俗同时出现的,人们的思想被深深地打上了传统文化的烙印。

多胎生育与传统的"多子多福"观念有关。"多子多福"中的所谓"福",也不能仅仅从经济价值方面去理解。在传统中国,多子多孙,标志着家族人丁兴旺,既能光宗耀祖,又能提高族人的社会地位。若家族人丁稀少、势单力薄,则不仅使祖宗的香火难以为继,而且族人也难免受族外人的欺侮。

新中国成立后,族权被作为束缚中国人民特别是农民的四条绳索之一,与封建政权、神权、夫权一起被革除,人们的家族观念逐渐淡薄。自从农村实行联产承包责任制后,人们分散经营,"户"的观念又明确起来,于是家庭

---

① 资料源于《中国人口科学》1988年专刊(1)刊发的《中国1987年60岁以上老年人口抽样调查资料》。

家族观念也有所抬头。在一些人看来,多子多孙不仅为增添劳动力所必需,也是增强家庭家族势力、提高社会地位的需要。

当前我国农村存在的强烈的男孩偏好,更是突出地反映了传统文化的影响作用。人们追求男孩,一个重要原因是为了"传宗接代"。这并不是一般生物学上的延续后代,而是有其特定的文化内涵。中国传统家庭是男权制家庭,家族的姓氏传递是通过男性后裔进行的。这种父系单亲世系家庭决定了承继祖业、传宗接代非男孩莫属。无儿无女或有女无儿便意味着"绝后"。在我国农村,妻子从夫居、子女从父姓的习俗至今没有多大改变,农民们仍然认为只有男孩才能"传宗接代",为了免于"绝后",非生男孩不可。

人们追求男孩的另一目的是"养儿防老"。粗看是个实际生活问题,但追根溯源,还是与传统文化有关。"男娶女嫁"是传统中国的重要习俗。男上女家被称为"倒插门",会让人瞧不起。女儿迟早是要嫁人的。有道是:"嫁出去的女儿,泼出去的水",因此,养老送终也非儿子莫属。

为什么生育领域出现的问题都与传统文化密切相关呢? 这与我国传统文化的基本精神与历史个性有关。

二、生育在中国传统文化中具有特殊价值

中华文化起于唐虞,一直延续至今,上下数千年。通常我们所讲的中国传统文化,指的是自周秦至鸦片战争两千多年的封建文化,它是以个体农业经济为基础、以宗法家庭为背景、以儒家思想为核心发展起来的,虽然是一个复杂庞大的体系,但从总体上看,则有其突出而鲜明的历史个性。金耀基认为,中国文化模式是由农村经济、家族主义、义务本位观、祖先崇拜及人伦艺术之重视等文化特质所造成。[①] 司马云杰则将中国传统文化的基本精神和历史个性概括为"尊祖宗、重人伦、崇道德、尚礼仪"十二个字。[②]

---

① 金耀基. 从传统到现代化[M],广州:广州文化出版社,1989:49.
② 司马云杰. 文化社会学[M],济南:山东人民出版社,1987:615-618.

　　体现中国传统文化基本精神与历史个性的文化特质,与人们的生育有着内在的不可分割的关系。

　　农村经济既是中国传统文化赖以存在的基础,又是一个重要的文化特质。中国文化自始即重农。四民之中,士之下即为农。传统的农业全仗人力。由男女两性的生理差异而自发地或自然地产生的分工,使田间的重体力劳动主要由男性承担。《说文解字》对"男"字的解释是:"丈夫也,从田从力,言男用力于田也。"对于自给自足的农户来说,男劳力愈多,便愈能提高土地的利用率,取得较好收益。在培育孩子的成本甚低的情形下,多孩父母能从儿女们身上获取一些利益,并能使自己的晚年生活较有保障。这种微观利益导向或许就是产生"多子多福""早生儿子早得福"等生育观念的最初也是最基本的原因。

　　家族主义是中国传统文化中最具有特色的文化特质,它对生育具有独特的影响。

　　要认清家族主义,有必要考察一下中国封建社会的宗法家庭与家族。

　　宗法家庭家族与封建国家相互联系,协调发展,这是中国封建社会令人惊异的一个特点。从社会发展过程中的社会组织原理而言,氏族与国家、宗法组织与国家组织是对立的。然而,在宗法氏族与国家的关系上,中国封建大国是一个例外。一方面,由于中国进入文明社会比欧洲早十多个世纪,中国奴隶制的建立与欧洲相比属于早产型,它没有也不可能对原始社会的血缘组织机构进行彻底分化和瓦解。另一方面,中国奴隶制是一种大国体制,不同于欧洲那种规模较小、结构简单、便于管理的城邦体制。国家为了便于控制个人,不得不利用血缘关系纽带,分封诸侯进行管辖——天子立国,诸侯立家,诸侯受封受制于天子。这样,以血缘关系为基础的氏族组织不但没有被铲除,反而被加工、改造为一种宗法家族组织,并纳入国家组织信息系统之中。到了封建社会,宣扬"忠孝一体"的儒家学说进一步把看来互不相容的宗法组织与国家组织协调起来,使宗法家庭、家族成为封建国家与个人之间的中间层次,而封建国家则可以利用这一同构的中间层次实行对个人的管理。

英国裘斯顿(Johnston)说:"要了解中国这奇异的安定及长久不坠的社会制度,没有比这个事实更重要了,即社会与政治的单元是同一的,而此一单元不是个人而系家庭。"①

其实,就封建社会的文化控制来说,真正起作用的是凌驾于家庭之上、由同姓同宗的多个家庭集合而成的家族。家族一般有共同的居住地域,有统一的祠堂和定期修编的家谱或宗谱,有包括祭田、义田、学田等属于家族公有的族田,有以族长为主体的组织管理机构,有祖训、家礼、家法、族规、宗约等成文或不成文的约束族众行为的制度规范体系。有的家族甚至还有"宗部""宗伍""家兵"等武装力量。总之,家族是封建社会的一个缩影。

家族主义就是基于宗法家庭家族而产生的一种文化思想意识。它在调节个人与家庭家族关系时体现为家庭家族利益至上。具有家族主义意识的人们,总是把家庭家族看成是于自己最直接、最密切、最重要的社会组织,因而在实践行为上自觉地接受家族制度规范体系的约束,主动为家族的荣誉和利益出力以至献身,在精神上、心理上则以宗族为归属体,唯恐为宗族所抛弃。

家族主义对生育的影响突出地表现于以下两个方面。

第一,使个人在婚姻问题上听任家庭家族的摆布,失去应有的自主权。中国传统婚姻关系的缔结方式不是自由恋爱,而是"父母之命,媒妁之言"。青年男女成婚,一般都是经媒人周旋,父母权衡利弊之后做出抉择。择偶对象、结婚年龄以及婚姻状况的维持等,一般都得听从家庭家族支配。

第二,使个人在生育行为上受家庭家族利益支配,维持或扩大家族规模成了重要生育机制。家族主义意识使人们把结婚成家、生儿育女看成是对本家本族的应尽义务,而且倾向于多生儿女,特别是男孩。若夫妻婚后不生育或不生男孩,丈夫出于本家本族的利益,往往通过纳妾、典妻、休妻另娶等方式予以补救,妻子则无法违抗。

祖先崇拜是与家族主义密切相关的。中国人的文化思想可以说是认祖

---

① 金耀基.从传统到现代化[M],广州:广州文化出版社,1989:29.

宗而不认上帝。在中国社会文化系统中没有发展起宙斯山上的神系,而是发展了大大小小、宗族林立的世系家谱。对神、对宗教不那么热烈和虔诚的中国人,对祖先则有十分现实而深厚的感情,有无限的敬仰,有一种本能的内心折服和归依感。在传统中国,上自天子,下至庶民百姓,无不尊宗祭祖,三叩九拜,其虔诚之心胜过西方宗教教徒。神本主义的西方社会,人们尊上帝为神、为父。中国人则认为人之身体发肤受之父母,而非得于上帝,父母养育之恩有如昊天之罔极。父母又有父母,木本水源,一脉绵延,追溯而上,直至先祖,于是人们对祖先感恩戴德,敬若神灵。如果说,家族主义意味着在横向联系上,使个人归依于一个特定的同宗同姓的血缘组织——家族,那么祖先崇拜则意味着在纵向联系上,使个人处于血缘链条上的某一点,上通千古,下及子孙。对父母及祖先怀念及感恩报德的最实在的行为,莫过于成家立业,生儿育女,承继祖族的世系。要是没有儿孙,宗谱上由祖先那儿划下来的线条到此处难为继,那就是对祖宗的最大不孝,就会产生负罪感及内心的自我谴责。中国人"超经济"的强烈生育愿望莫过于此。

儒家的伦理道德体系以"孝"为核心,然而"不孝有三,无后为大",可见在伦理道德范畴,生育同样占有极其重要的地位。

中国作为世界人口大国,在历史上饱尝人口压迫生产力之苦。然而中国传统文化的基本精神及其客观效果则是鼓励人口增殖的。由于中国人口困境与中国传统社会历史的大动乱周期彼此对应,超过社会经济负荷能力的大量人口在动乱期为之锐减,于是新当政的统治者出于税收及兵源的需要,又总是鼓励人口增殖。儒家文化的正统地位在朝代更替中非但未被削弱,反而得到加强。于是"多子多福"等多育观念也就代代相传,渗透于中国人思想文化意识的深层结构之中。

三、肃清传统文化的消极影响是一项长期任务

在现代化理论研究中有这样一种说法,认为从传统社会到现代社会的转变过程中,器物技能层次的现代化所受的阻力最小;制度层次的现代化又

深了一层,也难了一层;思想行为层次的现代化是最难的,因为它牵涉到一个文化的信仰系统、价值系统、社会习俗等最内层质素。从人们对现代化的适应性而言,这种说法是不无道理的。具体到生育领域,情形也是如此。器物技能层次的现代化,如避孕药具、避孕技术的研究与推广,并无多大阻力,在某种程度上还挺受欢迎。思想行为层次的现代化,如生育观念的改变等,情况就不同了。它触及人们文化意识的核心部分,如生活情趣、伦理观念、价值取向等,因而比起前者要深刻得多,也困难得多。

在我国,要肃清传统文化在生育领域的消极影响,实现人们生育观念的彻底更新,将是一项长期任务。这是因为:

第一,目前我国广大农村基本上还是用手工工具搞饭吃,自然经济和半自然经济占相当比重。20世纪80年代初农村实行联产承包责任制后,家庭的传统功能又有所加强。这就是说,传统文化赖以存在的基础,在我国农村还部分存在。

第二,精神文化,特别是风俗习惯、伦理道德、宗教信仰等等,虽然产生于一定的经济基础之上,但其发展并不完全与经济发展同步。一般说来,它较之社会经济的发展变化要缓慢得多,具有一定的稳定性和相对独立性。

第三,一般说来,一种文化的历史愈悠久,时间延续愈长,其模式就愈稳定,其影响就愈难消除。中国传统文化经历代儒生的创造、加工、整理,经两千多年的积淀、凝聚,其风格独特而稳定。同时,其基本精神不仅通过儒家经典以及各种启蒙读物、格言、家训、族规、宗法之类广为传播,而且通过代代相因的家庭"教化",深深植根于人民群众的思想、意识、风俗、习惯及行为之中。

分析传统文化影响的广泛及长期性,绝不是为控制人口工作进展缓慢寻找理由,而是为了使控制人口的策略及措施更具有针对性和可行性。因为分析认识我们所处的文化环境,也同分析认识现实经济状况一样,是认清国情的一个重要方面,是做好工作的前提。

毋庸讳言,目前无论是在研究工作中还是实际工作中,忽视或低估传统文化影响作用的倾向是存在的。

例如,有一种意见认为,"超生"现象之所以屡禁不止,是因为控制人口工作前期奖得太少，罚得太轻，因而主张重奖重罚，并相信这样一来，人们就会从自身利益出发，自觉自愿地少生。目前"重奖重罚"的呼声是比较高的。当然，由于"超生"现象的产生有经济因素，采取适当的经济措施是必要的、有效的，但试图以"重奖重罚"手段来解决当前的"超生"问题，未免有些简单化，在实际中也未必行得通。

其一，要重奖，国家要拿得出较多的钱；要重罚，群众要罚得起，否则就无法兑现。有人建议以收抵支，即以超生子女父母的罚款支付独生子女父母的奖金，并认为仅此一项就可以达到收支基本平衡。然而我们的目的是要控制人口。如果"超生"费多到足以支付独生子女父母奖金的程度，岂不证明我们控制人口的成绩很有限甚至等于零？

其二，也是更重要的一点，把孩子当作商品那样任意选择，不符合大多数中国人的文化心理。人们追求孩子，既有经济因素，又有非经济因素。如前面所述，孩子对中国人来说具有特定的文化价值。在这种文化意识改变之前，孩子是很难用金钱来替代的。换言之，在这种情形下，奖罚的作用是有限的，而且奖罚的轻重度也颇难掌握。以"罚"而言，如果罚金限制在不影响其基本生活的范围内，那么对传统意识较强的人根本不起作用，他们勒紧裤带也要生。如果罚金重到足以影响其基本生活，那么愿罚者将会生活困难，到头来还得靠政府或社会救济，不愿罚者甚至有可能会在逆反心理支配下干出某些越轨的事情来。

还有一种意见认为，执行计划生育政策必须有个先决条件，即人们对它的接受程度。一旦所生孩子数达到人们的要求，他们就会主动采取措施避孕。联系我国目前的具体情况，这个意见也是值得商榷的。首先，我国目前的生育政策与群众的生育意愿确有距离，但这是由我国人口状况与经济社会发展状况所决定的。如果我们的计划生育工作只限于控制非意愿生育，工作阻力肯定是小了，但我国的人口形势则肯定要比今天严峻得多。这是可以从大量的生育意愿调查数据得到证明的。其次，把人们的接受程度作为执行生育政策的先决条件也未见得正确。原因是今天我国民众特别是广大农民的生育要求有合理部分，也有不合理部分。传统文化的消极影响，是产生不合理要求的根源,对不合理的生育要求是不应当迁就的。

以上两种意见出发点不同,但忽略或低估传统文化影响作用这一点则是相同的。

历史留给了我们国家和民族一份独一无二的特殊遗产——传统文化,不管它是豪富的家资,还是沉重的包袱;不管它是动力,还是阻力;我们都不能无视它、回避它,或者甩开它,但也不能无条件地迁就它。因此我们应当辨析和疏导,即开展文化领域的破旧立新、移风易俗的工作。

鲁迅早在 60 年前的《二心集·习惯与改革》中就曾经说过这样一些话:"倘不深入民众的大层中,于他们的风俗习惯,加以研究、解剖、分别好坏,立存废的标准,而于存于废,都慎选施行的方法,则无论怎样的改革,都将为习惯的岩石所压碎,或者只在表面上浮游。"

在这里,鲁迅既指出了旧的习惯势力影响作用的巨大,又提出了有计划地进行文化改革的任务。他上述的那些话直至今天仍有重要的现实意义。

中国育龄妇女生育率转变的独特过程,与中国文化模式是密不可分的。本文着重分析了中国传统文化对生育率转变的消极影响。事实上,传统文化对生育率的转变也有积极的影响,例如,中国文化塑造的人格,就有"克己为公""为国分忧"的一面,不少人主动放弃生育指标。这种自我牺牲精神当然是共产主义思想教育的结果,但也不能说与中国人的文化根基没有关系。但这个问题比较复杂,需要另写文章研究分析。总之,中国生育革命的过程,必然是中国传统文化不断革新扬弃的过程,没有文化领域的现代化相配合,要实现生育领域的现代化是不可能的。

原载《人口与经济》1991 年第 1 期,第 37-41 页。

在比较研究中找到转变生育观念
的主要措施

　　浙江省磐安县是我国人口控制工作取得显著成效的贫困县之一。据第四次人口普查,1989 年该县人口出生率为 13.73‰,自然增长率为 6.86‰,育龄妇女总和生育率为 1.22。这些指标均低于同期全国和全省的平均水平。

　　一般说来,人们的生育行为也同其他行为一样,是受人们的思想意识支配的,但是由于人类生育行为有其特殊性,我们又不能将人们的生育行为与生育意愿完全等同起来。磐安县当前的生育率如此之低,是否意味着这儿的人们已放弃传统的多育主张而倾向于少生呢,这是我们感兴趣的。于是,我们于 1992 年 10 月在该县进行了育龄妇女生育意愿抽样调查。此外,1990 年我们在该县进行千户抽样调查时,也有反映生育意愿的项目。现利用这两次调查资料对磐安县人们生育观的特征做一分析,并提出我们的对策建议。

一、调查的基本情况

　　1992 年 10 月进行的生育意愿调查[①],对象是 40 周岁以下的已婚育龄

---

　　① 磐安县计生委主任徐贵良,县人普办曹才以及盘乡、胡宅乡和新渥镇有关领导为育龄妇女生育意愿抽样调查作了大量组织工作,在此致谢。

妇女。我们采用分类定点整群抽样的方法,在全县范围内按照计划生育工作开展得较好、一般、较差这三种类型,分别选取一个乡(镇)。被选中的乡(镇)以同样的方法选取三种类型的村,然后在这些村中抽取所需样本。我们在被选中的两乡一镇各发调查问卷 300 份,共 900 份,收回有效问卷 894份,回收率为 99.3%。

汇总数据显示,被调查的 894 名育龄妇女,年龄在 20—29 岁的共 512名,占 57.2%,30—40 岁的共 382 名,占 42.73%,与该县女性总人口的年龄结构相似。调查对象中,具有各种文化程度的占 88.81%,文盲半文盲占11.20%。调查对象的文化程度略高于全县该年龄段女性人口的平均水平。据"四普"资料,后者这两种比例分别为 80.68%和 19.33%。当我们向被调查对象问及她们的生育意愿与丈夫的生育意愿是否一致时,有 93.74%的人回答"一致"。因此,被调查育龄妇女的生育意愿在一定程度上也可以看成是育龄夫妇共同的意愿。

(一)对子女数量的期望

894 名已婚育龄妇女现有子女状况如下:尚无子女者 10 人,占 1.12%;有一个孩子的 557 人,占 62.3%;有两个孩子的 276 人,占 30.87%;有三个及以上孩子的 51 人,占 5.7%,平均每人 1.41 个孩子。当问及现有子女数的满足程度时,回答"刚好"的 376 人,占 42.06%;回答"不够"的 499 人,占55.82%;回答"多了"的 13 人,占 1.45%;另有 6 人未作明确回答。这表明,有一半以上的人不满足于现有的子女数。她们的期望子女数与现有子女数的对比如表 1 所示。

表 1　已婚育龄妇女现有子女数与期望子女数分布

类型	子女数量/个					平均子女/个
	0	1	2	3 及以上	合计	
现有子女	1.12%	62.30%	30.87%	5.70%	100%	1.41
期望子女	0.00%	8.84%	76.73%	14.43%	100%	2.06

从表1中可以看出,被调查对象的期望子女数明显高于现有子女数。但总的看,她们的期望值并不太高,生两个孩子是最普遍的意愿。需要指出的是,主张生一个和两个孩子的人,一般对孩子的性别有严格要求。如果达不到要求她们很可能不会终止生育。

1990年进行的"千户调查"数据显示,在1709位调查对象中,期望生育一孩、二孩和三孩及以上的人数分别占5.6%、51.21%和43.19%。显然,这批调查对象对子女数量的期望值高。这是因为"千户调查"对象是成年人,包括已退出生育年龄的老年人。在调查中我们发现,已经完成或基本完成生育任务的40岁以上的中老年人,几乎都将现有子女数视为理想子女数。这些人一般是多子女的,因而期望值相对较高,事实上他们中并非不存在非意愿生育,他们不承认这一点,可能是出于社会心理方面的原因。

(二)对子女性别的期望

调查资料表明,在已婚育龄妇女中"儿女双全"是最普遍的愿望,期望"儿女双全"(包括一男一女、二男一女、二女一男等)的人数占调查人数的72.26%(见表2)。而实际上,她们中"儿女双全"的人数只占21.14%。可见,她们对现有子女数量不满足,在很大程度上与子女的性别有关。

从表2中可以看出,已婚育龄妇女对子女性别的期望,有明显的男孩偏好。主张生两个及以上孩子的妇女自然普遍追求儿女双全,然而在主张生一个孩子的妇女中,明确提出需要男孩的人数比明确提出需要女孩的数多得多,前者占62.03%,后者只占6.33%。调查资料还显示,在被调查的894位已婚育龄妇女中,有557位即62.58%的育龄妇女认为"非要男孩不可",她们的理由如表3所示。从表3中可以看出"养儿防老"和"传宗接代"是她们考虑的首要问题,其次是"增加劳力",还有一部分人考虑到"增强家族势力"和"提高自己在家庭中的地位"等因素。

表 2　已婚育龄妇女现有子女与期望子女性别分布

子女数量及期望数量	现有子女		期望子女	
	数量/个	比重/%	数量/个	比重/%
没有孩子	10	1.12	—	—
一个男孩	350	39.15	49	5.48
一个女孩	207	23.15	5	0.56
一个孩子,男女随意	—	—	25	2.80
一男一女	149	16.67	561	62.75
两个男孩	47	5.26	10	1.12
两个女孩	80	8.95	10	1.12
两个孩子,男女随意	—	—	105	11.74
两男一女	12	1.34	21	2.35
两女一男	28	3.13	64	7.16
三个男孩	2	0.22	—	—
三个女孩	5	0.56	—	—
三个孩子,男女随意	—	—	30	3.36
其他	4	0.45	14	1.57
合计	894	100.00	894	100.00

表 3　557 位育龄妇女"非要男孩不可"者的理由

目的	增加劳力	养儿防老	传宗接代	增强家族势力	提高本人地位	其他
人数	387	427	427	211	113	83
占总人数比重/‰	69.48	76.66	76.66	37.88	20.29	14.90

(三)对子女文化程度的期望

1990 年的"千户调查"数据表明,在 961 名成年女性中,期望子女达到大专及以上文化程度的占 43.18%,达到高中或中专文化程度的占 34.65%,达到初中文化程度的占 16.65%,达到小学文化程度的占 5.31%,

认为读不读书无所谓的占 0.21％。与"千户调查"数据相比,1992 年的调查对象对子女文化水平的期望值较高。在 894 位调查对象中,期望子女达到大专以上文化程度的占 73.6％,达到高中或中专文化程度的占 20.92％,对子女读书抱无所谓态度的人为数极少(见表 4)。

表 4   育龄妇女期望子女的文化程度　　　　　　　单位:％

调查年份	大专及以上	高中或中专	初中	小学	文盲及半文盲
1990	43.18	34.65	16.65	5.31	0.21
1992	73.60	20.92	4.36	0.78	0.34

(四)对婚育时间的期望

在被调查的 894 位已婚育龄妇女中,有早婚者,也有晚婚者。引人注目的是,当她们回答对初婚年龄的看法时,主张早婚的人竟比她们中实际早婚的人数要多,而主张晚婚的人则比她们中实际晚婚的人要少(见表 5)。这种早婚倾向颇值得重视。

表 5   已婚育龄妇女实际婚龄与期望婚龄的分布　　　　单位:％

指标	合计	早婚	按法定年龄结婚	晚婚
实际婚龄	100	6.26	67.00	26.73
期望婚龄	100	8.64	70.48	20.88

浙江省政府和磐安县政府都规定,凡符合条件可以安排生二胎的人,头胎与二胎的间隔必须在四年以上。抽样调查资料显示,在被调查的育龄妇女中,拥护头胎与二胎生育间隔在四年以上的占 63.59％,其中有 8.45％的人主张间隔期在六年以上。主张间隔期为三年以上的占 25.34％,两年以上的占 11.07％。这就是说,有三分之一以上的人觉得政府规定的四年以上的间隔期过长,而主张缩短生育间隔期。

二、对磐安县人们生育观念的几点看法

（一）对磐安县人们生育观念的几点看法

磐安县作为浙江中部地区的一个贫困县,也同我国所有贫困县一样,曾长期在"越穷越生,越生越穷"的怪圈中挣扎。20 世纪 60 年代人口出生率曾高达 40‰以上,60 年代后期和 70 年代前期,人口出生率和自然增长率一直高于全省平均水平。如果说那时的人们都在自觉不自觉地追求"多子多福"的话,那么 70 年代后期特别是 80 年代以来,这种状况已发生了变化。虽说人口出生率和自然增长率迅速而稳定地下降是执行控制人口政策的结果,但如果没有人们思想观念的相应改变,控制人口政策要取得如此显著的成效是难以想象的。

我们的调查数据证实了上述假设。尽管人们的生育意愿与现行的生育政策还有一定距离,但是人们已不再主张像以往那样无限制地生育,大部分人甚至不主张生育第三个孩子,而以一男一女为满足。不论是 1990 年的"千户调查"还是 1992 年的已婚妇女生育意愿调查,有关数据都显示该县已有一部分人愿意终身只生一个孩子。

1992 年 10 月我们在进行问卷调查的同时,还在调查区域内召开各种形式的座谈会。参加座谈的有乡（镇）、村干部,也有普通群众,还有曾参加过土改现已年迈退休的农村老干部。他们认为,现在的农民主要希望有一男一女,有了一男一女的,一般都不想再生第三胎。一位生了两个女儿并已做了绝育手术的农民说:"政府的政策可以理解。要是政策放开,我也许还再生一个。就现在这样也无所谓。"有一位已生了一个女孩的青年妇女说:"我觉得生一个就够了,养孩子太辛苦了。"他们的这些说法与抽样调查数据所显示的状况是基本相符的。

农民们在问卷中或在座谈会上是否毫无保留地表达了自己的真实想法,这是值得研究的。在当前严峻的人口形势面前,或许不敢想或不便说要

生更多的孩子。尽管如此,如果我们不是从特殊阶段特殊政策的角度而是从历史发展的角度看问题,就可以发现,农民们从以往无限制地生育转为有选择地生育,从普遍生育五六个孩子到基本满足于平均生育两个左右孩子,从单纯追求孩子数量到开始注重孩子质量,这是前所未有的历史性转变。虽然这个转变过程才刚刚开始,某些方面或许会有反复,但从可以预料的前景来看,全面逆转的可能性是极小的。

(二)引起生育观念转变的原因具有多元化的特点

贫困地区人们生育观念的转变很难以传统的人口转变理论来解释,然而这种转变又是客观存在。当我们认真考察贫困地区人们所处的外部环境和内部环境时,发现确实存在促使人们生育观念转变的诸多因素。当然各地的情况不尽一样,就磐安县而言,较为明显的有以下几个方面。

1. 生育知识的普及

农民们文化水平较低,又深受传统的"天命"思想的影响,长期以来,他们总以为生多生少、生男生女是"命中注定","万般都是命,半点不由人"。尽管民间早就存在节育的行为,但毕竟是个别的、暗中进行的。大部分人在生育面前都抱"听天由命"的消极态度。开展计划生育以来,有关人员以各种直观易懂的方式直接向育龄人群宣传生育知识。这种工作的意义是深远的。它冲破了讳莫如深的性与生育的禁区,逐步消除了人们对生育的神秘感,使人们懂得,在生育问题上,生与不生、早生迟生、生多生少都可以由自己来决定。实践证明,这种启蒙教育成了农民更新生育观念的转折点。

2. 利益诱导

人们的生育观与价值观密不可分。在传统社会,人们将"多子"与"多福"并提,反映了当时人们对孩子价值的理解。"多子多福"可以说是当时社会经济条件下人们生活经验的总结。现行的人口政策旨在控制人口数量,提高人口素质,因而对按计划少生的人予以鼓励,各方面予以优惠;对于超计划生育的予以惩罚,包括经济上的制裁。这种政策的实施,使人们切身感受到"多子"未必"多福"。这对人们生育观念的转变在一定程度上能起诱导作用。

3. 家庭小型化

磐安县家庭规模小型化十分明显。1982 年"三普"时,户均 3.99 人,到 1990 年"四普"时,户均已降至 3.34 人,其中家庭户平均每户 3.26 人,低于浙江省 3.46 人的平均水平。控制人口是促使家庭小型化的原因之一,反过来,家庭小型化又有利于人们生育观念的转变和降低生育率。这是因为家庭小型化意味着有较多的青年人从传统的主干家庭和联合家庭中分离出来,他们保守思想较少,比起他们的父母辈,在生活方式和生育观念方面更乐于向现代都市居民看齐。1992 年 49 周岁以下已婚育龄妇女生育意愿调查资料显示,在调查的已婚育龄妇女家庭,生孩子的决策权在父母辈的仅占 1.01％,决策权在育龄夫妇(包括由妻子决定、由丈夫决定和夫妇共同协商决定)占 94.38％。这显然与家庭核心化有关,这种变化有利于人们更新生育观念。

4. 人口压力

磐安县人均耕地面积已由新中国成立初期的 1.11 亩下降到目前的 0.51 亩,人口与自然资源的矛盾仍在加剧。通过大会小会的反复宣传,人口忧患已成为一种群体意识。在这种氛围中,有些人权衡利弊,自愿顾大局、作贡献。生育意愿抽样调查资料显示,表示愿意终身只生一个孩子者的理由:"响应政府号召"占 62.17％;"自己觉得还是生一个好"占 36.16％;"其他原因"占 1.13％。这说明人口忧患意识起主要作用。

5. 示范效应

农民群众中普遍存在"从众"心理。由于干部、共产党员及社会贤达带头实行计划生育,在农民看来"见多识广"的城里人都自觉实行计划生育,我们为什么不这样呢！ 这无疑对农民的生育观念转变是有引导作用的。

6. 市场经济发展

磐安县近年来市场经济发展较快,乡镇企业陆续创办,又先后开辟了药材市场和香菇市场,使越来越多的育龄妇女加入科技兴农脱贫致富的浪潮。

这对她们逐步认识自身的价值，认识提高自身和子女文化素质的必要性，从而接受少生和优生优育的现代意识是具有重要意义的。

总之，引起贫困地区人们生育观念转变的原因是多方面的，包括经济、社会、文化等多种因素。有些因素是在本地区及周边地区社会经济发展过程中引发的，有些则是通过各级政府、计划生育部门长期努力、辛勤工作后促成的。

（三）生育观念转变的过程具有长期性

贫困县之所以贫困，一般有其客观的历史原因。磐安县地处偏僻山区，地形复杂、交通不便、耕地资源短缺，长期来生产落后，社会发育迟缓。近年来商品经济虽有发展，但仍然处于启动阶段。就总体而言，生产力水平仍然不高，农民消费的自给性依然很强，与传统社会没有多少差别。这种状况严重约束农民生活方式的改变，从而制约农民生育观念的转变。

据调查，当前制约人们的生育观念由传统向现代转变的因素主要有以下几个方面。

一是原始的重体力劳动导致人们产生多育和生育男孩的需求。在磐安县，几乎所有的村庄都是"开门见山，出门爬坡"，耕地都是梯田和斜坡地，不适宜机械耕作。因此，这儿的农户都迫切需要体魄健壮的男劳力。

二是反哺式的养老方式导致人们产生"养儿防老"的需求。目前的农民家庭既是消费单位，又是生产单位，农民没有退休制，年老体衰之后，只能指望儿女供养。因此，有无子女，或子女的多少，都会直接影响农民的实际生活和安全感。

三是"男娶女嫁"和"从夫居"的婚姻形式，导致人们产生生育男孩"传宗接代"的需求。传统习俗具有巨大的惰性。既然"传宗接代"需要男孩，而儒家"不孝有三，无后为大"的思想影响，又使人们很难接受"绝后"的现实，于是一些人便产生"超经济"的男孩需求，为了生男孩，倾家荡产在所不惜。

四是宗族势力的存在，导致人们产生多生男孩以增强家族势力的需求。

上述因素的产生与社会经济落后有关。在这种社会经济条件下，无子女或少子女的家庭必然会产生后顾之忧。已婚育龄妇女生育意愿抽样调查显示,在499位感到子女不够的妇女中,有70.6%的人担心"老了缺少依靠",有49.2%的人担心"劳动力不够",有39.4%的人担心"影响传宗接代",有35.8%的人担心"势力单薄受人欺"。这种担忧,往往导致"超生"行为的发生,对计划生育工作具有很大的冲击力。

上述状况表明,在磐安县,一方面存在着有利于人们生育观念由传统向现代转化的因素,另一方面又存在着制约这种转变的种种阻碍。两种因素都是客观存在的,它们同时作用于广大育龄人群。在贫困地区,由于旧的生育观念尚有其存在的经济和社会方面的基础,而这种基础又并非短时期内所能改变,这就决定了贫地区人们生育观念转变的过程具有长期性。

三、关于促进人们生育观念转变的建议

磐安县控制人口的工作已经取得了十分显著的成绩。为巩固这些成绩,从根本上说,就是要促使人们的生育观念从传统到现代的转变,即由传统的早婚早育、多生多育、重男轻女等旧观念转向晚婚晚育、少生优生等符合现代社会经济发展需要的新观念。为此,必须针对种种现实障碍,采取一些根本性的措施。

1. 建立农民养老保险制度,解除独生子女户和有女无儿户的后顾之忧

磐安县由于控制人口成效显著,"独儿户"和"双女户"的比例较高。根据已婚育龄妇女生育意愿抽样调查数据推算,这两种农户约占总农户的60%左右。这些家庭所担心的"老而无靠"问题是十分现实的问题。磐安县目前已在现役军人和村干部中设立养老保险。根据计划生育的形势和人口老龄化的趋势,应当把建立独生子女父母养老保险和"女儿户"养老保险的工作提到议事日程上来。基金的筹集应实行国家、集体、个人共同负担的原则,以体现对实行计划生育的鼓励。这两类户中的贫困户,个人承担部分可通过扶贫途径减轻或免除。当前突出的问题是农村集体经济相当薄弱,"空

壳村"很多。因此,必须通过各种办法增加集体积累。

2. 提高妇女的文化水平和就业率

抽样调查数据显示,在磐安县,人们的生育意愿与家庭收入的高低关系不大,但与育龄妇女文化水平的高低关系较大。已婚育龄妇女生育意愿抽样调查资料表明,在高中、初中、小学文化程度和文盲半文盲育龄妇女中期望生育三个以上孩子的人数比重分别为 8.85%、9.33%、15.69% 和 18%,以文盲半文盲育龄妇女的比重为最高,而以高中文化程度为最低。对初婚年龄的期望也是如此,主张早婚的人在高中、初中、小学文化程度和文盲及半文盲妇女中所占比重分别为 1.76%,2%、8.78% 和 14%。这就告诉我们,提高妇女的文化水平是促进人们的生育观念转变的重要途径。为此,无论在普及义务教育中、扫盲工作中还是在各种形式的成人教育中,都要十分重视女性人口的入学率,特别要重视解决小学、初中女性流失的问题。

提高妇女的就业率也有助于促进生育观念转变。这里的就业主要是指参加有定额报酬特别是固定工资收入的工作。育龄妇女参加这样的工作之后,会提高生养孩子的间接成本,使他们倾向于少生。再说,妇女就业能增加收入,也能促使她们的家庭通过储蓄养老替代传统的养儿防老,有助于减弱对孩子的需求,然而妇女文化水平是提高妇女就业率的前提,这两者的关系十分密切。

3. 加强社区精神文明建设

实践证明,尽管贫困地区存在社会经济发展"硬件"先天不足的缺陷,但是通过加强社区精神文明这个"软件"的建设,也能促进人们的思想意识现代化。社区社会主义精神文明建设的内容很广泛,自然包括破除重男轻女、早婚早育、"多子多福"旧观念,树立男女平等、晚婚晚育、少生优生新观念等内容。就是一般地提倡爱国主义、集体主义,提倡科学等等,对于促进人们的生育观念转变也有很大的作用。搞社区精神文明建设虽然也需要一定的经济条件,但主要还是靠发挥人们的主观能动性,靠各级领导的重视和全社会的支持。这是贫困地区能充分发挥作用的领域之一。

4. 加速产业结构调整和市场经济的发展

要促进人们生育观念的转变,归根到底还是要发展生产力,提高人们的物质和文化生活水平,以此促使人们生活方式和价值观念的改变。前面提到的一些措施,如建立农民养老保险制度、发展教育、加强社区精神文明建设等都有赖于经济的发展。磐安县在推行计划生育政策的过程中,"堵"的办法不少,"导"的措施则相对乏力,许多奖励办法难以兑现,主要也是受制于经济能力。现在党中央已明确提出要建设社会主义市场经济体制,这对贫困地区来说是一个难得的历史机遇。磐安县控制人口工作的显著成效已经为经济发展创造了很好的条件,今后更应在此基础上不失时机地一手抓控制人口,一手抓产业结构的调整和市场经济的发展,使这两者有机融合,相互促进,更好地完成上级下达的控制人口增长的任务。

原载张纯元:《脱贫致富的人口对策》(第三集),北京大学出版社,1994年,第49-61页。

新家庭计划新在何处[①]

作为计划生育"三结合"的一种形式，新家庭计划正在我国一些地区的农村蓬勃地开展起来。浙江省自 1992 年底开始酝酿，1993 年起在各地搞试点。1995 年 5 月浙江省委、省政府作出决定，在全省范围内重点在农村有计划、有步骤地开展新家庭计划活动，并把这项活动纳入社会主义新农村建设的轨道，统一规划，统一部署，同步进行考核验收。辽宁省铁岭市 1993 年开始搞新家庭计划试点，几年来已逐步摸索出一整套经验。

从浙江省和铁岭市的实践经验看，新家庭计划确实是计划生育"三结合"的一种好形式。它着眼于家庭这个社会细胞，以创建少生优生、富裕文明、健康幸福的新家庭为主要目标，把计划生育和农村物质文明与精神文明建设紧密结合起来，引导和帮助广大农民群众走少生快富、文明幸福之路。它得到了农民群众的拥护和支持，同时与农村的中心工作融为一体。

提起新家庭计划，人们自然会想起国外的"家庭计划"。新家庭计划与人们熟知的"家庭计划"是什么关系，所谓新家庭计划"新"在何处呢，这就是本文试图探讨的问题。

---

① 与黄乾合作完成，发表时署名"叶明德，黄乾"。

一、新家庭计划与"家庭计划"

家庭计划(family planning)又称家庭生育计划,20 世纪 30 年代由英国最先提出,其含义是指育龄夫妇根据他们的意愿安排生育子女的数目和生育间隔。随着世界人口的激增,家庭生育计划被作为控制人口的手段而大力提倡。进入 60 年代,特别是 70 年代以来,家庭生育计划在全世界范围内广泛开展起来。

应该说,目前在我国浙江等地推行的新家庭计划活动,与国际上通行的"家庭计划"有不少相通之处。

其一,两者都着眼于家庭。家庭是生育的决策单位,并且是实现生育行为的基本社会单位。"家庭计划"从提出到广泛实施,一直立足于家庭。新家庭计划的目标是创建晚婚晚育、少生优生、勤劳致富、文明幸福的家庭,着眼点和立足点也是家庭。

其二,都以人的发展为中心。"家庭计划"活动虽然与控制人口有关,但实际上一开始是作为女权运动发动和开展的。国际计划生育联合会也把"保护父母和儿童身心健康"作为宗旨。新家庭计划活动更是以人的全面发展为中心,以提高人的素质特别是妇女的素质,提高人们的生活质量为目标。

总之,新家庭计划活动包含了国际上通行的"家庭计划"活动的基本内容,它标志着我国的计划生育工作已完全能与国际接轨。

但同时,新家庭计划与国外的"家庭计划"又有明显区别,其中包括某些实质性的区别。

一是理论基础不同。新家庭计划以马克思主义人口理论特别是两种生产原理为指导。开展新家庭计划活动是马克思主义两种生产原理的具体应用。"家庭计划"通常是家庭节育计划,其理论依据是马尔萨斯的人口理论。

二是内容不同。"家庭计划"的主要内容是节育,主要活动是宣传避孕节育知识,提供避孕节育的技术服务等。新家庭计划活动的内容并不限于生育,而是包括家庭的生产、生活、生育各个方面。在生育问题上也不局限于节育,而是提倡少生、优生、优育、优教。

三是目的不同。开展"家庭计划"活动的目的仅仅是为了个人和家庭幸福。尽管通过"家庭计划"活动,有助于妇女就业,有助于提高妇女地位,客观上也能取得降低人口出生率、抑制人口过快增长的效果,但其出发点是为个人、为家庭。新家庭计划活动是作为一项利国利民的措施而推行的,其目的是强国富民。对个人来说,既要关心个人的家庭利益,又要顾及社区和整个国家的利益。对国家和集体来说,则要重视个人利益,特别是关心在计划生育工作中作出贡献的人们,通过新家庭计划活动尽可能帮助他们加速致富,使他们早日过上幸福美满的生活。

四是实施方式不同。"家庭计划"的实施是个人行为。尽管一些国家的政府明确支持家庭计划活动,支持倡导家庭计划的民间组织,鼓励实行家庭计划的个人或家庭,但舆论则认为生育是家庭的私事,国家用行政手段干预生育是不"人道"的。新家庭计划活动是政府直接领导下的群众性活动。新家庭计划包括计划生育,但又不局限于计划生育,是一项生产、生活、生育三结合的活动。对政府来说,抓新家庭计划活动体现了"两种生产一起抓",是政府行为;对群众而言,新家庭计划活动体现了人民群众的意愿和根本利益,是政府指导下自觉自愿的行动。

五是效果不同。"家庭计划"活动的开展是有成效的。第二次世界大战后,特别是 20 世纪 70 年代以来,由于家庭计划活动在世界各地普遍开展,对抑制世界人口过快增长起到了一定作用。但是总的讲,"家庭计划"活动的效果显露是比较缓慢的。我国计划生育工作的成效举世瞩目。作为计划生育"三结合"的一种形式,新家庭计划活动的成效是不难预见的。浙江省自 1993 年起开展新家庭计划活动,到 1995 年全省已有 50% 的家庭参加这项活动。"九五"期间,浙江省农村新家庭计划活动的目标是:到 1997 年,有60% 以上家庭达到新家庭标准;到 2000 年,有 75% 以上家庭达到新家庭标准。

二、新家庭计划活动与传统计划生育工作

新家庭计划活动是在总结我国计划生育工作经验并借鉴和吸取国外经验的基础上提出来的,是为适应改革开放和社会主义市场经济需要而实行的计划生育工作的一项改革。与以往的计划生育工作的做法相比,新家庭计划活动除了保持我国计划生育工作的成功经验之外,还具有以下一些特点:

一是工作重心转移到家庭。我国以往的计划生育工作基本上是自上而下层层抓。随着工作的深入,我国逐渐认识到计划生育工作的重点和难点在农村,日益强调抓基层的重要性。然而如果没有抓住家庭这个环节,所谓抓基层是空的,难免出现"热在县里,压在乡里,冷在村里"的现象。新家庭计划活动的着眼点和立足点是家庭。这就使抓基层工作一竿子插到底,落到实处,抓到了点子上。家庭是人口再生产的基本单位,生育决策和生育行为都是在家庭中实现的。家庭又是物质生产和人口生产的结合点,是物质文明和精神文明建设的基点。在家庭功能比较健全的我国农村,抓家庭能起"牵一发而动全身"之效。

二是生产、生活、生育同时抓。以往的计划生育工作往往就计划生育抓计划生育,虽然重点突出,但内容单一、路子很窄。虽然千方百计、千言万语、千辛万苦,想的是计划生育,说的是计划生育,忙的是计划生育,但计划生育工作还是成为"天下第一难"。新家庭计划活动跳出了这个圈子,从更广阔的视野审视人口问题。在认识上,还原了生产、生活、生育密不可分的自然关系;在行动上,将关心群众的生产、生活、生育视为"分内"事。新家庭计划活动抓住了家庭这个两种生产的结合点,从而解决了微观层次"两种生产一起抓"的途径问题。

三是突出了主体的作用。我国的计划生育工作虽然体现了人民群众的根本利益,但过去由于在做法上是自上而下,生育主体成为被发动、受教育的对象,致使一些人认为是"政府要我计划生育",增加了这项工作的难度。新家庭计划活动旨在引导农民勤劳致富、创建文明幸福的家庭。因此,开展

新家庭计划活动,有助于激发生育主体实行计划生育的内在动力,变"要我计划生育"为"我要计划生育",从而还原了生育主体应有的能动作用。

四是注重人的全面发展。由于我国人口众多,增长数量大,20世纪80年代和90年代又面临第三次人口出生高峰,因而一段时间内把控制人口数量问题摆在突出的位置是很自然的,也是完全必要的。但正如国内一些学者早已指出的那样,少生并不就是一切。提高人口素质无论从控制人口数量方面看还是从满足经济、社会发展需要方面看,都有着十分重大的意义。新家庭计划活动,既着眼于控制人口数量,更注重提高人口素质,特别是育龄妇女的素质。"新家庭"的主要标志就是有较高的生活质量。这种生活质量不仅体现在较高的物质生活水平上,而且体现在人的文明程度上,体现在人的全面发展上。

五是着意于低生育率环境的创造。人口问题从本质上讲是一个发展问题。新家庭计划活动的根本目标就是引导人们勤劳致富、提高生活质量,从而促使人们的生活方式及思想观念现代化。如果说以往的计划生育工作在特殊情况下不得不侧重于治标的话,那么新家庭计划活动则是在控制人口数量取得显著成绩的基础上实行标本兼治,即不仅要控制人口数量,而且要营造低生育率的客观环境。这是一项更艰巨、更具有深远意义的工作,是最终解决我国人口过快增长问题的根本出路。

六是体现齐抓共管和综合治理的方针。解决人口问题是一项社会系统工程,涉及社会生活的方方面面。以往的计划生育工作之所以难,一个重要原因是部门之间认识不统一,政策不协调。新家庭计划活动是一项由党政牵头、部门配合、群众参与的活动,不仅是计划生育部门,而且农业、林业、水利、卫生、民政、金融、保险、供销等部门及系统以及共青团、妇联等群众团体都密切配合,统一认识,统一行动,形成前所未有的合力。况且新家庭计划活动本身就是社会主义新农村建设的有机组成部分和基础工程,它使农村的计划生育工作真正与农村两个文明建设融为一体。

原载《人口与计划生育》1996年第6期,第25-27页。

关于浙江省新家庭计划活动的调查^①

新家庭计划活动是浙江省推行计划生育"三结合"的具体形式。1993年以来,这项活动在试点的基础上逐步在全省范围内推开。据统计,目前全省所有的县(市、区)和2/3的乡镇开展了这项活动,有 60％左右的家庭参与了此项活动。

对于浙江大地上出现的这一新事物,广大群众是怎么想的? 他们又是怎么做的? 在实施新家庭计划过程中,他们有些什么要求和建议? 为了掌握这些情况,1997 年上半年我们在全省范围内进行了一次调查。

一、调查方法

浙江省的经济发展水平和计划生育工作水平都是浙北较高而浙南较低。为了使调查结果具有一定代表性,我们分别在浙北、浙中、浙南选择一个有代表性的县(市)作为调查对象。它们是嘉兴市的桐乡市、绍兴市的新昌县和温州市的永嘉县。桐乡市是省委省政府首批表彰命名的 33 个"小康县"之一;新昌县为中等水平县;永嘉县是刚刚摘帽的省定贫困县。在这 3

———————

① 本文为叶明德主持的国家社会科学基金课题"计划生育'三结合'的新形式——新家庭计划研究"(批准号为 96BSH008)的一项阶段性成果,由叶明德执笔。本次调查得到桐乡市梧桐镇、河山镇、芝村乡、炉头乡和新昌县梅渚镇、白茅镇、儒岙镇以及永嘉县上塘镇、瓯北镇、五尺乡领导和群众的大力支持,在此一并表示感谢。

个县(市),根据 1996 年农民人均纯收入状况和计划生育工作状况,并兼顾地理区位,选取 3 个有代表性的乡(镇);在选中的乡(镇),按上述方法选取 3 个有代表性的村;在选中的村用随机抽样的方式选取 60 对已婚育龄夫妇进行问卷调查。

在这 3 个县(市),我们共调查了 9 个乡(镇)、27 个村、1620 对育龄夫妇(入户调查时,有间隔地选取丈夫或妻子作为调查对象)。结果,共取得 1506 份有效问卷。被调查者中,男性 769 人,占 51.06%;女性 737 人,占 48.94%。被调查者的年龄结构是:20—24 岁占 3.52%;25—44 岁占 79.94%;45—59 岁占 16.53%。

二、调查结果

(一)当前农民的生活、生育状况及向往

1. 1996 年家庭人均纯收入情况

调查数据显示,被调查者的家庭,年人均纯收入在 500 元及以下的贫困户占 1.99%,主要分布在浙南的永嘉县。年人均纯收入在 501～1000 元的困难户占 6%～10%,3 个县(市)均有分布。年人均纯收入在 1001～3000 元的家庭户占被调查户的一半。浙江省农村的小康标准高于全国平均水平,年人均纯收入的小康下限值定为 1600 元(1990 年价)。据有关部门换算,1990 年的 1600 元相当于 1996 年的 3300 元。因此,1996 年人均纯收入 3000 元以上者可视为达到或基本达到省定小康标准。在被调查者的家庭中,人均纯收入达 3000 元以上的占 41.70%,其中桐乡市接近 60%,新昌县和永嘉县占 1/3(见表 1)。

表 1　1996 年家庭人均纯收入情况　　　　　　单位:%

地区	≤500 元比重	501—1000 元比重	1001—2000 元比重	2001—3000 元比重	>3000 元比重	无应答
桐乡市	0.00	1.00	13.80	27.60	56.60	1.00
新昌县	0.20	3.95	35.97	25.10	34.58	0.20

续表

地区	≤500元 比重	501—1000元 比重	1001—2000元 比重	2001—3000元 比重	>3000元 比重	无应答
永嘉县	5.80	13.40	17.80	28.80	34.00	0.20
合计	1.99	6.10	22.58	27.16	41.70	0.46

2. 现代家用电器拥有情况

调查数据显示,浙江农村电视普及率较高,93.29％的被调查户都拥有电视机,浙北的桐乡市几乎每家都有,浙南的永嘉县虽属贫困县,拥有电视机的家庭也接近90％。被调查户中,电视普及率超过有线广播普及率6.44个百分点(见表2)。值得注意的是,调查对象中拥有家庭电话的已超过1/5,甚至电脑也开始进入农村百姓家。在被调查的1506户中,有23户拥有电脑,占1.15％。永嘉县虽然经济相对落后,但老百姓家庭的电话、电脑拥有率并不落后,与经济较发达的桐乡市不相上下。这与温州地区群众的市场意识较强有关系。

表2　农村百户家用电器拥有情况　　　　单位：％

地区	电视机	收音机	电冰箱	洗衣机	电话	电脑	有线广播
桐乡市	99.20	70.60	42.00	51.00	29.20	2.20	96.20
新昌县	91.11	37.35	29.64	11.26	7.71	0.20	86.76
永嘉县	89.60	59.00	39.80	35.20	27.60	2.20	77.60
合计	93.29	55.58	37.12	32.40	21.45	1.53	86.85

3. 生育状况

调查数据显示,被调查的育龄夫妇中,没有孩子的占3.05％,拥有1个和2个孩子的占84.73％,拥有3个及以上孩子的占12.22％,然而地区差异比较明显。桐乡市育龄夫妇的多孩率较低,仅4％;而永嘉县育龄夫妇的多孩率则高达25.2％(见表3)。从分县(市)分年龄的数据统计中可以看出,桐乡市20—39岁年龄段育龄夫妇的多孩率仅为0.56％,多孩者主要是80年代以前就进入婚育期的40岁及以上的夫妇。这表明桐乡市80年代以来控制人口工作卓有成效。永嘉县被调查的育龄夫妇各个年龄段的多孩率都较高,20—39岁年龄段也达8.31%。这说明浙南地区控制人口难度较大,计划生育水平与浙北地区相比有较大差距。

表 3　生育状况　　　　　　　　单位:%

地区	无孩	一孩	二孩	三孩及以上	总计
桐乡市	3.20	66.00	26.80	4.00	100
新昌县	2.57	48.82	42.09	7.52	100
永嘉县	3.40	30.20	41.20	25.20	100
合计	3.05	48.01	36.72	12.22	100

4. 对生活的追求

调查数据显示,在被调查者中,有82.2%的人将"富裕、文明、幸福"的现代家庭当作所向往的理想家庭。同时,也有一部分人向往传统的"人丁兴旺、四代同堂"的大家庭,有一部分人向往"很有钱"或"有权有势"的家庭,反映了社会转型期人们价值观念的多元化(见表4)。当问及对生活的追求时,有13.61%的人向往都市生活,希望"同城里人一样生活";有36.06%的人不甘落在别人的后面。同时,也有46.08%即将近一半的人追求自己生活水平的提高,但不想同别人去比。大多数被调查者对子女的期望都比较高,有93.09%的人希望自己的子女达到高中及以上文化水平,有54.32%的人希望子女达到大专及以上文化水平。

表 4　理想家庭　　　　　　　　单位:%

指标	合计	桐乡市	新昌县	永嘉县
人丁兴旺、四代同堂	7.84	8.40	6.32	8.80
很有钱	7.90	4.00	7.51	12.20
有权有势	0.80	0.00	0.79	1.60
富裕、文明、幸福	82.20	86.80	84.19	75.60
其他	0.93	0.60	0.40	1.80
未应答	0.33	0.20	0.79	0.00

5. 新家庭计划活动开展情况

浙江省的新家庭计划活动是在试点的基础上逐步推开的。1995 年 5

月,省委省政府正式发文,要求在全省范围内,重点在农村有计划有步骤地开展新家庭计划活动。1996 年 2 月省委省政府再次发文。明确提出新家庭计划活动是建设社会主义新农村的有机组成部分和基础工程,必须围绕浙江省 90 年代农村奔小康、建设社会主义新农村的总目标和战略部署,与社会主义新农村建设同步计划,同步实施,有机结合,并提出了新家庭必须具备的 8 个条件。

本次调查表明,虽然各地对新家庭计划活动的宣传发动及实施情况有差别,但总的看来,这项活动在群众中的影响波及面已相当大。有 91.63% 的调查对象知道有此项活动,有 89.24% 的调查对象听说过新家庭必须具备的 8 个条件,有 67.53% 的调查对象制订了新家庭计划(表 5)。

表 5　新家庭计划活动开展情况　　　　　　　单位:%

指标	合计	桐乡市	新昌县	永嘉县
听说过这项活动	91.63	99.2	99.00	76.6
听说过 8 个条件	89.24	97.8	96.64	73.2
已订新家庭计划	67.53	94.4	84.78	23.2

(二)群众在实施新家庭计划过程中的困难及要求

1. 各地群众对实施新家庭计划难点的看法

浙江省委省政府为了规范新家庭计划活动,提出了新家庭必须具备的 8 个条件,这就是:①勤劳致富。家庭年人均纯收入 1600 元以上。②计划生育。自觉落实避孕节育措施,无早婚早育、大月份引产、计划外生育等情况,自觉接受生理卫生教育、优生指导,履行婚前检查、围产期保健。③履行义务。按时完成政府下达的种粮、植棉、植树造林及粮食订购任务,自觉执行"三制一上交"制度,自觉履行公民兵役、义务教育等各项义务。④遵纪守法。照章纳税,无赌博、偷盗等违法行为,无刑事犯罪。⑤弘扬公德。重视家庭教育,尊老爱幼,男女平等,家庭和睦,邻里互助,移风易俗,勤俭持家。⑥勤学科技。积极参加文化科技培训,青壮年家庭成员无文盲,主要劳动力掌握1门以上实用技术。⑦保障安全。参加社会养老保险和计划生育系列保险,无家庭安全责任事故。⑧卫生整洁。家庭成员饮用安全卫生水,使用卫生厕所;室内外卫生整洁。

由于各地经济社会发展水平不一,各地群众建设新家庭的重点和难点也就有所不同。调查数据显示,永嘉县由于计划生育工作滞后,计划外生育的面比较大,因而担心难以实现"计划生育"条件者的比例占首位。新昌县计划生育工作的基础比较好,群众的注意力集中在勤学科技和勤劳致富方面.担心难以实现"勤学科技"和"勤劳致富"条件者的比例分别占第一位和第二位。桐乡市经济较发达,计划生育工作基础好,群众的注意力集中在改善生活环境和提高自身素质方面,担心难以实现"卫生整洁"条件者的比例高居第一位,担心难以实现"勤学科技""勤劳致富""弘扬公德"条件者的比例分别居第二、第三和第四位(见表6)。

表6　三县群众认为实施新家庭计划难以实现的条件　　单位:%

地区	勤劳致富	计划生育	履行义务	遵纪守法	弘扬公德	勤学科技	保障安全	卫生整洁
桐乡市	37.30	3.97	1.59	7.14	29.37	38.10	7.94	47.62
新昌县	60.45	14.09	1.82	1.36	16.82	64.09	4.55	39.55
永嘉县	42.78	50.66	31.23	16.01	19.16	44.09	32.55	18.64
合计	47.18	31.50	17.19	10.04	20.22	49.11	19.81	29.99

注:这里的"群众"指调查对象中认为自己的家庭目前尚未达到新家庭标准的人。具体样本数是桐乡市126,新昌县220,永嘉县381,合计727。

2. 各地困难户对致贫原因的看法

通常人们对"富裕户""困难户"的理解是相对的,本次调查的数据反映了这一点。有趣的是,越是经济发达的地区,自认为是"富裕户"的人越少;而经济欠发达的地区,自认为是"富裕户"的人的比例反而较高(见表7)。

表7　自己认为本户在当地的经济地位　　　　　单位:%

地区	富裕户	中等户	困难户	未应答
桐乡市	17.40	71.80	9.80	1.00
新昌县	17.79	75.89	6.13	0.20
永嘉县	25.20	60.20	14.40	0.20
合计	20.12	69.32	10.09	0.46

各地自认的"困难户"对致贫的原因的认识也不甚一样。调查数据显示,经济较发达的桐乡市,困难户集中关注的是技术,认为缺技术而致贫的人比例最高。新昌县和永嘉县集中关注的是资金,认为缺资金而致贫的人的比例均居第一位(见表8)。

表8　困难户对造成经济困难原因的看法　　　　　单位:%

地区	缺资金	缺技术	缺劳力	灾害	病残	其他	未应答
桐乡市	20.41	40.82	16.33	2.04	10.20	8.16	2.04
新昌县	61.29	25.81	0.00	0.00	9.68	0.00	3.22
永嘉县	61.11	19.44	5.56	4.17	6.94	2.78	0.00
合计	48.03	27.63	7.89	2.63	8.55	3.95	1.32

3. 群众在生产方面的需求

调查数据显示,群众对发展经济所需条件的看法较过去有很大转变,即不再一味追求劳动力的投入,而是开始注重技术投入、资金投入和劳动者素质的提高。调查数据还显示,经济社会发展水平不同,群众在生产方面的需求也有所不同。经济较发达的桐乡市,要求提供技术帮助的人最多;而经济欠发达的新昌县和永嘉县,则是要求提供资金帮助者居多(见表9)。

表9 群众在生产方面的需求 单位:%

指标	合计	桐乡市	新昌县	永嘉县
增加劳动力	2.66	3.20	0.40	4.40
提高劳动者素质	18.72	27.60	17.39	11.20
提供资金帮助	42.10	31.40	49.21	45.60
提供技术帮助	35.39	36.80	31.42	38.00
其他	0.60	0.00	1.58	0.20
未应答	0.53	1.00	0.00	0.60

4. 群众在生育服务方面的需求

当问及目前最需要的计划生育技术服务是什么时,各地的被调查者均以要求提供满意的避孕方法的人为最多,要求提供避孕药具和提供节育咨询服务的人也有一定比例(见表10)。

表10 目前最需要的计划生育技术服务 单位:%

指标	合计	桐乡市	新昌县	永嘉县
提供避孕药具	14.94	22.20	8.30	14.40
提供满意的避孕方法	45.48	52.00	58.89	25.40
节育咨询服务	13.35	8.00	8.50	23.60
孕期保健、优生指导	8.83	8.60	7.11	10.80
治疗妇科病	7.17	5.80	3.75	12.00
其他	8.37	1.40	12.65	11.00
未应答	1.86	2.00	0.79	2.80

(四)群众对新家庭计划活动的认识与期望

1. 群众对开展新家庭计划活动必要性的认识

调查数据显示,80%以上群众认为这项活动好,开展这项活动很有必要,但其中有一部分人担心难以坚持。当然也有10%左右的人认为没有必要,或者认为搞不搞差不多(见表11)。

表 11　对长期开展新家庭计划活动必要性的认识　　单位:%

指标	合计	桐乡市	新昌县	永嘉县
很必要	60.62	70.60	65.61	45.60
好是好,就怕难坚持	19.99	17.00	17.19	25.80
搞不搞都差不多	7.84	6.60	9.09	7.80
没必要	3.72	3.20	3.75	4.20
没想过	6.97	2.60	3.36	15.00
未应答	0.86	0.00	0.99	1.60

2. 群众对开展新家庭计划活动的期望

当问及怎样才能长期开展新家庭计划活动时,群众意见集中于下列因素:领导重视、要有专门人抓、要能解决实际问题、要定期检查评估、评估要公正等,其中"领导重视"处于首位(见表 12)。

表 12　对长期开展新家庭计划活动必要条件的认识

指标	合计	桐乡市	新昌县	永嘉县
领导重视/%	91.37	99.60	90.91	83.60
要有专门人抓/%	88.71	99.60	88.74	77.80
要能解决实际问题/%	88.38	99.40	90.32	75.40
要定期检查评估/%	74.37	85.80	74.51	62.80
评估要公正/%	72.84	84.40	74.31	59.80
样本数/人	1506	500	506	500

三、结论及建议

(一)几点结论

1. 开展新家庭计划活动顺民心,合民意

调查结果表明,新家庭计划活动虽然还处于逐步推行的过程中,但已得到多数群众的赞同和拥护。浙江省开始酝酿新家庭计划活动时,主要是根据浙江经济社会发展状况,考虑计划生育工作如何突出"服务"功能,以及如何逐步与国际上的"家庭计划"接轨。冠以"新"字,是为了体现中国的"家庭计划"的特色。在试点的过程中,经过群众的创造,新家庭计划的内容不断扩充。目前在全省范围内推行的"新家庭计划"实质上是家庭全面建设计划,它已成为社会主义新农村建设的基础工程。所谓新家庭计划活动,实际上是一项群众性的社会主义新生活的创建活动。然而新家庭计划内容的扩充,并未改变初衷,而是原有思路的深化。因为开展新家庭计划活动,推动家庭两个文明的全面建设,与计划生育"三结合"的精神完全一致。这项活动之所以能得到群众的拥护,是因为它适应了群众求富、求知、求新、求美、求乐的内在要求,顺应了创造富裕、文明、幸福新生活的时代潮流。人民群众是社会发展的主体,一个新出现的事物有没有生命力,要看群众赞成不赞成、拥护不拥护、高兴不高兴。新家庭计划活动的开展,群众赞成、拥护并感到高兴,其生命力是无可怀疑的。

2. 浙江省新家庭计划活动进展顺利

浙江省委省政府决定在全省开展新家庭计划活动时,对这一活动的进展做了规划,要求在 1995 年末,全省参与新家庭计划活动的家庭达到 50%左右,到 1997 年末达到 70%左右,到 1999 年末基本普及。本项调查的数据表明,1997 年初,被调查家庭的新家庭计划活动参与率为 67.53%。这与规划的要求基本相符。各地的差距是多种因素形成的,属正常现象,不能也不可能强求一致。

3. 现行的新家庭 8 个必备条件具有规范和激励作用

群众性的新家庭计划活动要不要制定全省统一的标准,这个问题目前有不同看法,可以进一步商讨。根据本次调查,对于省委省政府提出的 8 个必备条件可以得出这样两个结论:其一,这 8 个条件群众基本认可,起了规范作用;其二,这 8 个条件具有激励作用。

现行的新家庭 8 条标准即 8 个必备条件是总结试点经验并参照浙江省

90 年代农村奔小康和新农村建设考核标准制定的,要求是高的,但也不是高不可攀。本次调查要求被调查者对照 8 条对自己家庭进行评估,结果有 50.8％的人认为自己的家庭已经达标。当然自评与根据实施细则并根据一定程序由领导与群众一起进行科学考评不能相提并论,但自评的结果反映出群众对实施新家庭计划抱有信心。1996 年 10—12 月浙江省新农村新家庭建设协调小组办公室选择经济发展水平不同的镇海区、安吉县和衢县开展新家庭建设评估的试点工作,共有 10 个乡镇对照省定标准进行了评估,家庭总参评率在 85％以上。评估结果显示,镇海区、安吉县和衢县的达标率分别为 93.8％、91.78％和 73.58％。这说明省里制定的标准具有可行性。

(二)几点建议

1. 需继续加强对新家庭计划活动的宣传发动力度

调查数据显示,目前尚未制订新家庭计划的调查对象,有 26.36％的人是由于"没有听说过",有 34.52％的人虽听说过,但"没有要求订"。这说明在一些地方,对新家庭计划活动的宣传发动工作尚有待加强。新家庭计划活动内容丰富,含义深远,仅作一般性的宣传是不够的,必须向每一位农村居民讲清"是什么、为什么、怎么做",讲清新家庭计划活动与农村奔小康、建设社会主义新农村的内在联系,讲清新家庭计划活动和农村业已开展的"五好家庭""双学双比"等活动在本质上的一致性。宣传发动工作要依靠基层党政组织,但同时要充分发挥计划生育协会等民间组织的作用。大量事实证明,基层计生协会在新家庭计划活动中是能发挥其重要的独特的作用的。

2. 要因地制宜地选择新家庭计划活动的载体

各地经济社会发展水平不同,群众的注意力与兴奋点也必然有所不同。经济欠发达地区,人们求富心切,千方百计谋求脱贫致富;经济较发达地区,人们则开始注重生活质量和自身素质的提高。从实际出发,抓住群众的热点问题,选择适当的载体,因势利导,才能使新家庭计划活动搞得有声有色。当前,在经济欠发达地区,新家庭计划活动的侧重点应放在严格控制人口增长和帮扶计划生育户率先致富上。旨在帮扶计划生育户实施致富项目的

"新家庭计划发展基金会"、由少生快富示范户与求知求富户相互结对实现"一帮一、一对富"的家庭互助组、旨在救助贫困母亲的"送温暖工程"、由龙头企业带动计划生育户致富的"造血工程"等,都是深受群众欢迎的有效载体。在经济较富裕、计划生育工作基础好的地区,则需要在抓家庭精神文明建设和计划生育优质服务方面多做文章,选择适当的载体,及时地引导群众向更高的目标前进,以便更好地起带头示范作用。

3. 建立定期评估制度,形成经常性的自我监督机制和激励机制

新家庭计划活动对群众的思想和行为具有规范作用,然而这种作用只有通过经常性的评估活动才能充分发挥出来。新家庭计划实施情况的评估过程,是群众自我监督、自我教育的过程,是找差距、找难点、抓重点的过程,也是相互激励、相互推动的过程。是否建立和坚持定期、科学、公正的评估制度,是检验一个地区对新家庭计划活动是认真抓还是一般性地抓,是真抓还是"走过场"的试金石。

4. 真正建立党政统一领导、有关部门密切配合、广大群众积极参与的运行机制

新家庭计划活动融物质文明建设与精神文明建设于一体,使物质资料生产与人类自身生产在家庭这一微观层次上得以协调统一。这是一项真正的社会系统工程,不仅需要群众的广泛参与,而且需要各有关部门密切配合,齐抓共管。因此,这项活动必须由党委和政府统一领导。作为农村两个文明建设的基础工程,新家庭计划活动必须纳入当地农村奔小康和社会主义新农村建设的总体规划,统一组织实施,统一考核验收。评估小康村、小康乡、小康县,必须从评估新家庭计划实施情况做起,缺少这一程序一律无效。只有建立这样的机制,才能使农村奔小康和社会主义新农村建设建立在扎实可靠的基础之上;也只有建立这样的机制,才能使新家庭计划活动真正形成党政统一领导,各有关部门密切配合、群众积极参与的运行机制。

原载《人口研究》1998 年第 2 期,第 54-59 页。

计划生育"三结合"的一种新路子①
——浙江新家庭计划活动研究

一、新家庭计划活动产生的背景

浙江省开展的新家庭计划活动,是一项有组织、有领导的群众性创造活动。

1993 年初,浙江省计划生育委员会在调查研究的基础上提出了开展新家庭计划活动的设想,并先后在桐乡市和鄞县建立试验点。国家计生委推广吉林省农村计划生育工作与发展商品经济相结合、与农民勤劳致富奔小康相结合、与建设文明幸福家庭相结合(简称"三结合")的经验后,浙江省计生委决定把新家庭计划活动作为浙江省实行计划生育"三结合"的基本模式来抓。1995 年 5 月,浙江省委办公厅、省政府办公厅联合发文,决定在全省范围内,重点在农村有计划、有步骤地开展新家庭计划活动。1996 年 2 月,省委办公厅、省政府办公厅再次联合发文,明确地将农村的新家庭计划活动纳入社会主义新农村建设的轨道,作为建设社会主义新农村的有机组成部分和基础工程,要求各地的新家庭计划活动"必须紧紧围绕我省 90 年代农村奔小康,建设社会主义新农村的总目标和战略部署,与社会主义新农村建

①　本文为叶明德主持的国家社会科学基金课题"计划生育'三结合'的新形式——新家庭计划研究"(批准号为 96BSH008)的最终研究成果,由叶明德执笔。

设同步计划,同步实施,有机结合"。同时,还提出了新家庭必须具备的条件以及"九五"期间新家庭计划活动的具体目标及主要措施等。

对于这项活动广大群众是怎么想的呢? 1997 年 1 月,本课题组在桐乡、新昌、永嘉三地抽样调查的数据表明,80%以上群众认为这项活动好,开展这项活动很必要。当然也有 10%左右的人认为没有必要,或者认为搞不搞差不多(见表 1)。

表 1　对开展新家庭计划活动必要性的认识　　　　　单位:%

指标	合计	桐乡市	新昌县	永嘉县
很必要	60.62	70.60	65.61	45.60
好是好,就怕难坚持	19.99	17.00	17.19	25.80
搞不搞都差不多	7.84	6.60	9.09	7.80
没必要	3.72	3.20	3.75	4.20
没想过	6.97	2.60	3.36	15.00
未应答	0.86	0.00	0.99	1.60

资料来源:根据本课题抽样调查数据整理。

抽样调查数据显示,群众对新家庭计划活动必要性的认识与宣传发动状况有关,凡是宣传发动工作搞得好的地方,群众的参与率就高,拥护这项活动的人数比例就高(见表 2)。

表 2　群众知情率、参与率与认识程度　　　　　单位:%

指标	合计	桐乡市	新昌县	永嘉县
知道新家庭必备条件	89.24	97.80	96.64	73.20
已订新家庭计划	67.53	94.40	84.78	23.20
认为这项活动好、很必要	80.61	87.60	82.80	71.40

资料来源:根据本课题抽样调查数据整理。

从表 2 中可以看出,桐乡市宣传发动的覆盖面达到 97.8%,组织工作也抓得紧,有 94.4%的群众参与这项活动,订了新家庭计划。在参与人员中,绝大部分是自觉的,认为这项活动好,很有必要;也有一部分群众(约占

7%左右)是随大流,认为搞不搞这项活动差不多。相比之下,永嘉县宣传发动工作的力度稍差一些,但覆盖面也达到 73.2%。由于组织工作未能跟上,群众参与率较低,已订新家庭计划的人数只占被调查者的 23.2%,但拥护这项活动的人数则占被调查者的 71.4%。从三个调查点的综合情况来看,省委、省政府决定在全省范围内推行新家庭计划活动后一年半左右时间里,宣传发动面接近 90%,群众参与率接近 70%,有 80% 以上的群众表示支持、拥护这项活动。这表明浙江省开展新家庭计划活动进展顺利,有广泛的群众基础。

本课题对新家庭计划活动产生的背景的研究发现,这一新生事物在浙江大地上出现不是偶然的,有其客观的必要性和必然性。

20 世纪 90 年代初,浙江省人口发展及经济社会发展都面临新的形势。

1978 年以来,浙江省每年都完成国家下达的人口计划指标,计划生育各项指标也一直处于全国的前列,人口数量得到了有效的控制。从 1983 年起育龄妇女总和生育率一直稳定地处于更替水平以下,进入 90 年代则维持在 1.5 左右的低水平,比西方发达国家的平均水平还要略低。人口再生产已进入低出生、低死亡、低增长的现代类型。从总体上看,控制人口的任务已从降低生育率转化为巩固低生育率。这预示着浙江省的计划生育工作已开始进入一个全新的历史阶段。

浙江省是市场经济发育较早的省份之一,特别是商品市场、专业市场起步早,发展快。市场经济的兴起,对人口与计划生育工作既是机遇,又是挑战。从长远看,社会主义市场经济体制的建立和发展,必然会优化生产资料的配置,加快产业结构现代化改造,从而加速非农产业的发展,加快农村工业化和城镇化的进程。这无论在宏观方面还是微观方面都有利于人口再生产类型转变和实现人口现代化。然而,在经济体制转换的过程中,不可避免地会带来许多新情况、新问题。例如,随着政府职能的逐步转换和企业、家庭、劳动者自主性的增强,人口流动性明显增大,人户分离、下岗转岗等现象日益增多。在法制尚不完善的情况下,非法同居、未婚先孕、早婚早育等无序现象也有上升的趋势。传统的在计划经济时期形成的一整套行之有效的人口与计划生育管理体制和管理办法面临严峻的挑战,建立新的与市场经济相适应的管理体制和管理办法势必提到议事日程上来。

20世纪80年代是浙江省经济快速增长期。国家统计局的统计数据显示,1978年到1991年,在全国30个省、自治区、直辖市,人均GDP增长最快的是浙江,其次是广东,分别比全国平均增速高4.3和3.7个百分点。另据中国社科院社会学研究所"社会发展与社会指标"课题组评价结果显示,从1978年到1991年的13年中,经济社会综合指数增长最快的是浙江,共增长了234%,比全国平均增幅高54个百分点;年递增率为6.8%,比全国平均水平高2.2个百分点。经济的快速发展使人们的生活条件得到明显改善,生活方式及价值观念也发生相应的变化。广大育龄群众的生育意愿与生育政策之间的差距在缩小。无论城市还是农村,人们开始注重孩子的质量。调查显示,农民群众普遍有两个企盼:一盼尽快致富;二盼有一个健康聪明的孩子。农民群众对与他们生产生活密切相关的计划生育开始有了新的认识,也萌发了新的需求。

浙江省的新家庭计划活动就是在这样的历史背景下出现的。它适应了计划经济体制向市场经济体制转变的客观形势,体现了人口问题必须综合治理、计划生育工作必须上新台阶的客观要求,也顺应了广大育龄群众追求富裕、文明、幸福新生活的迫切愿望。

需要指出的是,新家庭计划活动的出现与国际社会的大背景有着密切的关系。20世纪90年代初国际社会对于发展问题以及人口问题的新认识和新思潮,对新家庭计划活动的产生起了导向作用。

发展问题的新思潮,主要体现于对"可持续发展"概念的认同和可持续发展战略思想的确立。"可持续发展"概念的提出可追溯到1972年6月在瑞典首都斯德哥尔摩召开的联合国人类环境会议。这次会议通过的《联合国人类环境会议宣言》就有"合乎环境要求的发展""无破坏的发展""生态的发展""连续的和可持续的发展"等提法。1987年世界环境与发展委员会发表的《我们共同的未来》的报告,对"可持续发展"作了定义性解释:既满足当代人的需要,又不对后代人满足其需要的能力构成危害的发展。这一解释得到广泛认同。1992年在联合国环境与发展大会上，人类第一次明确提出了社会可持续发展的战略口号，并通过了《里约环境与发展宣言》《21世纪议程》等重要文件，认为世界各国应该联合起来，共同解决人口、资源和环境问题。1994年在联合国人口与发展大会上，社会可持续发展概念的正确性和可行性又得到进一步论证和肯定，并提出了"可持续发展问题的中心是人"的观点。从可持续发展的高度审视人口、资源、环境等问题，极大地扩展了人们的视野，使人们的认识得到升华。

　　1994年在埃及首都开罗召开的国际人口与发展大会，以对人口与经济社会发展关系的空前深刻的认识而载入史册。在实行计划生育、降低出生率的同时，更重视经济持续增长、合理利用资源、保护生态环境、消除贫困、普及教育、提高妇女地位、改善家庭福利、完善社会保障、做好妇幼保健工作。特别要重视提高妇女地位，保障妇女的合法权益，消除对妇女的歧视，改善妇女特别是女童受教育的条件，促进妇女参与政治与经济发展的进程，提高生殖健康和计划生育服务水平，注意保护妇女和青少年的身心健康。国际社会的上述共识，对于我国探索综合治理人口问题的途径给予了有益的启迪。

　　浙江省的新家庭计划活动，就是在国际国内大背景下，总结群众实践经验和借鉴国际上有益经验的产物。

二、新家庭计划活动的内涵与特点

　　浙江省开展的新家庭计划活动，是在计划经济向社会主义市场经济转变的新形势下，针对浙江省经济社会发展的实际情况，实行计划生育工作思路和工作方法"两个转变"、实行计划生育"三结合"的具体形式，是领导与群众在总结实践经验和吸取国际上"家庭计划"有益经验基础上的一种创造。这项活动的实际内涵是：着眼于家庭，在各级党委政府统一领导下，有关部门密切配合，依靠政府支持，依托社区网络，利用民间资源，贯彻服务思想，倡导互助精神，推动群众参与，全面开展生产、生活、生育的全方位优质服务,以少生快富为中心,大力推进家庭与社区社会主义物质文明和精神文明建设,努力营造综合治理人口问题的良好环境,不断提高育龄群众的综合素质和生活质量,提高妇女地位,促进人的全面发展,实现人口与经济、社会、资源、环境的协调发展和可持续发展。

浙江省推行的新家庭计划与国际上通行的"家庭计划"只有一字之差,表明这两者之间既有联系又有区别。

新家庭计划与"家庭计划"的相通之处在于:

其一,两者都着眼于家庭。家庭既是生育的决策单位,又是实现生育行为的单位。"家庭计划"从提出到广泛实施,一直立足于家庭。新家庭计划的目标是创建少生优生、富裕文明、健康幸福的社会主义新家庭,着眼点和立足点也是家庭。

其二,两者都主张有计划地生育。人类控制生育的愿望及行为古已有之,但由于受科学技术及观念习俗的限制,长期以来人类的生育都处于无政府状态。"家庭计划"的倡导者和实行者都主张用避孕的方法控制生育,即控制生育子女的数目和生育间隔。新家庭计划中的生育计划并不局限于家庭。这种计划既要服从家庭建设的需要,又要顾及并服从于社区乃至整个国家民族的整体利益和长远利益。然而新家庭计划与"家庭计划"都重视生育的计划性,反对盲目生育,这一点是相通的。

其三,都以人的发展为中心。"家庭计划"活动虽然与控制人口有关,但一开始是作为女权运动发动和开展的,国际计划生育联合会也把"保护父母和儿童身心健康"作为宗旨。新家庭计划更是以人的全面发展为中心,以提高人的素质特别是妇女的素质和提高人们的生活质量为目标。

由此观之,新家庭计划活动包含了国际上通行的"家庭计划"活动的基本内容,表明我国的计划生育工作已逐步同国际接轨。

另一方面,新家庭计划与国外的"家庭计划"相比,无论在内容上还是实施方式上都有一些差别:

其一,"家庭计划"的主要内容是节育,主要活动是宣传避孕节育知识,提供避孕节育的技术服务。有的国家倡导节育的民间组织也给育龄群众提供生产、生活服务。相比之下,新家庭计划的内容要丰富得多,它包括家庭的生产、生活、生育以及伦理道德等各个方面,实际上是以少生快富为宗旨的家庭物质文明和精神文明的全面建设。

其二,"家庭计划"的实施是个人行为和民间行为。国外倡导家庭计划主要是民间组织,而新家庭计划活动则是党和政府直接领导下的群众性的社会主义新型家庭创建活动,是政府行为、社会行为和个人行为的统一。新家庭计划活动被各级政府纳入经济社会发展的总体规划,成为社会主义新农村建设和文明社区建设的基础工程,统一计划,统一部署,统一考核验收,具有很强的计划性、导向性、示范性和激励性。

总之,浙江省推行的新家庭计划,借鉴了"家庭计划"的经验,又超越了"家庭计划",可以说,它是具有中国特色的"家庭计划"。

新家庭计划活动是在总结我国计划生育工作经验并借鉴和吸取国外经验的基础上提出来的,是为适应改革开放和社会主义市场经济需要而实行的计划生育工作的一项改革。与以往的计划生育工作相比,新家庭计划活动除了保持我国计划生育工作的成功经验之外,还突出地体现了以下特点:

一是工作重心下移。我国以往的计划生育工作基本上是自上而下层层抓。随着工作的深入,我国逐渐认识到计划生育工作的重点和难点在农村,日益强调抓基层的重要性。然而如果没有抓住家庭这个环节,所谓抓基层是空的,难免出现"热在县里,压在乡里,冷在村里"的现象。新家庭计划活动的着眼点和立足点是家庭。家庭是人口再生产的基本单位,生育决策和生育行为都是在家庭中实现的。家庭又是物质生产和人口生产的结合点,是物质文明建设和精神文明建设的基点。在家庭功能尚比较健全的我国农村,着眼于家庭就使抓基层工作一竿子插到底,落到了实处。

二是工作思路转变。以往的计划生育工作往往就计划生育抓计划生育,虽然重点突出,但内容单一,路子很窄。虽然千方百计、千言万语、千辛万苦,想的是计划生育,说的是计划生育,忙的是计划生育,但计划生育工作还是成为"天下第一难"。新家庭计划活动跳出了这个圈子,从更广阔的视野审视人口问题,对计划生育工作的本质重新予以认识。首先,不再把计划生育看成是单纯的生育问题,而把它与经济社会发展密切联系起来,让计划生育工作既服从和服务于经济建设这个中心,也积极利用社会大环境中有利于计划生育的诸多因素来促进计划生育工作的开展。其次,不再把育龄群众看成是"管理对象",而把他们看成是计划生育的主人。计划生育工作者要牢固地树立主动服务意识,一切工作都要围着主人转,全面关心育龄群众的生产、生育和生活。

三是工作重点转移。我国计划生育工作是在生育率过高、人口增长过快的情况下提出来的。因此,以往人们都习惯地认为计划生育工作的任务就是安排人口出生,完成人口计划。在这种观点指导下,工作的重点也往往只限于有可能怀孕的妇女,即所谓"围着大肚皮转"。而对那些响应党和政府号召,自觉采取避孕节育措施的妇女却关心甚少。新家庭计划活动的提出,实际上是对计划生育工作本质的重新认识和计划生育工作目标的重新定位,即更明确地认识到计划生育工作是我国经济、社会发展工作的有机组成部分,其目标应该是控制人口数量,提高人口素质,改善人口结构,促进人的全面发展,为经济、社会、资源、环境协调发展和可持续发展创造一个良好的人口环境。因此,在生育率已稳定地降低到更替水平以下、人口计划指标年年完成、已取得控制人口增长主动权的情况下,应当不失时机地把工作重点转移到为群众提供以避孕节育、生殖保健为主要内容的优质服务上来,不仅关心群众少生孩子,而且还要关心群众的生产、生活问题,关心群众生活质量和人的素质的提高,以满足当地育龄群众对文明、健康、幸福生活的追求。

四是工作机制转换。解决人口问题是一项社会系统工程,涉及社会生活的方方面面。以往的计划生育工作之所以难,一个重要原因是部门之间认识不统一,政策不协调。新家庭计划活动立足于在经济和社会发展的宽广领域中解决人口问题,农村的新家庭计划活动完全纳入社会主义新农村建设的轨道,成为建设社会主义新农村的有机组成部分和基础工程。开展新家庭计划活动,有利于发展经济,有利于促进精神文明建设,可以获得经济和社会的综合效益,党政领导干部主动抓,有关部门积极参与,群众受益衷心拥护，从而可以形成巨大的合力，综合治理、齐抓共管的局面得以形成，使计划生育工作真正成为社会系统工程。

总之，新家庭计划活动源于以往的计划生育工作，又高于以往的计划生育工作，是计划生育工作在新时期的发展和深化，也是计划生育工作的一次新的飞跃。

三、新家庭计划活动为计划生育"三结合"提供了新思路、新经验

计划生育"三结合"是人民群众在计划生育实践中摸索出来的经验。早在20世纪70、80年代，一些地方就探索出把计划生育与扶贫、发展生产结合的路子。例如，安徽金寨县和湖北英山县在实践中悟出了"要想富，少生孩子多栽树"的道理。四川旺苍县和苍溪县、贵州遵义县（今遵义市播州区）和普定县、山西吕梁山区、陕西南郑县（今南郑区）等地，把扶贫开发与计划生育工作紧密结合，改变了"越穷越生，越生越穷"的状况。20世纪90年代以来，吉林省的一些地方把计划生育与妇女"双学双比"活动、开展家政教育相结合。辽宁省组织计划生育中心户为实行计划生育的家庭提供生产、生活、生育服务。江苏省盐城市射阳县的农民群众自愿组织起来，开展"一帮一，共同富"活动，并成立了各种形式的少生快富合作经济组织。陕西洛川县把计划生育与妇女参与社区发展相结合。计划生育协会在农村实施了帮助妇女增加收入、妇幼保健与计划生育相结合的项目，创办了不少为社会和家庭谋福利的经济项目，帮助群众勤劳致富奔小康。在总结这些经验的基础上，逐步形成了计划生育"三结合"的工作思路。

1993年9月，国家计生委转发了《吉林省农村计划生育工作走"三结合"之路的情况报告》，要求各省、市、区计生委组织各级计划生育干部学习研究，结合本地实际大力推广。1994年6月，全国计生委主任座谈会在江苏省盐城市召开。会上，国务委员、国家计生委主任彭珮云同志充分肯定了盐城推行计划生育"三结合"的经验，认为走"三结合"之路是时代的需要、群

众的创造、实践的总结，对计划生育系统来说是工作思路和工作方法的一次重大转变。1995 年 10 月，国务院在四川成都召开全国计划生育工作"三结合"经验交流会，总结交流各地开展计划生育"三结合"的经验，进一步明确计划生育"三结合"的指导思想、目标、任务、具体政策措施和有关部门的职责。会议认为，实行计划生育"三结合"是新形势下进一步抓紧抓好农村计划生育工作的必由之路，也是发展农村经济、加强农村社会主义精神文明建设、促进农民共同富裕的有效途径。

计划生育"三结合"是一种工作思路，其核心是围绕经济建设这一中心，贴近农民群众发展生产、脱贫致富的强烈愿望和建设文明幸福家庭的要求，通过帮助实行计划生育的农户发展经济，增加收入，让他们从切身利益中感受到计划生育不仅是国家的要求，对家庭和个人也有好处，从而激发他们实行计划生育的内在动力。由于全国各地经济社会条件和计划生育工作基础不同，推行"三结合"必须坚持从实际出发，因地制宜。1996 年 1 月 7 日国务委员、国家计生委主任彭珮云同志在中央农村工作会议上明确指出："'三结合'没有固定的模式，我们愿同各地、各部门的同志一道继续在实践中探索适应不同经济社会条件和计划生育工作基础的地区实现'三结合'的具体途径和做法。"

成都会议之后，中国人口学会曾于 1996 年 9 月和 1997 年 10 月先后在陕西汉中和广西桂林召开研讨会，总结交流欠发达地区推行计划生育"三结合"的经验。经济较发达地区推行"三结合"的经验至今尚未进行系统的总结。浙江省是我国经济较发达、计划生育工作基础较好的省份之一。新家庭计划活动作为浙江省推行计划生育"三结合"的具体形式，它为计划生育"三结合"提供了哪些新经验呢？

本课题研究认为，新家庭计划活动是浙江省干部群众借鉴国内外有关经验、密切结合浙江省经济社会发展和计划生育工作实际的一种创造，具有明显的地区特色。新家庭计划活动的顺利开展，确实为经济较发达、计划生育工作基础较好的地区推行计划生育"三结合"提供了一些独特的新鲜经验。经过梳理，认为比较突出的有以下几条。

（一）工作重心下移到家庭

计划生育"三结合"的完整提法是计划生育与发展经济相结合,与帮助农民勤劳致富奔小康相结合,与建设文明幸福家庭相结合。表面上看起来,新家庭计划活动只体现了"三结合"中的一个结合,即计划生育"与建设文明幸福家庭相结合",其实不然,新家庭计划活动体现了"三结合"的基本精神和内涵,只不过是工作重心下移,在家庭这个层面实行"三结合"。

浙江省在推行计划生育"三结合"的过程中,将工作重心下移到家庭这个层面是有其客观原因的。目前在贫困地区、经济欠发达地区推行计划生育"三结合",主要是对实行计划生育的农户,特别是其中的贫困户实行倾斜政策,动员各方力量帮助他们发展生产,增加收入,使他们不仅政治上光荣,而且经济上也得到实惠,从而激发他们实行计划生育的内在动力。在这些地区"三结合"重点工作对象是明确的,就是计划生育户特别是其中的贫困户。浙江省的情况有所不同。诚然,浙江省也有贫困户,也有计划生育户与非计划生育户之分,然而从总体上看,贫困户的面相对较小,而计划生育户的面则相对较大。在浙北地区,有些村、镇实行计划生育的农户几乎占总农户的100％,而少数相对贫困户则往往只与天灾人祸有关,而与多生少生没有多大联系。这种少数相对贫困户在任何发达社会都在所难免。另一方面,广大实行计划生育的农户都希望能有一个健康聪明的孩子,能有一个富裕文明、健康幸福的家庭。在这种情况下,"三结合"的工作自然不能仅仅局限于少数贫困户而应当面向所有计划生育户甚至所有农户,把大家的注意力引导到创建少生优生、富裕文明、健康幸福的社会主义新型家庭上来。浙江省新家庭计划活动的起步是在浙北的桐乡和鄞县,一开始就具有重心低、覆盖广的特点。

计划生育"三结合"这种工作思路的基本依据是人口与发展密不可分。其基本精神是改变就计划生育抓计划生育的传统模式,将人口问题置于经济社会发展的总框架之内实行综合治理;在处理计划生育工作与经济建设的关系时,使计划生育工作服从和服务于经济建设这个中心;在处理政府、社会与育龄群众之间的关系时，确立育龄群众是计划生育主人的地位，并强调政府、社会增强服务意识。这一思路的基本精神在新家庭计划活动中得到充分体现。

我国农村随着对"三级所有，队为基础"体制的改革，"基础"由生产队下移到农户。现阶段的农村家庭不仅是人口再生产的基本单位、物质和精神产品消费的基本单位，而且还是最基本的相对独立的生产经营单位。开展新家庭计划活动，引导农民群众创建"少生优生、富裕文明、健康幸福"的新型家庭，就为计划生育服从和服务于经济建设这个中心找到了最佳切入点。人们对生育行为实行科学调节，实质上是经济、社会、文化各种因素综合作用的结果。对一个家庭而言，只有使计划生育、发展经济、提高文化等同步进行，才能产生综合效应。以少生快富为主线的家庭计划，会启迪农民群众在物质生产和人口生产中的主体意识，激发他们实行计划生育的内在动力，使他们在家庭内部形成自我教育、自我管理、自我约束、自我发展的机制，引导他们在家庭这一微观层次实现人口生产与物质资料生产的良性运行。

农村家庭是农村物质文明建设和精神文明建设的支撑点和结合点。搞好家庭两个文明建设是党政有关部门及社会团体的共同"责任田"。开展新家庭计划活动，引导农民群众进行家庭物质文明和精神文明的全面建设，有利于形成齐抓共管、综合治理人口问题的局面。

新家庭计划的制定与实施，都是群众的自主行为。政府和社会只是对新家庭计划活动予以倡导，并提供生产、生活和计划生育的优质服务。这样一来就改变了把群众只当作管理对象，让群众围着工作计划转的状况，使群众的生产、生育主体地位真正得到体现。

浙江省着眼于家庭这个层面开展"三结合"，受到群众欢迎，也得到各级干部的认同。我们在德清县开座谈会时，该县的一位前任县长说："家庭是社会的细胞，着眼于家庭是农村改革的成功之点。新家庭计划的提法有新意，新社会、新农村、新家庭，意味着有大量的创新内容；另一方面也意味着要摈弃一些旧的东西，如旧的家族观念，旧的婚育观念等等。"该县民政局的一位干部说："新家庭计划这个提法好，一是有时代特色，体现战略性的超前的引导;二是综合性强,把物质文明建设与精神文明建设结合在一起。"原绍兴市市长纪根立同志说:"农村工作传统的方法是抓到乡,抓到村,抓到厂,现在多种经济成分并存,农村工作不抓到户就要落空。新家庭计划活动的提出,是大动作,是治本之道。"

计划生育工作着眼于家庭,服务于家庭,也便于与国际接轨。西方国家通常将民间节育活动称为家庭计划(family planning)。新家庭计划活动虽然不能等同于西方国家的家庭计划,但两者之间有不少相通之处,容易为国际社会所理解。

(二)同社会主义新农村建设融为一体

计划生育"三结合"的关键是"结合",即改变就计划生育抓计划生育的传统做法,将计划生育与经济社会发展紧密地有机地结合起来。新家庭计划活动不仅体现了计划生育与经济社会发展相结合的精神,而且在结合的方式上有其独特性,表现于:在微观家庭层次,实行计划生育与家庭物质文明建设和精神文明建设相结合;在中观社区层次,实行新家庭计划活动与社会主义新农村建设相结合。这种结合方式的显著特点在于它的有序性和有机性。

在家庭层次计划生育与物质文明建设和精神文明建设的有机结合已如前面所述。农村新家庭计划活动与社会主义新农村建设的不可分离性体现于以下两个方面:

其一,农村新家庭建设是新农村建设的基础。社会主义新农村,从广义上讲是指广大的农村区域,从狭义上讲,也可以指一个个具体的村庄或农村社区。在浙江省,社会主义新农村建设并不只是一句口号,而是有明确的具体的阶段性目标。根据浙江省农村经济社会发展的实际情况,早在 1991 年12 月召开的省委八届六次全会扩大会议上就提出了在基本实现小康即进入小康门槛之后如何进一步建设新农村的问题,并对 90 年代社会主义新农村建设提出了奋斗目标。1993 年,省委、省政府进一步明确了 20 世纪农村发展"两步走"战略,即第一步全省基本实现小康,使 70% 以上的县(市、区)

迈入小康县行列；到本世纪末全省基本实现 90 年代新农村建设目标，使 70％以上的县（市、区）达到新农村建设的阶段性目标。1994 年底，省委省政府进一步明确提前实现小康、加快社会主义新农村建设步伐的要求，并对小康、新农村的标准提出了更为具体的可操作的指标。1995 年上半年，省农办会同有关部门又拟定了县、乡、村三级小康和 90 年代新农村建设的达标准则和考核指标体系。

显然，要实现社会主义新农村建设的总目标，村级建设居于举足轻重的地位。然而在实践中发现，浙江农村尤其是经济发达地区个私经济比较发达，但村级班子和集体经济相对薄弱。村级领导班子可以通过整顿而得以加强，但集体经济薄弱的面貌则难以在短期内改观。经济发展与各项社会事业的发展以及环境建设不相适应，农户之间因人口多少、素质高低等多种原因，收入及生活水平的差距呈扩大趋势。这一切都将延缓新农村建设目标的实现。因此，浙江省社会主义新农村建设的基础和着力点有必要进一步由村级延伸到农民家庭，使这一基础更为坚实。新家庭计划活动的提出，顺应了新农村建设的这种客观要求。省委省政府敏锐地洞察新家庭建设与新农村建设的内在联系，及时而果断地将计划生育部门开创的新家庭计划活动纳入社会主义新农村建设的轨道，使之成为"建设社会主义新农村的有机组成部分和基础工程"（省委办〔1996〕11 号文件）。新家庭计划活动在社会主义新农村建设中的地位与作用显而易见：没有少生优生、富裕文明、健康幸福的社会主义新型家庭，就不可能有欣欣向荣、共同富裕、高度文明的社会主义新农村。

其二，农村新家庭建设必须依托于农村社区建设。家庭是社会的细胞，细胞离不开机体。新家庭的创建也离不开社区的经济发展和社会进步，离不开社区的组织、服务和引导。

在浙江省开展新家庭计划活动的过程中，通过社区的帮助与服务而使困难户脱贫的事例很多。例如衢县安仁镇 1989 年就开始创建"人口基金会"，帮助计划生育户发展生产。该县从 1995 年起建立县、乡两级"人口基金会"。据统计，到 1998 年 7 月已向 3291 个计划生育户投放贷款 512.48

万元,其中已有 1815 户实现脱贫计划。台州市于 1995 年 5 月全面推行新家庭计划活动,到 1997 年年底,各地共筹集"温暖工程"基金 861.45 万元,落实其他帮扶资金 782.53 万元,解决了 2725 个农户生产资金短缺问题。

在市场经济条件下,分散的普通农户的生产活动只有通过社区组织或依托社区内的能人才能与国内国外市场接轨,才能解决一家一户难以解决的产、供、销方面的问题。嵊州市黄泽镇计生协会理事蔡丽英,通过承包花边厂率先致富,但她不忘尚未致富的众乡亲,将花边加工技术传授给当地妇女,让更多的人参与花边加工。如今该市已有一万多名妇女在自己家里加工花边,其产品则能通过蔡丽英的公司销到整个长江三角洲地区,甚至销到欧洲。温州市文成县是个贫困县,该县黄坦镇的许多农户依托一家股份合作制农业科技示范企业——绿光山业有限公司——而得以脱贫致富。例如,该公司了解到市场珍禽走俏的消息后,引进了英国贵妇野鸡及绿头野鸭等特禽品种,试养后,向当地的计划生育户提供良种,传授养殖技术,并提供产后销售服务,使 500 余户养殖户年获利万元以上。有一位名叫包广荣的农民,原先穷得揭不开锅,后因参与养殖七彩山鸡和贵妇野鸡,两年获得近 5 万元,成了村里的富裕户。

事实上,农民家庭的物质文明建设与精神文明建设都必须依托社区。农民要发展生产,离不开社区的"硬件"建设,如道路交通、邮电通信、水电设施等等。农民综合素质的提高,更有赖于社区的文教、医疗设施和精神文明建设。从这个意义上讲,新家庭计划活动基础在家庭,关键在社区。

将新家庭计划活动纳入社会主义新农村建设的轨道,使新家庭建设与新农村建设有机结合,融为一体,便于党政统一领导,能够从根本上解决两种生产"两张皮"的问题;也有利于真正形成全党全社会齐抓共管、综合治理人口问题的新局面。

(三)突出精神文明建设

新家庭计划活动是以人为中心,以提高人的生活质量和综合素质为目标的家庭全面建设活动。在这项活动中,不仅注重发展经济,增加收入,而且十分重视精神文明建设,始终把精神文明建设放在重要位置。这是新家庭计划活动的一大特色。

首先,在确立家庭建设的目标时,精神文明建设的目标十分突出,十分明确。省委省政府确定的新家庭必备的八个条件,除"勤劳致富"这一条可视为物质文明建设目标并规定了具体的经济指标外,其余七条,即计划生育、履行义务、遵纪守法、弘扬公德、勤学科技、保障安全、卫生整洁均可归于精神文明建设的范围,而且每一条都提出具体的明确的要求,有较强的可操作性。

其次,在新家庭计划活动实施过程中,十分重视树立"双文明"建设的先进典型。浙江省新农村新家庭建设协调小组决定,在"九五"期间,全省每年要评选"新家庭示范户"100户。这些示范户既是物质文明建设的标兵,又是精神文明建设的标兵。他们当中既有像蔡丽英那样先富不忘后富、带领乡亲共同致富的带头人,也有在新家庭计划活动中革旧图新、改弦更张、急起直追、后来居上的"双文明"建设标兵。

宁波市海曙区联丰村有一对叫名周德康和陈红伟的育龄夫妇,参加新家庭计划活动之前是远近闻名的"麻将夫妇"。两人一上麻将桌,连饭也顾不上吃,输了钱就饿着肚皮吵架,家里的热水瓶都摔光了。因搓麻将欠了债,夫妻经常争吵、打架直至闹离婚。1994年村里开展新家庭计划活动,村干部上门做思想工作,规劝他们革除赌博陋习,并帮助他们制定新家庭计划,确立勤劳致富奔小康的奋斗目标。从此他们按新家庭建设计划一项一项地落实,村里又借款支持他们发展大棚蔬菜,第一年净收入就超过了2万元,超额完成新家庭计划目标,不仅还清了债务,而且还有一点积累。1995年夫妻俩将毛竹大棚改为钢管大棚,并多方求教,学习蔬菜栽培的最新技术。这一年净收入增至3万余元,1996年净收入4万余元。新家庭计划活动使这对夫妻走上了致富路,夫妻变得恩爱了,思想境界开阔了,道德也升华了。他们无私地把自己的技术传授给周围的农户。1998年春,一些农户因低温地寒、育苗发生困难,他们让出大半只大棚无偿地给这些农户育苗。如今丈夫周德康已被大家推荐为村科技组组长和自然村点长。他们的家庭也成了区级、市级和省级"新家庭示范户"。

对于严格评选出来的先进典型,各地以多种方式大力宣传,为大家树立榜样。绍兴、宁波、台州等地的一些乡镇,为了增强新家庭计划活动的激励性和导向性,还建立家庭档案,开展"星级文明家庭"评选活动。凡是新家庭计划活动开展得好的社区,赌博、斗殴以及封建迷信活动等明显减少,学文化,学科技,讲究卫生,保卫环境,尊老爱幼,助人为乐等现代文明风气日益兴盛。

此外,新家庭计划活动不仅重视经济载体的建设,而且十分重视精神文明载体建设。各地从实际出发,创立了许多推动精神文明建设的有效载体。诸如"人口学校""家长学校""实用技术培训班""绿色证书培训班""美在农家"系列活动、"生男生女都一样、女儿也是传后人"大讨论、"一二三家庭读书看报活动"(即要求每个家庭有一只书柜、两份报纸、三百册图书)、"五进家庭"活动(即思想道德、科学技术、文化娱乐、爱国卫生、法律知识进家庭)、"万名妇女禁赌大行动"、星级文明家庭评选活动、"家庭形象建设年"活动等。这些载体使社区精神文明建设和生育文化创新活动搞得有声有色。

浙江省新家庭计划活动突出精神文明建设内容,将精神文明建设放在重要位置,这是从本省实际出发,也符合广大群众的要求。近年来,浙江省无论是城市还是乡村,无论在浙东北还是在浙西南,经济都在快速发展。经济发展了,精神文明建设必须与之相适应。用老百姓的话说,钱多了,必须解决"钱袋鼓胀、脑袋空虚"的问题,否则有了钱也不知该花在何处。面对封建迷信等陈规陋习的复活、"黄、赌、毒"的蔓延,有识之士深感提高农村居民文化素质和思想品位的重要性和紧迫性。另一方面,虽然浙江省计划生育工作抓得早、抓得紧,育龄妇女总和生育率已属于当今世界最低的类型,然而人们的生育意愿与国家的生育政策仍有差距,一些人的头脑中还留存着过时的传统的生育观念。更新人们的生育观念,巩固低生育率,提高人们的生活质量和综合素质,是新家庭计划活动的基本目标。然而,人们综合素质的提高和生育观念的更新并非朝夕之功,需要多方配合并作长期的努力。因此,家庭和社区的社会主义精神文明建设就必然成为新家庭计划活动的主旋律。

（四）突出优质服务

新家庭计划活动从本质上讲是群众性的自我教育、自我管理、自我创造的活动，但是它离不开政府与社会的组织、引导与服务。优质服务是新家庭计划活动得以实行的必要条件，从某种意义上说，没有优质服务也就没有新家庭计划活动。

浙江省在推行新家庭计划活动的过程中，政府部门及有关社会团体面向家庭开展了多种多样的优质服务活动，主要体现于以下几个方面：

其一，开展扶贫帮困服务。主要是向育龄群众尤其是独生子女户、双女户、双农独女户中目前生活尚比较困难的农户提供生产启动资金，落实致富项目，传授实用技术，建立适当的帮扶形式，并实行产前、产中、产后"一条龙"服务。浙江省委、省政府决定在"九五"期间要扶持和帮助 10 万户左右计划生育困难户、贫困户脱贫致富。

其二，开展避孕节育和生殖健康服务。主要是依托卫生部门和各级计划生育服务阵地，如计划生育指导站，计划生育服务中心、站（室），向群众提供避孕节育、优生优育、生殖保健方面的技术服务和咨询服务。包括保证避孕药具供应渠道的畅通，方便群众；精心做好每一例节育手术，确保手术的安全有效；对落实避孕节育措施的育龄妇女定期随访，及时解决避孕节育中出现的问题；开展不孕症查治、性病防治等生殖健康综合服务，保护母婴健康等等。目前浙江省的计划生育优质服务是与积极稳妥地推行计划生育管理"三项改革"（简化一孩生育审批程序，改生育证为生殖健康服务证；在加强宣传教育和指导的基础上推行避孕方法"知情选择"；改进与完善人口与计划生育目标管理的考核指标体系，把群众对计划生育工作的满意程度作为考核评估的重要依据）同时进行的。"三项改革"以计划生育优质服务为前提，同时"三项改革"也对计划生育服务提出了更高的要求。

其三，开展社会保障服务。主要是大力推行农村社会养老保险，积极稳妥地发展计划生育系列保险，积极发展幼托事业、养老事业和其他社会福利事业,解除广大群众尤其是独生女子户、有女无儿户的后顾之忧。

在推行新家庭计划活动的过程中突出优质服务,这是广大群众的迫切要求。宁波市鄞县 1996 年对 1000 名县、镇(乡)和建制村(居委会)干部及育龄群众进行问卷调查,结果表明有 90%的群众要求提供更多更好的优生优育、避孕节育、生殖健康等方面的服务;有 80%的群众要求举办各类培训班,传授致富技能和提供信息。本课题的调查也表明,无论是经济较发达地区还是经济欠发达地区,人们求知、求富、求美、求乐的心情都很迫切,都有提供生产、生活、生育服务方面的需求。新家庭计划活动之所以能在较短的时间内大面积地推开,与广大群众对各种优质服务的渴求以及各地政府与社会对满足群众需求所作的努力是分不开的。

在推行新家庭计划活动过程中突出优质服务,实质上是突出以人为本的思想。一切人口与发展活动都应以人为中心,这是国际社会在经过几十年的对人口、经济、资源与环境的关系的认识、争论中形成的人口与发展的新视野和新观念。新家庭计划活动贯彻了以人为中心的思想,一切为了人,为了提高人们的生活质量,为了人的全面发展。在这种思想指导下,管理者必须牢固树立人民群众是计划生育的主人的观念,把育龄群众看成是服务对象,而不是单纯的管理对象。新家庭计划活动一开始就要求政府有关部门及有关社会团体增强服务意识,制定服务计划,广泛地开展优质服务活动,并将优质服务活动贯彻新家庭计划活动的始终。因此,新家庭计划活动中突出优质服务不是一般的工作方法上的改进,而是计划生育工作指导思想和工作思路的重大变革。

(五)突出规范化管理

新家庭计划活动的管理具有一定的科学性和规范性。

首先,有明确的阶段性目标。1996 年,省委省政府提出了"九五"期间新家庭建设的目标和新家庭计划活动的发展目标。新家庭建设的目标就是新家庭必须具备的八个条件。这些必备条件涵盖了家庭物质文明建设与精神文明建设的各个方面,体现了经济、思想、伦理道德、科学文化、环境建设协调发展的原则。每个家庭可以根据具体情况有侧重有针对性地制定年度计划。这样就能使群众朦胧的致富愿望和生活理想变为清晰的可操作的具体奋斗目标,从而有利于增强家庭成员的主体意识,能极大地调动人们的积极性和创造性。"九五"期间全省新家庭计划活动的发展目标是:1997 年全省农村有 65％以上的家庭达到新家庭的标准,其中小康县(市、区)有 70％以上的家庭达到新家庭标准,一般县(市、区)有 60％以上家庭达到新家庭标准,省重点扶持的 8 个贫困县在稳步解决温饱问题的基础上,有 50％以上家庭达到新家庭标准;到 2000 年,全省 90％以上的家庭参与新家庭计划活动,75％以上的家庭达到新家庭标准,其中新农村建设达标县(市、区)有 80％以上的家庭达到新家庭标准。几年来的实践证明,以上目标的确定是比较切合实际的,是可行的。

其次,有一整套考核评估的指标体系。为了对新家庭计划活动的进展情况进行考核评估,1997 年初省新农村新家庭建设协调小组办公室根据省委省政府提出的新家庭建设标准,在总结试点经验的基础上定了《浙江省新家庭建设评估实施细则(试行)》,设置了一套具体的考评指标体系。有了这套指标体系,就可以对每个家庭实行新家庭计划的情况进行评估,而且评估结果可以进行纵向与横向比较。

此外,建立了考核评估制度。《浙江省新家庭建设评估实施细则(试行)》不仅确立了考评的指标,也明确了考评的指导思想和基本原则,确定了考评工作的组织和实施程序。通过对新家庭计划活动的评估,可以使每个家庭都知道自己的成绩及不足之处,从而建立起激励机制和自我监督机制。实践经验表明,开展新家庭计划活动的评估,实际上是一次新家庭计划活动的再宣传、再发动。对新家庭建设指标进行考评,不仅涉及每个家庭,而且也涉及政府的有关部门。例如,在考评指标体系中,对"勤学科技"这条标准设置了三项指标:积极参加文化科技培训;青年具有初中以上文化程度,壮年无文盲;主要劳动力掌握一门以上实用技术。考评这些指标既是对家庭的考评,也是对相关部门工作的考评。

新家庭建设的考评与农村建设的考评是相互衔接、相互配套的,1998

年 4 月,省新农村建设考核办公室将新家庭计划活动考核指标纳入了新农村建设的考核指标体系,并下发了文件。这样,新家庭计划活动作为浙江省社会主义新农村建设的一项基础工程完全纳入了新农村建设轨道,真正做到与新农村建设同步规划、同步实施、同步考核验收、同步达标。

综上所述,浙江省的新家庭计划活动作为计划生育"三结合"的一种形式,一个"重心下移"、一个"有机结合"、三个"突出",反映了它别具一格的特色。这也是它为计划生育"三结合"所提供的独特的新经验。

四、新家庭计划活动的现实意义和理论意义

笔者认为,新家庭计划活动的现实意义主要体现于以下几个方面:

(一)成功地探索到了一条综合治理人口问题的道路

人口问题需要综合治理,这在理论上早已形成共识,但在实际工作中却又往往是两种生产"两张皮"。新家庭计划活动的开展,终于找到了家庭这个两种生产一起抓、两个文明一起建的最佳结合点。它完全符合我国农村现阶段的实际情况。在浙江农村,新家庭计划活动已作为社会主义新农村建设的基础工程被各级政府纳入经济社会发展的总体规划。实践证明,新家庭计划是计划生育工作上水平、实现"两个转变"的有效途径。

(二)显著地改变了计划生育工作的形象

新家庭计划活动是一项群众自我教育、自我管理、自我创造的活动,它突出了育龄群众的主体地位,使群众真正成为计划生育的主人。在新家庭计划活动中,计划生育工作部门发挥自己的优势,开展避孕节育全程服务和生殖健康优质服务,关心育龄群众的生产和生活,得到了广大群众的理解和支持。以往计划生育干部走访农户,常常是"门难进,脸难看"。开展新家庭计划活动后,计划生育干部积极为农民家庭少生快富出谋划策,深受农民的欢迎。有的计生干部走访农户,被敬为上宾,捧出糖烧鸡蛋来招待。从这个意义上说,新家庭计划活动是计划生育工作的"形象工程"。

（三）有力地推动了社会主义新农村建设

新家庭计划活动是社会主义新农村建设的基础工程。开展这一活动，有利于党和政府的各项政策落实到家庭。浙江省农村工作办公室的同志说，计划生育部门提出在农村开展新家庭计划活动，是对农村工作的一大贡献。新家庭计划活动的宗旨与建设"繁荣昌盛，思想健康向上，社会安定团结，人民生活富裕"社会主义新农村的总目标完全一致。新家庭计划活动立足于家庭，它顺应了新农村建设工作基点由村庄向家庭延伸的客观要求，顺应了农村扶贫济困工作由以区域为着眼点转向以家庭为着眼点的趋势，使新农村建设的基础更为扎实。新家庭计划活动实际上是农村奔小康和社会主义新农村建设的再宣传和再发动，它使新农村建设更具有群众性、基础性、层次性和系统性，使新农村建设工作进一步细化、深化。

（四）有力地促进了社会主义精神文明建设

新家庭计划活动体现了两种文明一起抓的精神，始终把家庭和社区精神文明建设放在突出地位，十分注重社会主义社区文化和家庭文化建设。在开展新家庭计划活动的过程中，通过新家庭建设达标的自我评估，考核验收，典型示范，积极引导人们弘扬爱国家、爱集体、扶贫帮困的社会公德和尊老爱幼、夫妻互敬互爱的家庭美德，积极引导人们遵纪守法，保护资源环境，讲究卫生，创立科学、健康、文明的生活方式。同时，通过计划生育优质服务，积极引导人们晚婚晚育，少生优生，树立科学、文明、进步的婚育观念。实践证明，新家庭计划活动是社会主义精神文明建设的有力抓手。凡是认真开展新家庭计划活动的地方，社会治安、社会风气明显好转，人们的精神面貌也随之改变。

新家庭计划活动具有很强的综合性。对于这一新生事物的意义可以进行多学科的探索。从人口学角度看，新家庭计划活动的理论意义在于，它有助于从实践中深入探索人口与发展的内在联系，进一步揭示发展中国家人口转变的规律。

由于国际环境的改变，发展中国家的人口转变不能重复西方发达国家走过的道路。这一点已取得人们的共识。发展并不等于最好的避孕药,人口控制可以先于发展并促进发展。这一点已为中国以及其他一些发展中国家的实践所证明。然而,发展中国家怎样才能完全彻底地完成现代人口转变,这仍然是有待于实践上和理论上继续探讨的问题。

新家庭计划活动是我国经济较发达、计划生育工作基础较好地区实行计划生育"三结合"的一种形式,起点高,思路新,在许多方面进行了新的探索。例如,强调在家庭这一层次实行物质生产与人口生产相结合,引导人们走少生快富道路;以人的发展为中心,狠抓家庭物质文明建设和精神文明建设,促进生活质量和人的综合素质的提高;依靠政府支持,依托社区网络,利用民间资源,倡导互助精神,开展生产、生活、生育的优质服务和生育文化创新活动,努力营造低生育率的社会文化环境等。这一切都为发展中国家实现现代人口转变提供了新鲜经验。随着新家庭计划活动的深入发展,今后还将继续提供这方面的经验。

五、几点建议

一是浙江省的新家庭计划活动在本世纪内的发展目标及考核评估办法已经明确,但进入 21 世纪后这项活动的阶段性目标怎么确立、与之相适应的考核评估指标体系应怎样确定尚有待研究。鉴于浙江省已提出了在 2020 年左右提前基本实现现代化的宏伟目标,因此建议浙江省有关部门研究并确立与提前基本实现现代化总目标相配套的新家庭计划活动的总目标和阶段性目标,制定相应的措施,建立与之相适应的考核评估指标体系,以便使这项活动健康稳定地向前推进。

二是目前浙江省的新家庭计划活动主要在农村推行,但实践证明,城镇居民对新家庭计划活动也有浓厚兴趣,有些城镇社区已经开展这项活动。因此,建议有关部门根据城镇居民的特点,研究并制定在城镇开展新家庭计划活动的具体办法,并使这项活动与城镇文明社区建设有机地结合起来。

三是围绕新农村建设实行新家庭计划活动,已突破了计划生育工作的范围，成为一项涉及范围很广的系统工程。各地的经验表明，要使新家庭计划活动健康有序地运行，一方面必须建立党政领导高度重视、有关部门密切配合、广大群众积极参与的工作机制；另一方面，计划生育工作部门的职能也要作相应的调整。鉴于人口问题需要综合治理，鉴于我国现阶段农村家庭在物质生产、人口生产和精神文明建设中占有重要地位而目前尚无一个明确的主管部门，建议在全面开展新家庭计划活动的地区，在确保计划生育工作不滑坡的前提下，适当扩大计划生育委员会的职能范围，并将其名称改为"人口与家庭计划委员会"。

四是浙江省新家庭计划活动所提供的新经验，如将计划生育工作的重心下移到家庭，广泛发动育龄夫妇制订以少生快富为中心内容的可操作的家庭建设计划；将农村新家庭计划活动纳入社会主义新农村建设轨道，使之成为新农村建设的基础工程；依靠政府支持，依托社区网络，利用民间资源，倡导互助精神，开展生产、生活、生育的优质服务；狠抓家庭和社区精神文明建设和生育文化创新活动，努力营造低生育率的社会文化环境；建立新家庭建设考核评估指标体系，对新家庭计划活动实行科学的规范化的管理等，都是被实践证明行之有效的经验。1998 年 9 月 3 日王忠禹同志在一个内部材料上见到关于浙江省普遍开展新家庭计划活动的情况后批示："应到浙江去做调查，总结一下经验成效，研究如何能推广开来。"本课题组认为，浙江省的上述经验适宜在经济较发达、计划生育工作基础较好的地区推行，其他地区也可参考。

参考文献

[1] 邬沧萍.转变中的中国人口与发展总报告[M].北京:高等教育出版社,1996:26-36.

[2] 顾宝昌.综论中国人口态势与实践的对话[M].上海:上海社会科学院出版社,1998:84-99.

[3] 顾宝昌.生殖健康与计划生育国际观点与动向[M].北京:中国人

口出版社,1996:74.

[4] 王渊明.历史视野中的人口与现代化[M].杭州:浙江人民出版社,
1995:185-187.

[5] 姜春云.在全国计划生育工作"三结合"经验交流会闭幕式上的讲话[N].中国人口报,1996-1-26(1)

[6] 彭珮云.积极稳妥地推行计划生育"三结合",走人口与经济社会协调发展的道路在全国计划生育"三结合"经验交流会上的讲话[N].中国人口报,1995-11-8(1)

[7] 国家计划生育委员会.关于开展计划生育"三结合"工作情况的报告[N].中国人口报,1996-5-17(1)

[8] 王国强.实现"两个转变"新时期计生工作发展的必然要求[N].中国人口报,1997-8-4(2)

[9] 张二力.实现先进地区计生工作的"两个转变"[N].中国人口报,1996-6-17(2)

[10] 浙江社会发展现状与对策研究课题组.1992—1996浙江社会发展状况[M].杭州:浙江人民出版社,1997:201.中国当前人口文化变革初探

中国当前人口文化变革初探

一、何谓人口文化

我国学术界提出"人口文化"的概念并将其作为一个新的领域加以研究，是最近几年的事。人口文化研究是一项颇具挑战性的工作。这是因为与之相关的两个学科——人口学和文化学都是发展中的学科，这两个学科的基本范畴"人口"和"文化"至今尚未取得一致的看法。人口是一个具有许多规定和关系的丰富的总体，对它的认识需要有一个逐步深化的过程，人们从不同角度对它作不同理解是难免的。文化现象则更为复杂，据国内有关学者统计，迄今为止，中外书刊中有关文化的定义已不下于 300 种，真可谓众说纷纭。可想而知，要在这两门学科的基础之上开辟新学科——人口文化学，难度是不小的。然而，人口文化是一种客观存在，社会需要这门学科。五年前，一批具有强烈爱国心、责任感的艺术家、学者、领导干部已率先着手进行这门学科的创建工作，并已取得初步成果，《人口文化论》一书的出版是其标志。但这仅仅是一个良好的开端，有许多问题包括"人口文化"这一基本概念尚有待深入探讨。

笔者认为，由于人口文化学是人口学和文化学的交叉学科，因而要把握"人口文化"的概念，前提是要把握好"人口"和"文化"这两个概念。根据目前的学术动向，我们不能奢望很快会有一个权威的为人们所公认的定义出现,眼下所能做的也许只能是在吸收前人研究成果的基础上求同存异,并尽可能向科学定义的方向靠近。

"人口"是一个群体概念,是一定时间、一定地域居民的总称。它与具体的单个的人既有联系又有区别。中文"人口"一词有时也当"人"或"口"字用,如"12亿人口"相当于"12亿人"。这是当量词用,与名词的"人"有区别。"人口"与"人类"虽然同属群体概念,但"人口"既有时间的规定性,又有空间的规定性,并有特定的结构。而"人类"是人的总称,是个定性概念,相对于自然界其他物种而言,"人类"一词虽有时间维度,但并无空间维度,没有"民族人类"或"社区人类"之说,只要是人,不管他是在地球的某一个角落上,还是在别的星球上,都属于人类。人类活动非常广泛,而人口活动通常则只指与人口的规模、质量和结构变动直接有关的活动,是人类活动的一部分。将"人口"概念与"人"及"人类"概念作上述区分,可以使人口学科有一个相对独特的范围,以免与人学、人类学等学科争地盘。

"文化"是一个很复杂、很不容易说清的概念。它的范围之大、外延之广使我们难以一一梳理,较为可行的办法是从它的内涵、从它的本质特征方面去把握。依笔者所见,文化的下列特征是特别值得重视的。

其一,文化是自然的"人化"。在西方思想史上,"文化"一词源于拉丁语cultura,意指人对自然界有目的地施加影响(如对土地的耕耘)。在中国古代,"文化"一词有"文治与教化"的意思。现今人们对文化有广义和狭义的理解,广义文化是物质与精神文化的总称,狭义文化专指精神文化。但不管怎么理解,文化总与人的思想和行为有关。天然的石块不属于文化,但一经人类加工,哪怕是最粗糙的加工,便成为特定文化的一种标志。长在山上的松树不是文化,一旦被命名为"迎客松",便被赋予了文化的含义。总之,人类根据自己的需要与可能对自然(包括身外自然和本身自然)施加影响以及由此而产生的成果均属文化。从这个意义上讲,物质文化与精神文化的区分只是相对的,物质文化中往往有精神文化的成分,精神文化也常常有物化的外壳。社会越向前发展,如进入知识经济时代,这种区分就越显得无关紧要。

其二,文化是人们活动方式与活动成果的辩证统一。通常人们对文化内涵的理解大体上有两种倾向:其一是将文化理解为人类创造的物质和精神成果的总和,即看成是既成的事实;其二是将文化理解为生活的样式,即看成是在现实中进行着的活生生的事态。这两种看法各有所见,也各有所蔽。事实上,文化既然是自然的人化,就不可能是凝固的僵死的东西,而是一个不断创造不断演化的过程。在这个过程中,人们创造文化成果,文化成果又制约和塑造人,活动方式与活动成果互为因果,相辅相成。因此,我们既要重视文化的已成形态,又要重视其中律动的脉搏和活的灵魂。

其三,文化受价值取向的引导。文化是人们为着一定目的、在一定思想意识支配下创造出来的,也就是说,人们的行为是有所选择的,与动物的本能有着本质的区别。人为"万物之灵",最独特的灵性就是能作价值选择,做他认为"应该"做的事。人们的价值观是在社会实践基础上形成的,所处的自然环境、社会生产方式、文化背景等对人们价值观念的形成均有影响。正是价值取向和价值规范的多样化导致文化的多样化。

对"人口"与"文化"作上述认识,有助于对"人口文化"的探讨。笔者认为,人口文化是一个文化丛,而且是由许多简文化丛组合而成的复文化丛。它是围绕人口再生产过程中的各个环节、由一系列相关文化特质组成的整合体系。宋平同志说:"一个人从生到死,会面临一系列问题,结婚、生育、孩子教育、家庭和睦、养老保障等等,这些都是人口工作的重要内容。我认为'人口文化'这个概念应该宣传。计划生育是人口文化的重要组成部分,但人口文化包含的内容很广……"①在这里,宋平同志已大致上给人口文化框定了范围,即限于与人口再生产过程有关的活动。这个范围的框定十分重要,它既可以避免将人口文化仅仅局限于婚育文化,又可避免将人类改造自然、改造社会、改造自身的一切活动都纳入人口文化的范畴。从目前人口文化研究的状况来看,这两种倾向都是存在的。根据我们对"人口"和"文化"含义的理解,人口文化似乎可以定义为:人类关于人口再生产的精神活动和

---

① 中国人口文化促进会.人口文化论[M].郑州:大象出版社,1996:6.

实践活动的方式以及所创造出来的物质和精神成果的总和。精神活动方式包含着信仰和价值取向;实践活动方式则隐含着受制度和习俗制约的行为规范。作为一个复杂的文化丛,人口文化的内容是十分丰富的,性文化、性别文化、婚姻文化、生育文化、养育文化、养老文化、丧葬文化等均可包含在内,它是人类文化的重要组成部分。人口文化研究可以而且应当根据现实需要有选择有重点地展开。

《市场经济百科全书·人口篇》收录了由中国人口文化促进会专家组撰写的"人口文化"词条。在这个词条中给"人口文化"下了这样的定义:"人口文化是人类在繁衍、生存、发展中逐渐形成的,是人类对自身生产、抚育后代、婚丧嫁娶、道德教育等以及人的族类、群落、生存状况、生态环境、发展规律、情感、意志、愿望、认识和实践的反映与表现。"①这也许是有关人口文化的最早的定义,具有开创性,然而依笔者拙见,这个定义有如下不足之处:

其一,将人口文化的外延定得过宽。诚然,人口文化的精神成果不仅见之于人口学,也常散见于教育学、社会学、伦理学、民族学、地理学、生态学、环境学、人类学以及文学、艺术、宗教、哲学等学科的成果之中。但倘若将上述这些学科统统囊括在人口文化之内,那人口文化就无异于人类文化了。如上所述,"人口"与"人类"这两个概念是有区别的。

其二,将人口文化的内涵定得过窄。人口文化作为人类文化的一部分,也可分为物质文化、制度文化和精神文化三层次。虽然精神文化有其特殊的重要地位,但倘若将人口文化仅限于精神文化这一个层次,则显得不够全面。

其三,文字表述上有缺陷。例如,人类"自身生产"与"抚育后代"这两个概念类型相同而层次不同,将这两个概念并列,必然出现内容上的部分重叠。在该词条中类似的情况是将"精神成果"与"文化成果"并列。②

---

① 人民出版社编辑组.毛泽东、周恩来、刘少奇、朱德、邓小平、陈云论民族文化[M].北京:人民出版社,1992:4.
② 人民出版社编辑组.毛泽东、周恩来、刘少奇、朱德、邓小平、陈云论民族文化[M],北京:人民出版社,1992:4.

二、我国正经历着一场深刻的人口文化变革

在人口文化中,生育文化占有特殊的极其重要的地位。这是因为生育状况如何,不仅关系到世代更替、人类的延续,而且还会影响国家和民族的兴衰。从文化即自然的"人化"这个意义上理解,一定时空条件下的生育文化,是此时此地人们对生育这一自然行为所作出的反应。同时,一定时空条件下的生育文化,还会对该时该地的性别文化、养育文化、养老文化等产生直接的影响。从人类早期的"生殖崇拜"到我国当前将计划生育列为基本国策,都说明生育文化在人口文化甚至在整个民族文化中具有非同一般的地位。

我国人口文化的发展与演变是以生育文化为中心而展开的。同样,今天我们面临的人口文化的变革,也首先是从生育文化的变革开始。

这场生育文化的变革,根本原因在于我国现实的生育状况和内在的节育需求。以儒家文化为代表的我国传统文化是鼓励生育的,这与封建社会的状况及人口需求相适应。但是,到了封建社会末期,我国人口数量猛增。据《清实录》所载,清乾隆六年(1741 年)人口为 1.43 亿,到乾隆五十五年(1790 年)增至 3.01 亿,不到 50 年人口就增长了一倍多。当时的一些有识之士,例如后人称之为"东方的马尔萨斯"的洪亮吉,对人口增长的这种势头表示了深切的忧虑。新中国成立后于 1953 年进行了第一次人口普查,数据表明全国人口已超过 6 亿,与洪亮吉奋笔写《治平篇》和《生计篇》时的总人口相比又翻了一番。以马寅初为代表的一批有识之士从社会生态出发提出要控制人口,节制生育。国家领导层也觉察到这个问题,并引起重视。这表明传统生育文化与现实经济社会发展的要求已严重脱节,调整与变革生育文化已势在必行。

这场生育文化的变革,与外来文化的影响也有着密切的关系。大约从19 世纪中叶前后开始,法国、爱尔兰、瑞士、比利时、瑞典、英国等西北欧国家人口出生率相继下降,随后美国以及东南欧的一些国家也出现类似情况。

这种现象学者们称之为"人口转变"或"人口革命"。尽管各国的人口转变起因及具体进程方面有所不同,但都与工业化、城市化等现代化进程有关。这些国家的人们为了适应经济社会的重大变化,逐渐改变生育行为,有意识地控制生育。然而,自觉地实行婚内节育,这是人类生育文化的一种空前变革。通过国际交流,这种生育文化变革也波及我国,首先在知识阶层产生了影响。

生育文化的现代化变革首先发生在器物技能层次,其标志是现代避孕药具的出现。避孕套可视为现代生育文化器物技能层面的一个颇具代表性的文化质点,犹如饮食文化中中国的筷子和欧洲的刀叉。然而避孕套的出现远比大众化的避孕节育运动要早。在17世纪,英国人就做出了避孕套。据说发明者是英国国王查尔斯二世的私人医生康德姆。他看到国王因为众多的嫔妃,生出众多的王子,一度造成宫廷混乱,便想寻求一种避孕的方法。一天,他钓到一条大鱼,在烹调时看到新鲜膨胀的大鱼鳔,霎时茅塞顿开。当夜,他使用了鱼鳔与妻子同房,感到效果满意。在鱼鳔的启示下,经过一番研究,他别出心裁地用羊肠衣为国王做了避孕套,受到国王嘉奖。避孕套等现代避孕药具的出现,为新马尔萨斯主义者推行避孕节育运动开辟了道路。主张避孕节育也成了新马尔萨斯主义区别于马尔萨斯主义的标志。

我国民众接受西方现代生育文化也是从器物技能层面开始,在这方面没有遇到多大阻力。我国党和国家领导人最早表示"赞成节育"是在1954年12月,公开在报纸上号召全国人民实行计划生育是在1957年3月。1954年7月,中国医药公司开始供应避孕节育药具。据有关资料,当时由于货源不足,一开始就供不应求,一些人为此很有意见。刘少奇同志曾专门对避孕药具的供应问题指示说:"商业部门和生产部门要努力供应,力求满足,尽可能做好。""这个生意不会亏本,但不要赚很多。自己生产不足允许进口。"①

我国生育文化制度层面的变革是自上而下进行的。这是因为社会主义

---

① 刘少奇.刘少奇选集[M].北京:人民出版社,1985:173.

国家是人民当家作主的国家，从中国的具体国情出发，为了国家和人民的整体利益和长远利益，国家将计划生育确定为基本国策。为了实行计划生育，国家做出了一系列政策规定，并且在国家根本法——宪法中列入有关计划生育的条款，明确规定"夫妻双方有实行计划生育的义务"。同时，各级政府设立了相应的机构，并且从上到下建立起计划生育宣传教育和技术服务网络。这种变革在中国历史上是空前的。这一变革得以实现是全国人民智慧与意志的体现。

我国生育文化变革最后的也是关键性的层面是思想行为层面，即生育观念及习俗的改变。这是生育文化变革的核心部分。现代生育文化与传统生育文化的碰撞、较量，主要是在这一层面展开。由于涉及信仰、价值观、人生观、道德观、社会心理、社会习俗等深层问题，生育文化思想行为层面的变革步履艰难。虽然通过广泛的宣传教育，并且随着经济社会的发展和人们生活方式的逐步改变，人们传统的生育观念已经有了很大程度的转变，但是，我国目前还处在社会主义初级阶段，广大农村不仅生产力落后，社会保障体系不完善，而且农村经济体制改革后农民家庭的生产功能得以强化，家族的亲缘关系通过生产、生活中的互帮互惠而得到加强，传统生育文化在现实生活中仍有生存的条件和土壤。从总体上看，我国生育文化的变革已进入了最后的攻坚阶段，然而现代生育文化与传统生育文化之间的较量仍然是激烈的、长期的。这就是我们目前面临的生育文化变革的形势。

生育文化的变革会引起或推动人口文化其他方面的变革。例如，孩子生得少了，人们会更加重视孩子的质量，优生、优育、优教会成为人们关注的热点，"家教"之类应运而生，从而会引起养育文化的变革。人口出生率的降低必然引起人口年龄结构老化，传统的家庭养老面临挑战，社会化养老的问题被提到议事日程上来，养老文化的变革势在必行。独生子女之间婚配，会带来"从夫居"还是"从妻居"、孩子随父姓还是随母姓这样一些十分棘手然而又无法回避的问题，从而使传统的婚姻文化、家庭文化和姓氏文化面临严峻的挑战，不得不寻求变革之路。总之，由于生育文化正由表及里地进行深刻的变革，我国整个人口文化都正处于前所未有的变革之中。

三、我国人口文化变革的历史使命

文化之所以会发生变革,是由于人类的思想和行为与变化了的现实不相适应,需要加以调整。我国传统人口文化是以追求人口数量增长为基本特征的。虽然在传统社会民间也有节育行为,社会上层的一些有识之士也曾有过"人满为患"的担忧,但是主流文化是相信"多子多福",追求"早生贵子""儿孙满堂""人丁兴旺"。这种人口文化与科学技术落后、人口死亡率很高、大多数人从事繁重的农耕劳动的传统社会是相适应的。它能满足家族的延续和发展的需要,也能满足国家和民族的延续、安全及发展的需要。因而这种人口文化一直得到官方的提倡和保护。然而,历史发展到今天,生活质量的普遍提高和现代医学的发展,已使人口死亡率大幅度下降,不再需要以高出生率抵补高死亡率。科学技术的突飞猛进,不仅能使机器替代人手,而且能使电脑逐步替代人脑,劳动生产率正在几倍、几十倍地提高。生产的发展已不再单纯地依赖于劳动力的增加,而是越来越依赖于科学技术的进步。再说,人类已越来越清醒地认识到,人类的生存空间是有限的,在一定技术条件下自然资源也是有限的,要为今人及后代保护和改善生态环境,人类的数量也不能没有一定限度。因此,适当控制人口数量,大力提高人口质量,已成为时代的要求。我国传统的以追求人口数量为基本特征的人口文化与这种要求不相适应,因此必须加以变革。

根据科学发展的趋势和人类生存环境的现状,我们必须建立起新的能适应可持续发展需要的人口文化。这种新的现代人口文化以追求量少质优的人口为基本特征,表现于少生优生、终生教育、终身保健、长寿优死等诸多方面。核心是注重人口质量,注重人的价值、人的尊严和人的全面发展。这一新的人口文化的创建从物质层面和制度层面开始,最终要落实到精神层面,即树立可持续发展观,包括人口的数量观、人口质量观、性别观、婚姻观、生育观、教育观、迁徙观、养老观等一系列与人口活动有关的现代观念。

在我国,改造旧的传统人口文化、创建新的现代人口文化的工作虽然早已开始,并取得了巨大成绩,但远未成功。这场革旧创新的文化变革的成功标志,不在于提出变革的任务和确定变革的方向,而在于适应时代要求的新的文化模式真正内化到每个人的思想深层,成为人们潜在的意识和自觉行为准则。我国现代人口文化的创建是自上而下进行的,创建的过程,必然是一个逐步内化的过程。所谓"化"者,"彻头彻尾彻里彻外之谓也"。这是一个新旧文化激烈碰撞、反复较量的过程,是旧的传统人口文化逐渐衰退、新的现代人口文化逐步扎根生长的过程,因此,这个过程将是艰难的、长期的。我们当前的任务就是要积极创造条件,加速这场人口文化变革的进程。

参考文献

[1] 人民出版社编辑组.毛泽东、周恩来、刘少奇、朱德、邓小平、陈云论民族文化[M].北京:人民出版社,1992:4.

[2] 中国人口文化促进会.人口文化论[M].郑州:大象出版社,1996:6.

[3] 张岱年、程宜山.中国文化与文化论争[M].北京:中国人民大学出版社,1990:1-6.

[4] 陈伯海.中国文化之路[M].上海:上海文艺出版社,1992:4-8.

[5] 汪澍白.艰难的转型—中国文化从传统向现代化转的宏观考察[M].长沙:湖南出版社,1991:2-8.

[6] 杨春时.中国文化转型[M].哈尔滨:黑龙江教育出版社,1994:95-111.

[7] 金耀基.从传统到现代化[M].广州:广州文化出版社,1989:49-52.

[8] 覃光广等.文化学辞典[M].北京:中央民族学院出版社,1988:107.

提交第九届全国中青年人口科学讨论会(广州,1998 年 11 月 15 日至 17 日)。发表于《人口研究》1999 年增刊。

新家庭计划与现代人口文化建设

　　1990 年代初以来在浙江省开展的新家庭计划活动,是一项崭新的事物。1996 年笔者曾写过一篇《新家庭计划新在何处》的文章,对新家庭计划活动的新意作过一些分析,主要是将新家庭计划活动与国外的"家庭计划"以及我国传统的计划生育工作做了一些比较(见《人口与计划生育》1996 年第 6 期),然而意犹未尽。笔者认为,新家庭计划活动的内涵已远远超出一般意义上的计划生育,也超出一般意义上的人口工作,它是一项旨在将人口的生产与再生产及与之密切相关的经济社会环境共同推进的创新活动。因此,只有跳出传统的计划生育圈子,从更广阔、更深远的视角即从人口文化的角度加以透视,才能更全面、更深刻地理解它的内涵与新意。本文打算作这样的尝试,以便抛砖引玉,引起深入探讨的兴趣。

一、我国正经历着一场深刻的人口文化变革

　　目前对"人口文化"这一概念的理解还很不一致。这是不足为怪的,因为一方面,人口本身"是一个具有许多规定和关系的丰富的总体";另一方面,"文化"的含义又十分广泛而复杂。美国人类学家克罗伯和克拉克洪于 1952 年合作出版的《文化》一书,曾罗列了从 1871 年到 1951 年这 80 年间关于文化的 164 种定义,简直令人眼花缭乱。但是这并不妨碍人们对人口文化的研究,因为人口文化是一种客观存在。自有人类以来就有人口文化,

它与人类一样有着极其丰富的内容,而且在中华文化中占有十分重要的地位。

中国的人口文化应该包括中国的性文化、性别文化、婚姻文化、生育文化、养育文化、择业文化、退休文化、养老文化、孝文化、丧葬文化等等。正如宋平同志所说:"一个人从生到死,会面临一系列问题,结婚、生育、孩子教育、家庭和睦、养老保障等等,这些都是人口工作的重要内容。我认为'人口文化'这个概念应该宣传。计划生育是人口文化的重要组成部分,但人口文化包含的内容很广……"[①]显然,在人口文化中,生育文化占有特殊的极其重要的地位。

二、新家庭计划活动是推动人口文化变革的有效途径

新家庭计划活动是浙江省于 20 世纪 90 年代初根据社会经济发展以及计划生育工作的新形势,参照国际上有关经验而创造的一种计划生育"三结合"形式,在试点的基础上逐步在全省范围内、重点在农村有计划有步骤地展开。目前,浙江省的新家庭计划活动已经与社会主义新农村建设紧密结合起来,成为新农村建设的基础工程。这项工程的基本特点如下:

一是着眼于家庭这个社会细胞,发动和帮助家庭制定包括生产、生活、生育等在内的全面发展计划,努力创建富裕、文明、幸福的家庭。

二是将家庭发展计划融于社区发展计划,使家庭建设与社区经济建设、环境保护及精神文明建设紧密结合起来。

三是开展互帮互学活动,形成相互帮助、相互激励、和睦相处、团结奋进的家庭关系、邻里关系和社区氛围。

四是提倡和引导健康、文明的生活方式,关注人的全面发展。

五是突出群众的主体作用,在党政统一领导下各有关部门齐抓共管。

显然,新家庭计划活动的内涵已远远超出计划生育的范围。从人口学

---

①　中国人口文化促进会.人口文化论[M].郑州:大象出版社,1996:6.

的角度看,新家庭计划活动是一项现代人口文化的创建活动。开展这一活动的目的,就是将我国业已展开的革旧创新的人口文化变革落实到基层,落实到每个家庭,内化到每个人的心灵,使人们逐渐革除不合时宜的人口文化观念和行为,代之以符合时代要求的现代人口文化观念和行为,逐步实现人口现代化,促进人口与经济、社会、资源、环境协调发展和可持续发展。

如前所述,人口文化变革的攻坚部位是在精神文化层面。然而,精神文化的变革有赖于物质文化和制度文化的变革,否则就成了无本之木和无源之水。再说,人口文化作为社会文化的一个组成部分,它的变革与转型也不可能"单科独进",要受整个社会文化变革与转型进程的制约。因此,新家庭计划活动即现代人口文化创建活动不能只停留在精神文化层面,而必须在物质文化、制度文化、精神文化三个层面同时展开,并与整个社会文化的变革与转型融为一体,共同推进。

新家庭计划作为家庭全面建设计划,内容是极其丰富的,但是从文化建设的角度看,所有这些内容大体上都可以归到物质文化建设、制度文化建设和精神文化建设这三个层面之中。这三个层面是相互制约、相互渗透、相互促进的,因此每一个层面的建设都必须认真抓好。

家庭建设中物质层面的建设,首先是发展生产、增加家庭经济收入。新家庭计划活动中的一项重要内容是扶贫帮困,尤其是要帮助贫困的计划生育户脱贫致富。摆脱贫困是家庭发展的基础。如果基本的生存条件都不具备,发展就无从谈起。家庭的物质建设还应包括卫生保健、安全保障等诸多方面。对于一个现代家庭来说,医疗保险和养老保险是必不可少的,否则物质条件就不稳固,就会有后顾之忧,从而影响家庭其他方面的发展。

家庭建设中制度层面的建设,主要体现于家庭成员积极主动地以国家和地方的规章制度规范自己的行为,行使公民应有的权利,承担公民应尽的义务。我国经济体制的改革,社会主义市场经济的确立,农村联产承包责任制的实行,大大地增强了农民家庭的生产功能和主体地位。加强社会主义民主法治建设,会使农民的民主权利包括民主选举、民主管理、民主监督等得到更加切实的保障。这一切都将极大地调动农民的积极性,为农村新型家庭的建设与发展注入活力，也能促使农民更自觉地履行公民义务。地方性规章制度是针对当地情况而制定的，对家庭有着更为直接的影响。群众针对当地情况而倡导的乡规民约，对于规范人们的行为也有着重要作用。制定或完善乡规民约，树立健康、文明、向上的村风、家风、民风，是新家庭计划活动的重要内容之一。

家庭建设中的精神层面的建设，实际上就是平常所讲的精神文明建设，内容十分丰富。

一是在知识系统的创建。首先要扫除中青年中的文盲，杜绝新文盲的产生。中青年农民要掌握一两门实用技术，要学习与生活密切相关的现代科学知识，如卫生知识、生殖健康知识、优生优育优教知识等。为了帮助农民学习和掌握科学知识，农村社区应积极创造条件设立人口学校、业余文化技术学校、图书阅览室等机构。

二是在伦理道德系统的创建。首先是要真正实行男女平等，反对性别歧视。女性在受教育、就业等方面应享有与男性同等的机会。鉴于女性生理上的特点，在卫生保健方面应得到更多的关注。正如世界卫生组织为第四届世界妇女大会准备的立场报告中所说："妇女的健康问题关系到每一个人—女人、男人，以及她们未来的子孙后代。"①要弘扬尊老爱幼的传统美德，使老人安度晚年，使少年儿童健康成长。要发扬互助友爱精神，搞好邻里关系。

三是在社会习俗系统的创建。历代相沿积久而成的风俗习惯具有继承性和滞后性的特点，因而必须大力提倡移风易俗，逐步树立健康、文明的社会主义新风尚，革除旧风俗、旧习惯。例如，要提倡科学，反对封建迷信；提倡婚姻自主，反对包办婚姻和买卖婚姻；提倡勤俭持家，反对铺张浪费；提倡健康文明的娱乐活动，杜绝赌博等不良行为。

四是在价值系统的创建。这是文化建设的关键所在。如果说精神文化是整个文化系统的核心，那么价值系统则是精神文化的灵魂。文化的差异

---

① 顾宝昌.生殖健康与计划生育国际观点与东西[M].北京：中国人口出版社，1996：74.

突出地表现于价值取向的差异,不同质的文化可以根据价值系统的不同而作出区别。

我国以儒家文化为代表的传统文化,具有家族本位价值取向的特点。这是我国传统文化与西方文化的重大差别之一。家族本位的价值取向表现为家族利益高于个人利益,为了家族利益可以牺牲个人利益以至生命。在我国古代,家族本位又被引申为国家本位、民族本位,从而有"修身、齐家、治国、平天下"之说。这种整体本位的价值取向对于维护家族、国家和民族的整体利益以及维护社会安定有着积极的意义,但是对于个人的价值、个人的自主性和创造性又有抑制作用。由于封建统治者的利用,这种整体本位价值取向甚至逐步被演化为一整套禁锢人性、扼杀自由的"吃人"的封建礼教。

值得注意的是,时至今日,家族本位的价值取向仍然积淀于一些人的内心深处,支配着他们的行为,对于我国文化转型特别是人口文化转型起着巨大的阻碍作用。它提示我们革除旧的传统观念的任务是十分重要,又是非常艰巨的。

人们的价值观念并非一成不变,而是随着时代的发展而不断变化。社会主义市场经济的确立,不仅是经济体制的重大变革,也是人们思想观念的一场深刻变革。随着市场经济的发展,人们的思维方式、价值观念、生活习惯等也将随之发生变化。在新家庭计划活动中,要因势利导,通过宣传教育,特别是通过现代生活方式的提倡与引导,促进人们的价值观念由传统到现代的转变。

总之,新家庭计划活动作为现代人口文化的创建活动,在物质层面、制度层面和精神层面都各自有其丰富的内容。就这三个层面的关系而言,物质层面是基础,制度层面是中介,精神层面是先导,也是最终目标。不难设想,如果精神层面的变革滞后,人们旧的价值观、生育观没有改变,即使经济收入增加了,生活水平提高了,也只不过是为"超计划"生育创造了更有利的条件而已。这就是所谓"有钱不怕罚"。同样,如果人们旧的思想观念没有变,再好的政策制度也形同虚设,因为"上有政策下有对策",人们会变着法子对付。相反,如果人们真正从思想上认识到国家提出的控制人口数量的政策利国又利民，真正从现实的经济生活和社会生活中感受到提高人口质量的极端重要性，人们也就会逐渐改变旧的价值观念，并自觉地调整自己的行为。一旦人们提高了对生态环境价值以及人的知识、才能价值的认识，在内心深处形成环境意识和能力本位的价值取向，人们也就会自然而然地由追求人口数量转变为追求人口质量，性别差异的观念也会随之淡化，人口文化的转型和现代人口文化的建立也就水到渠成。

三、在新家庭计划活动中必须正确处理的几个关系

作为现代人口文化创建活动的新家庭计划活动，在实施过程中必须处理好以下几个关系。

（一）最终目标与可操作的阶段性目标的关系

如前所述，新家庭计划活动的人口学最终目标是在家庭这一微观层次完成人口文化的重大变革，在人们的内心深处建立起适应可持续发展要求的现代人口观。这个任务不可能单独地、孤立地完成，只能在整个社会及社区物质文明建设和精神文明建设的浪潮中推进，因而这个任务是艰巨的、长期的。在新家庭计划活动的实施过程中，为了便于操作，为了增强人们前进的信心，必须制定具体的阶段性目标。浙江省目前提出的"新家庭"必须具备的八个条件就是这样的目标，其中有一些很具体，甚至有数字指标，具有很强的可操作性。然而相对于人口文化变革的最终目标而言这些指标又是相对的、阶段性的，不能认为这些指标达到了任务就完成了。阶段性目标只不过是通向最终目标的阶梯而已。从横向看，由于地区间发展不平衡，具体的阶段性目标应当允许有所差别。基础好、进展快的地区，当绝大多数人都达到某一阶段性目标之后，就要不失时机地提出新的更高的目标，以免产生松动情绪。

对于各种载体也要有全面的认识。在开展新家庭计划活动中，培植载体是很好的经验。有了适当的载体，工作易于入手，也能体现特色。但任何

载体都有一定的局限性,应当通过对载体的培植把其他工作带动起来,而不能将培植载体当作最终目的,或以一两项具体工作代替别的工作。

（二）家庭文化建设与社区文化建设的关系

新家庭计划活动着眼于家庭,然而家庭是社会的细胞,它不能离开社会的肌体,家庭文化建设与整个社会特别是社区文化建设密不可分。社区是人们共同生活的一定区域,与行政区划不一定完全一致。生活在同一社区的人们,不仅有广泛而密切的经济、社会交往,而且有着共同的语言（方言）、共同的风俗、习惯、行为规范和生活方式。同一社区的居民在情感和心理上具有很强的认同感和归属感。因此,社区的物质、制度、精神文化建设对家庭文化建设有着直接的重要的影响。实践表明,凡是社区社会主义物质文明和精神文明建设搞得好的地方,家庭文化建设就充满生气,反之则相反。这表明开展新家庭计划活动家庭是基础,社区是关键。在开展家庭文化建设的过程中,应当充分重视社区文化建设,通过社区文化建设来引导、促进、推动家庭文化建设。

（三）党政领导与群众参与的关系

浙江省的新家庭计划活动与社会主义新农村建设紧密地结合在一起,因此,各级党政统一领导,各有关部门紧密配合,是搞好这一活动的根本保证。政府的作用主要体现于对这一活动的规划、检查和评估,并通过发现、培养和表彰先进典型而加以引导,同时也体现于对社区发展的支持,包括在发展战略思想上的指导以及在人、财、物上的必要的扶助。然而,新家庭计划活动作为人口文化的革旧创新活动,其主体始终是广大群众。新家庭计划活动开展的过程,是群众自我管理、自我教育、自我提高的过程。这一活动的每一个环节,都有赖于群众主动性、积极性和创造性的充分发挥。在具体实施过程中,政府的作用是间接的,而各种民间组织或团体,如计划生育协会等,则能发挥很好的直接的作用。

（四）新家庭计划活动与其他文明创建活动的关系

从广义文化角度看,我国的现代化过程实质上是一场深刻的文化变革过程。这种变革在物质层面、制度层面、精神层面同时进行,涉及社会生活的方方面面。人口文化的变革虽然在整个文化变革中处于十分重要的地位,但毕竟是整体变革中的一部分。为了从各个领域、各个方面推进社会主义物质文明和精神文明建设,各有关部门及社会团体开展了多种多样的文明创建活动。这些活动相互之间有交错重叠部分,又各有侧重和特点。为此,各有关部门及社会团体要树立文明共建的意识,相互尊重,相互沟通,相互支持,共同为浇灌社会主义物质文明和精神文明之花而多作贡献。

原载中国人口文化促进会:《人口文化论集》,中国人口出版社,1999年,第 236-250 页。

附　　录

附录一　个人简历及从事人口研究的基本情况

1. 个人简历

1943年10月3日出生于浙江省龙泉县宝溪乡坑里源头村。

1950年9月至1954年2月在坑里村小学念书。

1954年春至1956年7月在宝溪乡中心小学念书。

1956年9月至1958年7月在龙泉第二中学念书。

1958年9月至1961年7月在龙泉第一中学念书。

1961年9月至1965年9月在杭州大学中文系念书。

1965年9月至1968年4月在杭州大学外国留学生办公室任汉语教师。

1968年4月至1986年3月在杭州大学校刊编辑室任编辑。期间，1969年4月至1970年2月借调到《浙江日报》评论组任编辑；1970年11月到1971年8月在安吉县内的"五七干校"参加劳动。

1986年3月至9月在杭州大学校史室编写校史。

1986年9月起在杭州大学人口研究所（四校合并后为浙江大学人口与发展研究所）从事人口社会学教学与科研工作，直至退休。

2. 任职情况

1993 年 9 月至 2000 年 1 月任杭州大学人口研究所(四校合并后为浙江大学人口与发展研究所)常务副所长,见杭州大学校字〔1993〕351 号文件。

1999 年 7 月至 2003 年 12 月,任教育部人文社科重点研究基地浙江大学农业现代化与农村发展研究中心副主任,见浙大发社科〔1999〕3 号文件。

2001 年 1 月至 2003 年 12 月,任中共浙江大学法学院人口与发展研究所直属支部书记,见中共浙江大学法学院委员会党字〔2001〕5 号文件。

3. 参加短期培训及出国考察

1987 年 8 月 23 日至 9 月 22 日,参加北京大学人口研究所主办的宏观人口经济学培训班,由联合国终身雇员林武郎主讲。

1987 年 11 月 2 日至 11 月 15 日,参加中国社科院人口所主办的老年人口讲习班,由熊必俊老师主讲。

1988 年 5 月 24 日至 6 月 18 日,参加由中国人民大学人口培训中心主办的"社会老年学培训班",由澳大利亚国立大学社会学教授约翰·麦加林主讲。

1989 年 9 月 18 日至 1990 年 1 月 10 日,参加北京语言学院出国部英语培训班学习。

1992 年 11 月 13 日至 11 月 30 日,作为联合国人口基金资助的"中国 23 个贫困县人口问题研究"课题组主要成员,组团到智利、墨西哥考察扶贫情况,与联合国拉美经社理事会有关人员以及智利、墨西哥政府有关部门和有关民间组织进行学术交流,实地考察智利有关扶贫项目和墨西哥城贫民区及农村有关印第安人居住区。

4. 出版著作

《残疾人工作概论》,奚从清、沈赓方主编,杭州大学出版社 1990 年出版。叶明德撰写其中的第一章。

《中国贫困地区人口经济国情资料》,北京大学出版社 1992 年出版。叶明德为编撰者之一。

《前进的浙江人口》，杭州大学出版社 1993 年出版。叶明德为作者之一。

《跨世纪的浙江人口》，中国统计出版社 1994 年出版。叶明德为作者之一，撰写 4.1 万字。

《1992—1996 浙江社会发展状况》，浙江人民出版社 1997 年出版。叶明德撰写其中的人口状况部分。

《中国敬老养老诗文选》，叶明德、沈松勤主编，华龄出版社 1997 年出版。

《中国人口论坛文选》，在第 23 届国际人口科学大会上发言的 53 篇文稿，中国人口学会于 1997 年 10 月编印中英文版发行。叶明德是发言者之一。

《反贫困与人口问题》，叶明德、刘长茂著，杭州大学出版社 1998 年出版。

《浙江事典》（上、下卷），浙江教育出版社 1998 年出版。叶明德撰写上卷第二编中的"人口"部分。

《人口文化通论》，田雪原主编，中国人口出版社 2004 年出版。叶明德撰写其中的第四章。

《长三角人口发展战略研究》，谢玲丽主编，复旦大学出版社 2007 年出版。叶明德为课题专家组成员，课题分报告之五的负责人和执笔者。

《浙江省人口志》，中华书局 2007 年出版。叶明德任编纂委员会委员、副主编，负责当代部分（1949—2000 年）的组稿和统稿工作，撰写当代部分的人口结构、人口思想、人口机构等篇章。

《农村劳动者素质问题研究——以江浙为例》，现代教育出版社 2008 年出版。该书是由叶明德与原华荣主持的教育部哲学社会科学研究重大项目"现代化进程中农村劳动者素质问题研究"的最终成果，由总报告和三个专题报告组成。总报告各章执笔者如下：第一章顾益康；第二章叶明德、张清霞；第三章叶明德、张海勇；第四章胡豹；第五章班茂盛、孙胜梅；第六章叶明德；第七章邵峰。三个专题报告：(1)浙江农村劳动者素质研究，原华荣执笔；(2)农村现代化与人的现代化——以江苏为例，储兆瑞执笔；(3)人口素质与人力资源研究综述，原华荣执笔。全书由叶明德统稿。

《农村劳动者素质与现代化》，中国书籍出版社 2013 年出版。此书是《农村劳动者素质问题研究—以江浙农村为例》的修改版，根据中国书籍出版社的要求由叶明德对此书进行适当修改和补充，作为优秀原创论著收入"中国书籍文库"。

5. 参与和主持的主要科研项目

1986 年 10 月至 1987 年 9 月，参与中国联合国教科文组织全国委员会委托国家教委高教三司组织的"关于促进妇女接受高等科技教育与培训改善妇女地位"项目。叶明德为调研工作参与者、项目研究总报告执笔者和项目研究论文集主编。

1990 年至 1994 年，参与联合国人口基金资助的"中国 23 个贫困县人口问题研究"项目(CHINA UNFPA/P04 十大课题之一)。叶明德为国内国际调研参与者、分课题研究报告执笔者、综合研究专著《反贫困与人口问题》主撰者。

1994 年至 1997 年，主持浙江省哲学社会科学"八五"规划重点课题"浙江省 1995—2010 年人口发展战略研究"。课题组成员有刘长茂、尹文耀、商立华、周镇元、俞鑫权等。结题证书编号为 85172。

1995 年至 1996 年，任中国老年文化丛书编委会副总编，与沈松勤合作主编《中国敬老养老诗文选》。

1995 年至 2007 年，任《浙江省人口志》编纂委员会委员、副主编，负责当代部分 70 多万字的组稿和统稿。

1996 年 5 月至 1998 年 12 月，主持国家社科规划项目"计划生育'三结合'的新形式——新家庭计划研究"，批准号为 96BSH008，项目经费 3 万元。课题组成员有徐八达、郑德方、黄鑫楣、徐天琪、李建红、班茂盛、葛小寒等。结项证书号为 99002396。叶明德与黄乾撰写的《新家庭计划新在何处》一文在《人口与计划生育》杂志发表后入选《中国改革战略研究文汇》，入选编号为 D—1001。

2001 年 12 月至 2007 年 11 月,主持教育部人文社会科学重点研究基地 2001 年重大研究项目"现代化进程中农村劳动者素质问题研究",批准号为 01JAZJD84005,项目经费 20 万元。项目组成员有原华荣、顾益康、邵峰、储兆瑞、胡豹、班茂盛、张海勇、张清霞、孙胜梅、王怡嘉等。结项证书号为 07JJD0075。

2002 年至 2003 年,主持浙江省人口普查办公室社会招标课题"浙江人口素质与创业研究"。研究成果经专家咨询组审核鉴定,于 2003 年 12 月结题,见浙人普办函〔2003〕3 号及附件。

2003 年 10 月至 2004 年 12 月,主持绍兴市人口计生委委托项目"绍兴大城市人口发展战略研究",项目经费 5 万元。项目协调人为李露儿、陆鹰。项目组主要成员有王嗣均、张海勇、余利明、杨越忠、沈荣根、何伟平。项目研究总报告 4.2 万字加两个附件,经上海、浙江有关专家咨询组鉴定后结项。

2004 年 5 月至 2005 年 4 月,国家人口计生委委托上海、江苏、浙江人口计生委实施"长三角地区人口发展战略研究"项目,叶明德主持"长三角地区人口老龄化与养老保障体系研究"分课题。分课题组成员有陈艳华、何文炯、王先益、王怡嘉等。王嗣均、桂世勋任顾问。分课题研究报告 2.2 万字,由叶明德执笔。

6. 科研成果获奖情况

1994 年 1 月,论文《略论我国传统文化对生育的影响》获首届中国人口科学优秀成果二等奖。

1994 年 10 月,论文《一个值得重视的人口社会问题——浙江省人口出生性别比分析》获浙江省人口科学优秀成果二等奖。

1995 年 12 月,刘长茂主编叶明德参写的专著《人口结构学》获全国高等学校人文社会科学优秀成果二等奖。

1996 年 10 月,刘长茂与叶明德合作的论文《中国人口老龄化前瞻》获中国老年学研究十年优秀成果优秀奖。

1997 年 5 月,论文《关于浙江人口发展前景的几点思考》获 1995/1996

年度浙江省人口与计划生育好新闻三等奖。

1998年5月,论文《贫困地区实现人口转变的范例》获第二届中国人口科学优秀成果优秀奖。

1998年5月,刘长茂与叶明德合作的论文《中国贫困地区人口、资源与社会经济发展》获第二届中国人口科学优秀成果一等奖。

1998年5月,张纯元主编、叶明德参著的《消除贫困的人口对策研究》获第二届中国人口科学优秀成果一等奖。

1998年10月,论文《浙江人口发展前景及战略选择》获浙江省第二届人口科学优秀成果二等奖;2002年6月获中国人口科学优秀成果三等奖。

1999年3月,论文《中国人口文化变革初探》获中国中青年人口科学优秀成果二等奖。

《关于浙江省新家庭计划活动的调查》获《人口研究》编辑部1997—1998年度"学术研究奖"一等奖。

叶明德与刘长茂合作的专著《反贫困与人口问题》获1995—1999年浙江省哲学社会科学著作类优秀成果三等奖。

论文《对"中国进入后人口转变时期"的质疑》2002年7月获浙江省第三次人口科学优秀成果一等奖;2002年12月获浙江省第十届(1999—2001年)哲学社会科学论文类优秀成果三等奖。

7. 社会兼职

中国人口学会理事(第五届、第六届)

中国人口文化促进会理事兼学术委员会委员

浙江省社会科学界联合会理事(第四届、第五届)

浙江省人口学会理事、常务理事、秘书长、副会长

浙江省社会学学会理事

浙江省老年学学会理事

浙江省计划生育协会理事

浙江省人口与健康学会顾问

附录二　其他类型的有关文章及著作目录

《我为啥没有自己的姓》（人物特写），发表于 1963 年 8 月 20 日《杭州日报》。

《拉车四十年》（人物特写），发表于 1963 年 10 月 25 日《杭州日报》第 3 版。

《采写〈拉车四十年〉的一些体会》，发表于《杭州日报通讯》1963 年第 5 期（总 157 期）。

《亿万人民主沉浮》（杂文），发表于 1972 年 9 月 13 日《浙江日报》。

《文艺工作者要加强思想修养》，发表于 1980 年 7 月 25 日《浙江日报》（笔名叶铭）。

《老教授的心愿——访杭大历史系名誉主任沈炼之》，发表于 1981 年 12 月 18 日《杭州日报》第 2 版。

《与青年谈社会主义》，6.2 万字，与顾思九等编撰，叶明德负责全书统稿，浙江人民出版社 1981 年 8 月出版。

《为盼满园春，甘作护花泥——访杭大教育系陈学恂教授》，发表于 1982 年 7 月 27 日《浙江日报》。

《数学园地的辛勤耕耘者——记杭大数学系主任王斯雷教授》，发表于 1982 年 10 月 19 日《浙江日报》第 2 版。

《蓝天中的情思》（报告文学），记述杭大心理系朱祖祥教授的心路历程，发表于 1982 年杭州大学校刊文艺增刊《春晓》第一期。

《特殊观众》（人物特写），与毛建一合写，发表于 1983 年 4 月 18 日《浙江日报》第 4 版。

《半个邮迷》（人物特写），发表于 1983 年 6 月 29 日《浙江日报》第 4 版。

《他才三十二》（人物特写），与沈松勤合写，发表于 1983 年 8 月 1 日《浙江日报》第 2 版。

　　《事事留心皆学问》(杂文),发表于 1983 年 11 月 25 日《浙江日报》第 3 版(笔名江南叶)。

　　《山泉淙淙》(散文),发表于《东海》文学月刊 1983 年第 12 期。

　　《尊师》(杂文),发表于 1984 年 1 月 20 日《浙江日报》(笔名江南叶)。

　　《共产主义思想品德》(高等学校试用教材),32.2 万字,中共浙江省委宣传处主编,叶明德参与编写并负责全书统稿,浙江人民出版社 1985 年 2 月出版。

　　《划动教学、科研的双桨——记杭大计算机系副教授张森》,发表于 1985 年 3 月 28 日《浙江日报》。

　　《一位成果卓著的教授——记杭大化学系金松寿教授》,发表于 1985 年 6 月 8 日《沈阳科技报》(科学明星专刊)。

　　《新中国的一日》,刘尊祺主编,对应于 1936 年由茅盾主编的《中国的一日》,记述 1987 年 5 月 21 日这一天的事件。从一万三千余份应征文章中选出 460 篇,分上下两卷,由华夏出版社于 1988 年出版。叶明德是入选的应征者之一。

　　《杭州大学校史》(1897—1988),浙出书临(89)第 17 号,叶明德撰写其中的第三章。

　　《勤学多思　勇于开拓——记王嗣均教授》,发表于《南方人口》1991 年第 3 期(人物介绍专栏)。

　　《独辟蹊径　广有建树——记刘长茂教授》,发表于《南方人口》1994 年第 1 期(人物介绍专栏)。

　　《市民思想道德读本》,杭州市精神文明建设委员会办公室编,新华出版社 1995 年 12 月出版。叶明德编写其中的第六章。

　　《红村坑里》,叶明德主编,线装书局 2011 年 8 月出版。

　　《宝溪革命史纪实》,叶明德主编,中国文史出版社 2013 年 9 月出版。